Baedeker

Allianz Reiseführer

Deutsche Nordseeküste

www.baedeker.com

Verlag Karl Baedeker

TOP-REISEZIELE ★★

Plantschen im Meer bei Flut, Wandern im Watt bei Ebbe: Das ist sicher die Hauptbeschäftigung beim Familienurlaub an den Stränden Niedersachsens und Schleswig-Holsteins. Aber da gibt es noch einiges mehr, was die deutsche Nordseeküste immer aufs Neue spannend macht....

Otto-Leuchtturm
Der markante Turm bei Greetsiel gilt als eines der Wahrzeichen Ostfrieslands.

DIE BESTEN BAEDEKER-TIPPS

Von allen Baedeker-Tipps in diesem Buch haben wir hier die interessantesten für Sie zusammengestellt. Erleben und genießen Sie die deutsche Nordseeküste von ihrer schönsten Seite!

! Shantys und Theater

Wer Shantys und Piratenlieder mag, sollte sich auf Baltrum unbedingt ein Konzert der »Balt'mer Korben« anhören. Oder sich eine Aufführung der Inselbühne Baltrum ansehen. ► **Seite 115**

! Hamburger Hallig

Dieses beliebte Ausflugsziel kann man via Damm zu Fuß oder mit dem Auto erreichen, sich Nonnengänse und Löffelkraut anschauen und im Krog zum Abschluss typisch friesische Spezialitäten kosten. ► **Seite 123**

! Leuchtturm Roter Sand

45 km vor der Nordseeküste trotzt der Leuchtturm noch immer den Wogen der Nordsee. Man kann ihn besuchen und dort auch übernachten. ► **Seite 132**

Roter Sand
Wer sich traut, kann hier übernachten.

! Watt-Derby

Das gibt es sonst nirgends auf der Welt: Jährlich werden im Duhner Watt Galopper- und Traberwettbewerbe ausgetragen. Ein ungewöhnliches Spektakel! ► **Seite 155**

! Matjestage

Hering in Hülle und Fülle versprechen die Matjestage in Emden. Zur stimmungsvollen Kulisse tragen die vielen Traditionsschiffe bei, die im alten Binnenhafen besichtigt werden können. ► **Seite 161**

Matjestage
Spezialitäten aus dem Meer in Emden

! Blau, wohin man schaut

Vor über 20 Jahren ließ Georg Stark eine alte Tradition wieder aufleben: die Blaudruckerei. Mit den historischen Modeln werden nicht nur Stoffe, Tischwäsche oder Seidenschals bedruckt, sondern auch Porzellan. ► **Seite 217**

! Fahrt mit der Draisine

Eine vergnügliche Tour verspricht die »Marschbahn« von Marne nach St. Michaelisdonn. Jedoch müssen zwei Passagiere in die Pedale treten – es sei denn, man kann das Segel setzen. ► **Seite 232**

! Rungholttage

Jedes Jahr um Himmelfahrt werden Wattwanderungen und Bootsausflüge zu der Stelle bei Pellworm angeboten, wo das sagenumwobene Rungholt vermutet wird. Der Legende nach versank es bei der »Großen Mandränke«, der Flutkatastrophe von 1362, im Schlick des Wattenmeers. ► **Seite 264**

! Die Strandsegler

Auf drei Rädern rasen die an Seifenkisten mit Segeln erinnernden Fahrzeuge über den Strand und erreichen bis zu 130 km/h! Wer selbst Strandsegler werden will, kann im Yachtclub von St. Peter-Ording einen Pilotenschein machen. ► **Seite 274**

! Untergetaucht!

In Wilhelmshaven steht die virtuelle Unterwasserstation Oceanis mit zahlreichen Computeranimationen und Mitmachstationen. Mit dem Fahrstuhl taucht der Besucher in die Meerestiefe und wird am Ende in einem Unter- und Überwasserflug per Oceanis-Jet zurück an die Oberfläche geflogen ► **Seite 308**

St. Peter-Ording
Testlauf für die Strandsegler

Charmante Reetdachhäuser auf Amrum
► **Seite 110**

HINTERGRUND

Preiskategorien

Restaurants
Fein & Teuer: über 15 Euro
Erschwinglich: 10 – 15 Euro
Preiswert: bis 10 Euro
(für ein Hauptgericht)

Hotels
Luxus: über 100 Euro
Komfortabel: 60 – 100 Euro
Günstig: bis 60 Euro
(Doppelzimmer mit Frühstück)

PRAKTISCHE INFORMATIONEN

TOUREN

Eine Spitzenposition unter den Stränden an der Nordseeküste nimmt das Rote Kliff auf Sylt ein.
► **Seite 275**

REISEZIELE VON A BIS Z

Hintergrund

KURZ UND KNAPP, VERSTÄNDLICH GESCHRIEBEN UND SCHNELL NACHZUSCHLAGEN: WISSENSWERTES ÜBER LAND UND LEUTE, GESCHICHTE UND KULTUR, WIRTSCHAFT UND ALLTAGSLEBEN

MEHR ALS NUR MEER

Urlaub an der Nordseeküste – da denkt man an ein herbes Meer und gestreifte Leuchttürme, an Wind, Wetter und Ostfriesennerz, Deiche und Sturmfluten, Sonnenstrand und Sandburgen. Doch das ist nicht alles, was die Region bietet, längst nicht alles ...

Am Ungewöhnlichsten für Binnenländer ist sicher das Walten der Gezeiten: Wo eben noch Land war, breiten sich wenige Stunden später glitzernde Wellen aus, wo eben noch Meer rauschte, kann man rund sechs Stunden später über schmatzenden Schlick wandern. Ebbe und Flut drücken den Küstengebieten ihren unvergleichlichen Stempel auf und geben in festem Rhythmus das Watt frei, mal wasserbedeckt, mal festes Land. In dieser Zwischenwelt gibt es unglaublich viel zu entdecken: Man begegnet Einsiedlerkrebsen, Wattwürmern und anderen merkwürdigen Lebewesen, Tausende Seevögel lärmen, tauchen, starten und landen. Das beliebteste Tier der Urlauber sind schon immer die Robben gewesen und zu den Höhepunkten eines Nordseeaufenthalts gehören neben den Wattwanderungen daher die Fahrten zu den Seehundbänken.

Die Nordsee
Rau, wild – und immer hungrig auf Land.

Große Teile dieses einzigartigen Lebensraumes werden gezielt geschützt: Die Nationalparks Niedersächsisches, Schleswig-Holsteinisches und Hamburgisches Wattenmeer sind Bestandteile eines grenzüberschreitenden Naturschutzprojekts, das auch die niederländische und dänische Nordseeküste umfasst. Wer an der deutschen Nordseeküste Erholung sucht, macht somit Urlaub im Naturschutzgebiet.

Lange Strände, berühmte Häfen

Legendär ist der Ruf der Region als Deutschlands beliebtester Sandkasten: Kilometerlang ziehen sich die Strände dahin und bieten Familien wie Ruhesuchenden genügend Raum. Wer es aufregend mag, wählt »die« Insel als Ferienziel: Sylt, an dessen Küsten sich viel Prominenz mitunter hüllenlos zu sonnen pflegt und in dessen Hauptstadt Westerland rund um die Uhr etwas los ist. Geruhsamer geht es auf der Nachbarinsel Amrum und dem kinderfreundlichen Föhr zu.

←Blick übers Watt

Strand
Burgen bauen, baden, sonnen, sich in den Strandkorb zurückziehen, alles möglich an der See.

Land
Kultur, angefangen bei Kirchenkunst über Windmühlen bis zu renommierten Museen, bietet die Region in Fülle.

Watt
Einmal zu Fuß durchs Reich der Fische – das gehört zu jedem Nordseeurlaub einfach dazu.

Hinterland

Platt wie eine Flunder präsentiert sich die Landschaft hinter den Deichen – genau richtig zum Radfahren.

Herzschmerz

Fremde Häfen, harte Arbeit und die Sehnsucht nach der Liebsten besingen die Seemannschöre in ihren Shantys.

Hering

Es muss aber nicht immer Matjes sein, auch heimischer Hummer, Maischolle und Austern zergehen auf der Zunge.

Besonders lehrreich ist ein Besuch der Halligen: nicht eingedeichte Inseln, die Theodor Storm »schwimmende Träume« nannte. Auch die sieben Ostfriesischen Inseln, von denen keine der anderen gleicht, sind wunderschön. Fast schon ein Muss ist der Ausflug nach Helgoland, wo man zollfrei einkaufen und die legendären Klippen bestaunen kann.
Neben Sonnenbad und Meeresschwimmen ist Wassersport entlang der Küste natürlich das große Thema, egal ob der Fokus auf Segeln, Surfen oder nur auf Schiffeanschauen liegt. Von der kleinen Jolle bis zum Ozeanriesen verkehrt hier alles, liegen doch an den Mündungen von Ems, Weser und Elbe die wichtigen Hafenstädte Wihelmshaven, Bremerhaven und Cuxhaven. An deren Kais legen Schiffe aus der ganzen Welt an und entsprechend eindrucksvoll sind die Hafenrundfahrten. Auch das Kunst- und Kulturangebot ist vielfältig. Jüngste Attraktion ist das 2005 eröffnete Auswandererhaus in Bremerhaven, Europas größtes Museum zum Thema Auswanderung. Nicht so bombastisch, dafür malerischer zeigen sich die Häfen von Carolinensiel und Neuharlingersiel, wo prächtige Segelschiffe vor Anker gehen.

Kleine Heuler
Die süßen Robbenbabys sind die Lieblinge des Publikums.

Land hinterm Deich

Von besonderem Reiz ist auch das Hinterland. Seine sanfte Schönheit mit den hübschen Bauerndörfern, Windmühlen, Wiesen und Wäldern lässt sich am besten bei Wanderungen und Radtouren entdecken. Ganz besondere Ziele sind das Nolde-Museum in Seebüll nahe der dänischen Grenze und das entzückende Friedrichstadt mit seinem holländischen Erbe. Egal ob diesseits oder jenseits des Deiches – das Meer verbindet die gesamte Region. Was die Fischer Tag für Tag anlanden, bringen die Restaurants auf den Tisch: fangfrische Nordseezungen, Schollen, Heringe und Kabeljau, Krabben, Hummer von Helgoland, Austern von Sylt. Natürlich wird an der Nordsee nicht nur Matjes & Co. zubereitet, berühmt sind »Himmel und Erde« (Kartoffelbrei mit Blutwurst), Rote Grütze und Friesentorte. Richtig gemütlich wird's, wenn man abends noch auf einen »Schnack« zusammensitzt und, je nach Wetterlage, ein kühles Bier aus lokalen Brauereien, ostfriesischen Tee oder einen steifen Grog genießt. Die Ruhe und die gute Luft tun ein Übriges, dass man sich an der Deutschen Nordseeküste so gut wie in kaum einer anderen Ferienregion entspannen kann.

Fakten

An der Nordsee sind sowohl die Landschaft selbst als auch das Leben der Menschen von den Elementen geprägt. Die Region ist sehr dünn besiedelt und gilt als strukturschwach. Verstärkter Küstenschutz, Nutzung der Windkraft und Ausbau der Häfen zählen zu den Herausforderungen der Zukunft.

Naturraum

Das Gebiet

Die deutsche Nordseeküste erstreckt sich von der niederländischen Grenze am Dollart bis zur dänischen Grenze über **vier Bundesländer**: Niedersachsen, Schleswig-Holstein, Bremen (dank seines Vorpostens Bremerhaven) sowie ein kleines Stück Hamburg, denn die Inseln Neuwerk und Scharhörn gehören zur Hansestadt. **Die wichtigsten vorgelagerten Inseln** sind die sieben Ostfriesischen Inseln – Borkum, Juist, Norderney, Baltrum, Langeoog, Spiekeroog und Wangerooge – und die Nordfriesischen Inseln Sylt, Amrum und Föhr. Die **einzige deutsche Hochseeinsel Helgoland** liegt rund 65 km vor der Küste in der Deutschen Bucht.

Landschaft im Wandel

Die Nordseeküste ist eine ständig im Wandel begriffene Landschaft. **Wasser und Wind** formen sie bis heute, auch wenn Menschen seit Jahrhunderten versuchen, diesen Gewalten zu trotzen. Deiche und andere Küstenschutzmaßnahmen sichern Menschen, Tiere, Häuser und Dörfer. Doch nicht nur die großen Sturmfluten verändern die Küstenlinie und bedrohen immer wieder auch die Menschen hinter den Deichen: Strömungen, Winderosion und andere Umweltfaktoren lassen die Inseln »wandern«. Im Lauf der Jahrhunderte hat sich ihre Lage deutlich verändert; so schieben sich die Ostfriesischen Inseln z. B. jährlich um mehrere Meter ostwärts. Die Natur bestimmt an der Nordseeküste stärker den Alltag als im Binnenland.

Wie entstand die Nordsee?

Die Nordsee ist **erdgeschichtlich noch sehr jung**. Erst vor rund 45 000 Jahren ließ das Abschmelzen des Eises der letzten großen Eiszeit den Wasserspiegel stark steigen, sodass zwischen den britischen Inseln und dem europäischen Festlandsockel allmählich die Nordsee auflief. Vor rund 4500 Jahren bildeten sich zwischen der höher liegenden und deshalb trockenen Geest und dem im Küstenbereich nur flach abfallenden Küstenboden Sandablagerungen. Gezeiten und Meeresströmung schafften mehr und mehr Sand heran und ließen die Ostfriesischen Inseln entstehen. Damals lag die Küstenlinie noch zehn bis zwanzig Kilometer weiter im Landesinneren. Bald schon versuchten die Menschen, ihre Siedlungen vor dem Meer zu sichern, und bauten Wälle, Dämme und Deiche. Durch Sedimentablagerungen entstand die fruchtbare Marsch.

Grünstrand

Die Inseln, auf denen die Meeresbrandung für unterschiedliche Küstenformen mit Dünen und Sandstränden sorgt, sind den Küsten meist parallel vorgelagert und fungieren deshalb als Wellenbrecher. Dies ist die Ursache dafür, dass die Festlandküste nur an wenigen Stellen echte Sandstrände oder Steilküsten aufweist und dafür Deiche und sogenannte Grünstrände das Bild bestimmen. Beim Hochstand

← Noch fahren die Krabbenkutter jeden Tag hinaus, doch die Bedeutung der Fischereiwirtschaft an der deutschen Nordseeküste schwindet.

der Flut reicht das flache Wasser oft bis zur Vegetationsgrenze, während sich das Meer bei Ebbe weit zurückzieht und das Watt offen liegt.

Gezeiten Die Gezeiten (Tiden) entstehen durch die Gravitationskräfte von Mond, Sonne und Erde. Zweimal täglich, bei Ebbe, sinkt der Meeresspiegel um mehrere Meter bis zum sog. **Niedrigwasser** ab, um bei Flut allmählich wieder zum **Hochwasser** aufzulaufen. Zwischen Hochwasser und Einsetzen der Ebbe gibt es – ebenso wie zwischen Niedrigwasser und Einsetzen der Flut – für wenige Minuten **Stillwasser**, eine kurze Gezeitenpause. Zwischen zwei Hochwassern liegen 12 Stunden 25 Minuten. Der mittlere **Tidenhub** (Differenz zwischen Niedrig- und Hochwasser) an der deutschen Nordseeküste beträgt 3 m, am höchsten ist er bei Dangast im Jadebusen mit 3,70 m. Zu sogenannten **Springtiden**, bei denen der Tidenhub extrem hoch liegt, kann es bei Voll- oder Neumond kommen; bei Halbmond entsteht die **Nipptide**, wobei das Hochwasser unter seinem normalen Niveau bleibt. Die Gezeitenwelle gelangt von Westen an die deutsche Küste, erreicht also zuerst Borkum. Über die Gezeiten informiert der Tidenkalender, der in den einzelnen Orten aushängt und nach dem sich z. B. die Zeiten für Schiffs- und Fährfahrten sowie für Wattwanderungen richten.

! *Baedeker* TIPP

Wann Ebbe, wann Flut?

Die Gezeitenvorausberechnungen erfährt man tagesaktuell auf der Homepage des Bundesamts für Seeschifffahrt und Hydrografie: www.bsh.de/de/Meeresdaten/Vorhersagen/Gezeiten/index.jsp

Wattwanderer: Vorsicht! ► Bei Niedrigwasser sind die flachen Strände extrem breit und das Wattenmeer liegt trocken. Doch Vorsicht: Das Wasser läuft schneller auf, als viele denken. Außerdem entstehen bei Ebbe und Flut z. T. recht gefährliche Strömungen.

Sturmfluten Auch der Wind beeinflusst die Wasserstände. Ernsthafte Gefahren für Mensch und Natur entstehen, wenn starke Stürme über dem Atlantik vermehrt Wasser durch den Ärmelkanal in die Nordsee drücken. Besonders gefährlich sind anhaltend **starke Nordwest-Winde**, die große Wassermassen in die breiten Flussmündungen der Deutschen Bucht pressen. Sturmfluten von ungeheuren Ausmaßen können entstehen, die sogar das rund 80 Flusskilometer landeinwärts liegende Hamburg gefährden.

Sturmfluten haben auch im 20. Jh. zahlreiche Menschenleben gefordert: 1976, 1981, 1994, 1999 und 2007 wurden die höchsten Nordsee-Pegelstände seit Menschengedenken erreicht. Doch schon seit der Römerzeit hatten die Menschen immer wieder Grund, die Nordsee als »Mordsee« zu bezeichnen. So kamen bei der **Julianenflut** 1164 rund 20 000 Menschen ums Leben. Im 14. Jh. haben zwei katastrophale Fluten innerhalb von nur zwölf Jahren Küste und Inseln nachhaltig verändert: Ganze Dörfer und Inseln verschwanden, andere Inseln wurden auseinandergerissen, neue Inseln entstanden. Seitdem zeichnet sich die Küste durch tiefe Landeinschnitte wie Dollart oder Jadebusen aus. Die als **»Große Mandränke«** bezeichnete Flut von 1362 soll fast 200 000 Menschenleben gekostet haben.

Küstenschutz durch Deichbau

Küstenschutz ist seit Jahrhunderten eines der Hauptthemen der Nordseeanrainer. Er dient heute weniger der Gewinnung von neuem Land als vielmehr der dauerhaften Sicherung der Küstenlinie.
Auf einer Länge von 1600 km schützen Deiche die Nordseeküste. Dazu wurden 112 Mio. m^3 Bodenmaterial verbaut – so viel, wie man für den Bau von 43 Cheops-Pyramiden veranschlagen müsste. Der Deichbau vollzieht sich in mehreren, oft langjährigen Arbeitsschritten: Zunächst werden Entwässerungsdeiche im Küstenvorland (Rynschloote) angelegt. Danach schüttet man senkrecht zur Küste Bruchsteinbänke auf, um die Strömungsverhältnisse zu ändern. Anschließend werden aus Reisigbündeln, die zwischen eingerammte Holzpfähle geschichtet werden, sogenannte Lahnungen parallel zur Küste errichtet. Sie bremsen die Gezeitenströmung, halten bei ablaufendem Wasser Schlick und Sand zurück, wodurch allmählich neues Land entsteht. Die heutigen Deiche haben ein zur See hin abgeflachtes Profil, sodass sie bei Sturmfluten dem Druck besser standhalten können. Ihre Oberfläche ist mit Gras bedeckt, das von Schafen kurz gehalten wird. Dabei stampfen die Schafe auch gleich die oberste Deichschicht fest.

Flaches Land, große Schiffe: am Nordostseekanal

Querschnitt durch den Wattboden

SPAZIERGANG DURCHS WATT

»Meeresgrund trifft Horizont«, so lautet das Motto des Nationalparks Wattenmeer. Auf einer Wattwanderung wird man feststellen, was es mit diesem Motto auf sich hat, und einen einzigartigen Lebensraum kennenlernen.

Würmer, Krebse und Muscheln, unzählige Meeresvögel, Fische und die freundlichen Seehunde sind das lebendige, Salzwiesen, Priele, Schlick- und Sandflächen das landschaftliche Kapital dieses einzigartigen Meeresraumes. Das alles in Aktion hautnah mitzuerleben, ist nur im Watt möglich.

Wat is wat im Watt?

Das Wattenmeer an der Nordseeküste – das sind ca. **8000 km² Schlickflächen**, 58 Inseln, unzählige Priele und Salzwiesen, Sandbänke und die landseitigen Seemarschen. Kaum ein anderes Ökosystem wird seit Jahrtausenden von den Gewalten der Natur, von Ebbe und Flut so geprägt wie das Wattenmeer.

Unterschiedliche Gezeitenhöhen und die geologischen Gegebenheiten schufen drei Wattregionen: An der nord- und ostfriesischen Küste, wo der Tidenhub nicht mehr als 1,5 bis 3 m beträgt, säumen lang gestreckte Sandinseln und hohe Sandbänke wie eine Barriere die Küste. Sie sind den anstürmenden Wellen frontal ausgesetzt. Im nordfriesischen Bereich kommen noch einige Marsch- und Geestinseln mit einem Moränenkern hinzu. In der inneren Deutschen Bucht konnten sich bei einem **Tidenhub von 3 bis 4 m** keine größeren Sandinseln entwickeln. Hier münden Elbe und Weser, die mit ihren enormen Süßwassermengen große Schwankungen des Salzgehaltes im Wattenbereich bewirken.

Das heute fast vollständig unter Schutz gestellte Wattenmeer erstreckt sich vom dänischen Esbjerk bis zum holländischen Den Helder. Zwei Drittel der Fläche nimmt der deutsche Anteil ein, den **7000 Seehunde** und etwa eine Million Brutvögel, wie Küstenseeschwalbe, Austernfischer, Rotschenkel und Silbermöwe, bevölkern. Zu ihnen gesellen sich im Frühjahr und Herbst rund 10 Millionen »internationale« Gäste, unter anderem Ringelgans, Pfeifente und Knutt, die auf ihrem Weg von Nordostkanada oder Nordsibirien die Wattengebiete als »Sprungbrett« zum Weiterflug, teilweise bis nach Südafrika, nutzen. Um diesen einzigarti-

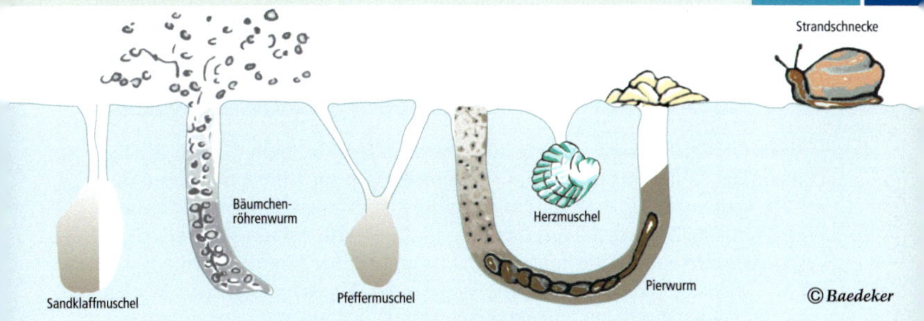

gen Lebensraum für Tiere und Menschen zu erhalten, wurde 1985 in Schleswig-Holstein der erste Nationalpark Wattenmeer gegründet. Ein Jahr später folgte Niedersachsen und 1990 richtete Hamburg seinen Nationalpark ein.

Schutz des Lebensraums

Trotz der eingeleiteten Schutzmaßnahmen hat die **Bedrohung** des empfindlichen Lebensraumes kaum abgenommen: Zusätzliche Sperrwerke und Dämme im Wattenmeer, die Anlage von Sportboothäfen oder der Autoverkehr an Stränden sind immer noch im Gespräch. Und auch die Förderung von Öl und Gas, die Verlegung von Kabeln und Pipelines sowie die Intensivierung der Fischerei werden weiter diskutiert. Nach wie vor gelangen viel zu viele Nähr- und Schadstoffe aus der Landwirtschaft ins Meer. Havarien, wie die des Frachters »Pallas«, der 1998 vor Amrum auf Grund lief und Öl verlor, was Tausende Seevögel umbrachte, zeigen das ständige Risiko der Ölverschmutzung. Doch die größte Gefahr für den Bestand des Wattenmeeres geht vom fortschreitenden **Klimawandel** aus. Der Anstieg des Meeresspiegels, die Erwärmung des Nordseewassers und die Änderung der Meeresströmungen sowie die Zunahme von Sturmfluten mit der Gefahr ständig steigender Wasserstände sind nur einige Stichpunkte. Weltweiter Klimaschutz und regionale Maßnahmen, wie z.B. die weitere Reduzierung der Nähr- und Schadstoffbelastung oder die Wahl naturnaher Küstenschutzmaßnahmen mit Sandvorspülungen statt starrer Bauwerke, können den Druck auf das Ökosystem Wattenmeer verringern. Nur wenn seine natürliche Anpassungsfähigkeit nicht überfordert wird, lässt sich dieser unvergleichliche Lebensraum für die nachfolgenden Generationen erhalten.

Einblick erhalten

Einsichten über die vielfältigen Zusammenhänge und Probleme der Wattenmeerregion und der Nordsee vermitteln zahlreiche Tafeln und Informationsstellen überall im Nationalpark. Am ausführlichsten und in multimedialer Form hervorragend aufbereitet sind das »Multimar Wattforum« in Tönning sowie das »Wattenmeerhaus« in Wilhelmshaven. Doch nichts geht über eine **Wattwanderung**, wo man dies alles mit eigenen Augen sehen und unmittelbar erleben kann. Besonders empfehlenswert ist eine geführte Wattwanderung, denn die Experten schärfen den Blick für vieles, was einem Laien sonst völlig entgehen würde (Auskunft: Touristeninformationen der Küstengemeinden).

Pflanzen und Tiere

Einzigartige Natur

Der Naturraum entlang der Nordseeküste ist weltweit einzigartig: Das Wattenmeer und die Salzwiesen, aber auch die Inseln und Dünen sowie die großen Flussmündungen ermöglichen Lebensformen, die man sonst nirgendwo antrifft. Die **Nationalpark-Häuser** informieren umfassend und unterhaltsam, geführte Wanderungen zu den Themen Watt, Salzwiesen, Vögel oder Vegetationsformen werden ebenso angeboten wie naturkundliche Bootsfahrten.

Pflanzen

An Düne und Sandstrand

Der oft nährstoffarme und erosionsgefährdete Sandboden lässt nur wenige Pflanzen gedeihen. Hierzu zählt die klassische Dünenvegetation mit Strandmiere, Kalisalzkraut und Meersenf sowie die Strandquecke, die mit ihren langen Wurzeln sehr zur Bodenbefestigung beiträgt. Eine ähnliche Funktion erfüllen **Strandhafer** und -roggen. Erst dort, wo die Düne nicht mehr so stark durch Windeinflüsse gefährdet ist, kann sich eine dünne Humusschicht bilden. Sie ist Grundlage für die Sandsegge, die Dünenrose, das Silbergras oder das Bergsandglöckchen. Sammelt sich durch diese dichtere Pflanzenschicht mehr Humus an, können sich z. B. die Krähenbeere, verschiedene Heidearten oder der Sumpfbärlapp ansiedeln.

Salzwiesen

Flächen, die den Deichen vorgelagert sind und deshalb bei höherem Wasserstand vom Meer überspült werden, weisen eine **spezifische, salzresistente Vegetation** auf. Sie ist vor allem dort zu finden, wo sich strömungsbedingte Ablagerungen ansammeln. Die an Salz angepassten Pflanzen befestigen den Boden, tragen wesentlich zur allmählichen Landgewinnung bei und profitieren von den vielen Nährstoffen ihres Lebensraums, die bei jeder Flut erneut angeschwemmt werden. Durch Landgewinnung und Eindeichungen werden diese Salzwiesen jedoch immer wieder gefährdet.

In häufig überfluteten Bereichen wachsen der Queller oder das Schlickgras, die beide Wasser speichernde Eigenschaften haben. In seltener überfluteten Bereichen gedeiht Andel oder Strandwermut, der das Salz über seine behaarten Blätter ausscheidet. Besonders faszinierend sind die Blütenpflanzen der Salzwiesen, wie Strandkamille, -aster, -grasnelke oder -flieder, allesamt Überlebenskünstler, die überwiegend im Spätsommer ihre Blütenpracht entfalten.

! *Baedeker* TIPP

Natur online

Die Vielfalt der Naturschutzgebiete und Nationalparks in Schleswig-Holstein präsentiert der »Naturpilot«, der außer sämtlichen Natur-Highlights auch erlebnisreiche Tourenvorschläge vorstellt: **www.naturpilot-sh.de**.

Wo Ruhe herrscht, lassen sich Seehunde und Kegelrobben in großen Gruppen nieder.

Tiere

Artenvielfalt

Allein 100 000 Brutvögel, Scharen von Zugvögeln sowie Fische und Meerestiere profitieren von der Nordseeküste. Das Watt ist hier der am dichtesten besiedelte Lebensraum, das einen wichtigen Bestandteil im sensiblen Ökosystem und in der Nährstoffkette der anderen Tiere bildet.

Lebensraum Watt

Der Schlickboden des Watts ist nach dem Trockenfallen für zahllose Vögel ein täglich reich gedeckter Tisch. Verschiedene Arten von Schnecken, Krebsen, Muscheln, Würmern und Algen hinterlassen bei Ebbe ihre Spuren im Wattboden, die meisten bleiben jedoch unsichtbar: Zu sehen sind nur die Löcher ihrer Wohnröhren oder die bis zu 25 cm langen Kotspuren des Wattwurms.

Robben

Seehunde und die selteneren Kegelrobben sind nicht nur für Kinder die aufregendsten Küstentiere. Sie bevorzugen die Sandbänke und die flachen Wasser der Küste. Vor allem an der **Küste vor Schleswig-Holstein** finden sie neben einer guten Nahrungsgrundlage – Krabben und Fische – abgelegene und ruhige Sandbänke. Aus der Nähe kann man diese Tiere am besten in Aufzuchtstationen wie in Norddeich und Friedrichskoog beobachten.

Fische

Das Watt ist auch **Kinderstube für viele Fischarten** wie Seezungen, Schollen oder Flundern, die in den von der Sonne beheizten flachen Prielen und Pfützen schnell aufwachsen. Andere Arten wie Horn- und Butterfische, Seenadeln und -skorpione sind nur zu bestimmten Jahreszeiten Gäste des Watts. Vor allem die Priele waren für die Küstenfischer früher von besonderem Interesse, konnten doch hier vor allem Aale, Schollen und Krabben gefangen werden. Heute werden Fische, Krebse und Krabben per Kutter eher vor den Küsten gefischt oder auf hoher See.

Vögel Die deutsche Nordseeküste ist ein weltweit bedeutendes Gebiet für Zugvögel wie Ringelgänse, Alpenstrandläufer oder den Knutt. Vögel, die dauerhaft an der Küste leben, sind z. B. Austernfischer, Säbelschnäbler, Rotschenkel und diverse Entenarten. Typische Seevögel wie Lach-, Herings- oder Silbermöwe sowie Seeschwalbenarten lassen sich an vielen Stellen beobachten.

Bevölkerung · Wirtschaft

Dünn besiedelt Der Landstrich entlang der Küste gehört, abgesehen von den größeren Städten wie Bremerhaven, Wilhelmshaven oder Cuxhaven, zu den schwach besiedelten Regionen Deutschlands.

Friesen und Dithmarscher Es lassen sich zwei Bevölkerungsgruppen unterscheiden: die Friesen und die Dithmarscher. Die Friesen, ursprünglich Seeleute und Fischer, gliedern sich grob in **Ostfriesen**, die das Land zwischen Dollart und Jadebusen besiedeln, und die schleswig-holsteinischen **Nordfriesen**. Es gibt jedoch mehrere regionale Untergruppen mit kulturellen und sprachlichen Unterschieden, deren Ursprünge auf historische friesische Stämme zurückgehen. Die **Dithmarscher** kamen aus Sachsen an den südlichen Teil der schleswig-holsteinischen Küste zwischen Elbe und Eider und betrieben Landwirtschaft.

Sprache Neben der niederdeutschen Mundart, dem »Platt« mit seinen regionalen Ausprägungen, hat sich **das Friesische** erhalten, dessen Vorform, Altfriesisch, zwischen dem 13. und 16. Jh. Handels- und Rechtssprache war. Mit dem Aufstieg der Hanse wurde es jedoch vom Niederdeutschen abgelöst.

Ostfriesland ► In Ostfriesland haben sich nur wenige Sprachinseln erhalten. Seit einigen Jahrzehnten bemüht man sich verstärkt um den Erhalt und die Erforschung der ostfriesischen Sprache.

Nordfriesland ► Die sprachlichen regionalen Unterschiede waren in Nordfriesland vielfältiger als in Ostfriesland. Trotzdem zählt man heute nur noch neun lebende nordfriesische Dialekte, die sich untergliedern in Insel- und Festlandfriesisch. Doch auch hier setzte sich vielerorts Niederdeutsch durch. Heute schätzt man die Zahl der Friesisch Sprechenden in Schleswig-Holstein auf rund 10 000 Personen. Sie bemühen sich, ihre Sprache als Schulfach zu etablieren; es gibt friesische Zeitungen, Radiosendungen, Theatergruppen und zweisprachige Ortsschilder. In Bredstedt erforscht das Nordfriisk Instituut das Friesische.

Bremerhaven ist die wichtigste Drehscheibe für den Export deutscher Autos.

Wirtschaft

Strukturschwach

Die Wirtschaftsstruktur an der deutschen Nordseeküste ist geprägt von unzähligen klein- und mittelständischen Betrieben; Großbetriebe machen nur rund ein Prozent aus.

Tourismus

Seit dem Aufkommen des Badewesens im 18. Jh. hat sich der Tourismus zum **Hauptwirtschaftsfaktor** entlang der deutschen Nordseeküste entwickelt. Viele Bade- und Kurorte leben ausschließlich von den Urlaubern. Jedoch gibt es Unterschiede: Während der Anteil Erholungsuchender in Niedersachsen in den letzten zehn Jahren um 7,1 % gestiegen ist, musste die Nordseeküste Schleswig-Holsteins einen Rückgang von 6,7 % verkraften. Hauptziele der Urlauber in Niedersachsen sind die Ostfriesischen Inseln, in Schleswig-Holstein die Nordseeinseln Amrum, Sylt, Föhr, Pellworm, die Halligen sowie St. Peter-Ording.

Landwirtschaft

Das Hinterland der Küste ist bis heute von Landwirtschaft geprägt. Auf den Kögen dominiert die **Rinder- und Schafzucht** mit entsprechender Milchwirtschaft; auf den fetten Marschen Dithmarschens der Kohlanbau. 80 Millionen Kohlköpfe, vor allem Weißkohl, Rotkohl und Wirsing, wachsen hier jährlich im **mit 2800 ha größten europäischen Kohlanbaugebiet**, das alljährlich bei den Dithmarscher Kohltagen auch zwei Kohl-Regentinnen wählt. Neben Kohl werden auch Zuckerrüben, Getreide, Raps und Gemüse angebaut.

Fischerei

Noch heute werden mit insgesamt 3,5 Mio. t Fisch – Hering, Makrele, Kabeljau und Scholle – 5 % des Weltfischfangs aus der Nordsee gezogen. Während in den Niederlanden und Dänemark die Fischerei

Zahlen und Fakten Deutsche Nordseeküste

Nordseeanrainer: Bundesländer und Landkreise

- Niedersachsen: Aurich, Wittmund, Friesland, Wesermarsch, Cuxhaven, Emden (kreisfrei), Wilhelmshaven (kreisfrei)
- Schleswig-Holstein: Dithmarschen, Nordfriesland, Helgoland (zum Kreis Pinneberg)
- Bremen: Bremerhaven
- Hamburg: Neuwerk und Scharhörn

Fläche

- Gesamtfläche der oben genannten Kreise: 9242 km²

Einwohnerzahl

- Gesamteinwohnerzahl der oben genannten Kreise: 1 204 942
- Größte Gemeinde: Bremerhaven (116 640 Einw.)
- Kleinste Gemeinde: Neuwerk (36 Einw.)

Religion

- 75 % evangelisch

Seehandel (Güterumschlag 2007)

- Bremerhaven: 69 Mio. t (davon 48,7 Mio. t Container und 2,07 Mio. Stück Kfz)
- Wilhelmshaven: 42,7 Mio. t
- Brunsbüttel: 9,4 Mio. t
- Emden: 5,7 Mio. t (davon 997 000 Stück Kfz)
- Nordenham: 3,8 Mio. t
- Cuxhaven: 1,8 Mio. t

Fischereierträge (2005)

- Niedersachsen: 15 500 t (davon 7600 t Krabben)
- Schleswig-Holstein: 23 000 t (davon 8000 t Krabben), 5000 t Miesmuscheln
- Zum Vergleich: Dänemark: 1 Mio. t, Niederlande: 520 000 t

noch ein wichtiger Wirtschaftszweig ist, hat sie an der deutschen Nordseeküste wegen drastisch gesunkener Fangquoten **kaum noch Bedeutung**. So sind in Büsum, von wo 1950 noch 120 Kutter ausliefen, heute nur noch rund 30 Kutter zu finden. Stattdessen wird Fisch in Aquakulturen gezüchtet. Neue Wege beschreitet Büsum auch bei der Verwertung des Fangs: Wurden die Krabben früher hauptsächlich zum Verzehr noch handgepult, werden heute ihre Schalen in einer Chitosan-Anlage zu medizinischen Zwecken verarbeitet.

Industrie

Die **Industriedichte ist gering**; industrielle Zentren von Bedeutung sind vor allem Husum, Wilhelmshaven, Bremerhaven und Emden mit dem Volkswagenwerk. In Küstennähe gibt es gleich mehrere Betriebe der Lebensmittel verarbeitenden Industrie: Die Firmen Frosta und Iglo aus Bremerhaven sind europäische bzw. deutsche Marktführer bei Tiefkühlkost.
Als Jobmotor der Zukunft wird gezielt die marine Biotechnologie ausgebaut. Ein wichtiger großer Arbeitgeber im Hinterland ist die Meyer-Werft in Papenburg im Emsland, einer der führenden Hersteller für Luxus-Kreuzfahrtschiffe.

Energiewirtschaft

Die Region eignet sich wie nur wenige andere Landstriche in Deutschland für die Gewinnung von **Windenergie**. Elektrischen Strom aus Windkraft erzeugen der Jade-Windpark in Wilhelmshaven, Tausende weiterer Windräder an Land sowie zukünftig bereits genehmigte Offshore-Windparks außerhalb der 12-Meilen-Zone, die bis 2010 ans Netz gehen sollen. Durch den Ausbau der Windenergiegewinnung auf See können, so ein Gutachten der Bundesregierung, bis 2030 rund 15 % des gesamten deutschen Stromverbrauchs gedeckt werden. Viele kleinere und mittelständische Unternehmen beschäftigen sich mit Windanlagenbau.
Das **Erdölfeld Mittelplate** vor der Dithmarscher Küste erbringt mit zwei Millionen Tonnen Jahresförderung rund 54 % der gesamtdeutschen Erdölproduktion; verarbeitet wird das Rohöl in der Erdölraffinerie Hemmingstedt. An **Erdgas** werden an der deutschen Nordseeküste jährlich rund 17 Milliarden m^3 gefördert.

Seehandel und Häfen

Der Handel auf der Nordsee zählt mit 420 000 Verschiffungen pro Jahr zu den lebhaftesten der Welt. Leer ist daher der zweitgrößte deutsche Reedereistandort nach Hamburg; dank der Schifffahrtsstraßen Elbe, Weser und Ems sind die großen Häfen an der niedersächsischen Nordseeküste weiterhin ein bedeutender Wirtschaftsfaktor. In **Emden** werden hauptsächlich Kraftfahrzeuge (Volkswagen), Erze, Forstprodukte und Flüssigkreide verschifft, während **Wilhelmshaven** vor allem als größter deutscher Erdöl- und Marinehafen Bedeutung hat und in Zukunft durch den **Bau des JadeWeserPorts** (voraussichtlich bis 2010) einziger Containerhafen der deutschen Nordseeküste wird, der zudem auch von künftigen Containerschiffgenerationen angefahren werden kann.
Der Containerterminal vom **Bremerhaven** bildet die größte Stromkaje der Welt; zudem ist die Hafenstadt an der Weser großer Standort der Marine und Drehscheibe für die weltweiten Exporte der deutschen Automobilindustrie. **Nordenham** am linken Weserufer ist als Hafen für Erzimporte und die dortigen weiterverarbeitenden Betriebe ein wichtiger Standort; **Cuxhaven** macht sein Hauptgeschäft mit Containern und Stückgut und ist außerdem Ablegehafen der England-Fähren. Als einziger schleswig-holsteinischer Nordseehafen ist **Brunsbüttel** von Bedeutung.

Geschichte

Die Römer bedauerten die Menschen an der frischen See, die Friesen kämpften dennoch Jahrhunderte für ihre Freiheit. Nur bittere Armut vertrieb sie aus ihrer Heimat. Als das Baden in Mode kam, drehte der Wind: Die Nordsee etablierte sich als Ziel für den Sommerurlaub.

Frühzeit bis Zeitenwende

10 000 v. Chr.	Die Britischen Inseln und Norddeutschland sind eine zusammenhängende Landmasse.
2000 v. Chr.	Die Nord- und Ostfriesischen Inseln entstehen.
120 v. Chr.	Kimbern, Teutonen und Ambronen ziehen nach Süden.

Erste Besiedlung

Um 10 000 v. Chr. waren sowohl die Britischen Inseln als auch die deutschen Nordseeinseln noch mit dem Festland verbunden. Durch das Abschmelzen der Gletscher der letzten Eiszeit stieg der Wasserspiegel jedoch kontinuierlich an, erreichte ungefähr 2000 v. Chr. die heutige friesische Küste und ließ die vorgelagerten Inseln entstehen. Frühe Funde deuten lediglich auf nomadisierende Fischer und Jäger hin, die das Gebiet durchstreiften. In der Steinzeit entstanden wohl die frühesten menschlichen Siedlungen, aus der Jungsteinzeit sind an der Nordseeküste zahlreiche Megalithgräber (Bild umseitig) erhalten.

Germanen

Die ursprünglich in Jütland ansässigen germanischen Völker der **Kimbern, Teutonen und Ambronen** beherrschten in der Bronzezeit den Nord- und Ostseeraum zwischen Südschweden, Mecklenburg und Friesland. Grabfunde lassen auf den Reichtum der damaligen Bevölkerung schließen und tatsächlich spielten die Küstenbewohner eine bedeutende Rolle im Seehandel mit dem Mittelmeerraum. Das letzte Jahrtausend v. Chr. verzeichnet eine Klimaverschlechterung und einen Anstieg des Meeresspiegels. Die Lebensgrundlagen waren zunehmend bedroht. Wahrscheinlich nach einer verheerenden Sturmflut um 120 v. Chr. verließen die Kimbern, Teutonen und Ambronen die Küstenregion. Nur einzelne Stämme wie die **Chauken** widerstanden dem ungünstigen Klima.

Römer

Im Verlauf der Germanenzüge des **Drusus** kamen dann kurz vor der Zeitenwende auch die Römer in die nördlichen Gefilde. Wie **Plinius d. Ä.** eindrücklich beschrieb, fanden sie hier jedoch sehr unwirtliche Verhältnisse vor:
»Eine Gegend, von der es zweifelhaft ist, ob sie zum Land oder zum Meer gehört. Dort bewohnt ein beklagenswertes Volk hohe Erdhügel. Es ist ihnen nicht vergönnt, Vieh zu haben. Aus Schilfgras und Binsen flechten sie Stricke, um Netze für die Fische daraus zu fertigen. Indem sie Schlamm am Wind trocknen [gemeint ist Torf], erwärmen sie ihre Speisen und die vom Nordwind erstarrten Glieder.«
Auch weil ihre Kräfte durch die Konflikte mit den Kimbern und Teutonen gebunden waren, errichteten die Römer an der Nordseeküste keine dauerhafte Herrschaft.

← *Werbung für den Urlaub am Meer: In den 1950er-Jahren brachen für Borkum bessere Zeiten an.*

Die Friesen

um 600	Die niederländischen Friesen wandern ein.
785	Karl der Große unterwirft das östliche Friesland.
seit 1156	Jährliche Treffen der Stammesvertreter in Upstalsboom
1227	Festlegung der Eider als Grenze zu Dänemark
1362	Die Marcellusflut (»Grote Mandränke«) fordert 160 000 bis 200 000 Opfer.
14./15. Jh.	Große Zeit der Seeräuberei

Ein Volk, viele Fürsten

Um 600 n. Chr. stießen aus den Niederlanden kommende friesische Volksstämme in das nur wenig besiedelte Land vor. Um 700 n. Chr. gelang es **König Radbod** (679–719), diese Stämme zu einigen und ein friesisches Großreich zu schaffen, das jedoch nur bis zur Weser reichte. So blieb die Macht vieler Stammesfürsten groß, auch, nach dem Karl der Große das östliche Friesland seinem fränkischen Reich einverleibt hatte. Bis um 1100 erschlossen die Friesen dann die ge-

Im Denghoog, einem vorgeschichtlichen Ganggrab auf Sylt

samte Nordseeküste bis ins südliche Dänemark, zu dessen Herrschern sie meist freundschaftliche Kontakte pflegten.

Freie Friesen

In dieser Konstellation zwischen dem Heiligen Römischen Reich und den Dänenkönigen hielten sich **zahlreiche autonome Stammesgebiete** bis gegen Ende des Mittelalters, gerieten jedoch zunehmend unter den Einfluss mächtiger Häuptlingssippen. Dennoch bestanden die einzelnen Stämme auf ihrer althergebrachten Autonomie und hielten an vordemokratischen Rechtsformen fest. Legendär wurde **Upstalsboom**, wo sich seit 1156 friesische Stammesvertreter jährlich trafen. Ein Ort in der Nähe von Rahe bei Aurich, der seit 1833 als Upstalsboom bezeichnet wird, kann jedoch höchstens die ungefähre Lage der historischen Versammlungsstätte markieren. Die Tinnumburg bei Tinnum auf Sylt wurde vermutlich schon um Christi Geburt gebaut und im 9. Jh. von Wikingern oder Friesen genutzt.

◄ Konsolidierung der Städte und Herrschaftsgebiete

In Ostfriesland stiegen **Emden und Jever** dank ihrer Lage an den Hauptverkehrswegen nach Westfalen und Sachsen zu wichtigen Handelsplätzen auf. Im Norden avancierte Adolph I. von Schauenburg 1111 zum Grafen von **Holstein**, das die Dänen unter Knud VI. 1203 eroberten; Friede kehrte wieder ein, als 1227 die Eider als Grenze festgelegt wurde.

Dithmarscher Bauernrepublik

Südlich der Eider blieb **Dithmarschen** seit der Ansiedlung sächsischer Stämme im 5. Jh. von der friesischen Entwicklung unberührt. Von 1434 bis 1559 dauerte die Ära der Dithmarscher Bauernrepublik, einer Zeit, in der sich die reichen Bauern dieser Gegend selbst regierten, unabhängig von den Fürsten. Noch im Jahr 1500 konnten die Dithmarscher ihr Gebiet in der legendären Schlacht von Hemmingstedt gegen eine dänische Übermacht behaupten. 1559 unterlagen sie einer Allianz der dänischen und holsteinischen Fürsten, Dithmarschen wurde geteilt.

Große Namen

Überragende friesische Häuptlingspersönlichkeiten waren **Edo Wimken d. Ä.**, der ab 1383 in Rüstringen, heute ein Stadtteil von Wilhelmshaven, seine legendäre Siebethsburg zur Festung ausbauen ließ. Im westlichen Ostfriesland herrschte die Häuptlingssippe der **tom Brok**. Deren große Machtentfaltung ließ bald den Freiheitswillen der Friesen wieder erstarken: So schlossen sich 1430 um **Enno Cirksena** sieben Stämme zu einem Freiheitsbund zusammen und es begann eine neue Ära: Der Kaiser ernannte den Sohn Ennos, Ulrich Cirksena, 1454 zum Reichsgrafen in Ostfriesland. Damit stand das gesamte Land zwischen Weser und Ems unter einheitlicher Herrschaft. Der letzte große Friesenhäuptling war **Edo Wimken d. J.**, dessen Sippe nach dem Verlust der Siebethsburg an die Hanse nach Jever umsiedelte. Sein Haus war durch Heirat mit dem Grafengeschlecht von Oldenburg verbunden, das seit dem 11. Jh. ständig im Streit mit den friesischen Stämmen lag. Unter Edo d. J. und dem legendären **Fräulein Marie von Jever**, seiner Tochter und Nachfolgerin, erlebten die

Stadt und das zugehörige Land eine Blüte. Mit ihrem Tod 1575 endete in Ostfriesland die große Zeit der Stammesherrschaften. Divergierende Interessen zwischen den Stämmen hatten verhindert, dass Friesland als ein einheitliches Gebiet in die Neuzeit starten konnte.

Unruhe von außen

Außer mit inneren Zwistigkeiten hatten die Friesen auch mit Unruhe von außen zu kämpfen: Zum einen mussten sie sich lange gegen die Angriffe der Wikinger wehren, zum anderen widersetzten sie sich hartnäckig den Missionierungsversuchen von Ludger und Willehad, die im Auftrag Karls des Großen ins Land kamen. Doch auf Dauer ließen sie sich überzeugen und es entstanden die ersten Kirchen, meist auf künstlich angelegten Erdwällen (Wurten), und oft an Orten heidnischer Kultstellen. Zu Beginn des zweiten Jahrtausends reichten die Erdwälle als Schutz gegen die immer heftigeren Sturmfluten nicht mehr aus. Die Küstenbewohner begannen, Deiche zunächst um ihre Dörfer zu ziehen, später vereinigte man die eigenen Kräfte mit denen der Nachbarn zu größeren Deichbaumaßnahmen: Der Bau am **»Goldenen Ring«**, einem durchgehenden Deich, der bis heute die deutsche Nordseeküste schützt, begann um 1200.

Armut

Der Ära der friesischen Regionalherrschaften folgten schwere, von **Naturkatastrophen** und großer Armut geprägte Jahre. Nach der verheerenden Marcellusflut im Jahr 1362 (»Grote Mandränke«), die zur Ausbildung von Dollart und Jadebusen geführt hatte, forderten die Fluten von 1634 und an Weihnachten 1717 erneut unvorstellbar viele Opfer. Zahlreiche Ostfriesen zogen in die Moorgebiete im Landesinneren, wo sie zwar sicher waren, doch nur eine **ärmliche Existenz** führen konnten. Der Großteil der Bevölkerung bestand aus besitzlosen Landarbeitern, die lediglich für ein Dach über dem Kopf und notdürftige Verpflegung bei den wenigen Großbauern arbeiteten. Nur in den Residenz- und Handelsstädten wie Emden, Jever oder Husum entwickelte sich bürgerlicher Wohlstand.

Seeräuber

Klaus Störtebeker ►

Im 14. / 15. Jh. hatte die Seeräuberei an der Nordsee ihre große Zeit: Mehrere Banden, von denen die Truppe Klaus Störtebekers (►Baedeker Special S. 248) die berühmteste ist, kontrollierten die gesamte Küste, brachten Handelsschiffe auf und raubten sie aus. Die Inseln und zahlreichen Küstenbuchten boten reichlich Unterschlupfmöglichkeiten. Die **Friesen verbündeten sich oft mit den Seeräubern**, sahen sie doch in der Hanse, die den Ost- und Nordseehandel kontrollierte, einen gemeinsamen Gegner. So soll z. B. Edo Wimken d. Ä. Störtebeker öfters auf seiner Siebethsburg als Gast begrüßt haben. Auch Widzel aus dem Geschlecht der tom Broks machte gemeinsame Sache mit dem legendären Seeräuberführer, indem er Marienhafe als Unterschlupf ausbaute und befestigte. Das Ende Störtebekers und seiner Kampfgenossen bekamen auch seine Freunde zu spüren: Die vereinigten Hansekräfte machten Jagd auf alle Anhänger der Piraten, so wurde z. B. 1435 die Siebethsburg belagert und geschleift.

Unter den Preußen

1744	Ostfriesland schließt sich Preußen an.
1864	Nach dem Deutsch-Dänischen Krieg wird auch Nordfriesland preußisch.
um 1850	Beginn des Bädertourismus
1895	Eröffnung des Nord-Ostsee-Kanals

Nach dem Dreißigjährigen Krieg, unter dem Ostfriesland sehr zu leiden hatte, traten **die ostfriesischen Stände** immer selbstbewusster ihrem Fürsten entgegen, was 1726 sogar in den »Appell-Krieg« mündete. Vor allem von der Stadt Emden vorangetrieben, schloss sich Ostfriesland schließlich 1744 nach dem Tod des letzten Cirksena dem Königreich Preußen an. Nordfriesland stand hingegen unter dänischer, schleswig-holsteinischer und erst seit 1864 als Folge des Deutsch-Dänischen Kriegs dann auch unter preußischer Herrschaft. Die nach wie vor herrschende große Armut, die sozialen Probleme sowie der drohende preußische Militärdienst veranlassten viele Friesen um die Mitte des 19. Jh.s zur **Auswanderung nach Amerika**.

Beim Schöpfwerk an der Knock wurde Friedrich II., der sich für Küstenschutz und Besiedlung der Moore stark gemacht hatte, ein Denkmal gesetzt.

Bescheidener Wohlstand

Erst mit der Industrialisierung begann allmählich der Aufschwung. **Großprojekte** wie der Ausbau Bremerhavens zum Auswandererhafen, der Bau des 1895 eröffneten Nord-Ostsee-Kanals sowie der 1899 eingeweihte Dortmund-Ems-Kanal oder die Gründung des Marinestandorts Wilhelmshaven brachten Arbeitsplätze. Doch während die Ansiedlung von Werften, großen Handels- und Seefahrtsgesellschaften, von Marine und Industrie manchen einen bescheidenen Wohlstand brachte, verschärften sich zugleich auch die sozialen Probleme der Arbeiterfamilien.

In den kleinen Küstenorten entwickelten sich Mitte des 19. Jh.s die ersten Seebäder, doch erst um die Jahrhundertwende kam es durch den Ausbau der Bahnlinien zur **Konjunktur der Badeorte**.

Im 20. Jahrhundert

1914–1918	Küstenorte und Häfen werden befestigt.
1920er-Jahre	»Mondäne« Ära der Badeorte
1939–1945	Luftangriffe u. a. auf Emden, Wilhelmshaven und Bremerhaven
1986/1990	Gründung der Nationalparks Niedersächsisches (1986), Hamburgisches und Schleswig-Holsteinisches Wattenmeer (beide 1990)

Urlauber und Militärs

Den ersten großen Einbruch in den noch jungen Wirtschaftsfaktor Tourismus verursachte der **Erste Weltkrieg**: Die Inseln, zahlreiche Küstenorte und die großen Häfen waren von strategischer Bedeutung und wurden teilweise zu Festungen ausgebaut. Die Badegäste blieben aus – auch in den ersten Nachkriegsjahren – und damit auch der dringend benötigte Verdienst der Küstenbewohner. Erst in den »Goldenen Zwanzigern« erlebte der Bädertourismus einen immensen Aufschwung. Vor allem die Inseln Helgoland und Sylt zogen **mondäne Badegäste** an. Zunächst trafen sich neben der High Society aus Industrie und Gesellschaft die Berühmtheiten aus Kunst und Kultur, später die Politprominenz des Dritten Reichs.

Im Dritten Reich

Nach der Machtergreifung der Nationalsozialisten flossen ungeheure Summen in den Ausbau Wilhelmshavens zum ersten Marinehafen, in das Festungsprojekt Helgoland und sonstige strategische Projekte an der Küste. Dazu wurden auch Zwangsarbeiter in großer Zahl eingesetzt. Im Zweiten Weltkrieg richteten sich die **Bombenangriffe der Alliierten** vor allem gegen die militärstrategisch interessanten Ziele wie Emden, Wilhelmshaven, Helgoland oder Wangerooge. Bremerhavens Hafenanlagen blieben weitgehend verschont, da sie den Alliierten nach Kriegsende als Drehscheibe für Nachschub und Versorgung dienen sollten.

Das Ringen ums richtige Gewicht ist schon lange Thema: öffentliches Wiegen am Strand von Norderney im Jahre 1910.

Seeurlaub für jedermann

Nach dem Krieg wurden zahlreiche Flüchtlinge, vor allem aus Ostpreußen, Pommern und Schlesien, in den 1946 neu gegründeten Ländern Schleswig-Holstein und Niedersachsen einquartiert, doch die strukturschwache Küstenregion konnte diesen Zustrom kaum bewältigen. Zwar wurde bald in den Wiederaufbau investiert, neue Arbeitsplätze entstanden, doch weite Landstriche blieben wie gehabt von den spärlichen Erträgen aus Fischfang oder Landwirtschaft abhängig. Nur langsam kam der Tourismuswieder in Gang: Ein neuer Urlauberboom machte sich erst mit dem Wirtschaftswunder an der deutsche Nordseeküste bemerkbar. In den folgenden Jahren entstanden viele Campingplätze, später Ferienhaussiedlungen und unzählige Privatquartiere.

Beliebte Tourismusregion

Die touristische Infrastruktur wurde bis heute kontinuierlich ausgebaut: Viele Orte erhielten ihren Status als Bade- oder Kurort, Strand- und Kuranlagen entstanden. Jüngste Attraktionen sind das Sylt-Aquarium auf Westerland und das Auswanderermuseum in Bremerhaven. Lange wurde aber Raubbau an der Natur betrieben: Umwelt- und Wasserverschmutzung, der Bau von Industrieanlagen, nicht zuletzt die hohen Touristenzahlen im Sommer schädigten das Ökosystem entlang der Küste. Seit der Einrichtung der **Nationalparks Niedersächsisches, Hamburgisches und Schleswig-Holsteinisches Wattenmeer** Mitte der 1980er-Jahre konnte sich die Natur vielerorts erholen.

Kunst und Kultur

Eigenständige Baudenkmäler sind die friesischen Bauernhäuser mit ihren mächtigen reetgedeckten Dächern. Auch das Land selbst hat es Künstlern angetan, wie die Werke von Emil Nolde und anderen zeigen. Lebendig wird friesische Kultur, wenn die Seemannschöre und Trachtengruppen auftreten.

Architektur

Megalithgräber

Die ältesten menschlichen Bauten an der deutschen Nordseeküste sind beeindruckende, **bis zu 5500 Jahre alte Megalithgräber**. Die aus riesigen Findlingen zusammengesetzten Ganggräber geben heute noch Rätsel auf, da nicht geklärt ist, wie die Steine bewegt und aufeinandergesetzt wurden. Das größte, der Denghoog, befindet sich auf Sylt in der Nähe von Wenningstedt; seine Grabkammer ist mit 15 m² eine der größten in Nordeuropa.

Kirchen

Schon im Altertum schütteten die Menschen künstliche Erdhügel zum Schutz ihrer Häuser vor den Sturmfluten auf. Diese Wurten oder Warften wurden nach der Christianisierung zu Bauplätzen für Kirchen, von denen noch viele erhalten sind. Seit dem 12. Jh. verwendete man zunächst Findlinge oder behauene Granitquader, später Tuffstein, der aus dem Süden herbeitransportiert wurde. Nachdem die Backsteinproduktion verbessert worden war und sich die heimischen Produkte durch besondere Festigkeit auszeichneten, baute man daraus die Kirchen. Sie lagen meist auf dem höchsten Punkt der Wurt und waren von einer massiven Mauer umgeben. Kirchhof und Kirche boten Mensch und Vieh in kriegerischen Zeiten oder bei Unwettern **Zuflucht**. In den Küstenorten dienten die meist frei stehenden Kirchtürme den Schiffern als **Orientierungshilfe**.

Häuptlingsburgen und Bürgerhäuser

Erst gegen Ende des Mittelalters entstanden repräsentativere weltliche Gebäude wie die Häuptlingsburgen der führenden Sippen. Als Ruine kann heute die **Siebethsburg** in Wilhelmshaven besichtigt werden. Größere Anlagen wie Wasserburgen oder Schlösser entstanden erst im 16. Jh., so z. B. in Jever oder Dornum. In Städten wie Emden, Jever, Otterndorf, Glückstadt, Friedrichstadt oder Husum, die vor allem dank des Handels rasch an Bedeutung gewannen, entwickelte sich im 16. und 17. Jh. eine bürgerlich geprägte Architektur: Repräsentative Rats-, Kaufmanns- und Wohnhäuser aus Sand- oder Backstein mit zahlreichen Fenstern, reich verzierten Giebeln und Schmuckelementen waren Ausdruck des Bürgerstolzes, ohne jedoch an die hanseatische Prachtentfaltung heranreichen zu können.

Friesenhäuser

Prägend für die norddeutsche Küstenlandschaft sind die beachtlichen reetgedeckten Bauernhäuser, von denen man – je nach Region – unterschiedliche Bautypen vorfindet. Beim **nordfriesischen Ständerhaus** (► 3 D-Folder S. 36) lastet die Konstruktion auf dicken Holzbalken, den sogenannten Ständern. Hinter dem Giebel an der Längsseite des Hauses befindet sich der Flur, der das Haus in Wohn- und Stallteil trennt.

← *Der »Königspesel« auf Hooge zeigt die Verkleidung mit blauweißen Fliesen in der guten Stube der Nordfriesen.*

NORDFRIESISCHES STÄNDERHAUS

Zum Landschaftsbild Nordfrieslands gehören reetgedeckte Friesenhäuser, von denen die ältesten noch erhaltenen aus dem 17. Jh. stammen. Besonders schöne Beispiele, die oft von wohlhabenden Kapitänen erbaut wurden, finden sich in Keitum auf Sylt.

① Ständerkonstruktion
Tragendes Element sind nicht die Mauern, sondern die Balken (mitunter ausgediente Schiffsmasten). So blieb bei Sturmfluten, wenn die Mauern bereits eingedrückt waren, das auf den Ständern ruhende Dach als erhöhter Zufluchtspunkt erhalten.

② Mauerwerk
Das Fundament wurde meist aus Feldsteinen aufgebaut, die Mauern aus Backstein.

③ Reetdach
Traditionell wird dieses aus einer 35 cm dicken Schicht Reet gefertigt, das bis Mitte der 1950er-Jahre aus der Marsch der friesischen Inseln geholt wurde. Heute wird es aus Österreich, Polen und vor allem Ungarn importiert. Die Lebensdauer der Dächer liegt zwischen 50 und 70 Jahren. Wegen der Brandgefahr und der Kosten, die für ein Reetdach etwa dreimal so hoch sind, werden heute immer mehr Häuser mit Hartdächern ausgestattet. Erst seit der Walfängerzeit sind die Dachböden als Lagerraum bzw. als Fluchtort bei Sturmfluten ausgebaut.

④ Flur
Hinter dem Giebel an der Längsseite des Hauses befand sich der Flur. Er trennt den Stallbereich von den Wohnräumen.

⑤ Wirtschaftstrakt
Stall, Kammer und Dreschtenne lagen meist auf der Windseite im Westen, um die Wohnräume wärmer zu halten.

⑥ Wohnteil
Das Leben spielte sich, nicht zuletzt wegen Wind und Wetter, zumeist in den Innenräumen ab. Die Wohnräume für den Alltag bestanden aus Kööv (Alltagswohnraum), Kellerkammer (der Raum über dem einzigen Kellerraum des Hauses) und Kööken (Küche) mit Speisekammer, offener Feuerstelle und Herd.

⑦ Schlafgelegenheit
In der Küche und im Wohnraum gab es in die Wand eingelassene Betten, sogenannte Alkoven. Da mehrere Generationen unter einem Dach lebten, war der Raum knapp. In den Alkoven schliefen meist zwei Erwachsene mit bis zu vier Kindern.

⑧ Pesel
Die »Gute Stube« wurde für besondere Anlässe genutzt und diente zum Repräsentieren. Reiche Kapitäne beispielsweise kleideten die Wände mit teuren Fliesen aus und brachten von ihren Fahrten Hausschmuck, Möbel, Delfter Keramik oder chinesisches Porzellan mit. Berühmt für seine feine Ausstattung ist der Königspesel von Hooge (Bild S. 34).

Nordfriesisches Ständerhaus Orientierung

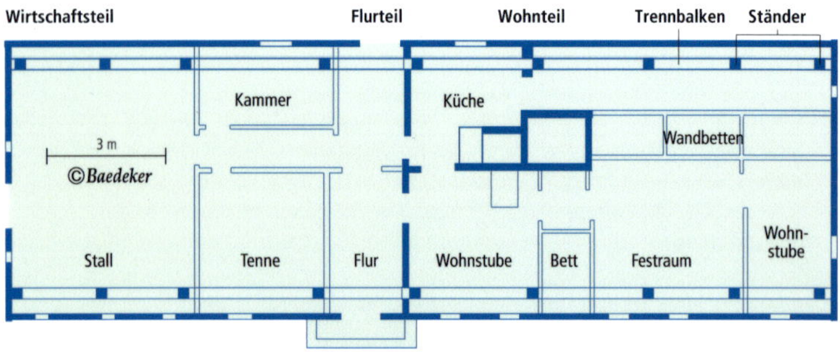

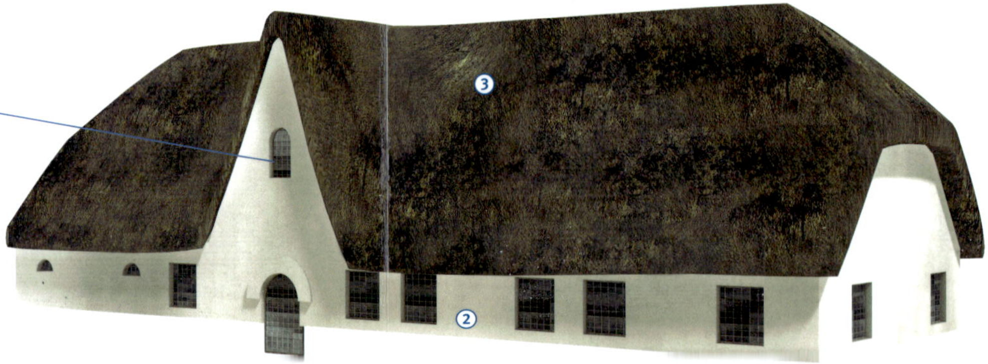

Charakteristisch sind die hohen, spitzen Giebel über der Eingangstür, deren Fenster als Notausgang dienen konnten: Von Reetdächern ging, bevor es Imprägnierungen gab, eine erhöhte Feuergefahr aus.

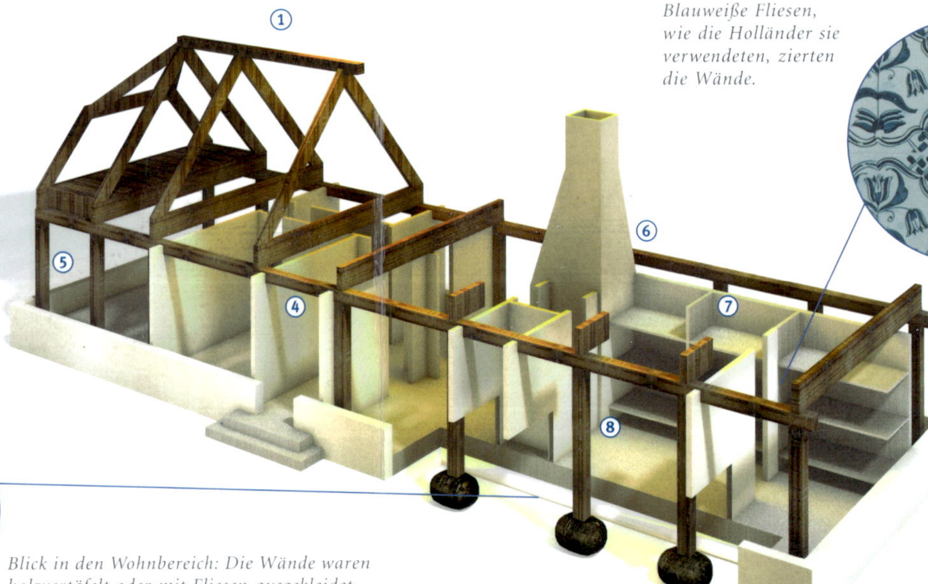

Blauweiße Fliesen, wie die Holländer sie verwendeten, zierten die Wände.

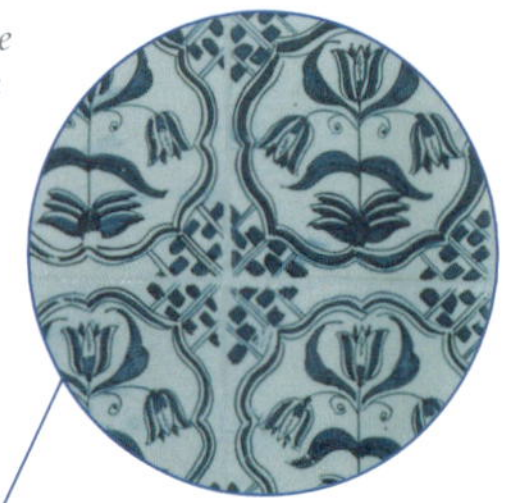

Blick in den Wohnbereich: Die Wände waren holzvertäfelt oder mit Fliesen ausgekleidet, die Holzdecken bemalt. Zu den Einrichtungsgegenständen zählte auch eine Truhe für Wäsche. Geschirr wurde in einem kleinen Wandschrank aufbewahrt.

Gulfhaus und Haubarg Ein charakteristischer Haustyp der Marschen und Ostfrieslands sind die Gulfhäuser, deren Grundkonstruktion ebenfalls von Ständern getragen wird und große Ähnlichkeit mit dem sogenannten Haubarg-Typ Nordfrieslands aufweist: Hinter hohen Giebelwänden aus Fachwerk wird im Raum zwischen den inneren Zentralständern bis unter den First Heu gelagert, während der Raum zwischen Ständern und Außenwand als Stall genutzt wird. Dieser Haustyp zeichnet sich durch oftmals **geschmückte Schaugiebel** aus, in dessen Mitte sich ein großes Tor zum Einfahren des Heus befindet, während rechts und links kleinere Türen zu den Stallbereichen führen.

Backsteinhäuser Landestypisch sind die traditionellen, reetgedeckten Backsteinhäuser. Das Dach ist meist bis zum Erdgeschoss heruntergezogen und bietet so optimalen Schutz bei Sturm. **Reetdächer** besitzen hervorragende Klimaeigenschaften, sind jedoch feueranfällig.

Friesenstuben

Reich geschmückt Selbst in manch kleiner Seefahrerkate auf den Inseln ist die Wohnstube mit reichem Dekor ausgestattet. Auch auf den Großbauernhöfen finden sich stattliche Stuben, die vom Wohlstand der Besitzer zeugen. Gemeinsam ist den Friesenstuben, dass ihre Wände meist vom Boden bis zur Decke **mit blauweißen Kacheln** bedeckt sind, die oft aus berühmten niederländischen Manufakturen stammen. Sie sind Schmuck, weisen darüber hinaus die Feuchtigkeit von außen ab und wirken isolierend. Bei den Kacheln wie bei anderen wertvollen Ausstattungsstücken oder kostbarem Teegeschirr handelte es sich um Mitbringsel der Seeleute von ihren Reisen.

Einbauten Für die Friesenstuben weiterhin typisch sind reich verzierte Einbauten: Betten, die Alkoven, ein Ofen und die Einbauschränke, von denen einer als Vitrine zur Schaustellung der Prunkstücke diente. Je nach Geldbeutel und Mode sind die Einbauten mit geschnitzten oder gemalten Ranken, Medaillons und Blumen dekoriert, einige wurden sogar passend zur ebenfalls bemalten Balkendecke gestaltet. Besondere Schmuckstücke waren **Truhen**, die von Generation zu Generation weitervererbt wurden. Im 18. Jh. kam eine neue Mode auf: **Wanduhren**. Besonders beliebt waren dabei Seemannsmotive wie ein auf den Wellen schaukelndes Schiff oder Meerjungfrauen.

Die gute Stube Die in Ostfriesland **Pisel** und in Nordfriesland **Pesel** genannte gute Stube erfüllte mit ihrem ganzen Prunk jedoch **fast ausschließlich Repräsentationszwecke**. Nur ausgewählten Gästen wurde hier an besonderen Tagen der Tee serviert; die Familie trank ihren Tee in der Küche, wo es sich bekanntlich ja auch viel gemütlicher klönen lässt.

Bildende Kunst und Handwerk

Sakrale Kunst

Bis in das 19. Jh. hinein blieb die Kunst an der Nordseeküste fast ausschließlich religiösen Themen gewidmet. Für Sakralbauten entstanden Gemälde, geschnitzte Altäre oder Kanzeln und Skulpturen. Während nur wenige romanische und gotische Ausstattungsstücke, meist Taufsteine, erhalten sind, ist Friesland berühmt für Werke des norddeutschen **Knorpelstils**. Er entwickelte sich ab ca. 1600 und zeichnete sich durch wulstige, kurvenreiche Ornamentverzierungen aus. Eine der bedeutendsten diesem Stil verpflichteten Bildhauerwerkstätten an der Nordseeküste geht auf **Ludwig Münstermann** (1580 – 1638) zurück. Als norddeutscher Meister des Manierismus wirkte er im oldenburgischen und Bremer Raum. Berühmt sind z. B. seine Arbeiten in der Vareler Schlosskirche und in Tossens oder Blexen, wo auch Werke seines Sohnes Johann zu finden sind.

Altar der Schlosskirche in Varel

Malerei

Im Gegensatz zu den benachbarten Niederlanden, wo schon seit der Barockzeit Hafen, Meer und Strand zum Sujet der Malerei avancierten, wurde die deutsche Nordseeküste erst Ende des 19. Jh.s von den Malern entdeckt. Jahrhundertelang bestimmten niederländische Seestücke den Kunstgeschmack, heimische Motive konnten sich nur allmählich durchsetzen.

Malende Badegäste

Zwei Malerfreunde, **Hans Peter Federsen** (1848 – 1914) und **Hinrich Wrage** (1843 – 1912), waren die Vorreiter aller malenden Nordseebesucher: Während ihrer Sylt-Aufenthalte entstanden dramatische Landschaftsgemälde im Stil des Realismus. Ihnen folgten vom Impressionismus beeinflusste Maler wie Jacob Alberts oder Robert Breyer (1866 – 1914), der den Badebetrieb auf Sylt, Amrum und Cuxhaven thematisierte. Sylt zog auch die **Worpsweder Maler** wie Fritz Overbeck (1869 – 1909), Paula Modersohn-Becker (1876 bis 1907) und Heinrich Vogeler (1872 – 1942) an, ebenso Wenzel Hablik (1881 – 1934), einen weiteren Vertreter des Jugendstils.

»Gutshof in Dangast« von Karl Schmidt-Rottluff, gemalt 1910

Nolde und »Die Brücke« Der erste große Maler, der aus Nordfriesland stammte und der Küste zeitlebens eng verbunden blieb, war Emil Nolde (1867 – 1959; ►Baedeker Special S. 46). Er gilt heute als der Künstler, dem es auf unnachahmliche Weise gelang, Licht und Farbe der Landschaft und des Meeres zum Gegenstand seiner Gemälde zu machen. Maler der Künstlergruppe **»Die Brücke«** entdeckten die Bilder Noldes und die Nordseeküste als Eckpunkte ihrer eigenen künstlerischen Entwicklung. **Karl Schmidt-Rottluff** (1884 – 1976) war der Erste, der 1907 nach Dangast reiste, um dort zu malen. Bis 1912 kam er jeden Sommer nach Ostfriesland und zog seine Malerkollegen Erich Heckel (1883 – 1970) und Max Pechstein (1881 – 1955) nach. Es entstanden zahlreiche Werke, allein von Schmidt-Rottluff sind über 300 Bilder mit Dangaster Bezügen bekannt.

Lebendiges Kunsttreiben **Friedrich Karl Gotsch** (1900 – 1984), ein Schüler Oskar Kokoschkas, siedelte sich 1950 in St. Peter an, sein Haus wurde zum Treffpunkt vieler Künstlergäste wie z. B. Max Kaus (1891 – 1977).

Franz Radziwill (1895 – 1983) zog 1923 nach Dangast und blieb dort bis zum Ende seines Lebens. Er wurde zum Mittelpunkt eines lebendigen Kunsttreibens, zu dem u. a. die Skulpturen an Strand und Deich oder das Radziwill-Haus gehören, in dem Ausstellungen stattfinden.

Exkurs: weithin bekannte Orgeln

Aus Schmalenfleth bei Brake an der Unterweser stammt einer der bedeutendsten deutschen Orgelbauer aller Zeiten: **Arp Schnitger** (1648 bis 1719). Berühmt sind vor allem seine Orgeln für die Hamburger Kirchen St. Nicolai und St. Jacobi, doch auch in Kirchen der Umgebung übte er sein Handwerk meisterlich aus. In besonders gutem Zustand ist z. B. die Schnitger-Orgel von Cappel erhalten, die ursprünglich in der Hamburger St. Johanniskirche stand und an der heute Orgelvirtuosen aus aller Welt spielen. Insgesamt existieren jedoch von rund 160 Orgeln, die der Meister baute, nur noch 32, die meisten an den Hauptwirkungsstätten in Hamburg und Niedersachsen. Auch in England, den Niederlanden, Spanien, Russland, Portugal, ja sogar in Brasilien sind Schnitger-Orgeln zu finden. Die Instrumente entsprachen den höchsten Ansprüchen des Hochbarock: Mit bis zu vier Manualen und zahlreichen Mixturen zeichneten sie sich durch eine außergewöhnliche Klangfülle aus.

Friesisches Kulturgut

Shantychöre

Shantychöre treten zwar bei jeder Volksmusikveranstaltung an der Küste auf, doch haben diese Darbietungen nur noch wenig mit dem Originalcharakter der Seemannslieder zu tun. Die ursprünglichen Shantys (engl. »chant« / franz. »chanter« = singen) **sangen die Seeleute bei ihrer anstrengenden Arbeit** auf den Segelschiffen. Die Grundstruktur besteht aus von einem Vorsänger oder einer Vorsängergruppe vorgetragenen Liedzeilen, die mit kurzen Choreinwürfen abwechseln. Die Chorstellen waren dem Arbeitsrhythmus angepasst und hatten etwa die Funktion von Kommandos: Zu »oh roll«, »haul away« oder »bring back« aus dem bekannten »My Bonnie is over the ocean« wurden Segel gehisst, Netze und Anker eingeholt oder Pumpen bedient. Andere Lieder, die eher in der Freizeit gesungen wurden und oft von einem Schifferklavier oder einer Mundharmonika begleitet waren, hatten die Sehnsucht nach der Heimat oder der Geliebten zum Thema. Die Sprache der Shantys war meist Englisch, das von der international gemischten Crew der Segelschiffe des 18. / 19. Jh.s am ehesten verstanden wurde.

! *Baedeker* TIPP

Friesen-Feeling

Zwei Liedermacher haben seit mehr als 40 Jahren mit norddeutscher Folk-Musik großen Erfolg: **Knut Kiesewetter** mit seinen »Leeder vun mien Friesenhof« und **Hannes Wader**, der neben eigenen Kompositionen viele norddeutsche Volkslieder neu interpretierte.

Trachten

Heute sind die reich verzierten friesischen Trachten nur noch im Museum oder an Festtagen zu bestaunen, wenn die Frauen die traditionellen, meist schlichten dunklen Kleider mit den kunstvoll ge-

Boßeln spielt man eigentlich auf freiem Feld, doch zum Üben tut es auch die Straße.

VOM BOSSELN UND TEETRINKEN

»Lieber tot als Sklave« lautet der Wappenspruch der Friesen. Tatsächlich hat das eigensinnige Völkchen in den abgelegenen Küstenregionen und auf den Inseln lange seine Eigenheiten behauptet: Lebendige Traditionen und skurrile Bräuche machen die Ostfriesen zu etwas Besonderem.

Eher touristisches Amüsement als ernsthafte Wettkämpfe stellen die diversen »Ostfriesen-Olympiaden« dar, deren Einzeldisziplinen auch bei manchem »Ostfriesen-Abitur« geprüft werden. Als Paradedisziplinen gelten der **Gummistiefel-Weitwurf** oder das Padstockspringen, das Überspringen eines Wassergrabens mit Hilfe einer Stange, wobei die Füße selten trocken bleiben. Regelrechte Wettkämpfe und Meisterschaften werden hingegen beim **Boßeln** ausgetragen. Zwei Mannschaften treten gegeneinander an, die aus vier Gruppen zu je fünf Werfern bestehen. Es geht darum, eine festgelegte Strecke mit möglichst wenigen Würfen einer schweren Holzkugel oder einer Gummikugel zu bewältigen. Bei der Volkssportart Boßeln folgt nach dem Ernst das Vergnügen: Geselligkeit, wärmende Getränke sowie amüsante Spielanalysen runden die Spieltage ab. Das Klootschießen ist eine urigere Variante des Boßelns: Eine fast 500 g schwere Holzkugel mit Bleikern wird dabei querfeldein über gefrorene Weiden und Felder geworfen. Da dies nur bei Dauerfrost im Winter möglich ist, muss dabei ordentlich Tee mit Rum, Grog und Korn getrunken werden. Ob der Alkoholkonsum oder die regelmäßig ausgetragenen Keilereien 1731 zum amtlichen Verbot des Klootschießens führten, ist unklar. Heute steht der Spaß im Vordergrund dieser handfesten Sportart.

Tee und Kluntje

Der echte Ostfriesentee, eine hochwertige Mischung aus kräftigem Assam- und Ceylontee, wird aus feinen Porzellantassen getrunken, die traditionell mit der rosaroten »Ostfriesischen Rose« oder einem blauweißen Zwiebelmuster verziert sind. Zunächst legt man ein Stück Kandiszucker – hier »Kluntje« genannt – in die Tasse. Darüber gießt man den relativ starken Tee, so dass sich der Kandis gemütlich-knisternd auflöst. Als Krönung gibt man einen Löffel ungeschlagene Sahne auf den Tee, aber Achtung: Umrühren gilt als Frevel! Eine echte **ostfriesische Teezeremonie** kann man in Norden im dortigen Teemuseum miterleben.

Besonders bekannt sind die Trachten der Insel Föhr.

stickten weißen Schürzen über den langen Faltenröcken tragen. Weitere Akzente setzen die bunten, oft blau bestickten Halstücher und Borten sowie die ebenfalls bestickten und perlenbesetzten Samthauben. Ausdruck des Wohlstands waren filigrane Silberarbeiten wie Knöpfe, Ketten, Spangen und Broschen, die wohlhabende Seefahrer aus arabischen Ländern mitbrachten. Sie zieren die Ärmel, vor allem aber die Bruststücke der Trachten und sind oft seit Generationen in Familienbesitz. Farbe und Schnitt der Trachten veränderten sich über die Jahrhunderte; regionale Unterschiede bestehen vor allem zwischen den einzelnen Inseln. Heute gilt die Tracht der Insel Föhr als besonders typisch und wertvoll.

Berühmte Persönlichkeiten

Wen machte Lili Marleen berühmt? Wer schuf den Timm Thaler? Welcher Ostfriese gab den »Stern« heraus? Und welcher Komiker stieg zu einem der erfolgreichsten Unternehmer an der Nordseeküste auf? Kleine Denkmäler für die, welche der Region ihren Stempel aufgedrückt haben.

Lale Andersen (1905 – 1972)

Sängerin

Lale Andersen wurde zeitlebens mit **»Lili Marleen«**, ihrem erfolgreichsten Lied, identifiziert. Sie erhielt sogar Briefe, die an Lili Marleen adressiert waren. Dabei begann die Sängerin ihre Karriere erst spät und unter ungünstigen Umständen. 1905 in Bremerhaven als Liselotte Helene Bunnenberg geboren, versuchte sie nach dem Scheitern ihrer Ehe mit dem Maler Paul Ernst Wilke 1931 als Sängerin und Schauspielerin in Berlin Fuß zu fassen. Nach einem mühsamen Beginn mit kleinen Engagements und noch kleineren Gagen wurde sie schließlich mit dem Künstlernamen Lale Andersen zum **Star des Berliner Kabaretts der Komiker**, war oft mit ihren Seemannsliedern im Rundfunk zu hören und tingelte über die Kleinkunstbühnen ganz Deutschlands. Auf Druck der Nazis musste sie nach 1933 ihr Repertoire verändern, da einige Lieder nicht der neuen politischen Linie entsprachen. Seit 1937 gehörte auch der Song »Lili Marleen« nach einem Text von Hans Leip und in der Vertonung von Norbert Schultze gelegentlich zu ihrem Programm. Als der **Soldatensender Belgrad** während des Kriegs das Lied allabendlich zum Sendeschluss brachte, war ein Welthit geboren, der für zahllose Soldaten aller Nationen ihre Hoffnung auf Überleben und Heimkehr ausdrückte. Das konnte den Machthabern nicht recht sein: Im Herbst 1942 belegte die »Reichskulturkammer« Lale Andersen mit einem **Auftrittsverbot**.

Die Laterne in »Lili Marleen« wurde zum Markenzeichen der Lale Andersen auch nach dem Krieg. Das Lied war fester Bestandteil ihrer Konzerte und ständiger Publikumswunsch, auch auf ihren Tourneen in England, Kanada und durch die USA. Doch bald konnte sie auch mit anderen Liedern wie »Ein Schiff wird kommen« ihr Publikum wieder begeistern. Sie pendelte zwischen München und ihrem Haus, dem Sonnenhof auf Langeoog. 1972 starb sie in Wien und fand auf dem Dünenfriedhof von Langeoog ihre letzte Ruhestätte.

Klaus Groth (1819 – 1899)

Schriftsteller und Förderer des Plattdeutschen

Der in Heide in Dithmarschen geborene Klaus Groth verhalf mit »Quickborn, Volksleben in plattdeutschen Gedichten dithmarscher Mundart« der neuniederdeutschen Literatur zum Durchbruch und setzte sich für die Verwendung des Plattdeutschen ein. Groth, seit 1866 Professor für deutsche Sprache und Literatur in Kiel, trat mit Lyrik und Erzählungen hervor, darunter »Vertelln« (1855 – 1858). Einige seiner Gedichte wurden von Johannes Brahms vertont. Zu seinen Dichtungen gehören heitere und schaurige Verserzählungen und Balladen, Natur- und Tiergedichte, schalkhafte Kinderlieder und Liebeslieder. Friedrich Hebbel (s. u.) lobte ihn folgendermaßen: »Ihre Tat fällt für mich um so schwerer ins Gewicht, als Sie Ihr Instrument erst zu bauen hatten, bevor Sie Ihre Melodie spielen konnten.«

← Autor James Krüss griff auch zum Pinsel und malte sich hier 1973 selbst.

LETZTER KÜNSTLER VOR DER GRENZE

Als ein Eigenbrödler, der sich mit seinen Künstlerkollegen schwertat und sich lieber in die Einsamkeit zurückzog, wird Emil Nolde (1867 – 1956) charakterisiert. Obwohl er als Maler völlig neue Wege ging und bis in die Südsee reiste, war er mit seiner Heimat tief verwurzelt: Die Farben Frieslands und das Meer kehren in seinen Bildern immer wieder.

Dänisch und Deutsch sprach der 1867 als **Emil Hansen** geborene Bauernsohn fließend, lag doch sein Geburtsort Nolde im schleswigschen Grenzgebiet. Die vom nahen Meer geprägte Landschaft, tiefe Religiösität sowie das karge Leben im Einklang von Mensch, Tier und Natur beeinflussten ihn ein Leben lang.

»Nolde studierte tagelang Farben und Natur.«

Doch schon früh wurde klar, dass sich Emil nicht wie seine Geschwister zur Landarbeit eignete. Deshalb ging er nach der Schule als Möbelschnitzer-Lehrling nach Flensburg. Es folgten 17 lange Jahre, die ihn als Kunsthandwerker und Lehrer nach Karlsruhe, München, St. Gallen und Dachau führten. Doch weder als Pädagoge noch als Kunsthandwerker fand er zu sich selbst und seiner Berufung als Maler. Als Emil Nolde sich 1901 entschloss, den Namen seines Heimatortes als Künstlernamen anzunehmen, schienen die Jahre der Unsicherheiten und Selbstfindung zu Ende. Er heiratete die dänische Schauspielerin Ada Vilstrop und bezog mit ihr eine kleine Atelierwohnung in Berlin, um als freier Künstler zu arbeiten. Die folgenden Jahre verbrachte Nolde abwechselnd auf der dänischen Ostseeinsel Alsen und in Berlin. **Wirtschaftliche Sorgen** und wiederholte Krankheiten seiner Frau belasteten das Leben, ebenso das mühsame künstlerische Schaffen: Nolde studierte tagelang Farben und Natur, rang um Inspiration, Umsetzung und Ausdruck, zerstörte aber oft

Emil Nolde (im Bild links, 1930) war ein Eigenbrödler und tat sich mit seinen Malerkollegen schwer.

unbefriedigt die fertigen Werke. Sein stark expressionistischer Stil war radikal und stand denen seiner Altersgenossen entgegen.

Freund und Feind

Umso größer war die Freude, als ihn 1906 ein Brief der neu gegründeten Künstlergruppe **»Die Brücke«** zur Mitgliedschaft einlud. Vor allem Karl Schmidt-Rottluff (Varel/Dangast) sah in Nolde einen Mitstreiter für die Revolutionierung der deutschen Kunst. Er besuchte ihn auf der Insel Alsen, fand aber nur wenig Zugang zum Eigenbrötler Nolde, der täglich in seinem Atelier einsam mit der Kunst rang. Zwar erfuhr Nolde von den Brücke-Kollegen fachliche Anerkennung, doch standen gemeinsame Diskussionen oder Malausflüge seinem Arbeitsstil entgegen.

Die **Suche nach Ursprünglichkeit** und wahren Empfindungen führte Emil Nolde 1913 / 1914 in die **Südsee**. Hier fand er, was ihn an seinen Vorbildern Gauguin und van Gogh faszinierte: Farbe als Ausdruck. Auch heute zählen Noldes Südseebilder neben den Landschaften und Naturthemen zu seinen charakteristischsten. Seine Reisen führten ihn aber immer an den Ausgangspunkt zurück, nach Nordfriesland: Nur in dieser Landschaft am Meer wollte er leben und arbeiten.

Urtümlichkeit bedeutete für ihn Inspiration – kein Wunder, dass er anfällig war für nationales Gedankengut. Früh trat er der dänischen NSDAP bei, erkannte aber bald, dass seine Arbeit wenig mit den Kunstvorstellungen der Partei zu tun hatte. Zuerst offiziell hofiert, zählte er seit 1937 zu den **»entarteten Künstlern«**: Seine Bilder wurden aus den deutschen Museen entfernt, er selbst 1941 mit einem strikten **Malverbot** belegt. Aber Emil Nolde malte weiter trotz strenger Kontrolle und Materialmangels: In einem entlegenen Raum seines Hauses entstanden auf kleinen Papierresten zahlreiche Zeichnungen und Aquarelle. Die Zeit des Malverbots lieferte Siegfried Lenz die Vorlage zu seinem Roman »Deutschstunde« (1968). In Seebüll kann man Emil Nolde und sein Werk am besten kennen lernen. Sein ehemaliges Wohnhaus beherbergt heute Archiv und Museum der Nolde-Stiftung.

Christian Friedrich Hebbel (1813 – 1863)

Dramatiker

Christian Friedrich Hebbel wurde in Wesselburen (Dithmarschen) als Sohn eines Maurers und einer Tagelöhnerin geboren. **Ohne höhere Schulbildung** arbeitete er bis zu seinem 21. Lebensjahr als Gehilfe des Kirchspielvogts. Mit 22 Jahren holte ihn die Schriftstellerin Amalie Schoppe nach Hamburg, wo er mit Elise Lensing zusammenlebte. Hebbel holte die Schule nach, ging dann nach Heidelberg und über Stuttgart und Straßburg nach München, wo er Literatur studierte, unterstützt von Elise Lensing.

1839 kehrte er völlig verarmt nach Hamburg zurück, wo ihm Elise zwei Kinder gebar, die beide früh verstarben. Sein erstes Stück »Judith« (1840) brachte ihm einigen Erfolg; ein zweijähriges Stipendium des dänischen Königs ermöglichte Reisen nach Paris und Rom. Auf seinem Rückweg traf er 1845 in Wien seine spätere Ehefrau, die Burgschauspielerin Christine Enghaus.

Der größte Erfolg Hebbels bis in unsere Tage ist das bürgerliche Trauerspiel »Maria Magdalena« (1844), das die Konflikte in einer Münchner Handwerkerfamilie beschreibt. Die Beliebtheit dieses frühen realistischen Stücks resultiert wohl daraus, dass Hebbel ein »einfaches Lebensbild« zeichnen wollte und das damalige Kleinbürgertum als ein Hort auswegloser Untergangszenarien erscheint. Seine übrigen Dramen »Herodes und Mariamne« (1847), »Agnes Bernauer« (1851), die Trilogie »Die Nibelungen« (1862), oft **mit einem pessimistischen Grundton** versehen, erörtern hingegen in historischem Ambiente philosophische Fragestellungen. Auch Hebbels Gedichte, v. a. sein umfangreiches Tagebuch, das zu den bemerkenswertesten literarischen Zeugnissen des 19. Jh.s gezählt wird, sichern ihm eine herausragende Position in der deutschen Literaturgeschichte.

James Krüss (1926 – 1997)

Schriftsteller und Übersetzer

»Gern fuhr ich kreuz und quer, Hummer fangend mit aufs Meer, Insulaner war ich hier, jedenfalls mit viel Pläsier«, dichtete James Krüss, **einer der erfolgreichsten deutschsprachigen Kinder- und Jugendbuchautoren**, in seinem »Lebens-ABC« über seinen Geburtsort Helgoland. Krüss war ganz und gar vom Meer geprägt; Großvater und Urgroßvater schlugen sich noch als Krabbenfischer durch. Er absolvierte seine Schulzeit auf Helgoland, verließ die Insel nach Kriegsende zum Lehramtsstudium, entschied sich dann aber gegen den Schuldienst. Ermutigt durch Erich Kästner, konzentrierte sich Krüss seit Ende der 1940er-Jahre auf Kinder- und Jugendliteratur, wo er seiner überbordenden Fantasie und Fabulierlust freien Lauf ließ. Helgoland diente ihm oft als Schauplatz, etwa für seinen ersten großen Publikumserfolg **»Der Leuchtturm auf den Hummerklippen«** (1956) und das 1960 mit dem Deutschen Jugendbuchpreis ausgezeichnete **»Mein Urgroßvater und ich«** (1957). Krüss verfasste eine beeindruckende Anzahl von Kinder- und Jugendbüchern, Hör- und

Singspielen, Theaterstücken und Arbeiten fürs Fernsehen, neben Beiträgen für Zeitungen und Anthologien. Seine bekannteste literarische Figur ist wohl **Timm Thaler**.
Nicht weniger imponierend ist Krüss' Tätigkeit als Herausgeber und Übersetzer: Er übersetzte aus zwölf Sprachen, wozu seine außergewöhnlichen sprachwissenschaftlichen Arbeiten passen, die sich u. a. mit dem Kanarischen beschäftigen. 1966 wanderte er in wärmere Gefilde aus und lebte mehr als 30 Jahre auf Gran Canaria, wo er 1997 starb. Seine letzte Ruhe fand James Krüss jedoch in der Nordsee vor Helgoland, wo er auf See bestattet wurde.

Henri Nannen (1913 – 1996)

Journalist

Henri Nannen war ein journalistisches Urgestein, das die westdeutsche Presselandschaft wie nur wenige prägte. Der **»Stern«-Herausgeber** wirkte nicht nur als Vollblutjournalist, sondern auch als Mäzen, profunder Kunstkenner und Stifter der Emder Kunsthalle.
Am ersten Weihnachtstag 1913 in Emden geboren, wuchs er in einem sozialdemokratisch geprägten Elternhaus auf. Nach dem Abitur absolvierte er zunächst eine Buchhändlerlehre, ging dann 1934 zum Studium der Kunstgeschichte nach München, begann nebenbei journalistisch zu arbeiten und bekam prompt Schwierigkeiten mit den Nazis. Der bekannte Kunstverleger Bruckmann konnte ein Arbeitsverbot abwenden und beschäftigte Nannen für die Zeitschrift »Die Kunst«. Nach Kriegsende zog Nannen nach Hannover und brachte

Henri Nannen in der Kunsthalle Emden

dort 1946 die »Hannoverschen Neuesten Nachrichten« heraus. 1947 folgte die »Abendpost« und 1948 die Illustrierte »Stern«. Konsequent entwickelte Nannen das Erfolg versprechende Rezept eines unterhaltsamen Magazins mit politischem Engagement und ausgezeichneten Fotoreportagen weiter. Bis er sich 1980 von der täglichen Redaktionsarbeit zurückzog, war er immer wieder gut für provokante Reportagen und Skandale. Die Publikation der **»Hitler-Tagebücher«** überschattete allerdings seinen Abgang vom »Stern«. Als Folge der Affäre zog er sich von dem Magazin zurück, nicht jedoch aus dem öffentlichen Leben: Zu seinem 70. Geburtstag brachte er seine private Gemäldesammlung mit dem Schwerpunkt klassische Moderne sowie 3 Mio. DM in eine Stiftung ein, die die Grundlage für die **Kunsthalle Emden** abgab. Noch zehn Jahre begleitete er persönlich sein Lieblingsprojekt, bis er 1996 in Hannover starb.

Franziska Gräfin zu Reventlow (1871 – 1918)

Schriftstellerin

Wer den Namen Franziska zu Reventlow hört, denkt spontan an München und das Schwabing der Jahrhundertwende. Dort verkehrte die junge Gräfin in der Bohème, im Kreis um Stefan George, Ludwig Klages und Karl Wolfskehl, wo man über Kunst und Wissenschaft diskutierte und bacchantische Feste feierte. All das findet in ihrem Roman **»Herrn Dames Aufzeichnungen«** seinen Niederschlag. Weniger bekannt ist, dass Franziska Gräfin zu Reventlow einem holsteinischen Adelsgeschlecht entstammte und **in Husum geboren** wurde. Als die schleswig-holsteinischen Herzogtümer 1867 an Preußen gefallen waren, hatte ihr Vater als erster preußischer Landrat die Verwaltung des Kreises Husum übernommen und residierte im Schloss ver Husum. Dort wuchs Franziska auf, ein temperamentvolles Mädchen, dem die Eltern mit Unverständnis – der Vater mit Strenge, die Mutter mit Lieblosigkeit – begegneten. Als das Schloss 1889 verkauft wurde, zog die Familie nach Lübeck. Im Mai 1894 heiratete Franziska einen jungen Juristen, den sie in einem Klub kennengelernt hatte, wo die »freie Liebe« diskutiert wurde. Einige Zeit, nachdem die junge Frau nach München gegangen war, um sich als Malerin ausbilden zu lassen, wurde die Ehe geschieden. Um sich und ihren 1897 geborenen Sohn zu ernähren, musste sie hart arbeiten, u. a. als Schneiderin; daneben schrieb sie Romane und fertigte Übersetzungen an. Nach den Jahren in München verlegte Franziska zu Reventlow 1909 ihren Wohnsitz nach Ascona. Sie starb 1918 in Muralto bei Locarno.

Theodor Storm (1817 – 1888)

Schriftsteller

Husums »großer Sohn« ist ohne Frage der Schriftsteller Theodor Storm. Als junger Mann studierte er Jura und lernte dabei Theodor Mommsen (1817 – 1903) kennen, der später als Historiker hervortrat. Eine Zeitlang lebte Storm in Berlin, wo sich freundschaftliche Beziehungen zu Theodor Fontane und Paul Heyse entwickelten.

1864 ging er nach Schleswig-Holstein zurück und ab 1874 arbeitete er als Oberamtsrichter in Husum. Theodor Storm verfasste in erster Linie Gedichte und Novellen. Seine Lyrik ist geprägt vom **Erlebnis der norddeutschen Landschaft** (»Meeresstrand«, »Sturmnacht«), von der Unmittelbarkeit des Gefühls, der Schlichtheit und großen Musikalität der Sprache. Die Bandbreite seiner Novellen reicht von der lyrisch-sentimentalen Stimmungsnovelle bis zur handlungsbetonten, psychologisierenden Schicksalsnovelle (z. B. **»Der Schimmelreiter«**, 1888). Seiner Heimatstadt Husum setzte er in dem Gedicht »Die Stadt« ein Denkmal, auch wenn die Husumer mit der Apostrophierung als »graue Stadt« nicht ganz so glücklich sind.

Otto Waalkes (geb. 1948)

Komiker

Bekanntester Ostfriese, Blödelbarde, Erfinder der deutschen Comedy oder schlicht OTTO – es gibt viele Bezeichnungen für Otto Waalkes. Zwar sind die Zeiten seiner größten Erfolge vorbei, doch zählt er nach wie vor zu den Größen der deutschen Unterhaltungsindustrie und besitzt immer noch eine treue Fangemeinde. Was aber viele nicht wissen: Otto Waalkes ist vor allem **einer der erfolgreichsten Unternehmer an der Nordseeküste**.

Geboren wurde das Multitalent in Emden. Spätestens zu Schulzeiten war klar, dass der Klassenclown Waalkes auch passabel zeichnen konnte und musikalisch war. Mit seiner Band »The Rustlers« sammelte er damals die ersten Bühnenerfahrungen. Sein Studium an der Hamburger Hochschule für Bildende Künste finanzierte er mit Auftritten als Alleinunterhalter in Clubs und Szenelokalen. Allmählich entwickelte er aus seinem Slapsticktalent eine neue textbetonte Form der Unterhaltung, **das Blödeln**. Gemeinsam mit einem Freund gründete Otto 1972 seine eigene Plattenfirma, die »Rüssl Räckords«, um seine erste Platte zu vermarkten. Damit war der Grundstein für den gigantischen wirtschaftlichen Erfolg der kommenden Jahre gelegt: Die Platte wurde zum Verkaufsschlager, weitere folgten, ebenso wie seit 1973 eigene Fernsehshows, erfolgreiche Deutschlandtourneen und ein eigener Buchverlag. Zum Firmenlogo und »Wappentier« avancierte der von Otto gezeichnete »Ottifant«. Mit »Otto – der Film« wurde das Waalkes-Imperium 1985 um eine neue lukrative Sparte bereichert. Zwar folgten weitere Filme und Fernsehproduktionen, doch bleiben seit Anfang der 1990er-Jahre die ganz großen Erfolge aus. Seine letzten Projekte waren Synchronisationen erfolgreicher Animationsfilme: In »Mulan« lieh er dem Drachen Mushu seine Stimme und in »Ice Age« sprach er das überkandidelte Faultier Sid.

Otto Waalkes

Praktische Informationen

WO WOHNT MAN AN DER NORDSEE? WELCHE SPORTMÖGLICHKEITEN GIBT ES? WAS KANN MAN MIT KINDERN UNTERNEHMEN? UND WAS IST EIGENTLICH GRANAT? LESEN SIE ES NACH – AM BESTEN NOCH VOR DER REISE!

Anreise · Vor der Reise

Mit dem Auto Die A 1 führt von Südwesten über Köln, Dortmund und Münster nach Bremen und weiter nach Hamburg. Von Bremen gibt es Autobahnverbindungen nach Emden (A 28, 130 km), Wilhelmshaven (A 28/29, 100 km), Bremerhaven (A 27, 60 km) und Cuxhaven (A 27, 100 km). Aus dem Rheinland kann man auch über die Emsland-Autobahn A 31 anreisen (Duisburg – Emden ca. 265 km). Die wichtigsten Orte der Küstenregion erreicht man über Bundesstraßen. Die B 210 verläuft quer durch Ostfriesland von Emden nach Wilhelmshaven. Alternativ dazu bietet sich die parallel zur Küste verlaufende Störtebeker-Straße an. Zu den **Ostfriesischen Inseln** verkehren Fähren. Bis auf Borkum und Norderney sind die Inseln **autofrei**. An den jeweiligen Fährhäfen auf dem Festland gibt es gebührenpflichtige Parkplätze und Garagen. Zwischen den Inseln besteht kein regelmäßiger Fährverkehr.
Von Hamburg aus führt die A 7 mit Ausfahrten zur **Westküste** nach Heide, Husum und Niebüll sowie die A 23 bis Heide. Wer mit dem Auto zur Insel Sylt fahren will, nimmt in Niebüll den Autoreisezug über den Hindenburgdamm.

INFORMATIONEN ANREISE

BAHN

► **Deutsche Bahn AG**
Tel. 0 800 150 70 90
(Fahrplanauskunft)
www.bahn.de

REGIONALE FLUGGESELLSCHAFTEN

► **Air Hamburg**
22525 Hamburg-Eimsbüttel
Tel. (040) 85 15 85 43
www.air-hamburg.de
Von Hamburg-Fuhlsbüttel nach Föhr, Sylt und Helgoland

► **Frisia Luftverkehr GmbH**
26506 Norden
Tel. (049 31) 933 20
www.reederei-frisia.de
Von Norden-Norddeich nach Juist, Norderney, Baltrum und Langeoog

► **Luftverkehr Friesland-Harle**
26409 Wittmund
Tel. (044 64) 948 10
wwww.inselflieger.de
Von Harle nach allen Ostfriesischen Inseln, Sylt, Föhr, St. Peter-Ording und Büsum

► **Ostfriesische Lufttransport GmbH**
26721 Emden
Tel. (049 21) 89 92-0
www.olt.de
Von Cuxhaven, Bremerhaven und Heide / Büsum nach Helgoland; von Emden nach Borkum

FÄHREN

Fährverbindungen und Adressen Reedereien ► Reiseziele

Mit dem Zug

Intercity- bzw. Interregiobahnhöfe sind Emden, Norden-Norddeich, Sande, Wilhelmshaven, Bremerhaven und Cuxhaven. Wer die Ostfriesischen Inseln als Ziel hat, erreicht die Fährhäfen Emden und Norddeich-Mole direkt; zu den anderen Fährhäfen bestehen Busverbindungen vom nächstgelegenen Bahnhof aus.
Ab Hamburg verkehren in den Norden IC-, EC- und Regionalzüge. Intercity-Bahnhöfe sind u. a. Heide (Anschluss nach Wesselburen, Büsum und Albersdorf), Husum (Anschluss nach Tönning, Garding und St. Peter-Ording) sowie Niebüll (Anschluss nach Dagebüll) und Westerland / Sylt.

Mit dem Flugzeug

Für die Anreise nach Ostfriesland bietet sich der Flughafen Bremen an; von kleineren Flughäfen gelangt man u. a. auf die Ostfriesischen Inseln. An die schleswig-holsteinische Nordseeküste reist man über den Flughafen Hamburg an.

Fähre

Wie man mit der Fähre auf die Nord- bzw. Ostfriesischen Inseln und nach Helgoland kommt, wird bei den einzelnen Zielen beschrieben.

Mit der Fähre gelangt man auf die Nord- und Ostfriesischen Inseln sowie nach Helgoland, das in ca. 3 bis 5 Stunden zu erreichen ist.

Auskunft

WICHTIGE ADRESSEN

ÜBERGEORDNETE STELLEN

► **Die Nordsee – sieben Inseln, eine Küste**
Olympiastr. 1
26419 Schortens
Tel. (018 05) 20 20 96
Fax 20 20 97
www.die-nordsee.de

► **Dithmarschen Tourismus**
Markt 10
25746 Heide
Tel. (0481) 212 25 55
Fax 212 25 50 50
www.dithmarschen-tourismus.de

► **Friesland Touristik GmbH**
Lindenallee 1
26441 Jever
Tel. (044 61) 91 90
Fax 919 88 80
www.friesland.de

► **Nordsee-Tourismus-Service GmbH**
Zingel 5
25813 Husum
Tel. (018 05) 06 60 77
Fax (048 41) 48 43
www.nordseetourismus.de

► **Ostfriesland Touristik**
Ledastr. 10
26789 Leer
Tel. (018 05) 93 83 30
Fax 93 83 31
www.ostfriesland.de

► **Tourismusagentur Schleswig-Holstein**
Wall 55, 24103 Kiel
Tel. (018 05) 60 06 04
Fax 60 06 44
www.sh-tourismus.de

► **Tourismuszentrale Nordseehalbinsel**
Am Markt 26
25836 Garding
Tel. (048 62) 469
Fax 12 25
www.tz-eiderstedt.de

► **Unterelbe Tourismus e. V.**
Große Nübelstr. 31
25348 Glückstadt
Tel. (041 24) 604 95 92
Fax 93 75 86
www.unterelbe-tourismus.de

ÖRTLICHE STELLEN

►Reiseziele von A bis Z

INTERNET

► **www.bsh.de**
Strandaktuelle Informationen für Nord- und Ostsee vom Bundesamt für Seeschifffahrt und Hydrografie. Mit wenigen Klicks können neben der Wassertemperatur für alle Ferienorte an beiden Küsten auch Wetterprognosen sowie die Mondphasen abgerufen werden (Bereich »Sport und Freizeit«).

Badestrände

165 Strände für jeden Geschmack

Ganz gleich, ob sonnenhungriger Strandläufer, mutige Wasserratte, Ruhe suchender Faulenzer oder Burgenbauer – entlang der 1760 km langen deutschen Nordseeküste findet jeder einen Strand nach seinem Geschmack. Frischer Wind als ständiger Begleiter, Seeluft, so sauber und gesund wie sonst kaum, weiße Dünen und bunte Strandkörbe laden – nicht nur im Sommer – zum Auftanken und Durchatmen ein.

Bei der Wahl des richtigen Strandes – 165 Badeplätze warten an der deutschen Nordsee darauf, entdeckt zu werden – hilft die Geografie. **Je nördlicher die Lage, desto rauer die Küste**. Während im niedersächsischen Greetsiel die Nordsee sanft an die Hafenmauer plätschert, donnert auf Sylt die Brandung tagein, tagaus an den Strand. Wer ohne Blick auf die Uhr baden möchte, sollte zudem keinen Strand auf dem Festland, sondern nur auf den Inseln wählen – hier macht sich der Tidenhub weniger bemerkbar, Ebbe bedeutet hier meist nur: weniger Wellen und breitere Strände.

Strandrekorde

- Der größte Strand: St. Peter-Ording: 12 km lang, 2 km breit – die größte »Sandkiste« der Welt
- Der breiteste Strand: der bis zu 2 km breite Kniepsand von Amrum
- Der längste Strand: Sylt – 40 km an der Westküste
- Die sauberste Luft am Strand: Helgoland – hier gibt es statt Autos oder Pollen nur Seeluft mit gesunden Aerosolen.
- Der beste Surfstrand: Brandenburger Strand / Sylt – einzige deutsche Station der Weltcuprennen der Professional Windsurfers Association (PWA) World Tour
- Der beste Party-Beach: St. Peter-Ording – hier lockt die Beach Club Lounge mit Fun bis in den Morgen.
- Der berühmteste Schickeria-Strand: Buhne 16, Kampen / Sylt – Treff des Jetset
- Der schönste Familienstrand: Langeoog – 14 km Bade- und Burgenbaustrand mit »Spöölhus« für Schlechtwetter
- Der beste Strand zum »Baggern«: Cuxhaven-Duhnen – hier steht der einzige befestigte Beachvolleyball-Court der deutschen Küste.

Das **Baden in der Nordsee** ist nur bei Flut erlaubt, da die abfließenden Wasser bei Ebbe auch geübte Schwimmer ins offene Meer ziehen könnten. Die täglichen Badezeiten, die sich nach den **Gezeiten** richten, werden an den offiziellen Strandabschnitten angeschlagen – nur während dieser Zeit sind auch die Strandwacht oder DLRG-Lebensretter vor Ort! Einige Ferienorte bieten die offiziellen Badezeiten der Saison auch im Internet als PDF-Datei zum Download an. Selbst von See gut sichtbar sind die **Warnzeichen**, die auf allen gesicherten Strandabschnitten neben dem Häuschen oder Hochsitz der Strandwacht in den Himmel ragen. Hängt ein schwarzer Ball am Pfahl, ist Baden erlaubt. Ein roter Ball bedeutet Badeverbot für Kinder und Nichtschwimmer, zwei rote Bälle signalisieren absolutes Schwimmverbot. Bei Verstößen gegen das Badeverbot werden Bußgelder erhoben. An unbewachten Stränden badet man auf eigenes Risiko.

In den Abendstunden kehrt die Ruhe an den Strand zurück.

Wasserqualität Zehn Mal während der Badesaison, also alle 14 Tage, wird an den Badestränden Niedersachsens die Wasserqualität nach mikrobiologischen und physikalischen Parametern gemessen. Ist die Wasserqualität gut oder sehr gut, hisst **Niedersachsen** am Strand die Blaue Europa-Flagge als Symbol für ungetrübte Badefreuden.
Schleswig-Holstein beteiligt sich nicht an der EU-Kampagne »Blaue Flagge«, weil die Prüfkriterien international uneinheitlich sind. Als Auszeichnung für Orte mit besonders guter Wasserqualität wurden die Info-Tafeln »Gesundes Baden im Meer« eingeführt, die nur dort aufgestellt werden dürfen, wo zusätzlich zu den mikrobiologischen und physikalischen Parametern auch chemische Faktoren über zwei Jahre hinweg untersucht wurden und sehr gute Werte erreichen (www.badewasserqualitaet.schleswig-holstein.de).

Strandkörbe Am allerschönsten ist natürlich ein Badetag mit Strandkorb. Aber Vorsicht: Es wird streng kontrolliert, ob man auch dafür bezahlt hat. Pro Tag kosten sie 3 – 5 €; erfahrene Urlauber mieten sie bereits im Voraus für einen längeren Zeitraum.

Erlebnisbäder, Wellness Wenn das Wetter nicht mitmacht, man mit den Kindern ein Erlebnisbad besuchen oder sich im Wellnessbereich verwöhnen lassen will, steht eine große Zahl von Hallen- und Erlebnisbädern bereit. Die attraktivsten sind bei den Reisezielen von A bis Z genannt.

Mit Behinderung unterwegs

Die Kurverwaltungen geben Auskunft über Hotels mit behindertengerechten Zimmern. Für Rollstuhlfahrer geeignete Strandzugänge gibt es in den meisten Orten.

WICHTIGE ADRESSEN

- **Bundesarbeitsgemeinschaft der Clubs Behinderter und ihrer Freunde e. V.**
  Langenmarckweg 21
  51465 Bergisch Gladbach
  Tel. (022 02) 989 98 11
  Fax 989 99 10
  www.bagcbf.de

- **Bundesverband Selbsthilfe Körperbehinderter e. V. BSK-Reisedienst**
  Postfach 20, 74236 Krautheim
  Tel. (062 94) 428 10
  Fax 953 83
  www.bsk-ev.org

- **Verband aller Körperbehinderten Österreichs (VAKÖ)**
  Schottenfeldgasse 29
  A-1072 Wien
  Tel. (01) 914 55 62, Fax (01) 512 36 61 55
  info@vakoe.at

- **Mobility International Schweiz**
  Frobergstr. 4, CH-4600 Olten
  Reisedienst: Tel. (062) 206 88 30,
  Fax 206 88 39
  Reiseinformation:
  Tel. (062) 206 88 35
  www.mis-ch.ch

Essen und Trinken

Fisch und Fleisch, Süßes und Saures

Generell ist die Kost recht deftig, handfest und ungekünstelt, doch in vielen Restaurants wird sie interessant verfeinert. Natürlich stehen Fisch und Meeresfrüchte auf der Speisekarte ganz oben, aber auch gute Fleischgerichte werden serviert. Einige regionale Rezepte sehen zunächst etwas befremdliche Kombinationen vor: Fisch und Fleisch tauchen gemeinsam in einem Gericht auf oder Saures, Süßes und Salziges wird zusammengebracht.

Suppen und Eintöpfe

Suppen

Oft findet man **Holsteinische Kartoffelsuppe** auf der Speisekarte, meist mit Speck oder Krabben als Einlage. Die **Aalsuppe** hat eine Fleischbrühe als Grundlage, dazu kommen Gemüse, Mehlklößchen, mitunter auch Backobst, Kräuter und natürlich Aal. **Fliederbeersuppe** wird mit den Früchten der Holunderbüsche gekocht und mit

Mehl angedickt. Kleine Grießklöße, Äpfel und Quitten dazu – ein bewährtes Mittel gegen Erkältungen. Weit über die Küstenregion hinaus ist die **Büsumer Krabbensuppe** bekannt.

Kohl und Pinkel
Dithmarschen ist das größte zusammenhängende Kohlanbaugebiet in Europa. Nicht verwunderlich, dass im Norden Deutschlands »Kohl und Pinkel« erfunden wurde. Grünkohl wird am besten nach dem ersten Frost geerntet, da er dann sein Aroma voll entfaltet. Man kocht ihn mit Bauchfleisch und Pinkel (Grützwurst), isst dazu Pellkartoffeln oder karamellisierte Kartoffeln und Senf und genehmigt sich – zur besseren Verträglichkeit – einen Klaren danach.

Birnen, Bohnen und Speck
Das Gericht mit dem Namen, der sofort verrät, was zusammen geschmort wird, ist eine typische Spezialität, die deutlich macht, welche Kombinationen merkwürdigerweise geschmacklich doch zusammenpassen.

Updrögt Bohnen, Steckrübeneintopf und Wiensupp mit Schink
Ostfriesisches Nationalgericht sind Updrögt Bohnen aus getrockneten Bohnen, durchwachsenem Speck und Mettwürstchen. Gern gegessen werden auch Steckrübeneintopf mit Kartoffelpüree und viel Lamm- oder Rindfleisch sowie die nordfriesische Wiensupp mit Schink, in die Wein, Graupen, Korinthen, Rosinen, Zucker und Eier gehören; dazu frisches Weißbrot mit gekochtem Schinken.

Kleine Gerichte

Bookweeten
Buchweizen wurde schon immer an der Küste gegessen, vor allem in Gestalt von Pfannkuchen. Zum Teil werden diese mit durchwachsenem Speck, Eiern und manchmal auch mit etwas abgestandenem Kaffee zubereitet.

Himmel und Erde und andere Kleinigkeiten
Von »Himmel und Erde«, d. h. Kartoffelpüree mit gebratener Grützwurst, Zwiebelringen und Apfelscheiben, hat man schon gehört, doch die meisten kleinen Gerichte sind zumindest unter ihren hiesigen Namen weniger bekannt. Dazu gehören **Rauh braden Tuffels** (Bratkartoffeln aus rohen Kartoffeln mit Speck, Zwiebeln und Granat), **Knipp** (ein grützwurstähnliches Gericht aus Hafergrütze und Schweinefleisch) oder **Pannstipp** bzw. Pantjestipp, ein Dip zu Pellkartoffeln. Dafür werden durchwachsener Speck und Zwiebeln in Mehlschwitze angebräunt und mit viel frischer Milch abgelöscht. **Speckendicken** waren ursprünglich ein typisches Silvesteressen: Die Pfannkuchen aus Weizen- und Roggenmehl wurden mit Eiern, Zuckerrübensirup, Schinkenspeck und Mettwurst zubereitet und anschließend mit Anis und Kardamom gewürzt.
Von den Ostfriesischen Inseln kommen die **Speckfetten-Grau-Arften**; dazu werden graue Erbsen mit Porree, Möhren, Zwiebeln und durchwachsenem Speck durchgekocht. Zu diesem Eintopf isst man dann Essigpflaumen oder Gewürzgurken. **Weißkohlpudding**, ein Auf-

lauf aus Weißkohl und Hackfleisch, der mit Salzkartoffeln serviert wird, stammt hingegen von den Nordfriesischen Inseln. Vom ebenfalls nordfriesischen **Mehlbüdel**, einem Kloß aus Mehl, Eiern, Hefe und Milch, der in einem Leinenbeutel gegart wird, gibt es mehrere Varianten: Die salzige wird mit Schweinebacke und Senf gegessen, die süße mit Fruchtsoße, Zimt und Zucker, und aus Eiderstedt stammt die Zubereitung mit Kirschsoße und Kassler.

Fisch und Fleisch

Schalentiere

Auf Sylt hat die weithin bekannte **Austernzucht** Dittmeyer die lange Zeit brach gelegene Tradition der Austernfischerei auf den Nordfriesischen Inseln wieder belebt. Die »Sylter Royal«, die man größtenteils exportiert, wird pur (mit Brot und Zitrone), gebacken, gratiniert, gegrillt, pochiert, als Tatar oder geräuchert in der Suppe serviert.

Krabben (►Baedeker Special S. 62) kauft man am besten direkt vom Kutter. Besonders gern isst man den Granat, wie er hier genannt wird, außer als Krabbenbrot als Porrenpann (Krabben mit Frühkartoffeln und Petersiliensauce) oder als Porren in Suur (Krabben in Weingelee mit Zwiebeln, Lorbeerblatt und Pfefferkörnern). **Miesmuscheln** gedeihen in großer Zahl an der Küste. Sie werden als saure Muscheln oder in Wein gedünstet gegessen, als Salat oder als Muschelragout. Es gibt sie nur von September bis April!

Eine nicht ganz billige Spezialität sind die Sylter Austern.

KRABBEN – SCHATZ DER NORDSEE

Granat – so bezeichnet man an der Nordsee nicht die dunkelroten Halbedelsteine, sondern eine andere Kostbarkeit: Krabben. Dort, wo frischer Granat angeboten wird, bekommt man Nordseegarnelen, eine besonders aromatische Unterart der Zehnfußkrebse.

Die Garnelen der Nordsee lieben gute Wasserqualität und sind im Sommer in den küstennahen Niedrigwassergebieten in großer Zahl anzutreffen. Dort laichen sie, bevor sie im Winter in tiefere Gewässer abwandern. Der

Nur ein Zehntel des Fangs ist wirklich auch Granat.

Granat ist dem Nordseeklima und dem Naturraum Wattenmeer besonders gut angepasst: Tagsüber verstecken sich die Krabben im Schlick und ernähren sich nachts von kleineren Wattbewohnern. Während ihres dreijährigen Lebens produzieren Granat-Weibchen rund 20 000 Nachkommen und sind rund ein Drittel größer als ihre männlichen Artgenossen.

Früher wurden die Krabben in mühseliger Handarbeit, oft von Frauen, **mit speziellen Netzen** in den Wattprielen gefangen. Über den harten Arbeitsalltag sowie die unterschiedlichen Fang- und Verarbeitungsmethoden von damals informiert das Museum für Wattenfischerei in Wremen sehr anschaulich.

Heute wird der Granat in Küstennähe mit **kleinen Kuttern** gefischt, von denen allein in Nordfriesland noch über Hundert auslaufen. Besonders gute Fangbedingungen herrschen bei Dunkelheit und starker Strömung, doch selbst dann besteht nur ein Zehntel des Fangs aus dem begehrten Granat. An Bord werden die Krabben mit Hilfe von Sieben nach Größe sortiert. Auf die eigentlich graudurchsichtigen Schalentiere wartet dann ein großer Kessel mit kochendem Meerwasser, in dem sie zehn Minuten gebrüht werden, bevor man sie mit frischem Meerwasser kalt

Frischer geht's nicht....

abschreckt. Jetzt erst hat der Granat die charakteristische hell-orange Farbe und die typische Form mit dem gebogenen Schwanzende. In Häfen wie z.B. Büsum, Fedderwaddersiel oder Greetsiel kann man den fangfrischen Granat direkt vom Kutter kaufen.

Das Puhlen der Krabben

Doch die Hauptarbeit kommt erst noch – das »Puhlen«: Mit einem geschickten Dreh löst man den Schwanzpanzer vom Körper und zieht ihn ab. Das **zarte Krabbenfleisch** wird sichtbar und muss nun vorsichtig aus dem Kopfteil herausgezogen werden. Das Puhlen ist echte Handarbeit. Zwar gibt es auch Krabbenschälmaschinen, doch nichts geht über die Fingerfertigkeit geübter Puhlerinnen, die in einer Stunde aus 15 kg Granat rund 5 kg Krabbenfleisch herausholen. Vor einigen Jahrzehnten war das mühsame Krabbenpuhlen noch eine Haupterwerbsquelle für Frauen in der strukturschwachen Küstenregion. Heute werden größere Mengen direkt in Niedriglohnländer verschifft. Zwar sind dort die Arbeitskosten gering, doch es fallen noch Transportkosten an. Kein Wunder also, dass gepuhltes Krabbenfleisch meist deutlich teurer ist als ungepuhlter Granat.

Granat ist reich an Proteinen und Mineralstoffen, dabei extrem fettarm. Der Klassiker aller Krabbengerichte ist das **Schwarzbrot mit Granat**: Eine Scheibe kerniges Vollkornbrot wird dick mit Butter bestrichen und reichlich mit frischen Krabben belegt. Etwas Dill dient der Verzierung und bringt zusätzliches Aroma. Nicht minder deftig sind andere Granatrezepte von der Küste, wie **»Friesentartar«**: Dazu werden Matjesfilets, ein Apfel, Radieschen, eine saure Gurke und viel Dill fein gehackt und mit Krabbenfleisch gemischt. Zu diesem »Friesentartar« gibt es knusprige Reibekuchen. Das meist reichlich belegte Granatbrötchen bietet eine Alternative zum normalen Fisch-brötchen. Klassisch ist natürlich auch der Krabbensalat, angemacht mit einer Soße aus Zitronensaft, Öl, einem zerdrückten hart gekochten Eigelb, einer fein gehackten Zwiebel sowie einer Kräutermischung aus frischem Schnittlauch, Petersilie und Dill.

Fisch Fisch wird natürlich überall angeboten. Aus Meer, Seen und Teichen werden vor allem Hering, Dorsch, Seezunge, Steinbutt, Heilbutt, Karpfen, Forelle, Hecht und Aal verwendet und kommen z. B. als Nordseezunge »Müllerin Art« in Butter gebraten mit zerlassener Butter und Petersilienkartoffeln auf den Tisch. Scholle erhält man u. a. in Speck gebraten mit Kartoffelsalat (Finkenwerder Art), als zarte Maischolle in möglichst schlichter Zubereitung oder mit Krabben (Büsumer Art).

Matjesist ein junger Hering ohne Rogen und Milch, der etwa zwei Monate lang in einer Salzlake mariniert wird. Matjeshering kommt aus dem Niederländischen und heißt soviel wie »Mädchenhering«. Er wird mit den unterschiedlichsten Beilagen von Speckstippe bis zu Preiselbeeren auf den Tisch gebracht. Sehr beliebt ist die Zubereitung »Matjesfilet nach Hausfrauen Art« – in einer Sahnesoße mit Apfel- und Zwiebelstücken und dazu Pellkartoffeln.

i Krabbenfrikadellen

- Krabbenfleisch mit einer gehackten Zwiebel sowie Salz, Pfeffer und Muskat gründlich mischen. Zum Binden der Masse gekochte Kartoffeln hinzufügen; anschließend daraus Frikadellen formen und goldbraun braten. Zwischen zwei Brötchenhälften und verfeinert mit einer Meerrettich- oder Remouladensoße ergibt sich ein köstlicher »Granat-Burger«, der auch kalt ein Genuss ist.

Ein typischer Krabbenkutter

Labskaus

Ein **typisches Seemannsgericht**! Das Wort Labskaus stammt ursprünglich wohl aus dem Norwegischen und fand seinen Weg über das Englische in norddeutsche Regionen. Labskaus besteht aus Pökelfleisch vom Rind oder vom Schwein, Kartoffeln, Fisch (Hering oder Stockfisch), Zwiebeln, Salzgurken und Rote Beete. Diese Zutaten werden als eine Art Püree zubereitet, seltener als Eintopf. Normalerweise wird das Labskaus unter einem Spiegelei versteckt und mit Rote Beete und Salzgurke dekoriert.

Fleisch

Besonders in Nordfriesland, wo im Frühjahr Zehntausende Lämmchen geboren werden, gibt es hervorragende Lammgerichte. Auf den Speisekarten findet man oft Salzwiesenlamm mit dem zarten, aber herzhaften Fleisch der am Deich grasenden Lämmer.
Traditionelle Gerichte aus Schweinefleisch sind Snirrtjebraa oder Snierdjebraden und Suure Rull. **Snirrtjebraa**, das ursprünglich am Schlachttag gegessen wurde, besteht aus in große Stücke geschnittenem Schweinenacken, der mit Pfeffer und Piment gewürzt, mit Zwiebeln angebraten und dann eine Stunde lang in Wasser geköchelt wird. Die **Suure Rull** ist eine mit Schweinefleischstückchen gefüllte Pansenrolle knusprig gebraten, dazu gibt es Steckrüben.

Süße Haupt- und Nachspeisen

Rote Grütze und Milchreis

Typische Nachspeisen sind Rote Grütze und Milchreis. Die echte »Rode Grütt« besteht aus einem angedickten Fruchtsaft von Himbeeren und Johannisbeeren, mitunter auch Kirschen. Dazu wird Milch serviert, aber auch Sahne oder Vanillesoße. Milchreis wird manchmal auch als Hauptgericht gegessen – oft mit Früchten oder Beeren.

Friesentorte und Ostfriesentorte

Friesentorte (Bild S. 67) gibt es nachmittags zum Tee oder Kaffee. Sie besteht aus Blätterteig und Pflaumenmus, dazu Schlagsahne. Die ostfriesische Variante zieht dagegen Mürbteig und in Rum eingelegte Rosinen vor, auch hierzu gibt es Schlagsahne.

Sanddorn

Auf den Ostfriesischen Inseln werden allerlei Desserts mit Sanddorn zubereitet: Eis, Sorbets, Pudding, Cremes und Sanddorntorte.

Gebäck

Lecker zu Tee und Kaffee sind die »Jeverschen Leidenschaften«, süße Blätterteigbrezeln, die nicht nur in Jever gern gegessen werden. Als Souvenir von der Nordseeküste werden oft die Friesenkekse, ein trockenes Teegebäck, mitgenommen.

Getränke

Tee

Generell steht natürlich Tee an oberster Stelle der Getränkeliste, legt man hierzulande doch bis zu sechsmal täglich eine Teepause ein. Vor allem in Nordfriesland ist auch der Teepunsch beliebt, ein heißer schwarzer Tee mit Köm (Kümmelschnaps) und Kandis.

Bier In Norddeutschland gebrautes Bier ist in der Regel vom herben Pilstyp. Am bekanntesten sind die Marken Jever, Beck's und Flensburger. Unter Lütt un Lütt versteht man ein frisch gezapftes Bier mit einem kühlen Klaren.

Grog Grog ist ein heißes Getränk, das charakteristisch für die Region ist. Zum Aufwärmen bei kalter und nasser Witterung scheint es bestens geeignet, wobei allerdings das wirkliche Warmwerden des Körpers durch Alkohol in den Bereich der Legende fällt. Ein richtiger Grog besteht aus Rum oder Arrak mit heißem Wasser und Zucker; »steifer Grog« enthält besonders viel Rum. Rum wurde traditionell von den Antillen an die Nordseeküste importiert, doch war er durch den weiten Handelsweg sehr teuer und wurde daher mit preiswerterem einheimischen Schnaps gemischt und als »Flensburger Rum« be- [illegible] trank man schon viel Rum und angeblich erfand ein englischer Admiral Mitte des 18. Jh.s aus purer Not den Grog – es war zu wenig Rum an Bord und so streckte man ihn mit Wasser. Der Admiral trug den Beinamen »Old Grogam«, kurz: »Old Grog«.

i Preiskatgeorien

- Fein & teuer: über 15 €
- Erschwinglich: 10 – 15 €
- Preiswert: unter 10 €

Für ein Hauptgericht. Sylt ist teuer!

Pharisäer und Tote Tante Der Pharisäer (►Baedeker Tipp S. 248) wurde auf Nordstrand erfunden, so jedenfalls die Legende. Dort sollte nämlich nach Meinung des Pastors eine Taufgesellschaft auf den beliebten Rum verzichten. Da das aber der Vorstellung der Gäste ganz und gar nicht entsprach, gossen sie den Rum in Kaffee, taten obendrauf noch eine Portion geschlagene Sahne – und glaubten, den Alkohol so vor dem Pfarrer verstecken zu können. Der aber roch den Rum im Kaffee und rief: »Ihr seid ja Pharisäer!« Tote Tante ähnelt dem Pharisäer, allerdings wird hier der Rum in heißen Kakao gegossen.

Schnäpse Kein friesischer Klönschnack ohne **geelen Köm** – ein klarer Kümmelschnaps, der gern auch zu einer Tasse heißen Tees gegeben wird. Der **Friesengeist** ist ein besonders hochprozentiger Korn, der – brennend – in gemütlicher Runde serviert wird. In Ostfriesland setzen viele Wirte ihre eigene **Sienbohnsopp** an – keine Bohnensuppe, sondern in Rum oder Branntwein mit Kandiszucker eingelegte Rosinen. Sie werden gelöffelt, keinesfalls getrunken!

Restaurants Da die Restaurants in der Regel im Sommer jeden Tag geöffnet haben und fast durchgehend warmes Essen anbieten, gönnen sich einige im Winterhalbjahr ein bis zwei Ruhetage in der Woche oder sind ganz geschlossen.

Original Nordsee: Friesentorte und Pharisäer →

PHARISÄ

Feiertage, Feste und Events

Feiertage An der weitgehend protestantischen Nordseeküste gelten die katholischen Feiertage als normale Werktage.

VERANSTALTUNGSKALENDER

JANUAR

► **Sylt, Föhr, Büsum**
Nur etwas für Hartgesottene ist das *Neujahrsschwimmen* in der eiskalten Nordsee – zum Zuschauen oder Mitmachen am Strand zwischen Kampen und Wenningstedt (Sylt), bei Wyk / Föhr und in Büsum.

FEBRUAR

► **Nordfriesland**
Beim *Biike-Brennen* wird mit großen Leuchtfeuern (Biiken) der Winter ausgetrieben; im 17. u. 18. Jh. verabschiedete man so auch die Walfänger. Der Brauch wird jährlich am 21. Februar begangen; danach wartet ein zünftiges Grünkohlessen.

MÄRZ / APRIL

► **Syltlauf**
Jedes Jahr im März versuchen um die 1000 Läufer, die Insel von Süd nach Nord (33,3 km) möglichst schnell zu durchqueren.

► **Husum**
Ende März geht man in den Schlosspark, um beim *Krokusblütenfest* das »Wunder des Nordens« zu sehen.

► **Gesamte Küste**
Eine Tradition entlang der Nordseeküste sind die zahlreichen *Osterfeuer*, die man am Ostersamstag auf den Deichen brennen sieht.

APRIL / MAI

► **Auf den Halligen**
Ringelganstage (►Baedeker-Tipp S. 192)

► **Bremerhaven**
Alles rund um die Themen Fisch und Meer bei der *Fischparty* im »Schaufenster Fischereihafen« Ende April

MAI / JUNI

► **Gesamte Küste**
Maibaumaufstellen am Abend vor dem 1. Mai

► **Aurich**
Der friesische Nationalfeiertag *Oll' Mai* wird am 10. Mai begangen und erinnert an die Einheit und Freiheit der Friesen seit über 700 Jahren.

► **Juist**
Töwerland-Music-Festival in der ersten Maihälfte

► **Verschiedene Orte**
In einigen Orten, u. a. in Dornum, ist das *Brautpfadlegen* zu Christi Himmelfahrt noch Brauch. Es geht zurück auf eine ostfriesische Sage, die erzählt, wie der Bräutigam der Tochter des Grafen Cirksena von einem Konkurrenten ermordet wurde. Kinder hatten den Weg der Brautleute, der nun zum Weg des Trauerzugs werden sollte, geschmückt. Heute werden

die schönsten aus Blumen und Blättern arrangierten Bilder, die die Braut »Frühling« begrüßen sollen, prämiert.

► **Butjadingen-Burhave**
Drachen- und Zirkusfest an Pfingsten

► **Verschiedene Orte**
Bei den *Ringreitertagen* stechen die Reiter im vollen Galopp mit einer Holzlanze einen am Seil hängenden Ring herunter, der im Lauf des Turniers durch immer kleinere Exemplare ersetzt wird.

► **Pellworm**
Rungholttage
(►Baedeker Tipp S. 264)

► **Helgoland**
Nordseewoche: größte Segelsportveranstaltung (»Rund Helgoland«) an der Nordsee (Ende Mai)

► **Emden**
Bei den *Matjestagen* Anfang Juni dreht sich zwar vieles um den Fisch, doch das Treffen historischer Schiffe sollte man nicht versäumen!

► **Nordfriesland**
Im Juni wird bei den *Nordfriesischen Lammtagen* das Lamm gefeiert: mit Bauernmärkten, Ausstellungen, wunderbaren Lammgerichten und der Wahl der Lammkönigin.

Schiffe anschauen und Essen fassen geht bei den Emdener Matjes-Tagen Hand in Hand.

► **Emden / Aurich / Norderney**
Internationales Filmfest
(►Baedeker Tipp S. 161)

JULI / AUGUST

► **Sylt**
Während der beiden Sommermonate präsentiert das *Meerkabarett* ein ausgesuchtes Kabarettprogramm (Tel. 046 51 / 37 11, www.meerkabarett.de).

► **Schleswig-Holstein**
Das *Schleswig-Holstein Musik Festival* findet meist Anfang Juli statt: Konzerte in Herrenhäusern, Schlössern und Kirchen, aber auch in Ställen, Scheunen und Parks (www.shmf.de).

► **Heide**
Heider Marktfrieden
(►Baedeker Tipp S. 196)

► **Sylt (Keitum)**
Polomatches der Spitzenklasse bei den *German Polo Masters* Ende Juli / Anfang August (www.polo-sylt.de)

► **Esens**
Aus dem gesamten norddeutschen Raum kommen am zweiten Juli-Wochenende Schützen zum *Schützenfest*.

► **Marienhafe**
Störtebeker-Festspiele im Juli / August alle drei Jahre (2008, 2011 usw.)

► **Neuharlingersiel**
Krabbenkutterregatta Ende August

► **Otterndorf**
Germanischer Fünfkampf
(►Baedeker Tipp S. 261)

► **Bremerhaven**
Festwoche mit Basar Maritim Ende Juli

AUGUST

► **Carolinensiel**
Hafenfest am ersten August-Wochenende mit dem Feuerwerksspektakel »Hafen in Flammen«

► **Büsum**
Kutterregatta Anfang August. Seit über 100 Jahren eine feste Tradition.

► **Greetsiel**
Traditionelle *Korsofahrt* an einem Samstag im August

► **Cuxhaven**
Drachenfestival Mitte August

► **Norddeich**
Fischkutterkorso am vorletzten Samstag im August im Westhafen

► **Greetsiel**
Schlickschlittenrennen
(►Baedeker Tipp S. 187)

► **Cuxhaven**
Duhner Wattrennen
(►Baedeker Tipp S. 155)

SEPTEMBER

► **Altfunnixsiel**
Ollsieler Plum'n Markt: Kram-, Flachs- und Handelsmarkt Ende August / Anfang Sept. (zur Zeit der Pflaumenreife)

► **Cuxhaven**
Folklorefestival: norddeutsche Musik im Kurpark und in der Kugelbake am ersten So. im Monat

► **Dithmarschen**
Kohltage: Jährliche Feier in der

zweiten Septemberhälfte in Europas größtem zusammenhängendem Kohlanbaugebiet. Leckere Grünkohlvariationen und Wahl einer Kohlregentin.

► **Meldorf**
Zum *Weberfest* treffen sich Handwerker aus Deutschland und Skandinavien.

► **Amrum**
Muscheltage: Hier wird man mit leckeren Miesmuschel-Variationen verwöhnt.

► **Sylt**
Surf World Cup: Eines der größten Funsportereignisse dieser Art. Auch Beachvolleyball, Inlineskating und Bungeejumping; die zugehörigen Partys sind legendär.

OKTOBER

► **Husum und Friedrichskoog**
Krabbentage: Krabben, Musik

DEZEMBER

► **Borkum**
Klaasohm: traditionelles Männerfest auf Borkum am Abend vor dem Nikolaustag

► **Sylt**
Weihnachtsschwimmen in Westerland am zweiten Weihnachtsfeiertag

i Die schönsten Feste

- Biikebrennen: uralte Tradition des Winteraustreibens
- Krokusblütenfest in Husum
- Drachen- und Zirkusfest in Butjadingen-Burhave
- Ringelreitertage: reiterische Höchstleistungen
- Schützenfest in Esens
- Kutterrennen in Neuharlingersiel
- Weberfest in Meldorf: Handwerkskunst live

Mit Kindern unterwegs

Abwechslungsreiches Angebot

Dank der schönen Strände und des umfangreichen Freizeitangebots bietet sich die Nordseeküste geradezu als **Urlaubsregion für Familien** an. In einigen Hotels gibt es eigens eine Kinderbetreuung, ansonsten sorgen die Ferienorte für ein abwechslungsreiches Programm. Besonders schön sind Ferien auf dem Reiter- oder Bauernhof, als Ausflugsziele bieten sich Freizeit- und Tierparks oder Erlebnisbäder an. Auch die Fahrt mit der Museumsbahn (Norden – Dornum) oder Schiffsausflüge zu den Seehundbänken, Krabbenfangfahrten und Wattwanderungen sind ein Vergnügen für Alt und Jung. In vielen Küstenorten gibt es **Kinder- und Spielhäuser** mit Programm.

◄ Kinderpass Schleswig-Holstein

Bei den Kurverwaltungen der Ferienorte in Schleswig-Holstein erhalten Kinder bis 14 Jahre den »Kinderpass Schleswig-Holstein«, der neben Freizeittipps auch Gutscheine enthält. Die Tourismusagentur Schleswig-Holstein (► Auskunft) verschickt zur Einstimmung auf den Urlaub den Prospekt »Schleswig-Holstein Kinderland«.

ANGEBOTE FÜR KINDER

TECHNIK

- **Amrumer Leuchtturm**
  ►S. 105

- **Jumicar Verkehrsübungsplatz Wittmund**
  Barghamm 11, Gewerbegebiet Ost
  Hier können die Kleinen den Platz mit echten Miniaturautos in Mofatempo »testen«.

Highlight Nr. 1: der Strand

- **Schleusenanlage Brunsbüttel**
  ►S. 137

- **Eidersperrwerk**
  ►S. 291

FREIZEITPARKS

- **Freizeitpark Lütge Land**
  ►S. 149

- **Land & Leute**
  ►S. 143

- **Legoland (Dänemark)**
  Diese Ausflugsfahrt im Bus ist für Sylt-Urlauber mit Kindern fast ein Muss! Veranstaltet von der Sylter Verkehrsgesellschaft (ab Westerland; www.svg-sylt.de) und von der Wyker Dampfschiffs-Reederei (ab Wyk: www.wdr-wyk.de)

MALEN UND BASTELN

- **Kinderferienparadies Ernst-August-Polder**
  Norden-Neuwesteel
  Tel. (049 31) 125 75
  Malen, Basteln und Reiten im Kinderferienparadies

- **Malschule Emden**
  Hinter dem Rahmen 5 a
  Tel. (049 21) 97 50 50
  Malkurse und weitere Angebote in den Sommerferien

MUSEEN

- **Buddelschiffmuseum**
  ►S. 233

- **Friesisches Museum Niebüll**
  ►S. 238

- **MachMitMuseum Aurich**
  ►S. 112

- **Moormuseum Moordorf**
  ►S. 114

- **Ludwig-Nissen-Haus**
  ►S. 212

▶ **Deutsches Schifffahrtsmuseum**
►S. 130

▶ **Waldmuseum Burg**
► S. 232

PIRATEN, ZIRKUS, OLYMPIADE

▶ **Insel Circus (Mitmachzirkus) Sylt**
Tel. (046 51) 29 94 99 (ab Juli) oder Kurverwaltung Wenningstedt (Sylt), Tel. (046 51) 44 70
Training mit einer großen Gala zum Abschluss

▶ **Piratenfahrten Cuxhaven**
Helgoländer Kai
Tel. (047 21) 725 01
Unterhaltungsprogramm mit Piratentaufe und Piratenurkunde

▶ **PiratenAmüseum Wilhelmshaven**
Ebertstr. 88a
Tel. (044 21) 40 97 79
Unterhaltsames aus der Welt von Stortebeker & Co.

▶ **Strandolympiade Sylt**
Kurverwaltung Wenningstedt (Sylt)
Tel. (046 51) 44 70
Spiel und Spaß für die ganze Familie

▶ **Tante Renates Piratenfahrt Wyk**
Kurverwaltung Wyk (Föhr)
Tel. (046 81) 30 40
Ausflugsfahrten für Kinder ab 4 Jahren ganz im Zeichen der Seeräuber (Verkleidung, Piratengesetze, Schatzsuche etc.)

▶ **Zirkus-Workshops Langeoog**
Kurverwaltung Langeoog
Tel. (049 72) 69 30
Dreitägiger Zirkus-Workshop mit abschließendem Auftritt

TIERE UND NATUR

▶ **Falkenhof Schalkholz**
Hauptstr. 37, Schalkholz
(15 km nordöstlich von Heide)
Falkenschau mit Flugvorführung

▶ **Multimar Wattforum Tönning**
►S. 289

▶ **Oceanis**
►Baedeker Tipp S. 308

▶ **Pferdekutschen Juist**
Flugplatzstr. 11
Tel. (049 35) 664
Unter erfahrener Aufsicht dürfen Kinder auf Juist Kutscher spielen und die Ponywagen selbst lenken!

▶ **Seehundstation Friedrichskoog**
►S. 175

▶ **Westküstenpark St. Peter-Ording**
►S. 271

i Highlights für Kids

- Multimar Wattforum Tönning: Wom, ein Wal!
- Malschule in der Kunsthalle Emden: Kreativkurse für kleine Künstler
- Wattenmeerhaus Wilhelmshaven: die Kraft des Sturms hautnah spüren
- Sylter Welle: Badespaß mit hohen Wellen und Wikingerschiff
- Land-und-Leute-Erlebnispark Oesterwurth: tierischer Familienspaß mit Kuh und Schaf, Abenteuerspielplatz, Hüpfburgen, Spaßmobilen und Bullenreiten
- Piratenfahrten Cuxhaven: See-Törn à la Störtebeker – mit echter Seeräuberurkunde zum Abschied!

Kurtaxe

Ein leidiges Thema

Immer wieder Anlass zu Diskussionen und Ärger: die leidige Kurtaxe, meist um die 2 € für Erwachsene, die an vielen Orten der Nordseeküste erhoben wird. Bezahlen muss man sie natürlich nicht, doch wer einen Badeurlaub verbringen will, kommt kaum darum herum, denn sie verschafft kostenlosen Zutritt zum Strand. Anderenfalls muss man jeden Tag aufs Neue Eintritt bezahlen. Im Gegenzug bekommt man eine Kurkarte, die zur kostenlosen oder zumindest ermäßigten Benutzung weiterer Einrichtungen des Orts (Bäder, Kuranlagen) berechtigt.

Nordsee-Service-Card

In den Gemeinden Carolinensiel-Harlesiel, Esens-Bensersiel, Neuharlingersiel, Werdum, Dangast und Dornum gilt die Nordsee-ServiceCard, mit der man verschiedene touristische Angebote nutzen und verbilligt parken kann.

Literaturempfehlungen

Romane und Novellen

Kari Köster: Die letzten Tage von Rungholt. List 1997.
Spannender Roman um die letzten Tage von Rungholt, das 1361 bei einer gewaltigen Sturmflut unterging.

Siegfried Lenz: Deutschstunde
In den 1950er-Jahren soll der inhaftierte Ich-Erzähler Siggi Jepsen einen Aufsatz über die Freuden der Pflicht verfassen. Zwangsläufig kommt ihm sein Vater Jens Ole Jepsen in den Sinn, der in der NS-Zeit pflichtbewusst Dienst als Polizeiposten im fiktiven Dörfchen Rugbüll tat und ein von oberster Stelle verhängtes Malverbot gegen den Künstler Max Ludwig Nansen überwachte; erst zögerlich, dann immer unbarmherziger. Mit dem Maler ist Emil Nolde (► Baedeker Special S. 46) gemeint.

Theodor Reiswig: Deiche, Dünen, Friesenmorde. Drei Kriminalfälle vom Nordstrand. Lübbe 1998.
Schauplatz der Handlung ist – wie in den meisten seiner anderen Bände (»Tod vor Borkum«, »Letzter Törn nach Spiekeroog«, »Mord im Fischerhafen«, »Friesischer Tod«, »Das Dünengrab« etc.) – immer die Nordseeküste.

Theodor Storm: Der Schimmelreiter
Storms berühmteste Novelle, die vom Deichgrafen Hauke Haien berichtet, seinem Kampf und seinem Scheitern beim Deichbau gegen Rückständigkeit und Aberglauben.

Geschichte

Robert Jung: Wiben Peter. Westholsteinische Verlagsanstalt 1996. Robert Jung berichtet aus dem Leben von Wiben Peter, einer historischen Figur aus der Zeit der Dithmarscher Bauernrepublik.

Dieter Zimmerling: Störtebeker & Co. Die Blütezeit der Seeräuber in Nord- und Ostsee. Europäische Verlagsanstalt 2000.
Vom Mythos Störtebeker und den wahren Seeräubern der damaligen Zeit.

Natur

Heinz Streble: Was finde ich am Strande? Pflanzen und Tiere der Strände, Deiche, Küstengewässer. Franckh-Kosmos 2003.
Empfehlenswerter Klassiker unter den Naturführern mit guten Fotos und Texten.

Jürgen Newig, Hans Theede: Sturmflut. Ellert & Richter 2000. Ausführliche Darstellung, wie Sturmfluten entstehen, wie ein Deich gebaut wird oder wie der moderne Küstenschutz aussieht.

Bildbände

HB-Bildatlas Nr. 211: Ostfriesland / Oldenburger Land.
Das Land zwischen Ems und Weser.

HB-Bildatlas Nr. 260: Elbe und Weser.
Die Küste von Cuxhaven bis Bremen.

HB-Bildatlas Nr. 281: Nordseeküste Schleswig-Holstein.
Weites Land hinter dem Watt.

Anna Brenken, Heinz Teufel: Emil Nolde und seine Landschaft. Ellert & Richter 2002.
Anna Brenken beschreibt Noldes reale Heimatlandschaft zwischen Nord- und Ostsee, die Orte, die ihn prägten, seine Reisen und seine »Ungemalten Bilder«. Die Fotos von Heinz Teufel folgen diesen Spuren in Landschaft und Bauerngärten.

Welche Möwe ist das? Naturführer aufschlagen … … eine Lachmöwe!

Hartmut Elsner, Willi Rolfes: Küste. Inseln, Marsch und Wattenmeer. Edition Temmen 2001.
Der Band fängt die unterschiedlichen Stimmungen dieses Landstriches ein, begleitet von sachkundigen Texten.

Thomas Steensen: Das große Nordfriesland-Buch. Ellert & Richter 1999. Prachtband mit schönen Bildern, Berichten und Reportagen aus Nordfriesland.

Notrufe

WICHTIGE RUFNUMMERN

- **Polizei**
  Tel. 110
- **Feuerwehr, Notarzt**
  Tel. 112
- **Pannendienste**
  ACE: (018 02) 34 35 36
  ADAC: Tel. (018 02) 22 22 22
- **Kreditkarten sperren**
  116 116

Reisezeit

Immer eine Reise wert

Klimatisch ist die Nordseeküste zu allen Jahreszeiten eine Reise wert. Juli und August sind die besten Bademonate. Obwohl der Juli der wärmste Monat ist, gibt er sich in Norddeutschland in der Regel eher wechselhaft und manchmal recht kühl. Sehr reizvoll sind vor allem die Inseln im Frühjahr und im Herbst, aber auch der Winter hat seine schönen Seiten. Zwar haben dann einige Hotels und Restaurants geschlossen, doch andere bieten gerade in dieser Zeit **Sonderarrangements** an. Über Weihnachten und Neujahr sowie über Ostern und Pfingsten sollte man auf jeden Fall vorbuchen, da viele Kurzurlauber gerade diese Feiertage zu einem verlängerten Wochenende nutzen.

Berühmt für seine gesundheitsfördernde Wirkung ist das Reizklima der Nordseeküste dank vieler Sonnenstunden, frischen Windes und vor allem des hohen Salzgehalts der Luft. Die vorherrschend westlichen Winde prägen das Küstenklima stark ozeanisch mit geringen jahres- und tageszeitlichen Temperaturgegensätzen sowie reichlichen Niederschlägen. Charakteristisch ist das rasch wechselnde Wetter.

! *Baedeker* TIPP

Auf der sicheren Seite

Wer beim Wetter auf der sicheren Seite sein will, sollte die letzte Juliwoche bis Mitte August als Reisezeit wählen. Dann ist die Wahrscheinlichkeit für Sommertage (25 °C und mehr) am größten. Eine angenehme Witterung hält auch der Spätsommer bereit. Ende August läuft er mit viel Sonne und wenig Regen gewöhnlich zur Hochform auf. Der Altweibersommer an der Nordsee ist kürzer und weniger beständig als in den Alpen. Wenn er kommt, dann meistens in der letzten Septemberwoche.

▸ St. Peter-Ording

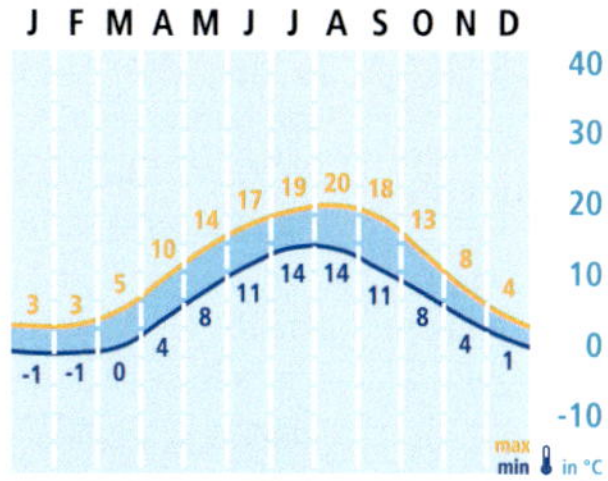

	J	F	M	A	M	J	J	A	S	O	N	D
T/Mon	13	9	11	9	9	8	11	11	12	13	15	13
Std/Tag	1	2	4	6	7	7	7	7	5	3	2	1
in °C	4	3	4	6	11	15	19	20	18	14	10	7

Der Nordseesommer ist gewöhnlich kühl bis mäßig warm und recht unbeständig, der Winter feuchtmild und windig. Während der Herbst durch das warme Meer noch lange angenehme Temperaturen aufweist, sich ab Oktober aber schon als sehr regenreich erweist, gibt sich das Frühjahr relativ trocken, sonnig und kühl. **Prägendes Klimaelement ist der Wind**, der im Spätherbst und Winter nicht selten mit Orkanstärke wütet. Spitzenböen mit einer Geschwindigkeit bis zu 200 km / h sind durchaus möglich.

Die **Jahresniederschläge** steigen von Norden nach Süden und zum Festland hin leicht an. Während im feuchtesten Monat November an 15 bis 16 Tagen durchschnittlich 90 bis 100 l / m² fallen, bringt es der trockenste Monat Februar an 8 Regentagen auf ca. 35 bis 40 l/ m². Klimatisch sind die Inseln gegenüber dem Festland durch mehr Sonne und weniger Regen begünstigt. Das gilt besonders für die Hauptreisemonate Mai bis August. Dann scheint die Sonne auf den Inseln rund 10 % häufiger als auf dem Festland und die Niederschläge sind um den gleichen Prozentsatz geringer. Spitzenreiter ist die Insel Sylt mit durchschnittlich 1718 Sonnenstunden pro Jahr gegenüber nur 1564 Stunden in Sankt Peter-Ording.

Temperaturen

An Juli- und Augusttagen werden auf den Inseln durchschnittlich 20 °C, auf dem Festland 21 °C gemessen. In den Sommernächten sinkt das Thermometer an Land im Allgemeinen auf 13 °C, auf den Inseln auf 15 °C. In den Wintermonaten liegen die Tagestemperaturen meistens im positiven Bereich, während es in den Nächten gelegentlich leichten Frost gibt. Entsprechend selten ist eine über mehrere Tage andauernde geschlossene Schneedecke.
Durchschnittlich ein- bis zweimal in 10 Jahren treten sogenannte **Eiswinter** auf, die mit anhaltenden Kältewellen aus Nord- und Osteuropa verbunden sind. Die dann ablandig wehenden Winde schalten den mäßigenden Einfluss der Nordsee aus. die tiefste gemessene Temperatur lag bei -21,2 °C auf List/Sylt. Die höchste gemessene Temperatur lag bislang bei 33 °C.

Wassertemperaturen

Anfang August ist das Meer am wärmsten. Je nach Region und Sommerwitterung bestehen doch deutliche Unterschiede. Relativ kühl bleibt das Wasser an den Außenstränden von Amrum und Sylt (mittl. Maximum 18 °C) sowie rund um Helgoland. 1 bis 2 °C wärmer wird das Wasser im Bereich der Ostfriesischen Inseln, im Wattenmeer und an den Stränden des Festlands. In den ausgesprochen warmen Sommern 1994 und 2003 wurden sogar vor Sylt mittelmeerähnliche 23 °C gemessen.

Shopping und Souvenirs

Geschäftszeiten In den Küstenorten gilt meist die sogenannte Bäderregelung, d. h. von März bis Oktober dürfen werktags bis 20.00 und sonntags von 12.00 bis 18.00 Uhr Waren des täglichen Bedarfs, Souvenirs, ortstypische Gegenstände, Schmuck und Kunstgewerbe verkauft werden.

Souvenirs Beliebt als Mitbringsel sind immer wieder **Tee, Kluntjes und Köm** sowie alle verwandten Produkte wie Teetassen, Stövchen, Silberlöffelchen und Gebäck. Überhaupt geeignet ist die ganze Palette an kulinarischen Gaumenfreuden von Pfeffermakrelen und geräuchertem Aal über Ziegenkäse und Lammsalami bis zu Rosinenstuten, Friesenwaffeln, Likören, Schnäpsen, Honig und Marmeladen. Typisch sind auch Friesennerze (Regenschutz), Holzpantinen, blauweiße Fischerhemden oder **Buddelschiffe und Leuchttürme** in allen Größen, Formen und Farben. Im Kapitel »Reiseziele von A bis Z« sind bei den einzel- [illegible]

Kunst von der Küste ist ebenfalls immer wieder ein Thema. Für viele sind aber nach wie vor die schönsten Exemplare ihrer am Strand gefundenen Muscheln die liebsten Mitbringsel von der Nordsee. Übrigens. **Strandgut** mit tatsächlichem Wert gehört seit 1990 nicht mehr dem Finder, sondern dem Eigentümer, das heißt, Funde müssen gemeldet werden! Ansonsten macht man sich strafbar.

Kunsthandwerk Immer wieder beliebt sind Kunsthandwerksprodukte: Wer Schmuck mag, sollte sich in Bernsteinhäusern und -museen umschauen; hier findet man immer wieder schöne Stücke. Aber auch einige Goldschmieden bieten interessante Ringe, Ketten und Armbänder mit und ohne »Gold des Nordens«, **Bernstein**, an. Keramik in den unterschiedlichsten Spielarten wird entlang der Küste und auf den Inseln angeboten. Ebenso schöne **Textilien**, handgewebte oder hübsch bedruckte Stoffe wie in der Blaudruckerei in Jever, wo die alte Technik des Blaudrucks wieder belebt wurde. **Alte Fliesen** sind zwar rar und teuer, doch ab und zu findet man auch sehr hübsche neue in alten Mustern und Farben.

Übernachten

Camping Campingplätze findet man überall entlang der Küste – oftmals schon zu einem großen Teil von Dauercampern belegt, die Annehmlichkeiten wie Strandnähe, moderne sanitäre Einrichtungen und gute Einkaufsmöglichkeiten zu schätzen wissen. Reservierung ist daher dringend empfohlen. Adressen bei den unter ▸ Auskunft aufgeführten Stellen, den örtlichen Verkehrsämtern und im **Campingführer Deutschland**, erschienen im Hallwag-Verlag.

Die Zahl der **Ferienwohnungen**, -häuser und -apartments ist Legion. Auch hier informiert man sich am besten bei den unter ►Auskunft aufgeführten Stellen und den örtlichen Verkehrsämtern.

An der Nordseeküste und auf den Inseln stehen überall ausreichend **Hotels** und andere Unterkünfte zur Verfügung; knapp kann es zur Hauptsaison werden, sodass man sich rechtzeitig um eine Bleibe kümmern sollte.

i Preiskategorien

- Luxus: über 100 €
- Komfortabel: 60 – 100 €
- Günstig: unter 60 €

Für ein Doppelzimmer mit Frühstück. Sylt ist teurer!

Jugendherbergen

In der in diesem Reiseführer beschriebenen Region gibt es 35 Herbergen des Deutschen Jugendherbergswerks (allein vier auf Norderney und drei auf Sylt). Nähere Auskunft unter **www.djh.de**.

Urlaub aktiv

Wassersport

Strandliebhaber und Sportbegeisterte finden an der Nordseeküste das ideale Revier: Vor dem Deich kann man schwimmen, surfen, segeln und andere Wassersportarten ausprobieren; an Land gibt es viele flache Wege und Straßen zum Radeln und auf den zahlreichen Seen und Flüssen fühlen sich eingefleischte Kanuten, Paddler und Binnenskipper ganz wie zu Hause.

Rad fahren

Zum Radfahren ist die Küstenregion ideal mit ihrem ausgezeichneten Radwege- und Wandernetz, auch wenn der Wind beim Fahren immer von vorne zu kommen scheint. Von der dänischen Grenze verläuft in südlicher Richtung der Nordseeküstenradweg, Teil der »North Sea Cycle Route« (www.nortsea-cycle.com), die einmal um die Nordsee durch sieben Länder führt. Außerordentlich beliebt sind auch die 265 km lange Friesenroute »Rad up Pad« und die Deutsche Sielroute (www.deutsche-sielroute.de), die u. a. um die Halbinsel Butjadingen führt (► Touren). Beim Planen helfen die **Radwanderkarten des ADFC** im Maßstab 1:150 000: Nordfriesland / Schleswig, Ostfriesland / Emsland, Zwischen Elbe und Weser.

Reiten

Dass der Norden ein ausgesprochenes Pferdeland ist, freut Reiter und Pferdenarren sehr. Unvergleichlich bleiben die Ausritte über die Marsch und am Strand.

Angeln

In den Küstengewässern ist keine besondere Genehmigung für das Angeln einzuholen; doch für Binnengewässer ist ein Berechtigungsschein notwendig, den man bei den Kurverwaltungen erhält, wenn man eine Sportfischerprüfung nachweisen kann. Von den Küstenhäfen und den meisten Inseln werden Kutterfangfahrten angeboten.

Friesische Sportarten

Echt friesische Sportarten sind das **Boßeln** und **Klootschießen**, wobei es darum geht, eine mit Blei gefüllte Holzkugel möglichst weit zu werfen. Früher war dies übrigens ein Männersport, zu dem erst seit den 1950er-Jahren Frauen zugelassen sind. In leichten Abwandlungen ist dieser Sport auch in Italien, Irland und den Niederlanden bekannt – es werden sogar Europameisterschaften im Boßeln ausgetragen (► Baedeker-Special S. 42). Wen das Boßeln interessiert: Die Kurverwaltungen in Friedrichskoog, Büsum und St. Peter-Ording bieten Schnupperkurse an.

ANGEBOTE

BEACHBUGGIES

► **Borkum**
Die dreirädrigen Wagen, auf denen man sich von einem Drachen über den Strand ziehen lässt, werden auf Borkum vermietet. Bevor es losgeht, sollte man erst einmal einen Kurs besuchen:
Windsurfing Borkum
Wassersportzentrum am Nordstrand; Tel. (049 22) 22 99
www.beachnet.de

FLIEGEN

► **Borkum**
Flugschule Borkum
Tel. (049 22) 38 38
www.flugschule-borkum.de

► **Norderney**
Luftsportgruppe Norderney
Tel. (049 32) 24 55

► **Sylt**
AeroClub Sylt e.V.
Tel. (046 51) 426 71
www.aeroclub-sylt.de

Flugschule Sylt
Tel. (046 51) 78 77
www.syltair.de

GOLF

► **Büsum**
Golfclub Dithmarschen
Dorfstr. 11
Warwewort (Büsum)
Tel. (048 34) 96 04 60
www.gc-dithmarschen.de
18 Löcher, Linkscourse

► **Cuxhaven**
Golfclub Hohe Klint, Cuxhaven-Oxstedt
Tel. (047 23) 27 37
www.golf-cuxhaven.de
18 Löcher.
Der zweitschwerste Platz Deutschlands!

► **Föhr**
Golf-Club Föhr e.V.
Grevelingstieg 6
Tel. (046 81) 58 04 55
www.golfclubfoehr.de
18 Löcher

► **Bei Husum**
Golfclub Husumer Bucht, Schwesing
Tel. (048 41) 722 38
www.gc-husumer-bucht.de
18 Löcher

▶ **Norderney**
Golfclub Norderney e.V.
Am Golfplatz 2
Tel. (049 32) 92 71 56 od. 680
www.golfclub-norderney.de
Der einzige Golfplatz auf den Ostfriesischen Inseln (9-Loch-Dünen-Platz, Linkscourse)

▶ **St. Peter-Ording**
Nordsee-Golfclub / Golfpatz St. Peter-Böhl
Zum Böhler Strand 16
St. Peter-Ording
Tel. (048 63) 35 45
www.ngc-spo.de
9 Löcher, Linkscourse

Golfplatz »Deichgrafenhof«
Tating (8 km von St. Peter)
Tel. (048 63) 95 50 60
www.gcdeichgrafenhof.de
Öffentlicher 7-Loch-Platz, keine Platzreife erforderlich; Driving Range, Schnupperkurse

▶ **Sylt**
Golfclub Sylt
Norderstr., Wenningstedt
Tel. (046 51) 453 11
www.golfclubsylt.de
18-Loch-Platz inmitten bronzezeitlicher Grabanlagen sowie 6-Loch-Kurzplatz für Anfänger

Marine-Golf-Club Sylt
auf dem Gelände des Inselflughafens
Tel. (046 51) 92 71 53
www.sylt-golf.de
9 Löcher

▶ **Wilhelmshaven**
Golfclub Wilhelmshaven-Friesland
Fedderwarden
Tel. (044 23) 98 59 18
www.golfclub-wilhelmshaven.de
18 Löcher

INLINESKATEN · SKATEBOARDS

▶ **Aurich**
Playground Skate Hall
Finkenburgweg 9
Tel. (049 41) 60 77 70

▶ **Cuxhaven**
Inline-Skate-Schule
Fun Park (hinter dem Fährhafengebäude)
Tel. (047 21) 59 97 99

▶ **Heide**
Inline-Speedbahn
Beim MTV-Stadion am Sportplatz

▶ **Nordstrand**
Der Nordfriesische Inlineskating-Marathon findet auf Nordstrand jedes Jahr zu Himmelfahrt statt; Informationen bei der Kurverwaltung.

KAJAK · KANU

▶ **Friedrichstadt**
Kanuverleih Treibholz
Dorfstr. 8, Fresendelf
Tel. (048 84) 12 21

▶ **Niebüll**
Kanu-Service Südtondern, Waygaard
Tel. (046 74) 865

▶ **Wilhelmshaven**
Unterwegs
Nordseepassage
Tel. (044 21) 99 42 87
Verleih von Kanus und Kajaks

KITESURFEN

▶ **Borkum**
Windsurfing Borkum
Wassersportzentrum
am Nordstrand
Tel. (049 22) 22 99
www.beachnet.de

Juist
Windsurfingschule
im Nordseehotel Freese
Wilhelmstr. 60
Tel. (049 35) 80 10

Norderney
Happy Surf
am Jachthafen
Tel. (046 32) 648
www.surfschule-norderney.de

Sylt
Camp One
Übergang Risgap
(Wenningstedt)
Tel. (046 32) 433 75

REITEN

Amrum
Ponyhof Süddorf
Uasterstigh 83 (am Ortsende)
Tel. (046 82) 15 85
Ausritte

Reiterhof Jensen
Waasterstigh 6a, Nebel
Tel. (046 82) 20 30
Ausritte, Unterricht und Ponyreiten für kleine Kinder

Aurich
Reitverein Aurich
Grüner Weg 67
Tel. (049 41) 21 77

Borkum
Reitstall Borkum
Goedeke-Michel-Str. 11
Tel. (049 22) 91 01 44
www.reitstall-borkum.de

Bredstedt
Reit- und Fahrverein Bordelum
Tel. (046 71) 29 49

Butjadingen
Hippotherapie bei Elke Morisse
Osterbultsweg 2
Butjadingen-Hollwarden
Tel. (047 33) 230

Esens
Reithalle Norder Straße
Tel. (049 74) 600

Föhr
Reitstall Christiansen
Kirchweg 9, Alkersum
Tel. (046 81) 39 67
Unterricht, Ausritte sowie Ponyreiten

Rumpphof
Nieblumstieg
Alkersum
Tel. (046 81) 41 45
Weiterbildung für Fortgeschrittene, therapeutisches Reiten

Heide
Reitschule am Moor
Süderholm
Tel. (04 81) 55 85

Krummhörn
Pferdesportverein
Krummhörn e. V.
Tel. (049 26) 14 04
www.pferdesportverein-krummhoern.de

Neuharlingersiel
Reitstall Carolinenhof
Reiterpension für Mädchen
Tel. (049 74) 879

Norden-Norddeich
Reit- und Fahrverein Norden
Reithalle Bargebur
Tel. (049 31) 16 76 43

Norderney
Reitschule Junkmann
Tel. (049 32) 924 10
www.reitschule-junkmann.de

► **Nordstrand**
Reiterhof Heidehof, Horstedt
Tel. (048 46) 915
Reitstunden für Kinder,
Ponyreitstunden

► **Spiekeroog**
Islandhof
Up de Höcht 5
Tel. (049 76) 219
www.islandhof-spiekeroog.de

Reithalle Petschat
Achter d'Dieck
Tel. (049 76) 14 01

► **St. Peter-Ording**
Reitstall »Drei Lilien«
Zum Südstrand 11, St. Peter-Dorf
Tel. (048 63) 24 01

Martinshof
Brüllweg 2 (auf dem Weg von St. Peter-Dorf zur B 202)
Tel. (048 63) 24 52

► **Sylt**
Bodil's Ponyfarm
Terpwai 20
Braderup
Tel. (046 51) 424 44
Ausritte für Kinder und Erwachsene

Olivenhof
Ingewai 40, Tinnum
Tel. (046 51) 329 06
Professionell geführte Reitanlage mit Fachpersonal

Reitschule Volquardsen
Lojthoog Wung
Braderup
Tel. (046 51) 443 69
Reiten nach der Feldenkraismethode und therapeutisches Reiten

► **Wangerooge**
Reitstall Eden
Richthofenstr. 20
Tel. (044 69) 266

Auch Anfänger können hier auf Pferderücken glücklich werden.

SEGELN

► Amrum
Surfschule Amrum
Fleeghanwai am Norddorfer Strand
Tel. (046 82) 215 57
www.surfschule-amrum.de

► Borkum
Windsurfing Borkum
Wassersportzentrum Nordstrand
Tel. (049 22) 22 99
www.beachnet.de

► Butjadingen
Wassersportschule Tossens
Tel. (047 36) 584
www.wassersportschule-tossens.de

► Föhr
Shipshop
(im Föhrer Sporthafen)
Tel. 017 92 22 48 01
Vermietung von Motorseglern (auch mit Skippern)

Windsurfing Föhr
Ocke-Nerong-Str. 16
Tel. (046 81) 58 00 88
www.windsurfing-foehr.de
Katamaranvermietung und -schulung auch für Kinder

► Hooksiel
Nordsee Segelschule Hooksiel
Tel. (044 25) 17 60
www.nordsee-segelschule.de

► Langeoog
Segelschule Arvid Männicke
Hafendeichstraße 15
Tel. (049 72) 66 99

► Meldorf
Meldorfer Seglerverein
Tel. (048 32) 76 58
www.msv-medorf.de

► Norderney
Segelschule Norderney
Am Yachthafen
Tel. / Fax (049 32) 766
www.segelschule-norderney.de

► Spiekeroog
Segelschule W. Klasing
Westend 10
Tel. (049 76) 680
www.spiekerooger-segelschule.de

► Sylt
Sylter Catamaran Club
Hafenstr. 10, Hörnum
Tel. (046 51) 228 43
www.sylter-catamaran-club.de

► Wilhelmshaven
Segelschule Wilhelmshaven
Tel. (0160) 55 75 491
www.segelschule-wilhelmshaven.de

EGO Yachtcharter
Marco-Polo-Str. 15
Tel. (044 21) 99 82 00
www.ego-online.de

STRANDSEGELN

► St. Peter-Ording
Informationen beim Yachtclub
Tel. (048 63 / 13 77)
www.yespo.de
und bei
Kirsten Anton
Tel. (048 63 / 70 30 86)
►Baedeker Tipp S. 274

SURFEN

► Amrum
Surfschule Amrum
Fleeghanwai am Norddorfer Strand
Tel. (046 82) 15 57 oder
(01 60) 427 60 84
www.surfschule-amrum.de

»Formel 1 auf dem Sand« – die Strandsegler

- **Baltrum**
  Surfschule Ulfert Mammen
  Strandpromenade
  Tel. (049 39) 433

- **Borkum**
  Windsurfing Borkum
  Wassersportzentrum
  am Nordstrand
  Tel. (04922) 22 99
  www.windsurfing-borkum.de

- **Föhr**
  Surfschule am Abschnitt 22
  Strandstr. 23
  Tel. (046 81) 58 00 88
  www.windsurfing-foehr.de
  Windsurfing und Kitesurfing

- **Hooksiel**
  Surfschule Heeren
  Am Binnentief
  Tel. (044 21) 519 01

- **Husum**
  Nordfriesland-Surfer
  Alte Dorfstr.
  Schobüll
  Tel. (048 41) 631 03

- **Juist**
  Windsurfingschule im Nordsee-hotel Freese
  Wilhelmstr. 60
  Tel. (049 35) 80 10

- **Meldorf**
  Wassersportcenter
  Tel. (01 79) 452 00 16
  www.action-surf-meldorf.de
  Surfen

- **Norderney**
  Happy Surf
  Am Jachthafen
  Tel. (049 32) 648
  www.surfschule-norderney.de

- **St. Peter-Ording**
  Surfakademie
  Tel. (01 72) 452 80 34
  www.surfakademie.de

► **Sylt**
Camp One
Übergang Risgap, Wenningstedt
Tel. (046 51) 433 75

Sunset Beach
Brandenburger Str. 15, Westerland
Tel. (046 51) 271 72
www.sunsetbeach.de
Syltsportiv
Heefwai 4, Munkmarsch
Tel. (046 519) 93 50 77

► **Wangerooge**
Wind Specials Fun Center
Untere Strandpromenade
Tel. (044 69) 94 22 22
www.windsurfing-wangerooge.de

WASSERSKI

► **Hooksiel**
Am Binnentief
(bei der Werft)
Tel. (044 25) 16 48
www.wasserski-hooksiel.de

WATTWANDERN

►S. 87

Verkehr

Mit Auto und Fahrrad Ohne Auto geht es meist doch nicht, vor allem wenn man mit viel Gepäck anreist oder eine etwas abgelegene Unterkunft gewählt hat. Ansonsten gibt es ein ausgezeichnetes Radwegenetz, auf dem man leicht von einem Ort zum anderen gelangt.
Nur nach Sylt, Amrum, Föhr, Borkum und Norderney dürfen Autos mitgenommen werden. Auf Spiekeroog und Baltrum wird auch das Radfahren nicht gern gesehen, da die Wege sehr schmal sind.

Mit Bahn und Bus Ein dichtes Bahn- und Busnetz verbindet alle größeren Orte. Von den Bahnhöfen verkehren Busse zur Küste bzw. zu den Fährhäfen.

VERKEHRSTRÄGER

BUSLINIEN

► **Nordfriesland Bus**
Tel. (048 41) 690 25
www.nordfrieslandbus.de

► **Dithmarschen Bus**
Tel. (01 80) 230 12 40
www.dithmarschenbus.de

► **Weser-Ems-Bus**
Tel. (04 21) 30 89 70
www.weser-ems-bus.de

BAHN

► **Nord-Ostsee-Bahn GmbH**
Tel. (0180) 101 80 11
www.nord-ostsee-bahn.de

U. a. Hamburg-Altona – Elmshorn – Itzehoe – Heide – Husum – (St. Peter-Ording) – Niebüll – Westerland

Wattwanderungen

Wattwanderungen sollte man immer mit einer sachkundigen Führung unternehmen, zum einen, weil das Watt nicht ungefährlich ist, und zum anderen, weil sie mit vielen naturkundlichen Informationen über diesen Lebensraum und Anekdoten über die Küstenbewohner gewürzt sind. Das Watt ist viel gefährlicher, als es aussieht: Bei auflaufender Flut kann man schnell vom Land abgeschnitten werden und plötzlich auftretende Nebel verhindern dann jegliche Orientierung. Führungen werden an jedem Ort angeboten.

Nur mit sachkundiger Führung!

WATTWANDERN

WATTFÜHRUNGEN

▶ **Nationalpark-Wattführerinnen und -Wattführer**
Tel. (048 61) 616 70
www.wattenmeer-nationalpark.de
Gruppenführungen an der gesamten Küste

▶ **Wattführergemeinschaft Dithmarscher Nordseeküste**
www.watterleben.de

▶ **Wattführergemeinschaft Niedersächsische Nordseeküste**
www.wattfuehrergemeinschaft.de

▶ **Schutzstation Wattenmeer**
Nicht nur Wattführungen an der schleswig-holsteinischen Küste, auch vogelkundliche Exkursionen, Salzwiesenexkursion, Hallig-Erkundung ...

Tel. (043 31) 236 22
www.schutzstation-wattenmeer.de

WATTTOUREN MIT DEM SCHIFF

▶ **ab Büsum**
Reederei H. G. Rahder
Tel. (048 34) 36 12
www.rahder.de

▶ **ab Tönning**
Insel- und Halligreederei
Tel. (048 42) 900 00
www.adler-schiffe.de

▶ **ab Schlüttsiel**
Halligreederei MS »Hauke Haien«
Tel. (048 41) 814 81
www.wattenmeerfahrten.de

Halligreederei von Holdt MS »Seeadler«
Tel. (046 74) 15 35
www.seeadler-hooge.de

▶ **ab Borkum**
AG Ems
Tel. (018 05) 18 01 82
http://ag-ems.icserver4.de

▶ **ab Norderney, Norddeich und Greetsiel**
Reederei Frisia
Tel. (049 31) 987-0
www.reederei-frisia.de

Touren

AN DER KÜSTE ENTLANG ODER LIEBER DURCH DAS HINTERLAND? HAFENSTÄDTE BESUCHEN ODER EINSAME HALLIGEN? MIT DEM AUTO UNTERWEGS SEIN ODER MIT DEM FAHRRAD? DIE NORDSEEKÜSTE BIETET VIELE MÖGLICHKEITEN!

TOUREN AN DER NORDSEEKÜSTE

Die Nordseeküste eignet sich hervorragend zum Erholen am Strand, doch intensiver lernt man die Gegend erst bei Ausflügen kennen. Küste wie Hinterland bieten eine Fülle neuer Eindrücke. Man sollte den Zeitrahmen nicht zu eng fassen, um den netten Restaurants und Teestuben, den Häfen, Dünen und Museen Gerechtigkeit wiederfahren zu lassen.

TOUR 1 **Ostfriesische Impressionen**
Beginnend in Emden führt diese Tour zuerst über die idylische Krummhörn, bietet die Möglichkeit, nach Norderney überzusetzen und streift neben den hübschen Sielhäfen auch Wilhelmshaven. ▸ **Seite 93**

TOUR 2 **Radtour durch Butjadingen**
Deich und Schafe, Wasser und Windmühlen: Intensiver lernt man Land und Leute kaum kennen als auf einem gemächlichen Ausflug durch Butjadingen. ▸ **Seite [illegible]**

TOUR 3 **Immer nordwärts**
Mal tangiert die Route berühmte Badeorte, dann führt sie wieder durchs Hinterland. Wie der berühmte Maler Emil Nolde die Farben und Stimmungen der Nordseeküste einfing, kann man am Ende der Reise in Seebüll studieren. ▸ **Seite 98**

Büsum
Zeit für Wattwanderungen einplanen!

Greetsiel
Berühmt sind die Zwillingsmühlen.

Unterwegs an der Nordseeküste

In den Routenvorschlägen sind einige besonders attraktive Ecken und Städte an der Nordseeküste beschrieben. Sie führen z. T. über kleine Straßen, auf denen sich die Schönheit der Region am deutlichsten zeigt. Die Kilometerangaben in den Überschriften beziehen sich auf die Hauptroute, die Abstecher sind nicht mitgerechnet.

Niedersächsische Nordseeküste

Topfebenes Land, bei dem Deiche und Leuchttürme die höchsten Erhebungen bilden, dazu ein fast ständig wehender Wind, so zeigt sich die Küste Ostfrieslands. Die Städte sind überschaubar groß, der Verkehr hält sich in Grenzen und fünf der sieben ostfriesischen Inseln sind autofrei. Grün ist die beherrschende Farbe des Festlandes, wo sich die fruchtbaren Marschen erstrecken. Die Küstenzone ist Teil des Niedersächsischen Nationalparks Wattenmeer. Wattwanderungen

und Vogelbeobachtungen gehören hier neben allen Arten des Wassersports zu den Höhepunkten einer Reise. Hunger muss unterwegs niemand leiden, viele Spezialitäten entstammen natürlich dem Meer: Krabben, Räucheraal und fangfrische Schollen. Unter all den sehenswerten Museen sind das Auswanderermuseum und das Deutsche Schiffahrtsmuseum in Bremerhaven herausragend.

Schleswig-holsteinische Nordseeküste

Auch das Wattenmeer entlang der schleswig-holsteinische Nordseeküste ist als Naturpark unter Schutz gestellt und präsentiert sich nicht weniger faszinierend als sein ostfriesisches Pendant. Entlang der Küste reihen sich die Stars unter den Ferieninseln auf: Sylt, Amrum und Föhr. Alle sind mit der Fähre gut erreichbar, Sylt auch über den Hindenburgdamm per Bahn. Unter den Meeresfrüchten dieser Region nehmen die Sylter Austern eine Sonderstellung ein. Auf dem Festland ist die Landschaft grün und flach, Abstecher an die vielen Sand- oder Grünstrände der Küste bereiten keine Schwierigkeiten. Eine besondere Augenweide bilden die reetgedeckten Friesenhäuser. Die größten Städte sind Husum und Heide und mit jeweils rund 22 000 Einwohnern durchaus überschaubar. Wer bis an Deutschlands Nordgrenze vorgedrungen ist, sollte neben einem Besuch des Nolde-Museum in Seebüll auch Dänemark einplanen: Das kleine Städtchen Tønder ist den kleinen Abstecher wirklich wert.

Die Füße kann man hervorragend auch im weichen Schlick des Watts vertreten.

Tour 1 Ostfriesische Impressionen

Start und Ziel: Emden **Länge:** rund 200 km

Kluntjes, Meer und flaches Land sind drei wichtige Komponenten auf dieser Rundreise. Sie beginnt im schönen Emden und führt sodann immer an der Küste entlang. Von den Sielhäfen brachen einst ostfriesische Seeleute in alle Welt auf. Heute wirken die Häfen idyllisch, manche fast museal. Den Abschluss der Reise bildet der städtische Dreiklang aus Wilhelmshaven, Jever und Aurich.

Start und Ziel der Tour ist ❶ ✶✶ **Emden**. Die Heimatstadt von Otto Waalkes lohnt einen längeren Aufenthalt: Die Gegend um den alten Hafen ist sehr schön, Kunsthalle und Landesmuseum halten so manchen kulturellen Leckerbissen bereit. Die Fahrt führt nun über die idyllische Krummhörn. Wer baden oder Seeluft schnuppern möchte, wählt die Strecke über Rysum und Campen: Hinter dem Campener Deich beim Leuchtturm liegt die beste Badestelle der Krummhörn. Nächster Etappenpunkt ist ❷ ✶✶ **Greetsiehl**, ein Juwel Ostfrieslands, schon allein der hübschen Häuser und der beiden Leuchttürme wegen. Über die Grüne Küstenstraße erreicht man ❸ ✶ **Norden**, wo das Ostfriesische Teemuseum mit Kluntjes, Stövchen und den Riten des Teezeremoniells vertraut macht. Norddeich, ein Ortsteil Nordens, ist kein schöner Ort, doch man kann die Seehundstation besuchen, eine Weile das geschäftige Treiben im Hafen beobachten oder den großartigen Blick vom scheinbar endlosen Seedeich genießen. Der Hafen ist der einzige, von dem es Verbindungen zu gleich zwei Ostfriesischen Inseln gibt: nach Juist und nach Norderney. Wer Zeit hat, sollte einen Abstecher nach ❹ ✶ **Norderney** einplanen, denn was wäre eine Fahrt durch Ostfriesland ohne ein Besuch einer seiner Inseln? Norderney bietet sich an, weil die Fähre tidenunabhängig verkehrt und nur eine Stunde braucht. Wer will, kann auch das Flugzeug von Norddeich aus nehmen.

✔ NICHT VERSÄUMEN

- Greetsiel: kleiner Bummel durch ein Idyll
- Norden: Besuch des Ostfriesischen Teemuseums
- Abstecher auf die Insel Norderney
- Wilhelmshaven: Hafenrundfahrt

Die Sielhäfen

Zurück in Norden/Norddeich setzt man die Fahrt der Küste entlang auf der Störtebekerstraße fort und passiert nach und nach alle Häfen, von denen die Fähren nach Baltrum, Langeoog, Spiekeroog und Wangerooge abgehen. Als Nächstes erreicht man ❺ **Neßmersiel**, ein gemütliches Dorf mit einem netten Badestrand sowie Fährhafen nach Baltrum. Dann folgt ❻ **Dornumersiel** mit dem kleinen Sielhafen. Wer gerne Kissen oder Wohntextilien einkaufen möchte, sollte nach Dornum hineinfahren und die Handweberei Fiefschaft am Marktplatz besuchen. Weiter geht es immer der Küste entlang. Im Hafen von ❼ Bensersiel herrscht meist ziemlicher Trubel, denn von hier gehen die regelmäßigen Fähren nach Langeoog ab. Am Hafen gibt es auch einen Yachthafen, ein Schwimmbad und einen Campingplatz.

Der malerischste Hafen, in dem eine kleine Krabbenkutterflotte liegt, ist sicherlich ❽ ✶ **Neuharlingersiel**. Besucher des kleinen Kurortes genießen die Spaziergänge am Kanal oder brechen zur Fahrt mit einer der kleinen Fähren nach Spiekeroog auf. Die nächste Station ist das 1 km landeinwärts gelegene ❾ ✶ **Carolinensiel** mit seinem interessanten Sielhafenmuseum. Die historischen Häuser um den kleinen Hafen bilden ein malerisches Ensemble und führen in die einstige »große« Zeit des Ortes zurück. Vom kleinen Küstenort Harlesiel aus starten Fähren und Kleinflugzeuge nach Wangerooge.

Seehunde
An der ostfriesischen Küste gibt es viele Möglichkeiten, diese Tiere in freier Wildbahn zu beobachten.

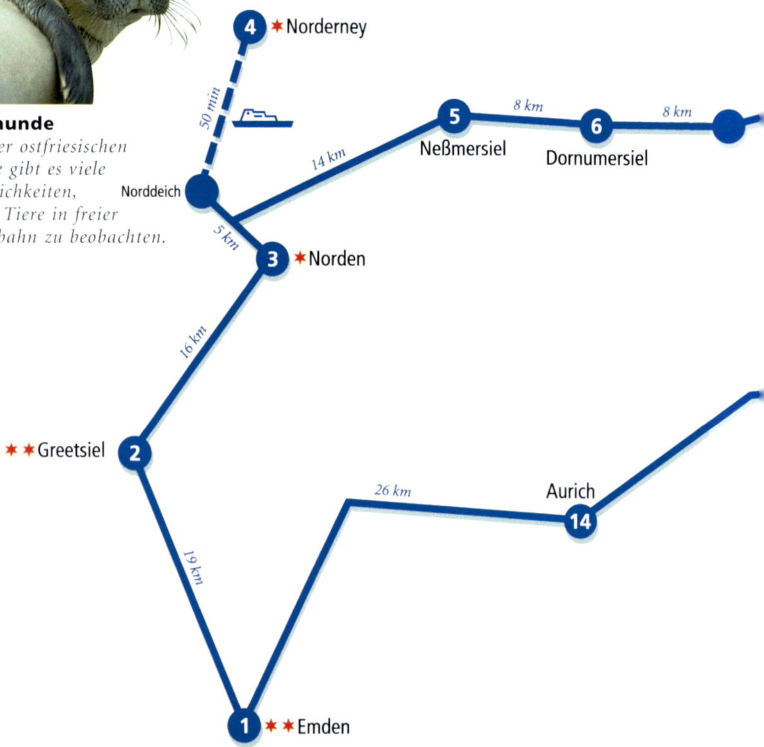

Im Wangerland

Die Grüne Küstenstraße durchquert nun das Wangerland und erreicht ⑩ **Horumersiel**. Die ausgedehnten Sandstrände und die vielen Campingplätze machen den Ort zu einem sehr beliebten Ferienziel. Das gilt auch für ⑪ **Hooksiel**, den nächsten Stopp der Tour. Am sehr idyllischen Hafen lohnt, außer Kaffee zu trinken und Schiffe anzuschauen, ein Besuch des Muschelmuseums. Wer nach der Fahrt über Land und durch diese kleineren Orte wieder Lust auf Stadt hat, darf sich nun auf ⑫ ✶ **Wilhelmshaven** freuen. Eine Rundfahrt durch den bedeutenden Hafen ist ein besonderes Erlebnis. Und nicht nur bei Schlechtwetter lohnt ein Besuch der hervorragenden Museen: Küsten- und Marinemuseum sowie Aquarium klären manche Frage, die während der Tour aufgetaucht sein mag. Weiter geht es landeinwärts nach ⑬ ✶ **Jever**. Hier kann man gemütlich in der Fußgängerzone bummeln, das schöne Schloss besuchen oder dem Jever-Shop und der Brauerei einen Besuch abstatten. Letzte Station ist ⑭ **Aurich**, ehemalige Residenz und »heimliche Hauptstadt Ostfrieslands«. Auf dem Rückweg nach Emden via B 72 lohnt noch ein Stopp bei Moordorf, um das Moormuseum anzusehen.

Jever
Wer glaubt, in Jever gebe es nur Bier, irrt sich, wie ein Blick in die Stadtkirche beweist.

Tour 2 Radtour durch Butjadingen

Start und Ziel: Tossens **Länge:** ca. 50 km

Die im Folgenden beschriebene Tour durch Butjadingen ist Teil der »Deutschen Sielroute«. Die ca. 40 km lange Strecke führt über eine Landschaft, die so platt ist wie eine Flunder, ist bestens ausgeschildert und beginnt in Tossens.

Tipps für Radler

Wer mit dem Fahrrad unterwegs ist (► Tour 2), sollte sich am besten nach dem Zwiebelprinzip kleiden und für eine wind- und wasserdichte »Außenhaut« sorgen. Zwar ist nur bei den Deichüberquerungen mit Steigungen zu rechnen, dafür hin und wieder mit kräftigem Gegenwind. Die Wege entlang der Deutschen Sielroute sind fast überall gepflastert bzw. asphaltiert. Lästig wird der Verkehr höchstens in den Orten, über Land sind die Straßen meist sehr ruhig. Alles in allem bietet sich die Tour auch für Kinder an.

An der Küste entlang

Diese Route durch Butjadingen folgt zunächst der Deutschen Sielroute, einem über 200 km langen Radfernweg durch das Land zwischen Weser und Jadebusen, und damit auch dem Verlauf der Hauptstraße. Man folgt entweder von ① **Tossens** aus der Sielroute bis Langwarden oder radelt in Tossens Richtung Nordwesten zum Tossenserdeich. Dort folgt man den Deichwegen bis zum nördlichsten Punkt des Butjadinger Landes. Dort kann man einen Abstecher nach ② **Langwarden** machen, um die Laurentiskirche und das Dorfladenmuseum zu besuchen. Weiter geht es dem Deich entlang (meer- oder landseitig) nach ③ ★ **Fedderwardersiel**. Es lohnt sich, in diesem netten Hafenort eine kleine Pause einzulegen, frische Krabben zu essen oder auch nur das Treiben am Hafen zu genießen. Das hiesige Nationalparkhaus verdient einen Stopp: Ein Gezeitenmodell zeigt anschaulich, wie Ebbe und Flut funktionieren und was es mit den Sturmfluten auf sich hat.

Hinein ins Land

Von Fedderwardersiel geht es auf der Landseite des Deichs weiter Richtung ④ **Burhave** und Burhaversiel. Hier verlässt man die Deutsche Sielroute und nimmt die Straße landeinwärts nach ⑤ **Sillens**. Auf einer schmalen Straße gelangt man zum Stollhammer Mitteldeich und folgt diesem weitere 200 m nach links. Wenn man nun den Weg wählt, der nach rechts abbiegt, gelangt man nach ⑥ **Stollhamm**. Im 2,5 km entfernten Stollhammerdeich stößt man wieder auf die Sielroute, die erst ein Stück der Hauptstraße folgt und dann linker Hand Richtung Deich führt. Wer jetzt noch Puste hat, kann einen Abstecher gen Süden nach ⑦ Seefeld zur Seefelder Windmühle einschieben – einfach der Sielroute statt nach Norden in die entgegengesetzte Richtung folgen. Jeden ersten Sonntag im Monat findet bei der Mühle von 10.00 bis 16.00 Uhr ein Landfrauenmarkt statt.

Burhave
Das Schöne an dieser Radtour: Wenn's zu heiß ist, geht man einfach an den Strand.

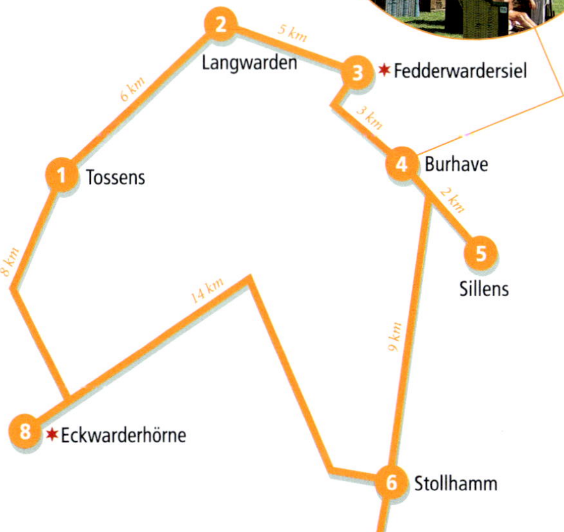

Pause machen
Unterwegs gibt es immer wieder Möglichkeiten zum Einkehren und Friesentorte mit Pharisäer zu probieren.

Die reguläre Tour verläuft nordwärts an der Binnenseite des Stollhammerdeiches (man kann auch entlang des Außendeichs fahren) weiter nach 8 ✶ **Eckwarderhörne**. Ein wunderschöner Blick über den Jadebusen und das Butjadinger Land bietet sich vom Deich beim Eckwarder Siel. Von Eckwarderhörne geht es schließlich am Deich entlang zurück nach Tossens.

Tour 3 Immer nordwärts

Start und Ziel: Von Brunsbüttel nach Seebüll

Länge: ca. 240 km

Diese Route verläuft immer in nördlicher Richtung, so dass man sie gut auf dem Weg zu einer der Nordfriesischen Inseln kennen lernen kann. Flache, fruchtbare Marschenlandschaft und hohe Küstendeiche wie auch der Geestrand prägen diese Reise. Man kommt an Windparks vorbei, die Zeugnis vom oft rauen Küstenklima ablegen.

Entlang der B 5 von Brunsbüttel Richtung Sylt erhält man einen guten Überblick über die Küste mit ihren vorgelagerten Inseln und Halligen. Man sollte sich dafür Zeit nehmen und ab und zu einen Abstecher einschieben. Die Tour beginnt in 1 **Brunsbüttel**. Die Stadt ist als Industriestandort bekannt, doch hier, am Anfang bzw. Ende des Nord-Ostsee-Kanals, der meistbefahrenen künstlichen Wasserstraße der Welt, sollte man auf jeden Fall das große Schleusensystem besichtigen.

Dithmarschen

Nördlich von Brunsbüttel kommt man dann in die Marschenlandschaft von Dithmarschen. Flaches Land mit zahlreichen Wasserläufen zieht sich bis zum Horizont, im Westen liegen die neueren Köge, deren Landmassen im Lauf von Jahrhunderten dem Meer abgetrotzt wurden und durch hohe Deiche geschützt sind.

Das kleine Städtchen 2 **Marne**, das nächste Etappenziel, ist von Kögen umgeben. Noch vor 300 Jahren war dieses Fleckchen ausgesprochen wasserreich – Marne lag direkt am Wattenmeer und lange davor war die Siedlung sogar auf einer Hallig gelegen. Das Wasser reichte damals bis an den Geestrand, an dem heute 3 ✶ **Meldorf** und Heide liegen. In beide Städtchen kommt man automatisch, wenn man der B 5 in Richtung Norden folgt. Meldorf mit dem großen »Dom der Dithmarscher« und dem sehenswerten Landesmuseum sowie weiter nördlich 4 **Heide**, das für seinen überdimensionalen Marktplatz bekannt ist, sind traditionell die Zentren von Dithmarschen. Liebhaber von frühgeschichtlichen Stätten kommen südöstlich von Heide auf ihre Kosten – bei Albersdorf sind gleich mehrere Megalithgräber erhalten. An der Küste zwischen Meldorf und Heide zieht 5 **Büsum**, das man von Heide aus über die B 203 er-

Halligen
Auf Tuchfühlung mit dem Meer: Der Besuch einer der Halligen hinterlässt einen bleibenden Eindruck.

Sprache: Friesisch
Einige friesische Gemeinden besitzen zweisprachige Ortsschilder.

Das Auto muss stehenbleiben, wenn man zum Westerhever Leuchtturm gelangen will.

reicht, im Sommer die Urlauber an. Wer sich für Leben und Werk des Schriftstellers Christian Friedrich Hebbel interessiert, darf an 6 **Wesselburen** nordöstlich von Büsum nicht vorbeifahren, denn dort befindet sich das Hebbel-Museum.

Halbinsel Eiderstedt

Von Wesselburen geht es weiter in Richtung Nordwesten über den Damm des immensen Eidersperrwerks auf die Halbinsel Eiderstedt mit den riesigen Bauernhöfen, den Haubargen, und nicht weniger als 18 romanischen Dorfkirchen. In 7 * **St. Peter-Ording** an der Westküste von Eiderstedt, das man direkt über die Straße vom Eidersperrwerk aus erreicht, herrscht lebhafter Badebetrieb. Der Badeort ist für seinen breiten, flachen Strand mit den urigen Stelzenhäusern bekannt, an dem Strandsegler einen geeigneten Ort zur Ausübung ihres Sports finden. Ein Abstecher von St. Peter-Ording in nördliche Richtung führt zu dem berühmten Leuchtturm von Westerhever, mit dem die Brauerei Jever seit Jahren für ihr Bier wirbt. Auf der B 202 von St. Peter-Ording in Richtung Osten kommt man nach 8 * **Tönning** mit seinem stimmungsvollen Hafen.

Auf dem Weg von Tönning nach Husum sind zwei Abstecher sehr zu empfehlen. Einer führt in die »Holländerstadt« 9 ** **Friedrich-**

stadt, ein ausnehmend hübsches Städtchen, das im 17. Jh. von Holländern an der Einmündung der Treene in die Eider systematisch mit einem von Grachten durchzogenen, schachbrettartigen Stadtkern aufgebaut wurde. Der zweite Abstecher führt in die Nähe von Witzwort nördlich von Tönning zum ✶ **Roten Haubarg**, der als Museum und Restaurant-Café öffentlich zugänglich ist.

Nach Nordfriesland hinein

Für den Besuch von ⑩ ✶✶ **Husum**, der »grauen Stadt am Meer«, sollte man sich viel Zeit nehmen; der Binnenhafen, mehrere Museen und das Schloss bieten sich zur Besichtigung an. Danach kann man wiederum Landschaft pur genießen, per Auto lässt sich sogar die »Insel« Nordstrand erreichen, die durch einen Damm mit dem Festland verbunden ist. Bei Schobüll, unweit nordwestlich von Husum, liegt die Zufahrt zum eingedeichten Nordstrand. Ein Abstecher bietet sich einige Kilometer weiter nördlich an. Ebenfalls über einen Damm kann man nämlich auf die Hamburger Hallig fahren; dazu biegt man nördlich von ⑪ **Bredstedt** von der B 5 nach Bordelum ab und hält sich weiter in Richtung Reußenkoog. Für das Befahren der einspurigen Strecke hinüber zur Hamburger ⑫ ✶✶ **Hallig** muss eine Gebühr entrichtet werden. Dort kann man im Hallig Krog eine Pause einlegen und die Landschaft auf sich wirken lassen (April – Oktober tgl. 11.00 – 18.00, Sommer 10.00 – 21.00 Uhr).

✓ NICHT VERSÄUMEN

- Spaziergang zum Westerhever Leuchtturm
- Hamburger Hallig: Pause im Hallig-Krog
- Seebüll: Emil-Nolde-Museum

Schließlich kommt man nach ⑬ **Niebüll**, das meist nur den Sylt-Urlaubern als Autoverladestation bekannt ist, aber allein wegen drei interessanter Museen einen kleinen Aufenthalt lohnt. Schon fast an der dänischen Grenze bei ⑭ **Seebüll** ist das wunderschön mitten in der flachen Landschaft gelegene ✶✶ **Nolde-Museum** (► Niebüll) ein Besuchermagnet, der weit über Schleswig-Holstein hinaus bekannt ist. Hier endet die Route entlang der Nordseeküste.

Reiseziele von A bis Z

WATT UND SANDSTRAND,
NATURPARKS UND
SEEHUNDSTATIONEN,
MALERISCHE DÖRFER
UND INTERESSANTE STÄDTE,
REETDÄCHER UND OZEANRIESEN:
ES GIBT VIEL ZU SEHEN AN DER NORDSEEKÜSTE!

★★ Amrum

L/M 3/4

Bundesland: Schleswig-Holstein **Landkreis:** Nordfriesland
Einwohner: 2300

Rund 150 000 Urlauber kommen jedes Jahr auf die Insel Amrum, die ihren Besuchern in landschaftlicher Hinsicht einiges zu bieten hat: Auf 20 km² findet man Salzwiesen, eingedeichte Äcker, Weidewiesen, Wald und Dünen, dazu kommen 10 km² Strand.

Waldreichste deutsche Nordseeinsel

Amrum gehört zu den Nordfriesischen Inseln. Rund 22 km trennen die 30 km² große Insel vom Festland, rund 3 km vom östlich benachbarten ►Föhr und 5 km von der Südspitze von ►Sylt. Mit rund 200 ha Waldfläche ist Amrum die waldreichste der deutschen Nordseeinseln. Ihr Dünengürtel zieht sich im Westen über eine Länge von 12 km vom Inselsüden bis zur Nordspitze. Die höchste Erhebung erreicht die Aussichtsdüne bei Norddorf mit [illegible] m. Besonders eindrucksvoll ist der extrem breite Kniepsand, eine Sandbank, die allein ein Drittel der Inselfläche einnimmt. Er umgibt die gesamte Westseite Amrums und stellt so einen natürlichen Schutz dar. Noch bis ins 20. Jh. gehörte er nicht zur Insel, sondern war ihr als breite Sandbank vorgelagert.

Kniepsand ►

Walfang, Landwirtschaft, Tourismus

Wie auch die Nachbarinseln Sylt und Föhr wurde Amrum durch den nacheiszeitlichen Anstieg des Meeresspiegels zwischen 4000 und 1000 v. Chr. allmählich zur Insel. Unter dem Namen Ambrum 1231 erstmals erwähnt, war sie lange zuvor besiedelt, wie steinzeitliche Funde in Grabhügeln belegen. Eine Zeit wirtschaftlicher Blüte brachte im Mittelalter die Salzsiederei aus Torfasche, vor allem bescherte aber der **Walfang**, an dem im 18. Jh. jeder vierte Amrumer beteiligt war, der Insel ein »Goldenes Zeitalter« (► Baedeker Special S. 108). Nach dem Abflauen des Walfangs und der Handelsschifffahrt verlegten sich die Amrumer auf Landwirtschaft und Fischerei. Erst Ende des 19. Jh.s setzte mit der Einrichtung eines christlichen Seehospizes unter **Pastor von Bodelschwingh** der Fremdenverkehr auf der Insel ein. Landwirtschaft wird heute nur noch von zwei Bauern betrieben, Fischerei gerade noch von drei Fischern.

Sehenswertes auf Amrum

Wittdün

Wittdün an der Südostspitze ist der Hafenort Amrums. Mit dem AmrumBadeland, Geschäften, Cafés und Restaurants und an drei Seiten von Wasser umgeben, bietet es das Bild eines fast städtischen Seebads. Wittdüns Geschichte begann erst 1885, als der aus Hannover stammende Architekt Schulze-Waldhausen die Badekonzession für den Ort beantragte. Ab 1889 entstanden die ersten Hotels. Um die gesamte, »Südhaken« genannte Landspitze zieht sich eine Befesti-

← *Sylt, Ellenbogen*

Der Kniepsand: natürlicher Schutz für die Insel und Spielwiese in einem

gungsmauer, auf der die Uferpromenade verläuft. Im Haus der Kurverwaltung kann man ein kleines Naturzentrum der Schutzstation Wattenmeer besichtigen. Vom Ort führt ein Spazierweg am Kniepsand entlang zum Dünensee und Vogelparadies Wriakhörn, an dessen Nordseite ein Naturlehrpfad eingerichtet ist.

◂ Vogelparadies Wriakhörn

Süddorf

★ ★

◂ Leuchtturm

An der Inselstraße Richtung Süddorf steht Amrums Leuchtturm, mit 41,8 m Höhe (ca. 63 m ü. d. M.) **der höchste Schleswig-Holsteins**. 1875 in Betrieb genommen und seit 1936 elektrisch betrieben, steuert ihn heute das Wasser- und Schifffahrtsamt in Tönning mittels Fernbedienung (Besichtigung: April – Okt. Mo. – Fr. 8.30 – 12.30 Uhr). Am Hark-Olufs-Wai im Süddorf steht das **Geburtshaus von Hark Olufs** (1708 – 1754), der mit einer Mannschaft von Amrumer und Föhrer Seeleuten 1724 von algerischen Piraten gefangen genommen wurde und es vom Sklaven zum Befehlshaber der Kavallerie und Schatzmeister des Beys von Constantine brachte. 1735 durfte er nach Amrum zurückkehren.

Steenodde

◂ Esenshugh

Steenodde geht auf ein Haus zurück, das ein Hamburger Kaufmann 1721 auf der »Steinspitze« bauen ließ. Wenig westlich außerhalb liegt der Esenshugh, mit 4,7 m Höhe und 26,5 m Durchmesser **größtes Steingrab der Insel**. Hier fand man u. a. einen 4000 Jahre alten Schädel mit Operationsspuren, den man heute im Museum in Wyk auf Föhr sehen kann. Das Gräberfeld daneben umfasste ursprünglich 88 Grabhügel. Es stammt aus der Wikingerzeit und ist somit erheblich

AMRUM ERLEBEN

AUSKUNFT

Amrum Touristik
Am Fähranleger
25946 Wittdün
Tel. (046 82) 940 30, Fax 94 03 20
www.amrum.de, www.amt-amrum.de

ANREISE

tidenunabhängige Autofähre ab Dagebüll (ca. 1,5 Std.); Personenfähre ab Schlütsiel (ca. 2,5 Std.)
Wyker Dampfschiffs-Reederei, Tel. (046 05) 800, www.wdr-wyk.de

ESSEN

► Erschwinglich

① *Seekiste*
Smääljaat 2, Nebel
Tel. (046 82) 640
Für viele ist die Seekiste die »erste Adresse« der Insel mit vorzüglicher Küche in angenehmer Atmosphäre. Spezialität: Fischgerichte.

② *Ual Öömrang Wiartshüs*
Bräätlun 4, Norddorf
Tel. (046 82) 836
Traditionelles »altes Wirtshaus« mit sehr guter norddeutscher Küche, spezialisiert auf Fischzubereitung. Besonders nett in dem stimmungsvollen Lokal sitzt man in der »Blauen Stube«.

► Preiswert

③ *Strand 33*
Strunwai 33, Norddorf
Tel. (046 82) 96 15 55
Restaurant und Bistro in den Dünen.

KNEIPE

④ *Blaue Maus*
Inselstr. 107, Wittdün
Tel. (046 82) 20 40
Amrums älteste Kneipe ist seit 1950 ein beliebter Treffpunkt; bekannt für seine 100 Whiskeysorten.

ÜBERNACHTEN

► Luxus

① *Romantik Hotel Hüttmann*
Ual Saarepswai 2 – 6
Norddorf
Tel. (046 82) 92 20, Fax 92 21 13
www.hotel-huettmann.de
Erstes Haus am Platz (57 Z.) mit gutem Restaurant, Cafégarten, Sauna, Solarium und Fitnessangeboten.

► Komfortabel

② *Steenodde*
Stianoodswai 17
Steenodde
Tel. (046 82) 942 40, Fax 94 24 24
www.hotel-steenodde.de
Am Wattenmeer gelegenes, reetgedecktes Haus (8 Z.) mit guter Küche.

SCHIFFSAUSFLÜGE

nach Föhr mit der Wyker Dampfschiffs-Reederei
nach Nordstrand (Strucklahnungshörn), zur Hallig Hooge, nach Sylt, zu den Seehundbänken und Wattenmeerkreuzfahrten mit der MS Adler (Tel. 048 42 / 90 09-0, www.adler-schiffe.de).

BADEN UND WELLNESS

AmrumBadeland
Am Schwimmbad 1, Wittdün
Meerwasserwellenbad mit Fitnessstudio, Solarien, Sauna und Rasul (orientalisches Dampfbad).

Dünenbad
Beheiztes Meerwasserfreibad mit Hallenbecken.

SHOPPING

Quedens
Inselstr. 37, Wittdün
Erstklassig sortierte Buchhandlung mit dem Schwerpunkt friesische Bücher.

Amrum Orientierung

Übernachten
① Romantik Hotel Hüttmann
② Steenodde

Essen
① Seekiste
② Ual Öömrang Wiartshüs
③ Strand 33
④ Blaue Maus

jünger als der Esenshugh. Möglicherweise auch aus der Wikingerzeit rührt der zwischen Steenodde und Süddorf verlaufende, 2 m hohe Krümwall, der zur Abwehr der Nordmänner gedacht war.

★ **Nebel**

Nebel in der Mitte Amrums ist der Hauptanziehungspunkt für Touristen. Mit seinen alten Friesenhäusern und teils unbefestigten Wegen scheint das Dorf mancherorts noch einer längst vergessenen Zeit verhaftet. Rosen, Malven und Hortensien blühen im Sommer üppig in Gärten und an Hauswänden. Die Häuser aus dem 18. und 19. Jh. sind gut erhalten, ohne jedoch herausgeputzt zu wirken. Sie zeugen noch vom **Wohlstand, den die Grönlandfahrten brachten** (siehe Baedeker Special S. 108).

Waljagd mit Harpunen: Ein Kampf, der beide Seiten bis zur Erschöpfung beanspruchte und nicht unbedingt mit dem Tod des Wales endete (Holzstich von 1876).

AUF WALFANG BIS NACH GRÖNLAND

Die Überlebenden der Barents-Expedition kehrten 1596 nach Holland zurück und berichteten von riesigen Walbeständen vor Spitzbergen. Das läutete das Zeitalter der Grönlandfahrten ein. Zunächst fuhren die Holländer mit baskischen Seeleuten in den Norden, bis der französische König den Basken untersagte, bei der Konkurrenz anzuheuern. Die Inselfriesen witterten nun ihre Chance und sprangen als Walfänger ein.

Erfahrungen hatten die Friesen im Heringsfang gesammelt, zudem blieb ihnen kaum eine Wahl: Nach dem Dreißigjährigen Krieg und der Flutkatastrophe von 1634 herrschte große Not und das **begehrte Walfett** versprach gutes Geld. Man setzte den öligen Tran zu medizinischen Zwecken ein oder benutzte ihn als Nahrungsmittel und zur Beleuchtung. Die Walfänger stammten von den Nordfriesischen Inseln und Halligen. Zu Beginn des 18. Jahrhunderts stellten die Sylter allein ein Drittel der Kapitäne auf den Hamburger Schiffen. Die Kapitäne, auch Kommandeure genannt, waren finanziell am Walfang beteiligt, viele brachten es damals zu Geld und Ansehen. Die Mannschaft bekam dagegen nur eine festgelegte Heuer und folglich arbeiteten viele daran, in der Walfängerhierarchie aufzusteigen. Dies war durch eine gezielte Ausbildung – Lesen, Schreiben, Navigationstechnik – möglich. Auf den Inseln entstanden Schulen, in denen die Grönlandfahrer im Winter, wenn sie zu Hause waren, Wissen und Erfahrung weitergaben.

Vom Biike-Brennen

Ende Februar ging es auf große Fahrt. Zuvor feierten die Inselbewohner noch das Biike-Brennen, ein feuchtfröhliches Fest, das auf einen **heidnischen Brauch** zurückging, wobei der Winter mit einem großen Feuer verabschiedet wurde. Nur die Frauen, Kinder und Alten blieben zurück. In den folgenden Monaten mussten die

Frauen die Felder bestellen, den Haushalt versorgen und die Kinder erziehen. Nach dem Fest fuhren die Männer mit Schmackschiffen, relativ kleinen und meist hoffnungslos überladenen Schiffen, nach Hamburg und Amsterdam. Diese Fahrten waren oft der **gefährlichste Teil** der gesamten Unternehmung, da sie zur Zeit der Frühjahrsstürme bzw. auf dem Rückweg zur Zeit der Herbststürme stattfanden. 1771 kam es zu einer Katastrophe, als ein Schmackschiff unterging und 87 Sylter in der stürmischen See den Tod fanden. In den kalten Gewässern vor Spitzbergen drohten andere Gefahren: Eisbären, Eisberge, Vereisung und nicht zuletzt Skorbut, die gefürchtete Mangelkrankheit, der Hunderte von Walfängern zum Opfer fielen. Und schließlich war der Walfang selbst ein gefährliches Unternehmen.

Sobald einer der Meeresriesen gesichtet wurde, ließen die Männer die kleinen Ruderboote zu Wasser und ruderten so nah wie möglich an das Tier heran. Am Bug jeder Schaluppe wartete ein **Harpunier** auf eine günstige Position und schleuderte sein Fanginstrument in den Körper des Wals. Da die Harpunen durch eine lange Leine mit den Schaluppen verbunden waren, wurden die Ruderboote von dem flüchtenden Wal mitgeschleppt. Die ersten Befreiungsschläge warteten die Walfänger noch aus sicherer Entfernung ab, dann malträtierten sie den Getroffenen bis zur Erschöpfung. Zum Schluss versetzte man ihm mit der Lanze den **Todesstoß**. Der frisch erlegte Wal wurde sogleich auseinander genommen, die Fettschicht wenig später an Land destilliert.

Die Witweninseln

Im Herbst kehrten die Grönlandfahrer mit ihrer Beute in die Heimat zurück, wenn denn alles gut gegangen war. Die Schattenseiten dieses gefährlichen Broterwerbs waren neben allem Erfolg und Reichtum nicht zu übersehen. Denn viele Frauen feierten beim Biike-Brennen das letzte Fest mit ihren Männern und erhielten im Herbst die grauenvolle Nachricht von deren Tod. **Frauenüberschuss** war zu dieser Zeit auf den »Witweninseln« normal.

Üppige Blumenzier und gemütliche Reetdachhäuser in Nebel

Nebeler Mühle ▶ Am südlichen Ortseingang steht die alte Nebeler Mühle von 1771, heute noch als letzte nordfriesische Mühle betriebsfähig. Anfang der 1960er-Jahre wurde sie in ein Heimatmuseum umgewandelt (April – Okt. tgl. 11.00 – 17.00 Uhr). Gegenüber der Mühle wurden auf dem **Friedhof der Heimatlosen** Seeleute begraben, die vor der Amrumer Küste ertranken und deren Identität sich nicht feststellen ließ.

St.-Clemens-Kirche ▶ Die um 1200 entstandene St.-Clemens-Kirche stand schon lange, bevor sich der Ort entwickelte, und war zunächst Zweigstelle der »Friesendom«-Gemeinde in Nieblum auf Föhr. Jahrhundertelang hatte die dem Patron der Seefahrer gewidmete Kirche keinen direkt angebauten Turm, bis 1908 gab es nur einen einfachen Holzturm mit einer Glocke von 1692. Im beschaulichen Innenraum ist der Dreiflügelaltar (1634) interessant, vor allem aber die frühgotische, durch ihre Schlichtheit beeindruckende Apostelreihe an der rechten Wand. Die drei Kronleuchter sind Stiftungen erfolgreicher Grönlandfahrer. Die ältesten Grabsteine auf dem Kirchhof stammen aus dem 17. Jh.

Öömrang Hüs ▶ Im 1736 erbauten und noch bis 1992 bewohnten Kapitänshaus Öömrang Hüs hat der Verein Öömrang Ferian, der sich der Erforschung der Amrumer Geschichte und Sprache widmet, ein kleines Museum eingerichtet, das ein Stück vergangener Inselkultur sichtbar macht. Hervorzuheben ist die **»gute Stube«**, der sogenannte Pesel, der von der Küche aus durch einen Beilegerofen (Bileggerofen) beheizt wurde. Dieser befindet sich an einer besonders schönen Fliesenwand mit dem Tableau eines Frachtschiffs des einstigen Hausbesitzers (Mitte Juni – Mitte Sept. Mo. – Fr. 15.00 – 17.00, übrige Zeit Mo. – Fr. 10.30 – 12.30, Sa. 15.00 – 17.00 Uhr).

Norddorf

Wunderschön zwischen Dünen, Wald und Wattwiesen liegt Norddorf und strahlt die Atmosphäre eines ruhigen Familienbades aus. Auf die Zeit um Christi Geburt werden Reste einer früheren Siedlungsanlage datiert, die im Düüwdääl westlich von Norddorf freigeweht wurden. Der heutige Ort entstand in der zweiten Hälfte des 19. Jh.s, nachdem eine im 15. Jh. erwähnte Siedlung abgebrannt war. Für Aufregung sorgten die Anfänge des Fremdenverkehrs, befürchtete man doch, Zustände wie auf Sylt und Föhr zu bekommen. Deshalb holte man **Pastor von Bodelschwingh**, der in der Kirche über Probleme und Folgen des Tourismus sprach und schließlich ein Hospiz nördlich des Orts errichtete, womit man ein Gegengewicht zum weltlichen Badeleben schaffen wollte. Am Schwimmbad von Norddorf informiert das neu gestaltete Naturzentrum über das Watt.

! *Baedeker* TIPP

»... mal Watt anders«

Eine gute und sichere Möglichkeit, den Lebensraum Watt kennenzulernen, sind geführte Wattwanderungen, etwa von der Nordspitze Amrums bis nach Dunsum auf Föhr. Erst geht es von Norddorf durch die Marsch zum Vogelschutzgebiet, dann folgt barfuß und in kurzen Hosen (ein Priel muss durchwandert werden!) die 2-stündige Wattwanderung (8 km) über trockenes Sandwatt (Informationen unter Tel. 046 82 / 21 75 und 16 69).

* **Odde**

Die Odde an Amrums Nordspitze steht unter Naturschutz. Vom Vogelwarthaus auf der Wattseite starten Wanderungen zur Vogelbeobachtung (Mai – Okt. Di. – So. 10.00 Uhr, www.jordsand.de). Von der Odde aus führt ein Wattweg nach Dunsun auf Föhr, den man aber nur mit Führung angehen sollte, um nicht in Priele zu geraten.

Aurich

F/G 11

Bundesland: Niedersachsen **Landkreis:** Aurich
Einwohner: 40 460

Als »heimliche Hauptstadt« Ostfrieslands gilt die ehemalige Residenzstadt, die in der ostfriesischen Geschichte seit jeher eine wichtige Rolle spielt. Da sie nur knapp 20 km von der Nordsee landeinwärts liegt, kommen viele Urlauber nicht nur zum Einkaufen, sondern nutzen als Tagesbesucher das Freizeit- und Kulturangebot.

»Heimliche Hauptstadt« Ostfrieslands

Aurichs große Zeit begann 1464, als das **Geschlecht der Cirksena** von hier aus Ostfriesland regierte, bis es preußisch wurde. Anfang des 16. Jh.s legte sich Graf Edzard I. mit dem zum Erbstatthalter der friesischen Lande ernannten Herzog Georg von Sachsen an – am Ende dieser »Sächsischen Fehde«, 1517, war Aurich völlig zerstört, wurde aber planmäßig als Residenzstadt wieder aufgebaut.

AURICH ERLEBEN

AUSKUNFT

Verkehrsverein Aurich
Norderstr. 32
26603 Aurich
Tel. (049 41) 44 64, Fax 106 55
www.aurich.de

ESSEN

► Preiswert

Zur Börse
Burgstr. 50
Tel. (049 41) 616 20
Historisches Gasthaus mit nostalgischer Einrichtung und großem, offenen Kamin. Schöner Biergarten auf dem alten Stadtwall.

KNEIPE

Zur Ewigen Lampe
Hafenstr. 1
Tel. (049 41) 23 51
Aurichs älteste Kneipe verspricht einen urigen Abend, manchmal mit Ostfriesen-Musik.

ÜBERNACHTEN

► Luxus / Komfortabel

Piqueurhof
Burgstr. 51
Tel. (049 41) 955 20, Fax 95 52 68
www.piqueurhof.de
Klassizistisches Haus mit modern verglastem Anbau (40 Z.) am Rand der Fußgängerzone. Sauna, Schwimmbad, Massagen.

► Komfortabel

Stadt Aurich
Hoheberger Weg 17
Tel. (049 41) 433 30 00
Fax 433 30 30
www.hotel-stadt-aurich.com
48 gemütliche Zimmer in einem Klinkerbau in zentraler Lage.

SCHIFFSAUSFLÜGE

Auf dem Ems-Jade-Kanal mit der MS »Stadt Aurich« nach Wiesens, Ihlow oder Emden (Ostern – Mitte Oktober).

Sehenswertes in Aurich

Marktplatz Zentrum Aurichs ist der Marktplatz. An seiner Westseite steht das stattliche **Knodt'sche Haus**, das sich um 1735 der gräfliche Hofarchitekt baute. Auffallend sind das Mansarddach mit den breiten Fenstern sowie die doppelläufige Treppe. Stärken kann man sich an den Ständen der gläsernen Markthalle.

Historisches Museum An der breiten Burgstraße südlich vom Markt – heute Fußgängerzone – reihen sich mehrere Häuser mit barocken Giebeln. In der Alten Kanzlei von 1530, dem einstigen Verwaltungsgebäude der ostfriesischen Grafen, erzählt das Historische Museum die Geschichte der Stadt (Burgstr. 25; Di. – So. 11.00 – 17.00 Uhr).

MachMitMuseum ► Selbst aktiv werden, experimentieren, mit allen Sinnen erleben – das ist das Ziel des MachMitMuseums beim Historischen Museum. Die jeweiligen Themen werden regelrecht inszeniert. Unbekanntes und Überraschendes wartet auf die Besucher, aber auch Alltägliches, das hier ganz neu erfahren werden kann (www.miraculum-aurich.de; Di. – Fr. 13.00 – 17.00, Sa. u. So. 11.00 – 17.00 Uhr).

Das Glöckchen im Pingelhus ertönt heute nur noch bei Hochzeiten.

★ **Lambertikirche**

Mit ihrem markanten Turm prägt die evangelische Lambertikirche (um 1850) Ecke Burg- und Kirchstraße das Stadtbild ganz besonders. Ihr figurenreicher, in Antwerpen um 1500 gefertigter gotischer Schnitzaltar stand bis zur Säkularisation in einem Zisterzienserkloster bei Ihlow. Von Mai bis September wird samstags ab 12.05 Uhr Orgel gespielt.

★ **Pingelhus**

Folgt man weiter der Fußgängerzone, kommt man in Höhe der Hafenstraße am vermutlich ältesten Gebäudekomplex Aurichs vorbei und auf der Hafenstraße zum 1800 erbauten, niedrigen Pingelhus, dessen Glocke früher das Ablegen der Schiffe vom heute nicht mehr vorhandenen Kanalbecken ankündigte. Heute ertönt die »Pingel« (Glocke) nur noch zu Hochzeiten. Im Historischen Museum ist ein Modell des Hafens zu sehen.

Ostfriesische Landschaft

Das auffällige Gebäude vor dem Hafenwärterhäuschen ist das um 1900 in historisierenden Renaissanceformen erbaute Haus der Ostfriesischen Landschaft, in dessen Sitzungssaal Porträts ostfriesischer Grafen und Fürsten hängen. Hervorgegangen aus einem regionalen Ständeparlament, kümmert sich die Landschaft um die Bewahrung und Förderung regionaler Traditionen (Georgswall 3 – 9; Führungen nur in den niedersächsischen Sommerferien Di. – Do. 11.00 Uhr).

Schloss

Rechterhand zwischen Pingelhus und Landschaft führt der »Philosophenweg« zum Schlossplatz. Das Schloss und das gegenüberliegende Marstallgebäude sind auf den Mauern der Wasserburg der Cirksena 1851 bis 1855 errichtet worden. Hier sind heute Dienststellen des Landes und das Informatikzentrum Niedersachsen untergebracht. Südwestlich vom Schloss legen am Ems-Jade-Kanal die Ausflugsboote ab.

✶ **Stiftsmühle**

In der Stiftsmühle westlich vom Schloss, einem 30 m hohen, fünfstöckigen Galerieholländer und damit **Ostfrieslands größter Windmühle**, verdeutlichen Maschinen, alte Mahlgeräte und Mühlenmodelle die technische Entwicklung der verschiedenen Mühlenarten. Im ehemaligen Müllerhaus kann man in der Teestube »Kluntje« einkehren (Oldersumer Str.; Di. – So. 11.00 – 17.00, So. 15.00 – 17.00 Uhr).

Umgebung von Aurich

✶ **Ewiges Meer**

Einer der schönsten und größten Hochmoorseen Deutschlands erstreckt sich ca. 8 km nördlich von Aurich im Meerhusener Moor. [illegible] Meer, das keinen Zufluss hat, also lediglich von Regenwasser und dem Grundwasser des höher liegenden Moores gespeist wird. Auf zwölf Tafeln erhält man grundlegende Informationen, Kinder können sich an einem Frage- und Antwortspiel sowie an den Klapp- und Drehelementen versuchen.

✶ **Moormuseum Moordorf**

Im Moormuseum von Moordorf (5 km westlich an der B 72) erfährt man alles über die 200-jährige Entwicklung der Moorkolonie. Das Leben an diesem **»Ort der Armut«** stellt ein Film recht anschaulich dar, danach besucht man die Gebäude aus unterschiedlichen Zeiten – Katen, Lehmhütten und ein Kolonistenhaus. An Aktionstagen führen »Dorfbewohner« Torfstechen, Mattenflechten oder Hüttenbau vor (März – Okt. Di. – So. 10.00 bis 18.00 Uhr).

Im Dörpmuseum Münkeboe

»Leben auf dem Lande« ist das Thema des **Dörpmuseum**s Münkeboe im Südbrookmerland ca. 2 km südlich vom Moormuseum. Hier hat man Werkstätten, Einrichtungen, Geräte und Maschinen von früher zusammengetragen. Eine Kornwindmühle und ein Dorfmuseumsplatz mit Schule, Schmiede und Bäckerei sind die markantesten Orte (Mühlenstr. 3 a; April bis Okt. Di. – So. 10.00 – 17.30 Uhr).

Ein schönes Ausflugsziel ist die 1910 eröffnete Raher Schleuse, eine von vier Schleusen im Verlauf des Ems-Jade-Kanals (ca. 2,5 km westlich) – nicht zuletzt deshalb, weil man vom Biergarten der Gaststätte Kukelorum aus den gemächlichen Schleusenbetrieb beobachten und die angebotenen Leckereien genießen kann.

★ **Raher Schleuse**

Am Upstalsboom, westlich von Aurich im Ortsteil Haxtum, trafen sich im Mittelalter jährlich am Dienstag nach Pfingsten die Abgesandten der sieben friesischen Seelande zwischen Fly und Weser, die sich zum Landfriedensbund zusammengeschlossen hatten. Hier verabschiedeten sie Gesetze, schlossen Verträge und berieten sich. Ursprünglich handelte es sich um einen Grabhügel aus der Bronzezeit. Heute erinnert eine kleine Pyramide an die einstige Bedeutung des Ortes und die erste Zusammenkunft im Jahr 1156 (hinter Rahe an der Oldersumer Straße Wegweiser »Zur Thingstätte«).

Upstalsboom

Baltrum

F 9

Bundesland: Niedersachsen **Landkreis:** Aurich
Einwohner: 550

Baltrum ist im positiven Sinne die ruhigste und verschlafenste der Ostfriesischen Inseln, was ihr den Beinamen »Dornröschen« eintrug.

Heute noch hat man das Gefühl, die Zeit sei stehen geblieben – das ca. 6,5 km² große Inselchen ist **nach wie vor autofrei**, die Straßen tragen keine Namen und die Häuser sind nach der Reihenfolge ihrer Entstehung nummeriert. Modernen Ferienanlagen wird man hier nicht begegnen, dafür aber netten Häuschen mit gepflegten Gärten und weiß und rosa blühenden Heckenrosen. Angesichts der kurzen Wege erscheinen selbst Fahrräder fehl am Platz und sollten auch nicht mitgebracht werden. Erstmals wurde Baltrum 1398 urkundlich erwähnt, als es noch um einiges größer war als heute, doch massive Landverluste 1717 und 1825 reduzierten die Fläche beträchtlich. Zögernd setzte ab 1876 der Badebetrieb ein, das erste Hotel eröffnete erst 14 Jahre später. 1972 wurde der Neßmersieler Hafen gebaut, Wasser-, Gas- und Stromleitungen erst Mitte der 1980er-Jahre.

»Dornröschen der Nordsee«

! *Baedeker* TIPP

Shantys und Theater

Die kleine Insel lässt sich viel einfallen, um ihre Gäste zu unterhalten. Ob Konzert, Kino oder Puppenspiel – das aktuelle Programm kann man in der »Inselglocke« oder im Aushang nachlesen. Wer Shantys und Piratenlieder mag, sollte sich unbedingt ein Konzert des Shantychors »Balt'mer Korben« anhören. Sehr beliebt sind außerdem die Aufführungen der Inselbühne Baltrum, die in der Regel mittwochs um 20.30 Uhr in der Turnhalle spielt.

BALTRUM ERLEBEN

AUSKUNFT

Kurverwaltung
Haus 130
26572 Baltrum
Tel. (049 39) 800, Fax 80 27
www.baltrum.de

ANREISE

tideabhängige Fähre von Neßmersiel (ca. 30 Min.)
Baltrum-Linie
Tel. (049 39) 913 00
www.baltrum-linie.de

ESSEN

► Erschwinglich

① ***Wietjes***
Westdorf 154
Tel. (049 39) 918 10
Hotel-Restaurant und Café mit Meerblick; gute ostfriesische Gerichte.

② ***Witthus an't Brüg***
Westdorf 137
Tel. (049 39) 99 00 00
Sehr beliebt wegen seiner hübschen Terrasse und der Kaffee- und Kuchentafel am Nachmittag.

CAFÉS, TEESTUBEN, KNEIPEN

③ ***Strandcafé***
Westdorf 70
Tel. (049 39) 200
Tagsüber Selbstbedienungscafé, abends Ziel für Kneipengänger.

④ ***Teestube***
Westdorf 149
Leckeres zum Tee und diverse kleine Gerichte.

ÜBERNACHTEN

► Luxus

① ***Hotel Dünenschlösschen***
Ostdorf 48
Tel. (049 39) 912 30, Fax 91 23 13
www.duenenschloesschen.de
Eine komfortablere Unterkunft (40 Z.) wird man auf Baltrum kaum finden. Gutes Restaurant, nette Teestube.

► Günstig

② ***Haus Störtebeker***
Westdorf 167
Tel. (049 39) 295, Fax 900 38
www.stoertebeker-baltrum.de
In der Nichtraucherpension (10 Z.) erhält man auf Wunsch auch Halbpension mit Vollwertkost. Auch Ferienwohnung für 5 Personen.

SCHIFFSAUSFLÜGE

Nach Juist, Langeoog, Norderney und Spiekeroog.

BADEN

Badeparadies SindBad
Haus 240, Westdorf
Meerwasserhallenbad mit großer Saunalandschaft, Wasserfall, Grotte, Kureinrichtungen und Fitness-Studio.

Sehenswertes auf Baltrum

Westdorf und Ostdorf Die Baltrumer leben im größeren West- und dem kleineren Ostdorf. Die Februarflut von 1825 hatte die Insel in zwei Teile gerissen: Das Westdorf ging unter, das damalige Mitteldorf wurde zum heutigen Westdorf. Ältestes Inselhaus ist vermutlich das gedrungen wirkende Haus Nr. 5, weitere betagte Häuser findet man in Ostdorf.

Baltrum Orientierung

Übernachten
① Dünenschlösschen
② Haus Störtebeker

Essen
① Wietjes
② Witthus an't Brüg
③ Strandcafé
④ Teestube

Nordseehaus

Auf dem Weg vom Hafen ins Westdorf ist eines der ersten Häuser das Nordseehaus. Hier erhält man allerlei Informationen zum Nationalpark Wattenmeer und erfährt einiges über die gefährdete Insellage Baltrums; kleine Aquarien und Landschaftsdioramen erläutern die Meeresfauna und die Vogelwelt. In der Inselkammer im Obergeschoss will der Heimatverein sein Museum einrichten (Westdorf 177; Di. – So. 10.00 – 12.00 u. 15.00 – 19.00 Uhr).

Alte Kirche

Der kürzeste Weg zum Strand führt geradewegs durchs Westdorf, vorbei an schlichten Backsteinhäusern, der Inselkirche und der alten Schule von 1888. Einen Blick lohnt die evangelische Alte Kirche: Neben dem Innenraum – mit rotem Klinkerboden, blauen Bänken und blauer Decke – sollte man besonders den hölzernen Glockenstuhl mit der am Strand gefundenen holländischen Schiffsglocke beachten, heute das Wahrzeichen Baltrums.

✶ St. Nikolaus

Die katholische Inselkirche ist dem hl. Nikolaus, einem Schutzheiligen der Seefahrer, geweiht. Der reetgedeckte Rundbau von 1956 mit drei zu einem Atrium führenden, aus Kupfer getriebenen Türen fällt durch seinen muschelförmigen Altar und die 14 farbenfrohen Glasfenster aus der Werkstatt Margarethe Frankes auf, die Legenden aus dem Leben des Heiligen aufgreifen.

✶ Dünental und Salzwiesen

Die Hauptsehenswürdigkeit Baltrums ist aber die Natur. Das an Ostdorf anschließende weite Dünental ist sicherlich eine der schönsten Ecken Baltrums, in der man stundenlang spazieren, Rad fahren und an Exkursionen teilnehmen kann. Direkt am Beginn des Areals kann man von der ersten Aussichtsdüne die Insel überblicken. Etwas weiter östlich gibt es eine höhere, zweite Aussichtsdüne, von der man sogar den Langeooger Wasserturm sieht. Die Salzwiesen auf der Wattseite schützen als Vorland zwischen Land und Meer die Deiche, fördern somit die Verlandung und dienen zudem noch als Weidefläche. Viele Vogelarten wie Austernfischer, Wiesenpieper, Seeschwalben und Möwen sind hier zu Hause.

★ Borkum

A / B 10

Bundesland: Niedersachsen **Landkreis:** Leer
Einwohner: 5550

Will man Geist und Körper etwas Gutes tun, ohne auf ein touristisches Programm und ein wenig Trubel zu verzichten, ist man auf Borkum, offiziell Nordseeheilbad Borkum, bestens aufgehoben.

[illegible] westlichste Nordseeinsel

[illegible] Inseln ist Borkum mit 37 km² nicht nur die größte und westlichste, sondern mit 12 km auch am weitesten vom Festland entfernt. Der nahe **Golfstrom bewirkt ein besonderes Klima**: mit Jod angereichert, mild und zugleich pollenarm – ideale Voraussetzungen für einen Wellness-Urlaub mit langen Strandspaziergängen und sportlichen Aktivitäten. Der 20 km lange Strand teilt sich in den Nord-, Süd- und Jugendstrand, dazu gibt es

Klassizistische Bauten im Seebäderstil an Borkums Promenade

auch einen großen FKK-Bereich mit Dünengelände und selbst für die Vierbeiner sind einige Abschnitte als Hundestrände ausgewiesen. Borkum ist zwar nicht gänzlich autofrei, jedoch gibt es einige autofreie Zonen. Man kann die Insel zu Fuß oder mit dem Rad auf den insgesamt 130 km Rad- und Wanderwegen erkunden.

Inselbahn

Vom Hafen zuckelt seit 1888 die Inselbahn 7,5 km lang durch Wiesen und Dünen zum Bahnhof im Ort Borkum. Im Linienverkehr zieht eine mit Rapsöl betriebene Lok die bunten Waggons; an manchen Tagen gibt es Sonderfahrten mit einer historischen Dampflok, die mitunter den »Kaiserwaggon« zieht, 1905 gebaut und mit Mahagoni-Intarsien, Goldtapeten und Damastvorhängen ausgestattet (Tel. 049 22 / 30 90).

Sehenswertes auf Borkum

✶ Feuerschiff Borkumriff

Schon von der Fähre aus sieht man im großen Schutzhafen das Feuerschiff Borkumriff. Es versah von 1956 an seinen Dienst in der Emsmündung ca. 30 km nordwestlich von Borkum, wurde 1988 als letztes deutsches Feuerschiff außer Dienst gestellt und durch einen Leuchtturm ersetzt. Seither liegt es als Museumsschiff und Informationszentrum des Nationalparks Wattenmeer im Borkumer Hafen vor Anker (Führungen: April – Okt. Di. – So. 9.45, 10.45, 11.45, 13.45, 14.45 u. 16.15, sonst Di., Do., Sa. 14.00 u. 15.30 Uhr).

Kurviertel

Kurhaus und Kurpark dominieren das Bild im Kurviertel südlich vom Bahnhof und der Flaniermeile Bismarckstraße. Daneben gibt es Tennisanlagen und ein Kinderspielhaus. Das Gebiet nördlich der Fußgängerzone hat neben seinen Hotels und Kliniken noch ein wenig vom nostalgischen Charme der einstigen Bäderstadt bewahrt.

Neuer Leuchtturm

Auf einer begrünten Düne steigt 60 m hoch der Neue Leuchtturm auf, dessen Leuchtfeuer noch aus 38 km Distanz gut zu erkennen ist. Wer die 315 Stufen zur Plattform geschafft hat, wird mit einem fantastischen Blick über die Insel bis zum Festland hin belohnt (April bis Okt. tgl. 10.00 – 11.30 u. 15.00 – 17.30; Mo., Mi., Fr., Sa. auch 19.00 – 21.00, Nov. – März Di., Fr., So. 15.00 – 16.30 Uhr).

Vom Neuen geht man auf der Kirchstraße zum **Alten Leuchtturm**. Dabei passiert man das Pfarrhaus mit einem **Zaun aus Walknochen**, der einst hier das Haus des Walfängers Roelof Gerritz Meyer umgab. Der Alte Leuchtturm war 1576 von der Emder

! *Baedeker* TIPP

Wochenmarkt in Groningen

Ausgiebig über einen der größten Blumen- und Obst-, Gemüse- und Viehmärkte der Niederlande zu bummeln – wäre das nicht ein schöner Auftakt fürs Wochenende? Zum Wochenmarkt im niederländischen Groningen bietet die Reederei AG Ems im Sommer jeden Samstag eine Ausflugsfahrt mit der »MS Nordlicht« an.

BORKUM ERLEBEN

AUSKUNFT

Tourist Information
Georg-Schütte-Platz 5
26757 Borkum
Tel. (049 22) 93 30, Fax 93 31 04
www.borkum.de

ANREISE

Autofähre (ca. 2 Std. 15 Min.) oder Katamaran (70 Min.; keine Autos) ab Emden; alternativ ab Eemshaven in den Niederlanden
Reederei AG Ems, Emden-Außenhafen
Tel. (01 80) 502 43 67, www.ag-ems.de

ESSEN

► Fein & teuer

① ***Fischerkate***
Hindenburgstr. 99
Tel. (049 22) 38 44
Borkums einziges Restaurant nur für Fisch und Meeresfrüchte stellt auch hohe Ansprüche zufrieden.

► Erschwinglich

② ***Upholm-Hof***
Upholmstr. 45
Tel. (049 22) 41 76
»Scheunenrestaurant« mit Biergarten, Grillhütte und Caféterrasse; oft auch Livemusik und Kinderprogramm.

► Preiswert

③ ***Heimliche Liebe***
Süderstr. 91
Tel. (049 22) 929 50
nur April – Oktober
Zur maritimen Einrichtung, in der vornehmlich Fischgerichte auf den Tisch kommen, gesellt sich ein schönes Strandpanorama.

TEESTUBE

④ ***Teestübchen***
Bahnhofspfad 3
Ostfriesische Teekultur.

ÜBERNACHTEN

► Luxus

① ***Nordsee-Hotel***
Bubertstr. 9
Tel. (049 22) 30 80, Fax 30 81 13
www.nordseehotelborkum.de
Hotel (89 Z.) an der Strandpromenade. Eigener Kurbetrieb u. a. mit römischem Dampfbad und finnischer Sauna, Biokosmetik, Massagen.

► Günstig

② ***Hotel Haus Borkum***
Hindenburgstr. 8
Tel. (049 22) 918 40, Fax 91 84 13
www.hotel-haus-borkum.de
12 nette Zimmer im rot-weißen Inselhaus, umfangreiche Speisenkarte im Restaurant »Austernfischer«.

SCHIFFSAUSFLÜGE

nach Juist, Norderney (Helgoland), Groningen (über Eemshaven).

BADEN

Gezeitenland
Goethestr. 27
2005 eröffnetes Erlebnisbadmit Saunalandschaft, Strömungskanal und Riesenrutsche sowie ein türkisches Hamam bietet. Highlight: der »Flowrider« zum Indoor-Surfen.

Strandsauna
Nordbad: Toll: Von der Sauna zum Abkühlen ins Meer.

SHOPPING

Windy
Bismarckstr. 43 – 45
Drachen jeglicher Bauart, dazu Literatur und Zubehör.

FEST

Jazzfestival im Kurhaus und in Kneipen (Mai und Juni).

Borkum Orientierung

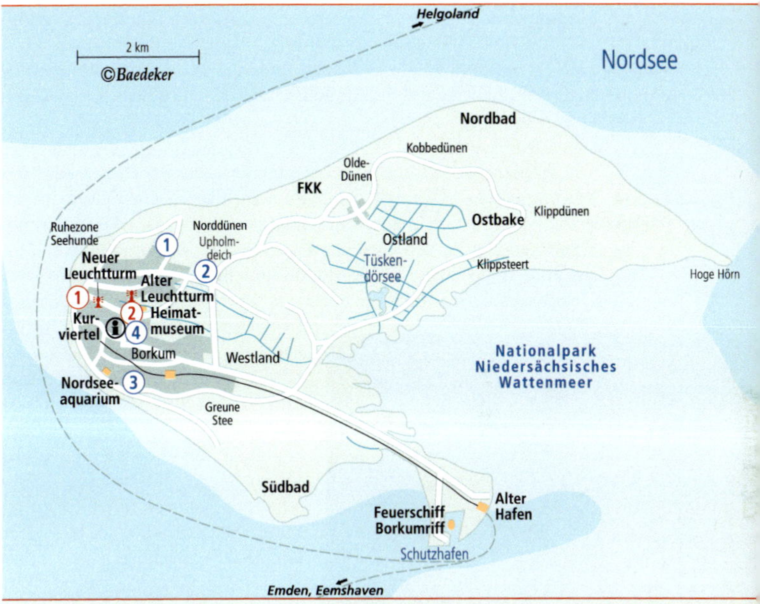

Übernachten
① Nordsee-Hotel
② Hotel Haus Borkum

Essen
① Fischerkate
② Upholm-Hof
③ Heimliche Liebe
④ Teestübchen

Bürgerschaft gebaut worden und dient noch heute zusammen mit dem Neuen Leuchtturm als Orientierungsmarke. Zu seinen Füßen erzählen leicht verwitterte Grabsteine von der Walfängerzeit – mehr als 100 Jahre lang war Borkum Heimat vieler Walfänger und Grönlandfahrer, von denen etliche nicht wiederkehrten (Mo., Mi., Sa. 10.30 – 11.30, im Sommer auch Fr.). Zu den Walfängern ► Baedeker Special S. 108.

Nordseeaquarium

Das Nordseeaquarium zeigt Nordseetiere wie Seedahlien, Einsiedlerkrebse und Hummer (Bürgermeister-Kieviet-Promenade; März – Okt. Mi. – Sa. 10.00 – 12.00 und 14.00 – 17.00 Uhr).

Nordbad

Am Ende der Fußgängerzone kommt man zur 4,5 km langen, erhöht gelegenen Strandpromenade, wo man bis zum Sturmeck spazieren kann. Von dort überblickt man den Abschnitt Nordbad mit seinen bunten Strandzelten und Strandkörben bis hin zum weiter nördlich liegenden Revier der Surfer und zu den ausgedehnten Strandflächen für die Strandsegler. Weit draußen an der Sandplate leben Seehunde

– dieser Teil des Nationalparks ist allerdings Sperrgebiet und nicht zugänglich!

Südbad Den Strand Südbad am südlichen Ende der Promenade schützen einige Buhnen, die verhindern sollen, dass der kostbare Sand weggespült wird.

✶ Heimatmuseum Dykhus Die 300-jährige maritime Geschichte Borkums ist Thema des Heimatmuseums Dykhus. Es steht in einem ostfriesischen Gulfhaus auf einer Warft in Deichnähe und wird von zwei großen Walkieferknochen markiert. In den einstigen Wohnräumen sind traditionelle Möbel und Arbeitsgeräte ausgestellt, außerdem erfährt man interessante Details aus dem Leben der Seefahrer. Zur Sammlung gehören auch Dokumente zur Inselgeschichte, nautische Objekte und Modellschiffe, zudem präparierte Vögel und Gläser mit Sandproben von [illegible] Herren Länder. Highlight der Ausstellung ist das 15 m lange Skelett eines 35 t schweren Pottwals (Roelof-Gerritz-Meyer-Str.; Di. – So. 10.00 – 12.00 und 15.00 – 17.00 Uhr).

Zaun aus Walkieferknochen am Heimatmuseum Dykhus

Auf dem Wiesenweg im Westland kann man den im Jahr 1600 errichteten **Upholmdeich** abwandern. Nördlich davon findet man die **Waterdelle**, eine Wassermulde, die bis 1864 Teil des Meeresdurchbruchs war, der den Westen Borkums vom Osten trennte.
Ein an der Deichscharte und am Greune-Stee-Weg beginnender Rundwanderweg führt zum in einer sumpfigen Mulde gelegenen Wäldchen Greune Stee, wo Kiefern, Birken und Schwarzerlen gedeihen und noch Lurche leben. Romantiker zieht es zum Ostland, einem winzigen Weiler, wo die zwei letzten Inselbauern ihre Höfe haben und zwei Kaffeegärten warten. Bis Ostland fährt auch ein Bus, weiter geht es nur per pedes oder mit dem Rad. Südlich liegt der geschützte **Tüskendörsee**, der erst im 20. Jh. durch Sandabbau für den Deich entstand. Dort kann man Uferschnepfen, Rotschenkel, Bekassinen und Neuntöter beobachten.

✶ Wer lange Strandspaziergänge liebt, sollte den 10 km langen Weg entlang der Nordküste bis zur Landspitze Hoge Hörn im Osten der Insel wählen.

Spaziergang zur Hoge Hörn ►

Bredstedt (Braist)

P 4

Bundesland: Schleswig-Holstein **Landkreis:** Nordfriesland
Einwohner: 5050

Die 18 km nördlich von ► Husum gelegene Kleinstadt kann nicht mit überragenden Sehenswürdigkeiten imponieren, ist aber Sitz zweier besonderer Institutionen: des Nordfriisk Instituut und des Naturzentrums Nordfriesland.

Mal Hafenstadt, mal Binnenstadt

Die Geschichte des 1231 erstmals urkundlich erwähnten und 1900 zur Stadt erhobenen Bredstedt (nordfries.: Braist) ist von steten Veränderungen der Küstenlinie geprägt. Vor der »Großen Mandränke« 1362 lag der Ort weit im Binnenland; als Folge der Sturmflut entstand eine direkte Verbindung zum Meer. Bredstedt bekam einen Hafen und stieg zum Handelsort auf. Spätere Neulandgewinnung und systematische Eindeichungen trockneten das von Wasser durchzogene Land aus und der Ort geriet wieder in Binnenlage.

Sehenswertes in Bredstedt

Marktplatz

Hübsch ist der dreieckige Marktplatz mit der Apotheke von 1626, vor der man an den sog. Beischlagwangen die Pferde festband.

Nordfriisk Instituut

Auf der Süderstraße kommt man vom Markt zum Nordfriisk Instituut (Nordfriesisches Institut). Es widmet sich der Bewahrung und Pflege friesischen Kulturguts und der friesischen Sprache und bietet dazu Sprachkurse, Vorträge und Seminare an, beherbergt eine Bibliothek, ein Archiv sowie das Auswandererarchiv Nordfriesland (Mo. – Fr. 8.00 – 12.30, Do. auch 13.30 – 16.00 Uhr).

Die spätgotische **St.-Nicolai-Kirche** gegenüber geht auf eine Kapelle aus dem Jahr 1467 zurück, die 1510 zur Kirche erweitert wurde. Im Inneren kann man eine frühbarocke Kanzel und ein Holztaufbecken aus dem Jahre 1599 bewundern.

Im **Naturzentrum** beim Bahnhof werden mittels vier Großdioramen Geest, Wald, Heide, Moor, Gewässer, Wattenmeer und Halligen dargestellt. Anschauliche Modelle zeigen eine Hallig während einer

! *Baedeker* TIPP

Hamburger Hallig

Ein sehr beliebtes Ausflugsziel ist die Hamburger Hallig, die man via 4 km Damm gut mit dem Auto oder zu Fuß erreicht. Schon unterwegs erfährt man vieles über den Nationalpark Wattenmeer, u.a. informiert ein Naturpfad über Rotschenkel, Weißwangen- oder Nonnengänse sowie Strandastern und Löffelkraut. Im Hallig-Krog (Tel. 046 71 / 94 27 88) lohnt sich eine Rast. Geboten werden landestypische Spezialitäten wie Lammfrikadellen mit Bratkartoffeln, Krabbenbrot und selbst gemachte Kuchen.

BREDSTEDT ERLEBEN

AUSKUNFT

Tourismusverein
Markt 37
25821 Bredstedt
Tel. (046 71) 58 57
Fax 69 75
www.bredstedt.de

ESSEN / ÜBERNACHTEN

► **Fein & teuer**
Andresens Gasthof
Dörpstr. 63 in West-Bargum
(an der B 5)
Tel. (046 72) 10 98
Die feine Adresse zwischen Bredstedt und Husum lockt z. B. mit Jakobsmuschel auf Bohnensugo und Schnibbelbohnen; auch Kochkurse werden angeboten. Der Gasthof verfügt darüber hinaus über fünf gemütliche Zimmer.

► **Komfortabel**
Arlau-Schleuse
Hattstedtermarsch
(12 km südwestlich)
Tel. (048 46) 699 00, Fax 10 95
www.arlau-schleuse.de
Nettes Hotel (35 Z.) direkt am Deich; im Restaurants regionale Spezialitäten: Aal, Deichlamm und Wild. Von hier aus kann man wundervolle Wanderungen und Radtouren unternehmen.

ESSEN / KNEIPE

► **Preiswert**
Fiedes Krog
Markt 33
Tel. (046 71) 23 00
Szenetreff für Folkfans mit regelmäßigen Livekonzerten, aber auch ein Ort zum Klönen, Trinken und Essen: handfeste Friesenküche.

Sturmflut oder das langsame Entstehen eines Koogs. Zum weiteren Programm gehören Diavorträge, Basteln, Bernsteinschleifen, Führungen sowie Wanderungen durch Heide und Wald, rund um Vogelschutzgebiete, durch das Wattenmeer und zu den Halligen (Mai bis Okt. tgl. außer Sa. 10.00 – 17.00 Uhr).

Umgebung von Bredstedt

Langenhorner und Bordelumer Heide

Nur wenige Kilometer nördlich von Bredstedt beginnt die Langenhorner und Bordelumer Heide. Ausgangspunkt für Spaziergänge und Wanderungen ist der Parkplatz an der B 5. Auf dem Weg dorthin passiert man **eine der höchsten Erhebungen Nordfrieslands**, den 43 m hohen Stollberg, von dem sich bei gutem Wetter eine wunderbare Aussicht auf die Halligen bietet.

Breklum und Drelsdorf

In Breklum (3 km südöstlich von Bredstedt) ist die Backsteinkirche aus dem frühen 13. Jh. sehenswert, deren Größe sich dadurch erklärt, dass sie einst als Hauptkirche der Nordergoesharde fungierte. Zur reichen Ausstattung gehören eine gotländische Kalksteintaufe, ein Triumphkreuz sowie die Skulptur des hl. Olaf (15. Jh.). 3 km weiter findet man in Drelsdorf eine spätromanische Kirche mit besonderen Ausmalungen im Kirchenschiff, die 1915 bis 1917 nach Renaissancevorlagen erneuert wurden. Die übrige Ausstattung – außer der Granittaufe aus der Zeit des Kirchenbaus – stammt aus der Zeit zwischen dem 15. und 17. Jh., so die Kanzel und der Epitaph der Pastorsfamilie Bonnix.

*** Arlauschleuse**

Auf der B 5 in südlicher Richtung biegt man vor Hattstedt zur Arlauschleuse ab, schlängelt sich durch den Koog und erreicht das einsam gelegene Hotel Arlauschleuse. Von hier kann man rund um den Beltringharder Koog wandern, Radtouren unternehmen oder auf dem Fluss paddeln und angeln. Vom Deich bietet sich ein wunderbarer weiter Blick in den Koog. Ein schmaler Weg führt am Deich entlang nach Norden und erreicht ca. 2 km hinter dem Hotel einen kleinen Aussichtsturm.

** Bremerhaven

N 10/11

Bundesland: Bremen **Einwohner:** 117 000

Bremerhaven hat den Ruf eines geschäftigen Zentrums maritimer Industrien. Aber genau das macht die Stadt attraktiv, bietet sie doch mit dem Deutschen Schifffahrtsmuseum und dem Deutschen Auswandererhaus zwei einzigartige Museen, die aus diesem Umfeld hervorgegangen sind.

Erst 1827 gegründet

Bremerhaven entstand aus einer Bremer Notlage: Die Weser drohte zu versanden und die Hansestadt benötigte an der Außenweser einen tieferen Hafen. Daher erwarb Bremens Bürgermeister Johann Smidt 1827 vom Königreich Hannover ein 87 ha großes Stück Weideland 60 km nordwestlich von Bremen, wo die Geeste in die Weser und diese wiederum in die Nordsee mündet. Daraus erwuchs die **einzige Großstadt an der deutschen Nordseeküste**, Bremerhaven, das mit der Stadt Bremen ein Bundesland bildet, aber durch niedersächsisches Gebiet von ihr getrennt ist.

Lebensader Hafen

Bremerhaven lebt von Hafen-, Fischwirtschaft und Schiffbau, besitzt Europas größten Fischerei- und Autoverladehafen, ist Sitz renommierter Meeres- und Polarforschungsinstitute und trotz hoher Arbeitslosigkeit von etwa 20 % mit 45 000 Arbeitsplätzen auch für das niedersächsische Umland von großer wirtschaftlicher Bedeutung. Während die Hochseefischerei keine Rolle mehr spielt, legt der Hafenumschlag immer noch zu und man erwartet bis 2015 eine Verdoppelung. Daher wurde 2007 / 2008 die Weser auf 15,5 m vertieft und ein weiteres Containerterminal fertiggestellt. Auch für den Tourismus wird viel getan: Alter und Neuer Hafen erhalten als **»Havenwelten«** ein neues Gesicht und neue Attraktionen.

BREMERHAVEN ERLEBEN

AUSKUNFT

BIS Bremerhaven Touristik
H.-H.-Meier-Str. 6
27568 Bremerhaven
Tel. (04 71) 946 46 10, Fax 946 46 19
www.bremerhaven-touristik.de

ESSEN

► Fein & teuer

① ***André Hennersdorf im Ratskeller***
An der Packhalle IV, Nr. 4
Tel. (04 71) 301 09 45
Das wohl beste Restaurant im Fischereihafen, für hervorragende Fischzubereitungen ebenso bekannt wie z. B. für seine Lammgerichte.

► Erschwinglich

② ***Der Kutterfischer***
An der Packhalle IV, Nr. 6
Tel. (04 71) 932 23 52
Fischrestaurant im Bistro-Stil. Schmackhafte Küche mit Zutaten direkt aus der Nordsee.

③ ***Seute Deern***
Im Alten Hafen
(beim Schiffahrtsmuseum)
Tel. (04 71) 41 62 64
Speisen auf einem Windjammer? Dann auf die Seute Deern, wo im ehemaligen Frachtraum und in der Kapitänskajüte nicht nur maritime Köstlichkeiten serviert werden.

CAFÉ

④ ***Milchbar-Café***
Lloydstr. 22, Bremerhaven-Lehe
Beliebter Treffpunkt mit gutem Frühstücksangebot.

ÜBERNACHTEN

► Luxusl

① ***Atlantic Hotel Sail City***
Am Strom 1, 27568 Bremerhaven
Tel. (0471) 309 90-0, Fax 309 90-500
www.atlantic-hotels.de/sailcity
Bremens neues Hotelflaggschiff erinnert ein wenig an das Burj-al-Arab in Dubai – Gott sei Dank nicht ganz so teuer. Modernste Ausstattung für hohe Ansprüche, toller Blick von allen 120 Zimmern auf die Außenweser; Panorama-Restaurant, Wellness, Fitness.

► Günstig

② ***Hotel Am Theaterplatz***
Schleswiger Str. 3 – 5
Tel. (04 71) 426 20, Fax 41 65 16
Zentral gelegenes Hotel, dessen Fischrestaurant auch bei den Einheimischen sehr beliebt ist.

HAFENBESICHTIGUNG

Mit dem Schiff
zu den Überseehäfen ab Anleger Neuer Hafen Süd nahe Strandhalle, Tel. (04 71) 41 58 50 (Ostern – Mitte Nov.). mit »MS Dorsch« durch den Fischereihafen ab Anleger Fischereihafen 1 Südkaje, Tel. (04 71) 699 99 22

Mit dem Hafenbus
ab Schaufenster Fischereihafen, Schifffahrtsmuseum und Gatehouse 1. Unbedingt zu empfehlen, da normalerweise nicht zugängliche Areale angefahren werden (April – Nov. Mo. – Fr. 14.00, 16.30, Sa. u. So. zus. 11.00; übrige Monate Mo. – Fr. 14.00, Sa. u. So. zus. 11.00 Uhr; Anmeldung und Karten bei der Tourist-Info).

BADEN

Weser-Strandbad (Mai – Sept. tgl. 10.00 – 20.00 Uhr).

SHOPPING

Eingekauft wird auf der »Bürger«, im Columbus-Center und im Mediterraneo; gute Adresse für Räucherfisch: Herbert Franke im Fischereihafen.

Bremerhaven *Orientierung*

Übernachten
1. Atlantic Hotel Sail City
2. Hotel am Theaterplatz

Essen
1. André Hennersdorf im Ratskeller
2. Der Kutterfischer
3. Seute Deern
4. Milchbar-Café

Deutschlands Auswandererhafen

Einige Stadtteile wie Lehe und Wulsdorf sind bedeutend älter als Bremerhaven selbst; der älteste und nördlichste, Weddewarden, ist bereits 1091 urkundlich erwähnt. Diese Bauerndörfer wurden nach und nach eingemeindet. 1830 weihte man den heutigen »Alten Hafen« und die zugehörige Schleuse ein. Als 1834 eine Straße zwischen Bremen und seiner neuen »Schwester« fertig war und zudem ein Dampferverkehr eingerichtet wurde, entstanden die ersten Werften, in denen bis 1925 alleine 250 Großsegler gebaut wurden. Der bis zum Ersten Weltkrieg anhaltende Boom beruhte allerdings auf dem Schicksal all jener, die ihre Heimat in Richtung Neue Welt verlassen wollten. Da die Stadt Bremen den Auswanderern zu einer relativ sicheren Ausreise verhalf, erwarb sich Bremerhaven einen guten Ruf. Ein regelmäßiger Übersee-Liniendienst bestand ab 1847. **Insgesamt 7 Mio. Menschen** gingen in Bremerhaven an Bord eines Schiffs nach Amerika. Weitere Hafenerweiterungen machte eine der weltweit größten Reedereien nötig, der 1857 in Bremen gegründete **Norddeutscher Lloyd**, dessen immer gigantischere Dampfschiffe viel Platz brauchten. [illegible] brach im Ersten Weltkrieg der Überseehandel zusammen, in den Werften war jedoch durch den Umbau von Handels- zu Kriegsschiffen und Reparaturen genügend Arbeit vorhanden. im **Zweiten Weltkrieg** beschädigtena m 18. September 1944, 200 britische Bomber das Stadtzentrum schwer. Das Hafengebiet blieb allerdings verschont, da die deutsche Kapitulation absehbar war und die Alliierten, vor allem die USA, nach Kriegsende einen funktionstüchtigen Hafen brauchten.

Krieg und Krisen ►

1947 wurde die Stadt **Teil des Bundeslands Bremen**. Die US-Besatzungsmacht war ein bedeutender Arbeitgeber, zudem stiegen die Auswandererzahlen wieder an, sodass der Hafen genügend ausgelastet war. Wichtige Neuerungen in den Folgejahren waren die Einrichtung des Erzhafens – mittlerweile wieder geschlossen – und des Autoumschlagplatzes. 1968 nahm die erste Containerbrücke ihre Arbeit auf. Die **Werftenkrise** seit den 1970er-Jahren brachte eine Reihe von Stilllegungen und Fusionierungen; der Abzug der 3000 US-Soldaten 1992 / 1993 verschärfte die Arbeitsmarktsituation, die sich durch den zunehmenden Containerumschlag wieder etwas verbessert hat.

Alter und Neuer Hafen: »Havenwelten«

Touristische Aufwertung

In den letzten Jahren sind die Brachflächen zwischen Altem und Neuem Hafen großzügig bebaut und damit der gesamte Hafenbereich touristisch aufgewertet worden. Neues Wahrzeichen ist nun das an ein aufgeblähtes Segel erinnernde, 140 m hohe Atlantic Hotel Sail City; Klimahaus und das neue Deutsche Auswandererhaus setzen Museums-Highlights neben dem Schifffahrtsmuseum. Die »Havenwelten« überblickt man vom 114 m hohen Richtfunkturm des Schifffahrtsamts (Mitte März – Anf. Okt. Mi. – So. 11.00 – 18.00; übrige

Richtfunkturm ►

Neue »Havenwelten«: Blick auf Hotel Sail City und Mediterraneo→

Highlights Bremerhaven

Deutsches Schifffahrtsmuseum
Vom Lederboot zum Ozeandampfer
▸ Seite 130

Deutsches Auswandererhaus
Europas größtes Museum zum Thema Emigration
▸ Seite 130

Klimahaus 8° Ost
Um die Welt auf dem 8. Längengrad
▸ Seite 130

Hafen
Eine Rundfahrt bietet alles, was das Herz des Homo technicus begehrt.
▸ Seite 126

Monate nur So. 11.00 – 18.00 Uhr) und von der Aussichtsplattform des Hotels (Mai – Sept. tgl. 10.00 – 20.00, übrige Monate 11.00 bis 17.00 Uhr).

** **Deutsches Schifffahrtsmuseum**

Im Becken des Alten Hafens liegen zehn **Museumschiffe** des Deutschen Schifffahrtsmuseums vertäut. Blickfang ist die 1919 gebaute **Dreimast-Bark »Seute Deern«**, Weltkulturerbe und ältester erhaltener hölzerner Großsegler der Welt. Einem Privatverein gehört das U-Boot »Wilhelm Bauer«, das letzte erhaltene Boot der Baureihe XXI und noch 1945 in Dienst gestellt.
Die Ausstellungen des Deutschen Schifffahrtsmuseums reichen vom Ur-Boot aus Leder oder Rinde bis zu modernen Jachten und Containerschiffen. Neben mehr als 500 Schiffs- und Hafenmodellen, Gemälden und Dioramen, der vollständig ausgekachelten Wohnstube eines friesischen Walfangkommandeurs, einem begehbaren Raddampfer, Kabinen historischer und moderner Luxusliner sowie Skurrilem wie der ältesten Schiffstoilette der Welt präsentiert es als Glanzstück eine **originale Kogge aus dem Jahr 1380**, die 1962 entdeckt und aufwendig restauriert wurde (März – Okt. tgl. 10.00 – 18.00 Uhr, übrige Monate Mo. geschl.).

* **Klimahaus 8° Ost**

An den Museumshafen schließt sich die neue Bebauung an: das von einer spitzen Glaskuppel markierte Einkaufszentrum Mediterraneo mit Piazza und Arkaden, dahinter das Atlantic Hotel Sail City und neben diesem das pfannkuchenförmige Klimahaus 8° Ost, das im Frühjahr 2009 eröffnet: ein interaktives Museum zum Thema Weltklima, in dem man die Klimazonen der Erde auf einer virtuellen Reise entlang des 8. Längengrads erlebt.

** **Deutsches Auswandererhaus**

Über die Brücke zwischen Altem und Neuem Hafen kommt man zum Deutschen Auswandererhaus, **Europas Museum des Jahrs 2007** und größtes Museum Europas zum Thema Emigration. Es präsentiert die Lebensgeschichte vieler der 7 Mio. Menschen, die zwischen 1830 und 1974 über Bremerhaven nach Übersee auswanderten, mit

Mit Sack und Pack verstreut in alle Winde: das Auswandererhaus greift das Thema umfassend auf.

aufwendigen Rekonstruktionen, multimedialen Inszenierungen und interaktiven Exponaten. Herzstück ist die »Galerie der 7 Millionen«, in dem man den Schicksalen der Auswanderer nachspüren kann; bewegend die nachgestellte Abschiedsszene am Kai und die nachgebauten Räume von Ellis Island, wo sich die nunmehrigen Einwanderer in die USA registrieren lassen mussten (März–Okt. tgl. 10.00 bis 18.00, übrige Monate bis 17.00 Uhr).

Neuer Hafen

Der Neue Hafen, in dem einst die Schiffe des Norddeutschen Lloyd ablegten, ist heute Liegeplatz für Sportboote und Jachten. Von hier starten der Dampfeisbrecher »Wal« (Bj. 1938) und der Bergungsschlepper »Goliath« (Bj. 1941) zu Fahrten auf der Weser bzw. zum Leuchtturm Roter Sand.

Zoo am Meer

Der Zoo am Meer an der Seebäderkaje zwischen Weser und Neuem Hafen ist ein Spezialzoo für nordische Tiere – v. a. die erfolgreiche **Eisbärenzucht** ist weithin berühmt. Durchblicke zur Weser vermitteln die Weite der dargestellten Landschaften: bizarre Eiswüsten, farbenfrohe Tundren – und tropische Savanne, in der Schimpansen unterwegs sind: Seeleute brachten sie mit (tgl. ab 9.00 Uhr).

Simon-Loschen-Leuchtturm

Nicht zu übersehen ist nördlich vom Zoo das eigentliche Wahrzeichen Bremerhavens, der 1853 gebaute Alte Leuchtturm, entworfen von Simon Loschen, auch Architekt der Bürgermeister-Smidt-Gedächtniskirche. Es ist **der älteste noch betriebene Festland-Leuchtturm der deutschen Nordseeküste**.

! Baedeker TIPP

Leuchtturm Roter Sand

30 km vor der Nordseeküste wurde im Jahr 1885 Deutschlands erstes Offshore-Bauwerk in Dienst gestellt: der von Bremerhaven aus verwaltete Leuchtturm Roter Sand. 1986 hatte er seine Schuldigkeit getan und wurde ausgemustert. Ein Abenteuer besonderer Art verspricht ein Ausflug dorthin mit dem Schlepper »Goliath« oder gar eine Übernachtung (Informationen: Bremerhaven Touristik, Tel. 04 71 / 946 46 11; s. a. 3 D S. 134).

Das **Columbus Center** mit seinen drei Wohntürmen grenzt den Hafenbereich von der Innenstadt ab. Durch die Passage gelangt man zur Fußgängerzone Bürgermeister-Smidt-Straße, »Bürger« genannt und seit dem Umbau 2002 ein breiter, ca. 1 km langer Einkaufsboulevard mit Glasarkaden und Wasserspielen. Die Verehrung für den Bremer Bürgermeister Smidt (1773 – 1857) wird auch durch die einzige Kirche in Deutschland ersichtlich, deren Namensgeber ein Bürgermeister ist: die neogotische **Bürgermeister-Smidt-Gedächtniskirche**. Vorbild für ihren 86 m hohen Turm war das Freiburger Münster.

Weitere Sehenswürdigkeiten

Neues Kunstmuseum

Südlich vom Columbus Center hat der Kunstverein Bremen im Frühjahr 2008 sein neues Museum eröffnet (Karlsburg 4). In dem schwarzen Kubus präsentiert er nun seine Sammlung.

✶ Historisches Museum (Morgenstern-Museum)

Via Kennedybrücke erreicht man am Südufer der Geeste das Historische Museum Bremerhaven. Auch hier setzt man auf vielschichtige Informationsvermittlung mit unterschiedlichen Medien, darunter die **Deutsche Auswanderer-Datenbank**, in der nach eigenen ausgewanderten Vorfahren geforscht werden kann. Ausgehend von den ersten Besiedlungen im Elbe-Weser-Dreieck wird insbesondere die Arbeits- und Alltagsgeschichte der Stadt und Region bis in die 1960er-Jahre aufbereitet. Auch eine Hafenkneipe, eine Werft und ein Fischladen sind aufgebaut, im Panorama-Café lässt sich eine historische Kaffee-Röstanlage bewundern (An der Geeste; Di. – So. 10.00 – 18.00 Uhr).

✶ Schaufenster Fischereihafen

Atlanticum ►

Als Deutschlands größter Fischereihafen muss die Stadt ihren Besuchern auch Entsprechendes bieten: Im Schaufenster Fischereihafen im südlichen Hafengebiet laden Fischrestaurants zum Schlemmen ein und bringt die »Erlebniswelt« Atlanticum im Forum Fischbahnhof das Meer näher. Blickfang ist das 150 000 l fassende Aquarium mit Speisefischen aus Nordsee und Atlantik; des Weiteren gibt es Filme über den Fischfang, die Polarforschung des Alfred-Wegener-Instituts, ein Modell, bei dem man eigenhändig Schiffe in eine Hafenschleuse steuern kann, sowie allerlei Informatives über eine Fischauktion (tgl. 10.00 – 18.00 Uhr).

Im **Seefisch-Kochstudio** können Hobbyköche gegen einen geringen Beitrag ein- bis zweimal täglich mit Küchenchefs Fisch zubereiten und anschließend verspeisen. Für abendliche Unterhaltung sorgt das

Stahlbänder und Tausende Nieten halten den Turmzylinder zusammen.

Das Licht des Hauptfeuers konnte durch die jalousienähnlichen sog. Otterschen Blenden gesteuert werden.

Für ein zünftiges Seemannsmahl reicht die Ausstattung allemal.

Ein Job für harte Männer: Ein Leuchtturmwärter auf dem Weg zu seinem Arbeitsplatz.

Kein Grandhotel, aber doch mit einem gewissen Charme: die Kojen im Schlafraum

Brunsbüttel

Q 8

Bundesland: Schleswig-Holstein **Landkreis:** Dithmarschen
Einwohner: 13 700

Brunsbüttel gehört sicher nicht zu den idyllischsten Plätzen Schleswig-Holsteins. Schon bei der Anfahrt wird deutlich, dass hier die Industrie das Sagen hat. Und trotzdem lohnt es sich: Hier beginnt die meistbefahrene Wasserstraße der Welt.

Einfahrt zum Nord-Ostsee-Kanal

Das heutige Brunsbüttel gibt es erst seit 1970, als der Industriestandort Brunsbüttelkoog und die benachbarten Ortschaften des Kirchspiels Brunsbüttel zusammengefasst wurden. Hauptarbeitgeber im Städtchen kurz vor der Elbmündung sind Petrochemie, Stahl- und Leichtmetallindustrie sowie das Atomkraftwerk Brokdorf. Hauptattraktion ist das riesige Schleusensystem am Beginn bzw. Ende des Nord-Ostsee-Kanals.

> **! Baedeker TIPP**
>
> **Schwimmende Häuser**
>
> Geradezu fantastisch wird es am Kanal, wenn eines der riesigen Kreuzfahrtschiffe einfährt und durch die grüne Landschaft gleitet. Unter www.pilotservices.de/takelure/kreuzfahrt.htm gibt es einen »Fahrplan«.

Das alte, westlich gelegene Brunsbüttel weist eine lange Geschichte auf. Bereits 1286 wurde ein Kirchspiel gleichen Namens erwähnt, das später als Hafenort Handel mit Hamburg betrieb. im Jahre 1674 musste man den Ort weiter landeinwärts Richtung Norden verlegen, da das Ufer immer stärker abgespült wurde, und baute dazu planmäßig eine neue Stadt mit einem rechteckigen Marktplatz als Zentrum.

Sehenswertes in Brunsbüttel

Kirch- und Marktplatz

Reste des alten Brunsbüttel, hübsche Fachwerkhäuser aus dem 18. und 19. Jh., sind noch um den Kirch- und Marktplatz zu finden. Besonders schön ist das **Matthias-Boie-Haus** (Markt 12) von 1779, heute Gemeindezentrum.

Jakobuskirche ►

In der Mitte des Platzes erhebt sich die 1677 / 1678 etwas erhöht auf einer Warft errichtete Jakobuskirche, die nach einem Blitzschlag 1719 ausbrannte und zwischen 1723 und 1726 wieder aufgebaut wurde. Hängekanzel und die Empore mit der Fürstenloge wurden 1725 in Hamburg hergestellt, den Altaraufsatz kaufte man in Glückstadt, wo er zuvor in der Schlosskapelle gestanden hatte. Die Sandsteintaufe, deren Becken von drei Putten getragen wird, stammt aus der Zeit um 1700 und zeigt am Holzdeckel Delfine und Evangelisten. Die Bildnisse der Reformatoren Martin Luther und Philipp Melanchthon sind Cranach-Repliken aus dem 18. Jh.

Ein Berührungspunkt zwischen zwei Meeren: die Schleusen des Nord-Ostsee-Kanals

Heimatmuseum

Im früheren Rathaus erzählt das Heimatmuseum die wechselvolle Geschichte und das Alltagsleben am Kanal mit Karten, Fotos und Dokumenten. Interessant sind auch die Lebenswege Brunsbütteler Persönlichkeiten, so von Künstlern, Cap-Horniers, Lotsen, Walfängern oder Torfstechern (April – Sept. Di. – Do., Sa. / So. 14.00 – 17.00, Mi. auch 10.00 – 12.00 Uhr; übrige Monate an Wochenenden geschl.).

Beamtenviertel

Um 1900 entstand das sog. Beamtenviertel für die Angestellten der kaiserlichen Kanalverwaltung nach dem Vorbild englischer Gartenstädte. Besonders gelungen: die Schulstraße.

★★ **Schleusen am Nord-Ostsee-Kanal**

Der Nord-Ostsee-Kanal ist mit **mehr als 60 000 Schiffsbewegungen im Jahr** die meistbefahrene künstliche Wasserstraße der Welt. Er beginnt in Brunsbüttel, mündet nach 98,7 km bei Holtenau bei Kiel in die Ostsee und kann von Schiffen mit max. 235 m Länge, 32,5 m Breite und einem Tiefgang bis 9,5 m befahren werden. Diese dürfen dabei nicht schneller als 15 km / h fahren und werden außer von einem Lotsen von einem sog. **Kanalsteurer** begleitet, der den Kanal besonders gut kennt. Der Kanal ist heute auf 162 m Breite ausgebaut – bei der Eröffnung am 20. Juni 1895 waren es gerade 66,7 m. Mit dem Kanal ersparen sich die Schiffe einen Weg von 280 Seemeilen.

BRUNSBÜTTEL ERLEBEN

AUSKUNFT

Touristinformation
Am Markt 4
25541 Brunsbüttel
Tel. (048 52) 91 77, Fax 91 78
www.brunsbuettel.de

ESSEN / ÜBERNACHTEN

► Erschwinglich / Komfortabel

Zur Traube
Markt 9
Tel. (048 52) 546 10, Fax 54 61 50
Ordentliches Hotel mit 19 Zimmern, zentral gelegen. Regionale Küche.

AUSGEHEN

Elbforum
Theater, Konzerte, Oper, Operette und Musical
Von-Humboldt-Platz 5
Programm Tel. 540 00
Karten Tel. 54 00 54

SHOPPING

Töpferei Claußen
Töpferstr. 2
Keramik mit Nordseemotiven.

Der durchgehende Betrieb an den Brunsbütteler Schleusen kann von zwei Aussichtsplattformen und einem ausgewiesenen Rundweg beobachtet werden – aber auch ein Spaziergang am Kanal entlang hinterlässt bleibende Eindrücke. Die werden verstärkt durch einen Besuch des Atriums, wo Modelle, Filme, technische und historische Exponate den Bau und Betrieb der Wasserstraße erläutern (Mitte März – Mitte Nov. tgl. 10.30 – 17.00 Uhr).

Büsum

P 7

Bundesland: Schleswig-Holstein **Landkreis:** Dithmarschen
Einwohner: 4880

Büsumer Krabben sind ein Begriff, der 3,5 km lange Strand lockt – kein Wunder also, dass das Nordseebad die Besucher in Scharen anzieht und die Fußgängerzone im Sommer mehr als voll ist.

Beliebtes Seebad

Nur wenige wissen, dass der Ort noch vor 400 Jahren auf einer Insel im Wattenmeer lag und erst nach einer Reihe von Eindeichungen seinen heutigen Standort auf dem Festland »bezog«. Bereits 1818 kamen die ersten Badegäste in das Küstendorf, seit 1837 ist Büsum anerkanntes Heilbad, das seinen Gästen frische Nordseeluft, einen »Grünstrand«, eine Deichliegewiese mit Strandkörben, mit der Perlebucht einen künstlich aufgespülten Sandstrand und einen Golfplatz bietet. Die richtigen Töne dazu liefert die fast schon berühmte **Büsu-**

LEUCHTTURM ROTER SAND

★★ **Rund 45 km von Bremerhaven steht in der offenen See auf Position 53° 51' 18'' Nord / 08° 04' 54'' Ost der Leuchtturm Roter Sand – das erste Offshore-Bauwerk der Welt und heute ein technisches Denkmal, in dem man sogar übernachten kann (s. S. 132).**

Geschichte
10. Juni 1884: Baubeginn
10. August 1885: Fertigstellung
1. November 1885: Zündung des Leuchtfeuers
1896: Anschluss an ein Seekabel von Wangerooge
1904: Umstellung auf Petroleumlicht
ca. 1940: erneute Elektrifizierung, dieses Mal durch Dieselaggregate
1964: Durch Inbetriebnahme des Leuchtturms »Alte Weser« verliert der »Rote Sand« seine nautische Bedeutung, erhält aber eine automatische Propangasbefeuerung.
1982: Der Turm wird zum Denkmal erklärt.
1983: Gründung des Fördervereins »Rettet den Leuchtturm Roter Sand e.V.«
1986: Das Propan-Leuchtfeuer wird gelöscht.
1987 – 1999: Sanierung
2001: neuer Außenanstrich

① **Abmessungen**
Bei einer Gesamthöhe von 52,5 m inklusive des Fundaments steigt der Turm bei Niederigwasser 30,7 m über dem Meeresspiegel auf.

② **Konstruktion**
Der Turm ist eine fünfgeschossige, genietete Stahlkonstruktion mit abgeschotteten Treppengängen. Zum Festmachen von Schiffen wurden erst 1995 zwei Dalben angebracht – zuvor wurde die Besatzung im Korb hinübergehievt. Dieser Korb hängt heute noch im Turm

③ **Materialraum**
Hier werden heute wie vor 100 Jahren allerlei Vorräte und Ersatzteile aufbewahrt.

④ **Schlafraum**
Neun Kojen bietet der Schlafraum.

⑤ **Küche**
In der Küche versorgten sich die Leuchtturmwärter, heute tun es die Gäste.

⑥ **Dienstraum**
Die meiste Zeit ihres wochenlangen Dienstes verbrachten die drei Leuchtturmwärter im Dienstraum. Kontakt zum Festland hielten sie über einen Telegrafenapparat.

⑦ **Laternenhaus**
Im Laternenhaus (27 m über Hochwasser) strahlte das Hauptfeuer, eine Fresnel-Gürtelleuchte von 1885 mit einer 1000-Watt-Lampe, 17 km weit. Das Nebenfeuer war 12 km weit sichtbar. In den Erkern leuchteten zwei Orientierungsfeuer.

⑧ **Plattform**
Paradiesische Ruhe: Von der Plattform kann man die vorüberziehenden Schiffe beobachten.

Von nun an ist man allein: Die »Goliath« hat Übernachtungsgäste abgesetzt und legt ab.

uß die Wattwanderer beglei-
om Tourismus – und immer
ial S. 62).

Jmgebung

den nach ► Friedrichskoog ★ **Hafen**
ig-holsteinischen Westküste,
risch vom Kutter bekommt
enden Schiffen zuschaut. Sie
htturm von 1913. Wer mehr
is Infozentrum Nationalpark
März – Okt. tgl. 9.30 – 16.30,
), So. 11.00 – 15.00 Uhr).

nbecken II und III steht ganz ★ **»museum am meer«**
ıan Glück hat und zur richti-
cht nur eine moderne Krab-

kommen.

BÜSUM ERLEBEN

AUSKUNFT

Kurverwaltung Büsum
Südstrand 11
25761 Büsum
Tel. (048 34) 90 91 10
www.buesum.de

ESSEN

► Erschwinglich / Preiswert

Büsumer Pesel
Südstrand 15
Tel. (048 34) 10 40
Das Café-Restaurant im Kurgastzentrum bietet frische Meeresspezialitäten und regionale Küche, dazu gratis den Blick auf die Nordsee.

ESSEN / ÜBERNACHTEN

► Erschwinglich / Komfortabel

Der Mühlenhof
Dorfstr. 22
Westerdeichstich (3 km nördlich)
Tel. (048 34) 99 80, Fax 998 88

Der Mühlenhof

Müller Söht baute 1845 diese Holländermühle und nannte sie nach seiner Frau »Margarethe«. Aus dem Müllerhaus wurde das ländliche Hotel mit 14 Zimmern, aus der Mühle das gemütliche Restaurant »Margarethe«, wo man Spezialitäten der Region genießen kann.

Haus am Watt
Heringsander Str. 4
25764 Heringsand
Tel. (048 33) 18 11
Fax 42 42 75
www.hausamwatt.de
Pension im alten Reetdachhaus (3 Z., 3 Apartments) in idyllischer Lage nahe des Koogdeichs, mit einem großen Garten und Café.

► Erschwinglich / Günstig

Zur Alten Post
Hafenstr. 2
25761 Büsum
Tel. (048 34) 951 00
Fax 49 44
www.zur-alten-post-buesum.de
Zentral gelegenes Hotel (46 Z.) bei der St.-Clemens-Kirche. Das Restaurant, eingerichtet in einer original Dithmarscher Bauernstube, punktet vor allem mit sehr guten Fisch- und Krabbengerichten.

SCHIFFSAUSFLÜGE

nach Helgoland: Reederei Cassen Eils (Mai – Okt.)
Tel. 048 34 / 93 82 20
www.helgolandreisen.de

nach Helgoland, Wattenmeerfahrten, Krabbenkutterfahrten, Fahrten zu den Seehundbänken: Reederei H. G. Rahder (Ende März – Okt.)
Tel. 048 34 / 36 12
www.rahder.de

◄ »FMS Gera«

emerhaven.de). Im Hafenbe-
ra«, ein 40 Jahre alter Seiten-
harten und gefährlichen All-
wie er noch in den 1960er-
h-technische Phänomene er-
nta-Experimentierausstellung

◄ Phänomenta

Lloyd-Werft

lie Faszination Schiffbau auf
erleben, wo berühmte Schiffe
Queen Elizabeth II« vom Sta-
r Pforte Rickmers / Lloyd am
arten bei den Touristeninfor-
n-tickets.de.

★ Freilichtmuseum

m Norden der Stadt lohnt we-
ums, in dem eine Bockwind-
Das Weidenschloss aus Tau-
m² groß und mit einer First-
ten und ist Teil der Umgestal-
spark (April – Sept. Di. – Sa.
– 18.00 Uhr).

Thieles Garten

em Baumbestand, exotischen
en Führungen entsprang der
cklenburger Weg im Stadtteil
tur zu einer idyllischen Oase

nbüttel

BADEN / WELLNESS / AKTIVITÄTEN

Piratenmeer
Südstrand 11
Meerwasserwellenbad und Kinderbecken, Dampfbad, Whirlpool, Solarium, Geysir, Wasserfall, 110 m lange Rutsche (April – Okt. Mo. – Sa. 9.30 – 22.00, So. 10.00 – 19.00, übrige Monate Mo. – Sa. ab 14.00 Uhr, So. wie zuvor).

Vitamaris
Südstrand 5
Verschiedene Wellnessangebote wie Ayurveda, Reiki, Hamam; auch medizinische Behandlungen (Tel. 048 34 / 90 91 24).

Nordsee-Ring Büsum
Dr.-Martin-Bahr-Str.
Schleswig-Holsteins längste Outdoor-Kartbahn (tgl. 10.00 – 22.00 Uhr)

FESTE

Brunnenfest (Juli)
Hafenfest mit Kutterregatta (August)

bensiebanlage besichtigen, sondern auch das Anlanden der Krabben beobachten, ihren Weg zur Büsumer Fischereigesellschaft (im gleichen Gebäude) verfolgen und die Weiterverarbeitung miterleben. Ansonsten befasst sich das Museum mit der Geschichte des Badeorts seit 1837. Im Außenbereich gibt die »Leonore Johanna« Einblicke in das Innenleben eines Spiegelkutters (Fischereihafen 19; Mitte März bis Okt. Mo. – Do. 10.00 – 17.00, Sa. ab 13.00, So. ab 11.00 Uhr).

Museumshafen

Im Hafenbecken I sollen einmal 10 bis 15 historische Schiffe liegen. Noch sind es nur zwei – der Zweimast-Gaffelkutter »Margretha« von 1911 und das ehemalige Rettungsboot »Rickmer Bock« von 1944 –, doch bilden sie immerhin schon den Grundstock für den einzigen Museumshafen an Schleswig-Holsteins Westküste.

Im **Nordsee-Aquarium** (gegenüber vom Vitamaris) kann man Fische und allerlei Getier aus allen Weltmeeren beobachten (Sommer tgl. 10.00 – 18.00, Winter 13.00 – 17.00 Uhr).

Die **Büsumer Kirche** wurde erstmals 1140 als Inselkirche erwähnt. Die heutige Kirche entstand nach 1434. Zu den ältesten Stücken der reichen Ausstattung gehören die Bronzetaufe aus dem 13. Jh., eine Triumphkreuzgruppe von 1495 und ein Holzrelief mit der Darstellung der Marienkrönung von 1440. Altar und Holzkanzel wurden zu Beginn des 18. Jahrhunderts angefertigt.

! *Baedeker* TIPP

Sturmflutenwelt »Blanker Hans«

16. Februar 1962: Der Sturm tobt, die See heult, der »Blanke Hans«, wie man hier das Meer nennt, greift gierig nach Land: ein Szenario aus der im April 2006 eröffneten Multimedia-Schau »Sturmflutenwelt Blanker Hans«, die die Nordsee in vielen Facetten inszeniert (Dr.-Martin-Bahr-Str. 7, tgl. 10.00 – 18.00 Uhr).

Alles rund um den Kohl weiß man in der Region Dithmarschen.

Wesselburen

In Dithmarschen, zwischen Heide und dem Eidersperrwerk, liegt die ruhige, kleine Stadt Wesselburen, die mit dem Hebbelmuseum einen kulturellen Schatz birgt. Der deutsche Dramatiker Christian Friedrich Hebbel (► Berühmte Persönlichkeiten) erblickte 1813 in Wesselburen das Licht der Welt.

In der ehemaligen Kirchspielvogtei (Österstr. 6), in der Hebbel in seiner Jugend als Laufbursche und Schreiber arbeitete, wurde zu seinem Gedenken das Hebbel-Museum eingerichtet. Es zeigt die umfangreichste Hebbel-Bibliothek mit Erstausgaben und zahlreichen Bänden über des Dramatikers Werk. Ein hervorragendes Bild seines Lebens- und Arbeitsumfeldes geben die Museumsräume, die teilweise mit Hebbels Mobiliar und Haushaltsgegenständen ausgestattet sind. Das »Wiener Zimmer« gibt die Atmosphäre seines damaligen Heims nach der Heirat mit der Wiener Burgschauspielerin Christine Enghaus wieder (Mai–Okt. Di., Do. 10.00–12.00 und 14.00–17.00, Fr.–So. 10.00–12.00 und 15.00 bis 17.00, im Winter nach Vereinbarung, Tel. 048 33/41 90).

✶ Hebbel-Museum ►

Alte Kohlfabrik

Die erstaunlichsten Sachen rund um den Kohl erfährt man in einer alten Fabrik in Wesselburen: Wie wird aus einem feldfrischen Kohlkopf das geschnitzelte Kraut? Wie wird es gesalzen, gemischt und abgefüllt? Und wie geht die Reifung durch natürliche Gärung vor sich? Wer mag, kann das kleine »Sauerkraut-Diplom« erwerben und Krautrezepte nach Hause nehmen (Bahnhofstr. 20, Tel. 048 33/ 458 90, www.kohlosseum.de; Mi. 14.00 bis 17.00 Uhr).

Im Land & Leute-Erlebnispark in Oesterwurth erwarten die Besucher ein Streichelzoo, ein kleines landwirtschaftliches Museum, eine Gondelschwebebahn, Geschicklichkeitsparcours, ein Abenteuerspielplatz u. v. m. Um Hunger und Durst zu stillen, gibt es ein Restaurant und einen Grillplatz. Puppentheater besuchen, Autoscooter fahren sowie Bullenreiten sind denkbare Alternativen bei Schlechtwetter (April – Okt. tgl. 9.00 – 18.00, Einlass bis 16.00 Uhr; www.land-und-leute-erlebnispark.de).

✶ **Land & Leute-Erlebnispark**

Butjadingen (Halbinsel)

L / M 10

Bundesland: Niedersachsen **Landkreis:** Wesermarsch
Einwohner: 6600

Flaches Land, auf drei Seiten von Wasser umgeben und dem Wind ausgesetzt – die Halbinsel Butjadingen stellt eine Nordseelandschaft par excellence dar und ist ein ideales Ziel für Familien- und Aktivurlaube.

Ideal einer Nordseelandschaft

Im Westen der Jadebusen, im Osten die Weser mit ihrer breiten Mündung und im Norden die offene See: Diese exponierte Lage machte das Land seit jeher besonders anfällig für die Gefährdung durch Sturmfluten. Während des 15. / 16. Jh.s war Butjadingen sogar vom Festland abgeschnitten; im Lauf der Zeit versanken zahlreiche Dörfer im Schlick und neue wurden hinter der heutigen Deichlinie gegründet. Inzwischen hat die aus neun Dörfern bestehende Gemeinde Butjadingen zwar eine gute touristische Infrastruktur ausgebildet, ist aber dennoch **ein weitgehend naturnaher und vom Massentourismus verschonter Landstrich** geblieben.

Orte im Butjadinger Land

Eckwarden

Die Zeiten, als man mit dem Zug von Nordenham nach Eckwarden reisen konnte, sind lange vorbei, doch die ehemalige Bahntrasse ist heute ideal zum Radeln. Der Ort zeichnet sich durch malerische Winkel und die imposante Wurtenkirche St. Lamberti aus, die ein 1631 von Ludwig Münstermann geschaffenes Epitaph besitzt. Es erinnert an die Familie des Vogts Siassen, deren Mitglieder als Stifterfiguren rund um das zentrale Bildmotiv des alttestamentarischen Passahmahls gruppiert sind. Von Eckwarden fährt man nur wenige Kilometer nach Eckwarderhörne, die südwestlichste Spitze Butjadingens. Wie auf einem Kap ragt der Ort in den Jadebusen hinein, den man von hier gut überblickt. Außer einem feinen Sandstrand bieten Eckwarderhörne und Eckwardersiel auch moderne Kunst auf dem **Skulpturenpfad »Kunst am Deich«**. Rund 5 km sind es über die Jade bis nach ►Wilhelmshaven (Fähre im Sommer).

◄ St. Lamberti

✶ ◄ Eckwarderhörne

BUTJADINGEN ERLEBEN

AUSKUNFT

Butjadingen Kur und Touristik GmbH
Strandallee 61
26969 Burhave
Tel. (047 33) 929 30
Fax 92 93 99
www.butjadingen-info.de

ESSEN

► Erschwinglich

Nordseeblick
Am Hafen 14
Fedderwardersiel
Tel. (047 33) 10 71
Frischere Fische und Krabben als in diesem Hafenrestaurant wird man kaum bekommen.

Zum Rauchfang
Sillens
Tel. (047 33) 717
Das Restaurant mit Biergarten ist besonders bekannt für den Schwenkbraten, der am offenen Feuer zubereitet wird.

ÜBERNACHTEN

► Komfortabel

Center Parc »Butjadinger Küste«
Strandallee 36
26969 Tossens
www.centerparcs.de
Feriendorf mit subtropischem Badeparadies »Aqua Mundo« und umfangreichem Sport- und Freizeitangebot. Renovierte Ferienhäuser und gehobene Hotelzimmer.

► Günstig

Heuhotel Ruhwarden
Butjadinger Str. 30, 26969 Ruhwarden
Tel. / Fax (047 36) 232, www.heuhotel-ruhwarden.de
Nichts für Allergiker, aber sehr günstig – Schlafen in Heu oder Stroh.

SCHIFFSAUSFLÜGE

Zu den Seehundbänken oder zum Containerhafen Bremerhaven ab Fedderwardersiel mit der »Wega II«
Tel. (044 25) 12 59
Mobil 01 72 411 79 02
www.wega2-info.de

BADEN

Center Parc SeaSpirit Butjadinger Küste
Strandallee 36
4000 m² großes, subtropisches Badeparadies »Aqua Mundo« mit Wellenbad, Babybecken und dem »Crazy River«.

Nordseelagune
im Deichvorland zwischen Burhave und Fedderwardersiel

RADFAHREN

Ein durchgehend ausgeschildertes Radwegenetz garantiert unbeschwerten Radelspaß (mit dem Wind!) für individuelle Touren.

Extra gekennzeichnet: ***Deutsche Sielroute*** (181 km an Nordsee und Weser, davon 40 km durch Butjadingen, genaueres ►Touren); ***Weser-Radweg*** (von Hessen bis zur Mündung in die Nordsee) und ***Nordseeküsten-Radweg***.

FESTE

Sand'Art Festival
Am Strand von Tossens schaffen von Mitte Juli bis Mitte August Künstler aus aller Welt Sandskulpturen.

Drachen- und Zirkusfestival
Jedes Jahr zu Pfingsten trifft man sich in Burhave zum Drachen- und Zirkusfestival. Größte Attraktion sind die riesigen Drachenfiguren.

Tossens

Nach Norden dem Deich folgend, gelangt man nach rund 6 km zum ältesten Butjadinger Seebad, Tossens. Der historische Ortskern gruppiert sich um die hoch gelegene Wurtenkirche St. Bartholomäus, deren Altar von 1631, das Taufbecken und der Schalldeckel der Kanzel ebenfalls von Münstermann stammen. Am ca. 1,5 km entfernten Strand bietet der Upstalsboom Nordsee Tropen Parc Unterkünfte, Gastronomie und Freizeitvergnügen, während man sich im Seewasser-Hallenbad in der Gegenstromanlage und unter Massagedüsen tummeln kann und der Nachwuchs sich im Kinderbereich mit Feuerschiff inklusive Löschkanone und Rutsche beschäftigt.

Ruhwarden

Das 3 km entfernte beschauliche Ruhwarden ist bekannt für seine schönen Gärten, von denen einige zur Aktion »Gärten im Küstenwind« geöffnet werden. Treffpunkt für alle Kunst- und Kulturinteressierten ist die Galerie am Wehlhamm (März – Dez. Mi., Do., So. 15.00 – 18.00 Uhr). Darüber hinaus finden in dem alten Bauernhaus auch zu Lesungen und Vorträge statt.

Langwarden

Langwarden war schon im Mittelalter als Markt- und Gerichtsort von Bedeutung. Der nördlichste Ort Butjadingens musste den Sturmfluten mehrfach Tribut zahlen, obwohl er auf seiner Wurt relativ gesichert liegt. Die zu Beginn des 13. Jh.s erbaute **Laurentiuskirche** nennt mehrere Arbeiten aus der Werkstatt Ludwig Münstermanns ihr Eigen, darunter den Altar und das Sakramenthäuschen, das den Stammbaum Jesu darstellt. Vor allem der Baldachin zeigt spätgotische Stilelemente in einer für diese Region seltenen Vollendung. Ebenfalls bemerkenswert sind der Taufstein (1664), die Emporengemälde sowie ein evangelischer Beichtstuhl, eine Rarität aus nachreformatorischer Zeit (Kirchenführungen: während der Saison Mi. 15.30 Uhr). Innenansichten eines Dorfladens zeigt das **Dorfladenmuseum** gegenüber der Kirche (Öffnungszeiten: Do. – So. 11.30 bis 16.30 Uhr).
Weitere historische Sehenswürdigkeiten sind am Westende des Orts das mittelalterliche Steinhaus sowie der Friesenhügel, Grabstätte der 1514 bei der Schlacht von Langwarden gefallenen Friesen.

* Fedderwardersiel

Rund um den Hafen von Fedderwardersiel hat sich eine ursprüngliche Atmosphäre erhalten. Täglich fahren in den Sielhafen die Kutter ein und verkaufen ihren Fang schon mal direkt ab Schiff. Wer die Ankunft verpasst hat, kann im Ladengeschäft der Butjadinger Fischereigenossenschaft einkaufen. Granat (ungepult oder gepult), Frisch- und Räucherfisch erhält man hier ebenso wie Marinaden und Gewürze. Wer mehr über das Wattenmeer und seine Bewohner erfahren möchte, der sollte eine Ausflugsfahrt mit der **MS Wega II** unternehmen (►S. 144).

* ◄ Nationalparkhaus und Museum

Unter den Nationalparkhäusern entlang der Nordseeküste nimmt das Museum im ehemaligen Zollhaus wegen seiner ortshistorischen Abteilung einen besonderen Platz ein. Ein aufwendiges **Gezeitenmo-**

Hier sonnt man sich im Grünen: Burhave.

dell führt zu jeder vollen Stunde nicht nur Hoch- und Niedrigwasser vor, sondern sogar Sturmfluten. Aquarien und Vogeldioramen geben Einblicke in die Tierwelt des Wattenmeers. Querschnitte durch Wurten- und Friesenhausmodelle oder ein Hafenmodell illustrieren das Leben rund um Fedderwardersiel. Die Ausstellung des obersten Stockwerks widmet sich dem Küstenschutz und Deichbau (Mitte März – Okt. tgl. 10.00 – 18.00, Nov. – Mitte März Di. – Sa. 10.00 bis 16.00 Uhr).

Burhave Burhave ist das Zentrum der Gemeinde Butjadingen. Unmittelbar am Badestrand findet man Campingplätze, der Seepark Burhave am westlichen Ortsrand bietet Sport- und Spielplätze sowie Minigolf. Im ATRIUM mit dem Haus des Gastes erhält man alle Informationen rund um Urlaub und Kur. Eine der größten ihrer Art ist die **Burhavener Spielscheune** mit Sandspielplatz, Trampolins, Kletterwand, Riesenrutsche, Tischfußball, Tischtennis, Skaterbahnen und vielem mehr (tgl. 10.00 – 18.00, Juli / Aug. bis 20.00 Uhr).

✶ Seefelder Mühle Ein Ausflug ins Butjadinger Hinterland sollte auf alle Fälle zur Seefelder Mühle führen. Der funktionstüchtige zweistöckige Galerieholländer mit Windrose wurde 1876 erbaut und beherbergt neben einem Mühlencafé auch einen Mühlenladen, der Produkte aus der Region anbietet. Jeden ersten Sonntag im Monat findet ein Landfrauenmarkt statt (10.00 – 16.00, Mühlenführung: 11.00 Uhr). Die Mühle bietet als Kulturzentrum auch Konzerte, Theater, Kino und Vorträge (ganzjährig Sa. / So. 14.00 – 18.00, Juni – Sept. Mo. – Fr. 10.00 – 18.00, Sa. / So. 12.00 –18.00 Uhr).

★ Carolinensiel · Harlesiel

H 9

Bundesland: Niedersachsen **Landkreis:** Wittmund
Einwohner: 2200

Mächtige Speicher und historische Segelschiffe erinnern an die Zeit, als Carolinensiel ein bedeutender Hafen war. Auf den ersten Blick mag dies verwundern, denn der Ort liegt heute nicht mehr am Meer, was zu Zeiten seiner Gründung 1730 noch der Fall war.

Einst bedeutende Hafenstadt

Lange Zeit war Carolinensiel der zweitgrößte Hafen Ostfrieslands, doch durch die Konkurrenz durch Dampfschiffe und Eisenbahn sowie durch das dichter werdende Straßennetz verlor er ab Mitte des 19. Jh.s zunehmend an Bedeutung. Als durch Eindeichungen immer mehr Neuland gewonnen wurde, musste 1955 bis 1959 eine weitere Schleuse gebaut werden. Mittlerweile liegt sie vor dem heutigen Hafen von Harlesiel, dem Ableger für die Fähren nach ► Wangerooge; für Carolinensiel blieb der Museumshafen.

Sehenswertes in und um Carolinensiel · Harlesiel

Museumsweg

Wer alles zu Fuß erkunden will: Der 4 km lange Museumsweg führt von Carolinensiel am Siel entlang nach Harlesiel, alles Wichtige unterwegs erläutern Tafeln. Zurück kann man (im Sommer) mit dem Raddampfer »Concordia II«.

Morgenstimmung am Carolinensieler Hafen

CAROLINENSIEL ERLEBEN

AUSKUNFT

Kurverwaltung
Bahnhofstr. 40
26409 Wittmund-Carolinensiel
Tel. (044 64) 949 30
Fax 94 93 23
www.carolinensiel.de
www.harlesiel.de

ÜBERNACHTEN

▶ **Komfortabel**

Hotel-Restaurant Harlesiel
Am Yachthafen 30
26409 Wittmund-Harlesiel
Tel. (044 64) 258 00
Fax 82 28
www.hotel-harlesiel.de
Zimmer und Apartments in direkter Toplage am Hafen; gemütlich eingerichtet im Landhausstil.

Schluister Park
Friedrichsschleuse 7
26409 Wittmund-Carolinensiel
Tel. (044 64) 85 12
Fax 94 29 31
www.hotel-schluister-park.de
Kleines Hotel (12 Z.) beim Kurzentrum »Cliner Quelle«, friesisches Restaurant mit Terrasse.

ESSEN / CAFÉ

Baedeker-Empfehlung

Javenloch an't Diek
in Javenloch, ca. 4 km östlich von Carolinensiel, Tel. (044 64) 336
Ob Seezunge, Scholle, Aal, Steinbutt, Lachs oder Steinbeißer – hier findet jeder das passende Fischgericht, doch auch Fleischliebhaber und Vegetarier kommen auf ihre Kosten. Netter Biergarten, bei dem für Kinder Spielmöglichkeiten vorhanden sind.

▶ **Preiswert**

Erholung
Am Hafen Ost 5, Tel. (044 64) 310
Günstige Mittagsgerichte bietet diese einstige Seemannskneipe an.

Puppen-Café
Am Hafen West 12
Leckere Kuchen inmitten einer hübschen »Puppenstube«. Unbedingt probieren: die Haustorte mit Zimtsahne, Rum und Pflaumen sowie den »Ostfriesischen Sturmsack«, einen mit Sahne und Rumrosinen gefüllten Windbeutel.

★ Deutsches Sielhafenmuseum

Das Deutsche Sielhafenmuseum lädt ein zu einer interessanten Reise in die Zeit der Frachtensegler, die von Carolinensiel und anderen Sielhäfen aus nach Holland, England, in die Ostsee, das Mittelmeer und bis nach Südamerika fuhren. Dargestellt werden die Lebens- und Arbeitsbedingungen in einem Sielhafenort wie auch an Bord von Fischerbooten und Handelsschiffen. Zum Ausstellungsareal gehören drei Gebäude – das Groot Hus, das Kapitänshaus und die Alte Pastorei – sowie der Museumshafen und der Museumsweg. Im »Groot Hus« ist die Geschichte der Siele, Häfen und Deiche dokumentiert, das »Kapitänshaus« zeigt das Leben an Land und die »Alte Pastorei« widmet sich Schifffahrt und Handwerk (Mitte März – Anf.

Nov. und Weihnachtsferien tgl. 10.00 – 18.00 Uhr).
Im an die Pastorei angeschlossenen Nationalparkhaus werden u. a. Wattwanderungen, Ausflüge in die Salzwiesen und zu den Inseln angeboten (April – Okt. Mo. Fr. 9.30 bis 13.00 u. 15.00 – 18.00; Feb. bis März Mo. – Fr. 9.30 – 13.00; Sa. und So. jeweils 14.00 – 18.00 Uhr).

Die Gute Stube im Sielhafenmuseum

1776 wurde die auch **»Schifferkirche«** genannte Deichkirche gebaut und eingeweiht. Den Glockenturm des dicht bewachsenen Baus schmückt ein Schwan. Die Innenausstattung fällt schlicht aus, wodurch die barocke Kanzel und die Orgelempore besonders ins Auge fallen. Drei Schiffsmodelle – eine Brigg, eine Fregatte und eine Handelsfregatte – symbolisieren die enge Verbindung zu den Menschen an der Küste (Di. – Sa. 10.00 – 18.00, Juli u. Aug. Mi. 10.00 Uhr kostenlose Führungen).

Spielzeugmuseum

Im »Olen Huus van 1866« in der Wittmunder Str. 6 wird man in die Kindheit zurückversetzt. Hier findet man Spielzeug von einst – Schaukelpferde, Teddybären, Puppen, Eisenbahnen und Kaufläden (tgl. außer Mi. 10.00 – 12.00 und 15.00 – 18.00 Uhr).

Friedrichsschleuse und Harlesiel

An den hintereinander am Lauf der Harle liegenden Sielhäfen lässt sich deutlich der Fortgang des Deichbaus und der Landgewinnung ablesen. Auf dem Museumsweg kommt man nach ca. einer Viertelstunde zur Friedrichsschleuse, die von einer in holländischer Bauweise errichteten Zugbrücke überspannt wird.

Freizeitpark Lütje Land

Ein Abstecher (5 km) in südlicher Richtung führt in den Freizeitpark Lütje Land in Altfunnixsiel, der aus einem Park mit Miniaturnachbauten historischer Bauwerke entstand. Nach und nach kamen weitere Attraktionen hinzu, deren größte heute das Wildwasser-Rondell ist. Aufregende Salti kann man im Luna-Loop schlagen und mit dem Wasserflugboot Nautic-Jet einen Sprung ins kühle Nass wagen (Friesenkamp; April – Okt. tgl. 9.30 – 19.00 Uhr).

Wittmund

Noch einmal 9 km sind es bis zur Kreisstadt Wittmund. Zumindest Mühlenfans sollten sie zurücklegen, stehen hier doch der älteste Galerieholländer Deutschlands, Baujahr 1741, und die Sluts-Mühle von 1885, heute Restaurant.

✶ Cuxhaven

N/O 8

Bundesland: Niedersachsen **Landkreis:** Cuxhaven
Einwohner: 52 000

Am äußersten Westufer der 15 km breiten Elbmündung liegt die nördlichste Stadt Niedersachsens. Der hier vorbeiziehende Schifffahrtsweg nach Hamburg und zum Nord-Ostsee-Kanal ist der meistbefahrene Flusslauf der Welt. Cuxhaven besuchen heißt also: Meer erleben – und kuren.

Größtes Kurbad an der deutschen Nordseeküste

Denn Cuxhaven ist das größte Kurbad an der deutschen Nordseeküste, darüber hinaus aber auch – nach Bremerhaven – der zweitgrößte deutsche Fischereihafen und seit 2002 Deutschlands einziger Hafen mit einer Fährverbindung nach Großbritannien (nach Harwich). Das von Spöttern gern als »Kurhaven« betitelte Cuxhaven bildet mit Duhnen, Döse und Sahlenburg eine Bäderkette mit etwa 11 km ausgewiesenen Sand- und Grünstränden.

Vom Piratennest zum Seehafen

Als Keimzelle der Stadt gilt Schloss Ritzebüttel, Sitz des Rittergeschlechts von Lappe, das häufig in Geldnöten war und seine leeren Schatullen durch Piraterie aufzubessern suchte, was den Hamburger Kaufleuten sehr missfiel. In Union mit den Wremer Friesen belagerte deshalb eine hamburgische Truppe 1394 erfolgreich das Schloss.

An der Kugelbake ziehen die Ozeanriesen zum Greifen nah vorbei.

CUXHAVEN ERLEBEN

AUSKUNFT

Kurverwaltung Cuxhaven-Duhnen
Cuxhavener Str. 92
27476 Cuxhaven
Tel. (047 21) 40 41 42
Fax 490 80
www.cuxhaven.de

ESSEN

► Fein & teuer / Erschwinglich

① ***Schloss-Restaurant***
Schlossgarten 8
Tel. (047 21) 50 05 90
Das Restaurant im Schlosskeller mit einzigartigem gotischen Gewölbe aus dem 14. Jh. serviert gute Regionalküche. Biergarten.

► Erschwinglich

② ***Costa Nova***
Fischereihafen, Halle V
Präsident-Herwig-Str. 37
Tel. (04 721) 69 84 48
Mal etwas anderes an der Nordsee: portugiesische Küche, sehr gut.

► Preiswert

③ ***Bohlsen Räucherfisch-Restaurant***
Fischereihafen, Halle X
Niedersachsenstr.
Tel. (047 21) 250 58
Ein echter Tipp ist das einfache Fischrestaurant der Räucherei Bohlsen. Schon das Frühstück (Räucherlachs mit Ei) ist wunderbar und auch die anderen Gerichte sind keineswegs zu verachten (7.00 – 21.00 Uhr).

ÜBERNACHTEN

► Luxus

① ***Badhotel Sternhagen***
Cuxhavener Str. 86
27476 Cuxhaven-Duhnen
Tel. (047 21) 43 40
Fax 43 44 44
www.badhotel-sternhagen.de
Erstes Haus am Platz (49 Z., 19 Suiten) mit riesigem Wellnessbereich sowie drei Restaurants (Rustikale Stube, Panorama- und Gourmetrestaurant).

② ***Ringhotel Seepavillon Donner***
Bei der Alten Liebe 5
27472 Cuxhaven
Tel. (047 21) 56 60
Fax 56 61 30
www.hotel-seepavillon.de
Das luxuriöse 100-Betten-Haus am Anleger Alte Liebe bietet einen wunderbaren Blick auf die Elbmündung und den Schiffsverkehr; allerlei Annehmlichkeiten wie Wellnessbereich mit Hallenbad, Sauna und Solarium sowie Panoramarestaurant.

► Komfortabel

③ ***Villa Caldera***
Döser Seedeich 4
27472 Cuxhaven-Döse
Tel. (047 21) 350 44
Fax 345 81
www.villa-caldera.de
Liebevoll restaurierte Seebad-Villa direkt hinter dem Deich.

SCHIFFSAUSFLÜGE

Mit »Jan Cux I« und »Jan Cux II« zu den Seehundbänken, zu einer Bohrinsel, zum Hochseefischen (auch für Nichtangler interssant) oder eine Abendfahrt: NARG, Helgoländer Kai, Tel. 047 21 / 725 01
www.hochseeangeln.de

Über 500 Jahre lang blieb das neu gegründete Amt Ritzebüttel nun unter Hamburger Herrschaft. Der Ort Cuxhaven (wohl von »Koogshafen« = Hafen am Koog) entstand im späten 16. Jh. als Vorposten für Hamburger Schiffe.

Der wirtschaftliche Aufschwung im 19. Jh. setzte mit der Fischerei und dem Kurbetrieb ein: 1816 gründete Amandus August Abendroth, Amtmann zu Ritzebüttel, das Seebad, sechs Jahre später wurden die ersten Fische in den Salzereien am Hafen verarbeitet. Der Ausbau zur Seefestung begann 1870. Ritzebüttel und die Hafensiedlung Cuxhaven wurden 1872 zur Landgemeinde Cuxhaven zusam-

Cuxhaven Orientierung

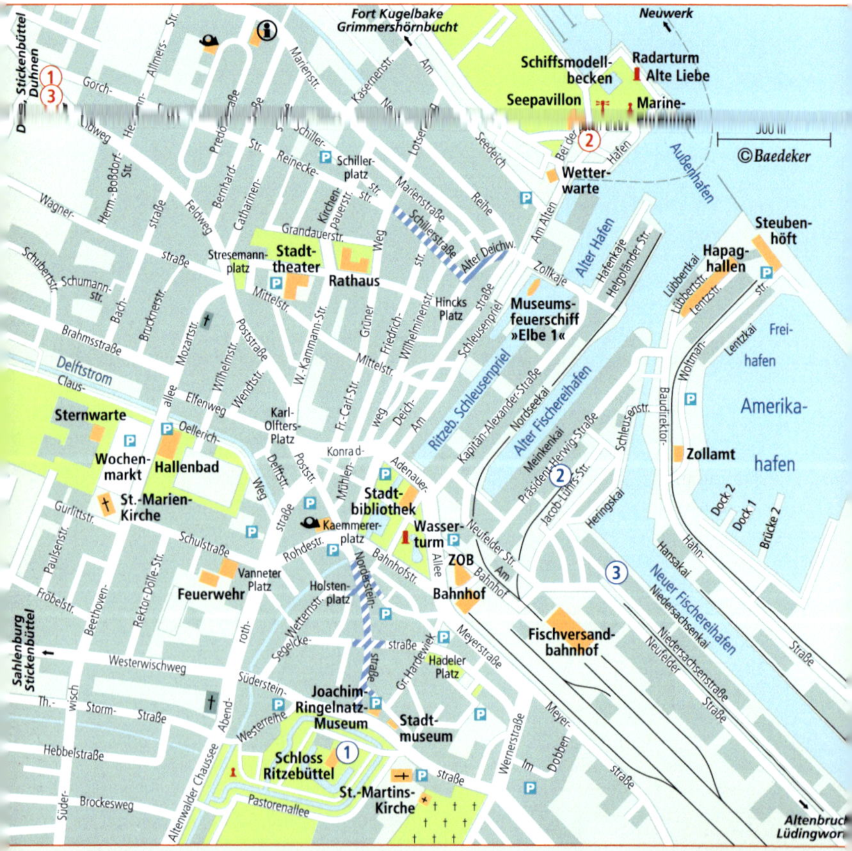

Übernachten
1. Badhotel Sternhagen
2. Ringhotel Seepavillon Donner
3. Villa Caldera

Essen
1. Schloss-Restaurant
2. Costa Nova
3. Bohlsen Räucherfisch-Restaurant

mengelegt, 1905 kam Döse hinzu und **1907 erhielt Cuxhaven schließlich das Stadtrecht**. Großprojekte in der Folgezeit waren die Eröffnung des Nordsee-Fischereihafens 1908 und vier Jahre später die Einrichtung eines Großfischmarktes. Bis 1914 wurde der Überseehafen gebaut, nachdem sich die Habag-Hallen etabliert hatten. Bis zum Groß-Hamburg-Gesetz von 1937 gehörte Cuxhaven zu Hamburg, das sich auch danach Rechte an den Häfen vorbehielt: So blieben bis Ende 1992 der Amerikahafen und das Steubenhöft hamburgisches Eigentum. 1962 wurden die Inseln Scharhörn und Neuwerk mit den umliegenden Wattflächen an die Freie und Hansestadt zurückgegeben, die dort einen Containerhafen bauen wollte, was nun aber entweder in Wilhelmshaven oder in Cuxhaven geschehen soll. Zwischen 1945 und 1964 wurden von Cuxhaven aus zahlreiche Raketentests durchgeführt – heute ist das Testgebiet Teil des Nationalparks Wattenmeer.

? WUSSTEN SIE SCHON ...?

- Noch immer unterhält die Hamburger Wasserschutzpolizei eine Revierwache im Cuxhavener Hafen – Relikt aus der Zeit, als Cuxhaven zu Hamburg gehörte.

Hafen und Zentrum

★ **An der Alten Liebe**

Die Alte Liebe ist **das Herz Cuxhavens**. Nach 1720 hatte man zur Sicherung der Hafeneinfahrt drei Schiffe versenkt, wovon eines angeblich Oliva oder Olivia hieß, auf platt Oliv. Später wurde daraus »Ol Liev«, womit man beim Namen »Alte Liebe« angelangt war. Um 1900 diente das Hafenbollwerk noch als Landungshöft für Passagierdampfer, der jetzige Bau wurde 1981 fertiggestellt. Von der hölzernen Aussichtsplattform bietet sich ein guter Blick auf die Wasserstraße, die ca. 60 000 Schiffe jährlich passieren. Der Schiffsmeldedienst im Radarturm begrüßt jedes einzelne und gibt dessen Herkunftsland, Ladung und Zielhafen an. Vor der Alten Liebe befinden sich das beliebte Modellbootbecken, das Windmessgerät Semaphor und der 23 m hohe Backstein-Leuchtturm aus dem Jahr 1803. Im Café-Restaurant Seepavillon ist der Seemeldedienst ebenfalls zu hören. Hier stand vormals das erste Badehaus.

★ **Feuerschiff »Elbe 1«**

An der Klappbrücke am Alten Hafen hat das Feuerschiff »Elbe 1« als begehbares Museumsschiff festgemacht. »Elbe 1« bezeichnete die Position, den dieses 1988 als letztes bemanntes Feuerschiff ausgemusterte »schwimmende Seezeichen« einnahm. Im Gegensatz zu anderen Museumsschiffen ist es noch voll funktionstüchtig und läuft in der Saison zu **Tagesfahrten nach Helgoland und Hamburg** aus – ganz im Stil der 1950er (Mitte April – Okt. Di. – So. 11.00 – 16.00 Uhr).

Habag-Hallen und Steubenhöft

Zwischen Außen- und Amerikahafen, in dem überwiegend norwegischer Tiefkühlfisch und britischer Stahl gelöscht werden, befinden sich die Habag-Hallen und das Kai Steubenhöft, von dem heute größere Passagierschiffe v. a. nach Skandinavien oder Großbritannien auslaufen. Die HAPAG (Hamburg-Amerikanische-Packetfahrt-Actien-Gesellschaft) baute den Passagierterminal zwischen 1900 und 1902 in Cuxhaven, da die Elbe bis Hamburg für Überseeschnelldampfer zu flach war. Vom **»Kai der Sehnsucht«** machten sich Tausende Auswanderer auf ins »gelobte Land«. Heute ist in den Hallen die **Ausstellung »Abschied nach Amerika«** untergebracht. In einer Datenbank kann man nach Auswanderern forschen (tgl. 10.00 bis 20.00 Uhr).

✶ Schloss Ritzebüttel

Im Stadtzentrum liegt Schloss Ritzebüttel, dessen frühester Bauabschnitt aus den Jahren 1335 bis 1340 stammt und heute aus dem Wohnturm und einem Vorbau aus dem 17. Jh. besteht. Mit Ausnahme des zweiten Stocks, der Wechselausstellungen moderner Kunst vorbehalten ist, zeigen die geschmackvoll gestalteten Räume Interieurs unterschiedlicher Epochen. Den idyllischen Schlossgarten mit modernem Skulpturenpark ließ der Barockdichter und Hamburger [illegible] als Amtmann im Schloss residierte (tgl. 9.30 – 12.30, Di., Do., Fr. auch 14.00 – 16.30 Uhr).

Joachim-Ringelnatz-Museum

Dem Schloss gegenüber erinnert das Joachim-Ringelnatz-Museum an das Multitalent mit den »35 Berufen«, der im Ersten Weltkrieg auf einem in Cuxhaven liegenden Minensuchboot Dienst tat, noch unter seinem bürgerlichen Namen Hans Bötticher. Es zeigt Fotos, Handschriften, Bücher und Gemälde des Dichters, der seine Cuxhavener Zeit in seiner Autobiografie »Als Mariner im Krieg« beschrieb (Di. – So. 10.00 – 13.00 u. 14.00 – 17.00 Uhr).

Stadtmuseum

In unmittelbarer Nachbarschaft, im »Reye'schen Haus«, präsentiert Cuxhaven sein Stadtmuseum. Das klassizistische Hallenhaus, benannt nach seinem Erbauer Kaufmann Georg Wilhelm Reye, wurde um 1780 errichtet. Im Erdgeschoss werden Schifffahrt und Hafen behandelt, im Eingangsbereich steht ein schönes Hafenmodell.

Das Obergeschoss widmet sich der bürgerlichen Alltagskultur des 19. Jh.s – hier findet sich auch Skurriles wie eine Schnurrbarttasse, ein aus dem Haar von Familienmitgliedern gebundenes Bräutigamsträußchen oder 150 Strickmuster für Strümpfe. Eine weitere Abteilung zeigt Gemälde verschiedener namhafter Cuxhavener Künstler (Mo. – Fr. 9.00 – 13.00, Di. – Fr. 15.00 – 18.00, Sa. 10.00 bis 13.00 Uhr).

Döse, Duhnen, Stickenbüttel und Sahlenburg

Grimmershörnbucht

Von der Alten Liebe nach Norden kommt man an der Seebäder-Brücke sowie dem Jacht- und Fährhafen vorbei und gelangt dann zum Grünstrand der Grimmershörnbucht, die sich bis zur Kugelbake erstreckt. Sie markiert seit 1744 die Deichlinie.

Döse

Das bereits früh besiedelte Döse bildet mit Sandstränden, Reha- und Veranstaltungszentrum, Kurpark und Promenaden einen der Mittelpunkte des Kurbetriebs. Erinnerungen an die Festungsstadt Cuxhaven weckt das 5 ha große Fort Kugelbake, eine 1879 vollendete Verteidigungsanlage. Seit 1994 ist die einzige noch erhaltene Marinefestung in Deutschland durch Führungen wieder zugänglich (Termine: www.cuxhaven.de). **»Letzte Ecke vor Amerika«** riefen viele Auswanderer beim Passieren der Kugelbake, des nördlichsten Punkts Niedersachsens und eigentlichen Wahrzeichens Cuxhavens, das sich auch im Stadtwappen wiederfindet. Sie markiert den Übergang der 1165 km langen Elbe ins offene Meer. Wahrscheinlich wurde die 29 m hohe Orientierungshilfe für Seefahrer erstmals zwischen 1703 und 1706 errichtet; seit 1924 trägt sie nicht mehr die Namen gebende Kugel.

✶ ◄ Kugelbake

Stickenbüttel

Das etwas landeinwärts gelegene Stickenbüttel ist noch dörflich geblieben und stolz auf das einzigartige Wrackmuseum, das über 1500 Stücke aus gesunkenen Schiffen ausstellt (allein vor der Cuxhavener Küste sollen 3000 bis 4000 Wracks liegen). Als besonders ergiebig erwies sich die 1912 gesunkene »Vandalia«, von deren 6000 t Stückgut vieles nach der Bergung 1977 ins Museum wanderte. Weitere Bereiche behandeln die Seenotrettung sowie Wracksuche und -bergung (April – Nov. Di. – Fr. 10.00 – 18.00, Sa. / So. 10.00 – 17.00 Uhr).

✶ ◄ Wrackmuseum

Duhnen

Duhnen bekam 1903 den Kurbadstatus zugesprochen und bietet heute einen lebhaften Kurbetrieb, das **Erlebnisbad »ahoi«** und das »Stadion am Meer«, das oft für Strandwettbewerbe wie Beachvolleyball genutzt wird.
Im **Schiffsmuseum** sind mehr als 1000 Exponate ausgestellt, darunter auch eine Rarität: **das größte Buddelschiff der Welt** in einer 129-Liter-Flasche (Wehrbergsweg 7; tgl. 10.00 – 13.00 u. 15.00 – 18.00 Uhr).

Das letzte Strandterrain bietet sich zwischen Duhner Heide und Wernerwald in **Sahlenburg**, dessen Küste zudem ein hervorragendes Surfrevier abgibt.
Für Naturliebhaber: **der bis ans Meer reichende Wernerwald** (eine Besonderheit an der Nordsee) mit dem im Sommer von Seerosen bedeckten Süßwassersee Finkenmoor, das Vogel- und Libellenparadies **Duhner Heide** und das Nationalparkzentrum »Niedersächsisches Wattenmeer« mit drei Seewasseraquarien, einer Seevogelvitrine mit Vogelstimmen und einem Tidenmodell (Hans-Claußen-Str. 19; Jan. – Mai u. Okt. – Dez. Mo. – Do. 9.00 – 16.00, Fr. bis 13.00, So. 14.00 – 17.00; Juni – Sept. Mo. – Fr. 10.00 – 17.00, Sa. / So. 14.00 bis 18.00 Uhr).

! *Baedeker* TIPP

Watt-Derby

Alljährlich im Juli ist Duhnen Schauplatz eines außergewöhnlichen Spektakels: Das Duhner Wattrennen ist das einzige Pferderennen der Welt im Watt. Ausgetragen werden sowohl Galopper- als auch Traberwettbewerbe (Informationen: Tel. 04 721 / 40 41 27).

Einen Abstecher wert: St. Jacobi in Lüdingworth

Östliche Stadtteile

★ **Altenbruch**

★ St.-Nicolai-Kirche ▶

Der Villenstadtteil Altenbruch östlich vom Hafengebiet gilt als »vornehmes« Dorf. Ganz besonders imposant ist die Jugendstilvilla Gehben mit Tiffany-Fenstern von 1907 und der Schmökerstube »Blauer Salon«, weit bekannt auch die romanische dreitürmige St.-Nicolai-Kirche. Mehrfach umgebaut, nennt man sie angesichts ihrer reichen Ausstattung auch »Bauerndom«. Besonders prachtvoll sind u. a. das grandiose Chorgestühl und der geschnitzte Flügelaltar. Am idyllischen Hafen steht die Dicke Berta, ein kleiner, 1983 stillgelegter Leuchtturm. Eigentlich nur für Fachpublikum vorgesehen ist das U-Boot-Archiv, das man jedoch nach Vereinbarung besuchen kann (Tel. 047 22 / 322).

Lüdingworth

★ St. Jacobi ▶

Glanzpunkt im beschaulichen Lüdingworth ist die Kirche St. Jacobi. Um 1200 als einschiffiger Saal erbaut, besticht sie heute durch ihre **opulente Ausstattung**. Die Holzdecke ist reich bemalt, besonders schön und mit Rokokoschnitzwerk versehen ist die 1598 von Antonius Wilde gebaute und 1682 von Arp Schnitger erweiterte Orgel.

Umgebung von Cuxhaven

Nordholz

★

◄ Aeronauticum

Ca. 10 km südlich und via Störtebeker-Straße (L 135) gut zu erreichen ist das Aeronauticum (Deutsches Luftschiff- und Marinefliegermuseum) auf dem während des Ersten Weltkriegs ausgebauten Marine-Luftschiffplatz. Hier war mit 42 Luftschiffen mehr als die Hälfte der deutschen Marineflotte stationiert. Neben den historischen Anlagen und einer Dokumentation zur Geschichte des Luftschiffplatzes kann man Modelle von Luftschiffen und Flugzeugen besichtigen. Noch beeindruckender sind die 15 Originalflugzeuge auf dem großen Freigelände (Peter-Strasser-Pl. 3; tgl. 10.00 – 18.00 Uhr).

Kurioses Muschelmuseum

Das Kuriose Muschelmuseumzwischen den Ortsteilen Oxstedt und Spieka, Zweigstelle des Spiekerooger Muschelmuseums, zeigt 3000 Muschelschalen und Schneckenhäuser aus aller Welt, deren Fantasienamen sich aus den Besonderheiten der einzelnen Stücke ableiten (Mühlenstr. 71; April – Okt. tgl. 14.00 – 17.00; Juli – Aug. 10.00 bis 12.00 Uhr; Mai u. Sept. Fr. geschlossen).
Zudem lohnt ein Abstecher zur St.-Georg-Kirche in Spieka, deren älteste Teile auf das frühe 14. Jh. zurückgehen.

★ Dornum · Dornumersiel

F 9/10

Bundesland: Niedersachsen **Landkreis:** Aurich
Einwohner: 4800

Dornum, das auf einer von Marschland umgebenen Geestinsel liegt, gehört zu den vielen beschaulichen Kleinodien Ostfrieslands und ist stolz auf einige Zeugen aus der Zeit der ostfriesischen Häuptlinge.

Drei Häuptlingsburgen

Im 14. Jh. besaß Dornum drei Burgen, »Herrlichkeiten« genannt, die während der sächsischen Fehde zerstört wurden. Zwei davon konnten zu Beginn des 16. Jh.s wieder aufgebaut werden und schmücken noch heute den Ort. Der Hafenort der Gemeinde ist das 5 km entfernte Dornumersiel.

Sehenswertes in Dornum und Umgebung

St.-Bartholomäus-Kirche

Die St.-Bartholomäus-Kirche wurde im späten 13. Jh. als Zentralbau errichtet. Typische Merkmale für ihren romanisch-gotischen Stil sind die Dreifenstergruppe und die durch Ziegelmuster gefüllten Kleeblatt- und Spitzbogenblenden an der Hauptfassade. Nach dem schlichten Eindruck von außen überrascht die barocke Ausstattung innen mit der von Gerhard von Holy aus Aurich um 1710 geschaffenen Orgel.

✶ Synagoge In der einzigen in Ostfriesland erhaltenen Synagoge erzählen Bilder und andere Exponate die Geschichte der jüdischen Gemeinde Dornums von 1775 bis ins Jahr 1940. Das Gebäude hatte die Reichspogromnacht unversehrt überstanden, da es kurz zuvor an einen nichtjüdischen Bürger verkauft worden war (Kirchstr. 5; Fr. – So. 15.00 bis 18.00 Uhr).

Von der Marktstraße führt ein Weg zum **jüdischen Friedhof**. Das älteste der über 30 Gräber Dornumer Juden wurde 1721 angelegt.

Wasserschloss Norderburg Inmitten eines weitläufigen Parks liegt das einzige erhaltene Wasserschloss Ostfrieslands. Der barocke Bau ist ein Nachfolger einer der drei Burgen aus dem 14. Jh. und beherbergt heute die Realschule. Nur mit Führung ist daher der Rittersaal zu besichtigen (Schlossstr.; Führungen: So. 11.00, Mo. 16.00 Uhr).

DORNUM ERLEBEN

AUSKUNFT

Tourismus GmbH
Hafenstr. 3
26553 Dornum-Dornumersiel
Tel. (049 33) 911 10, Fax 91 11 15
www.dornum.de

ESSEN / TEESTUBE

► Fein & teuer

Alte Schmiede
Cassen-Eilts-Pad 2
Dornumersiel
Tel. (049 33) 17 44
Regional inspirierte Gourmetküche.

► Preiswert

Sielhuus
Oll Deep 3
Ostfriesische Teestube in historischem Gebäude.

ÜBERNACHTEN

► Komfortabel

Burghotel Beninga
Beningalohne 2, 26553 Dornum
Tel. (049 33) 99 17 67, Fax 99 17 69
www.burghotel-dornum.de
Zehn behagliche Zimmer in der alten Wasserburg aus dem 17. Jh. und im Restaurant gute Regionalküche.

Baedeker-Empfehlung

Shopping

Direkt am Dornumer Marktplatz sollte man in die wohltuende, farbenfrohe Welt der Handweberei Fiefschaft eintauchen. Stoffe, Tücher, Decken, Kleider, Kissen, Schmuck und Accessoires aller Art laden zum Stöbern und Anprobieren ein. Die meisten Wohntextilien und Kleider entstehen nach den Entwürfen der Besitzerin Irene Steffens oder auch nach Kundenwünschen (Mo. – Fr. 14.30 – 18.00, Sa. 10.00 – 12.30 Uhr).

BADEN / WELLNESS

Hafen von Dornum: Sandstrand und beheiztes Meerwasserfreibad Doroness Nesse: die 2007 eröffnete »Erlebnisoase« MUDOmit umfassendem Wellness-Angebot, dazu Bowling, Volleyball, Badminton u.a.m.

MUSEUMSBAHN

An Sonntagen von Ostern bis Oktober von Dornum nach Norden, Mitnahme von Fahrrädern möglich.
Tel. 049 31 / 77 37
www.mkoev.de

Die wieder aufgebaute Beningaburg, einst Sitz ostfriesischer Häuptlinge

Die andere wieder erbaute Häuptlingsburg, die trutzige Beningaburg (Osterburg), ist von einem Wassergraben umgeben und dient heute als Hotel und Restaurant. **Beningaburg**

Die kleine Bockwindmühle in der Bahnhofstraße gilt als **einzige Ständermühle in Ostfriesland**. Im Betrieb dreht sich das ganze auf einen Bock montierte Mühlhaus nach dem Wind (Mai – Sept. Di., Do. u. So. 10.30 – 12.30 Uhr). **Bockwindmühle**

An dem hinter dem Siel gelegenen Speichersee namens Mahlbusen gibt es einen schönen Rundwanderweg, einen Tretbootverleih und Möglichkeiten zum Angeln. **Dornumersiel**

Gerade 1 km ist es von Dornum nach Westeraccum. Hier wurde schon Ende des 12. Jh.s die schöne Backsteinkirche erbaut, deren halbrunde Apsis ins Auge sticht. Beeindruckend sind auch das Gewölbe und die Barockkanzel von 1694. Auf dem Friedhof fallen einige alte Grabsteine auf, darunter Kapitänsgrabstelen mit schönen Reliefs von Segelschiffen, Engelsköpfen oder der Hand Gottes. ✶ **Westeraccum**

Bereits im 8. und 9. Jh. siedelten Menschen auf einer Langwarf, die heute den Namen Nesse trägt. In diesem alten Warfendorf 3 km westlich von Dornum fällt St. Marien auf, eine einschiffige Tuffsteinkirche vom Ende des 12. Jh.s mit einem kostbaren Taufstein. **Nesse**

Die Fähre nach ► Baltrum legt vom 2 km nördlich gelegenen Neßmersiel ab, das sich als beschaulicher Küstenbadeort mit großem Sandstrand erweist. ◄ Neßmersiel

★★ Emden

E 11

Bundesland: Niedersachsen
Einwohner: 52 000

Kreisfreie Stadt

Bis in die 1980er-Jahre war Emden hauptsächlich wegen seiner hohen Arbeitslosenzahlen bekannt, später vornehmlich als Heimatstadt der Komiker Otto Waalkes und Karl Dall. Doch seit Henri Nannen 1986 die Kunsthalle ins Leben rief, hat die westlichste deutsche Hafenstadt auch für Kunstfreunde eine Bedeutung.

1200 Jahre Hafenstadt

Das wirtschaftliche und kulturelle Zentrum Ostfrieslands, dessen Innenstadt im Zweiten Weltkrieg zu 80 % zerstört wurde, liegt an der Ems nördlich des Dollart. Trotz dieser Verluste ist die Gegend um den alten, Ratsdelft genannten Hafen sehr stimmungsvoll und erinnert an große Zeiten der 1200-jährigen Hafenstadt. Um den histori- [illegible] gürtel; jenseits der Parkanlage regelt die alte Kesselschleuse den Bootsverkehr auf den vier Kanalarmen. Südlich der Stadt liegt der viertgrößte deutsche Hafen, in dem hauptsächlich Kraftfahrzeuge und Baustoffe umgeschlagen werden und von wo die Fähren nach ► Borkum ablegen. Vom Autoverladehafen werden jährlich über 850 000 Neuwagen in alle Welt verschifft.

Malerisch: die Ratsdelft vor dem Alten Rathaus

EMDEN ERLEBEN

AUSKUNFT

Verkehrsverein
Postfach 2310, 26703 Emden
Tel. (049 21) 974 00
Fax 974 09
www.emden-touristik.de

ESSEN

▶ Erschwinglich

① *Feuerschiff*
Georg-Breusing-Promenade
Tel. (049 21) 92 92 00
Maritimes, schönes Restaurant in der Messe des ausgemusterten Feuerschiffs »Amrumbank / Deutsche Bucht«. Natürlich friesische Küche.

▶ Preiswert

② *Nordseewelle*
Zwischen Beiden Märkten 1
Sehr guter Fischimbiss im Fischgeschäft Nordseewelle.

ÜBERNACHTEN / ESSEN

▶ Luxus / Erschwinglich

① *Parkhotel Upstalsboom Emden*
Friedrich-Ebert-Str. 73 – 75
26725 Emden
Tel. (049 21) 82 80
Fax 82 85 99
www.upstalsboom.de
Großzügiger Neubau mit komfortablen Räumen (94 Z.) am Rande der Altstadt, im Restaurant regionale und internationale Küche.

▶ Komfortabel / Erschwinglich

② *Alt Emder Bürgerhaus*
Friedrich-Ebert-Str. 33
26725 Emden
Tel. (049 21) 97 61 00
www.alt-emder-buergerhaus-emden.de
Hotel mit 12 Z. und Restaurant mit friesischen Spezialitäten in einer Jugendstilvilla.

ÜBERNACHTEN

▶ Günstig

③ *Larrelter Mühle*
Möhlenhörn
26723 Emden-Larrelt
Tel. (049 21) 663 45
Bis zu 20 Gäste, die Schlafsack, Isomatte und Verpflegung selbst mitbringen müssen, finden in dem zweistöckigen Galerieholländer eine Übernachtungsmöglichkeit. Sanitäranlagen, Küche, Aufenthalts- und Frühstückraum vorhanden.

SCHIFFSAUSFLÜGE

Kanalfahrten, Hafenrundfahrten in den Emder Außenhafen und zur Autoverladeanlage ab Delfttreppe (Ostern – Ende Okt., Tel. 049 21 / 89 07 22).

VERANSTALTUNGEN

! *Baedeker* TIPP

Matjestage und Filmfest

Wichtige Termine: Ende Mai/Anfang Juni, wenn die Emder Matjestage mit viel frischem Matjes, einem Volksfest und zahlreichen Traditionsschiffen im alten Binnenhafen und am Ratsdelft gefeiert werden, und das international renommierte Filmfest im Juni.

Sehenswertes in Emden

★★ Ostfriesisches Landesmuseum

Im Stadtzentrum steht am Ratsdelft das wieder aufgebaute Alte Rathaus, einst 1574 errichtet und heute Sitz des Ostfriesischen Landesmuseums. Es stellt die ostfriesische Geschichte vor und zeigt u. a. mittelalterliche Kunst, Schiffsmodelle, die **vollständig erhaltene Moorleiche** von Bernuthsfeld (7. / 8. Jh.) oder ein Stadtmodell von Emden, wie es um 1650 aussah.

Dass Kunst in Emden nicht nur in der Kunsthalle stattfindet, zeigt die Gemäldesammlung, und mit der bereits 1582 im Obergeschoss eingerichteten Rüstkammer besitzt Emden die **umfangreichste stadteigene Waffensammlung in Deutschland**. Von hier gelangt man auch auf den Rathausturm, der den besten Blick über die Stadt bietet (Di. – So. 10.00 – 18.00 Uhr).

Emden Orientierung

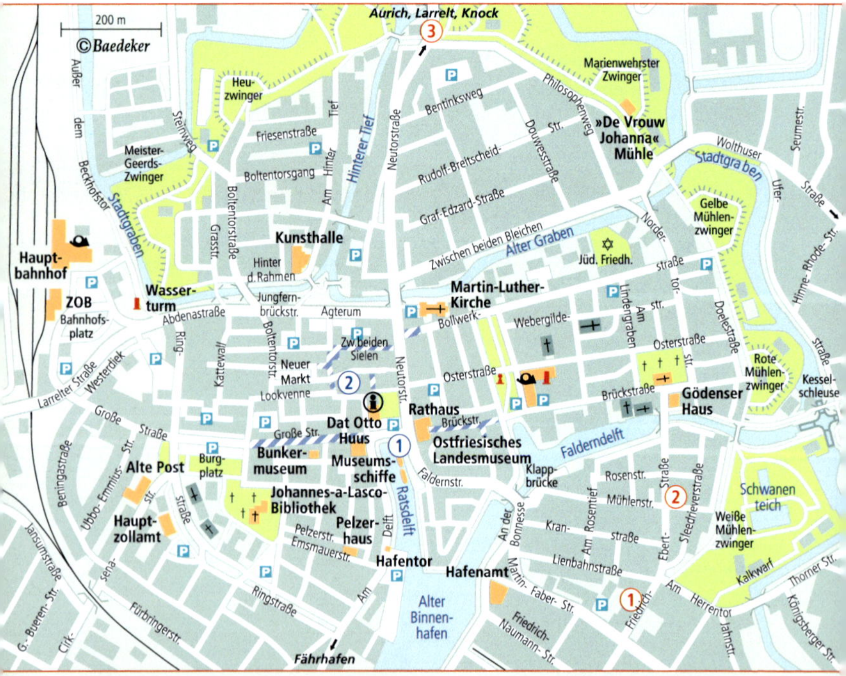

Übernachten
① Parkhotel Upstalsboom Emden
② Alt Emder Bürgerhaus
③ Larrelter Mühle

Essen
① Feuerschiff
② Nordseewelle

Ratsdelft ★ ◄ Museumsschiffe

Vor dem Rathaus liegen im Ratsdelft der **Seenotrettungskreuzer** »Georg Breusing«, das **Feuerschiff** »Amrumbank / Deutsche Bucht« und der hölzerne **Heringslogger** »AE7 Stadt Emden« als schwimmende Museen vor Anker. Im 1915 auf der Meyer-Werft in Papenburg gebauten Feuerschiff können sich Hochzeitspaare in der Kapitänskajüte trauen lassen. Zudem beherbergt es ein maritimes Museum mit dem Schwerpunkt »Seezeichentechnik«, ein Restaurant sowie eine Funkstation.
Im Seenotrettungskreuzer kann man jeden ersten Montag im Monat einen Maschinenlauf erleben. Der Heringslogger schließlich lässt die jahrhundertealte Tradition der Heringsfischerei in Emden wieder aufleben (April – Okt. Mo. – Fr. 10.00 – 13.00 u. 14.30 – 17.00, Sa. / So. 11.00 – 13.00 Uhr).

Dat Otto Huus

Nicht zu übersehen: Ein Riesen-Ottifant markiert »Dat Otto Huus«, das die Karriere von Emdens prominentestem Sohn, Blödelstar Otto Waalkes, vorstellt. Im Otto-Shop gibt es natürlich Ottifanten in allen Größen und gedruckt auf Mousepads, Sets, Spielen, Ballen, Toilettenpapier etc. (Große Str. 1; Osterferien – Weihnachtsferien Mo. – Fr. 9.30 – 18.00, Sa. 9.30 – 13.00 Uhr).

Hafentor

Am Südende des Ratsdelfts hat man 1963 das letzte noch vorhandene Hafentor wieder errichtet. Es war Teil der Emsmauer, die die Stadt vor Überflutungen schützen sollte. Entworfen wurde es 1635 vom Ratsherrn und Architekten Martin Faber; über dem Torbogen ist zu lesen: »Et Pons est Embdae, et Aura Deus« (»Gott ist Emdens Hafen, Brücke und Segelwind«).

★ **Bunkermuseum**

Emden im Nationalsozialismus und in der Nachkriegszeit dokumentiert das Bunkermuseum. Die heutige Begegnungsstätte in einem Bunker aus dem Zweiten Weltkrieg zeigt die Stadt zwischen Zerstörung und Wiederaufbau (Holzsägerstr.; Mai – Okt. Di. – Fr. 10.00 bis 13.00 u. 15.00 – 17.00, Sa. / So. 11.00 – 13.00 Uhr).

Pelzerhäuser

Zwei restaurierte Renaissancehäuser in der Pelzerstraße (Nr. 11 und 12) geben einen Eindruck davon, wie die eng bebaute Altstadt Emdens einst ausgesehen haben mag. Kleinere Ausstellungen informieren über die Geschichte der Stadt (Di. – So. 10.00 –18.00 Uhr).

Johannes-a-Lasco-Bibliothek

Die Johannes-a-Lasco-Bibliothek, die auf eine Gründung aus dem Jahr 1559 zurückgeht, ist in der reformierten Kirche Emdens untergebracht. Zur Zeit des niederländisch-spanischen Krieges war die Große Kirche die »Moederkerk« (Mutterkirche) der gesamten calvinistischen Bewegung. Die Ruine wurde wieder aufgebaut, mit modernen Architekturelementen harmonisch ergänzt und zwischen 1992 und 1995 zu einer **Spezialbibliothek des reformierten Protestantismus** und der Konfessionsgeschichte der frühen Neuzeit ausgebaut (Kirchstr. 22, www.jalb.de).

★★ Kunsthalle Emdens große Attraktion für Kunstfreunde aus aller Welt ist zweifellos die 1986 eröffnete Kunsthalle, die »Stern«-Gründer Henri Nannen gestiftet hat. Der postmoderne rote Backsteinbau von Friedrich und Ingeborg Stengelin beherbergt die umfangreiche und von persönlichen Vorlieben geprägte Sammlung von Werken deutscher Expressionisten sowie zeitgenössischer Malerei und Plastik, die der in Emden geborene Publizist zusammengetragen hat. Höhepunkte: herausragende Stücke aus den Künstlergemeinschaften »Brücke« und »Blauer Reiter« (Hinter dem Rahmen 13; Di. 10.00 – 20.00, Mi. – Fr. 10.00 – 17.00, Sa. / So. 11.00 – 17.00 Uhr).

? WUSSTEN SIE SCHON ...?

- Wo steht der schiefste Turm der Welt? Nicht in Pisa, sondern in Suurhusen nördlich von Emden! Der Turm der 1450 gebauten Kirche neigt sich um 5,07° – der berühmte Bruder in Pisa bringt es nur auf 3,97°.

Larrelter Mühle Die Larrelter Mühle (3 km westlich auf der Larrelter bzw. Rysumer Landstr.) wurde 1732 von ihren Erbauern »Kost Winning« (»Broterwerb«) genannt. Der zweistöckige Galerieholländer war bis 1974 in Betrieb, nun ist in der restaurierten Mühle ein Café untergebracht.

Schöpfwerk an der Knock Von der Rysumer Landstraße zweigt die Knockster Straße ab zum Siel- und Schöpfwerk an der Knock. In der Nähe überblickt eine Statue Friedrichs II. die Landschaft. Dieser machte sich um den Küstenschutz und den Deichbau verdient, als das Land unter preußischer Herrschaft stand (Abb. S. 31).

Esens · Bensersiel

G 9/10

Bundesland: Niedersachsen **Landkreis:** Wittmund
Einwohner: 6800

Im 13. Jh. lag Esens noch direkt an der Nordsee, doch nach der Eindeichung der Harlebucht wurde 1619 Bensersiel als neuer Hafenplatz 4 km weiter nördlich gegründet. Seit 1859 legt von Bensersiel die Fähre nach ► Langeoog ab; hübscher und attraktiver ist aber auf jeden Fall Esens.

»Bärenstadt am Meer« Was macht ein Bär im Stadtwappen von Esens? Einst kam ein Bärenführer in die Stadt, allerdings zu einem ungünstigen Zeitpunkt, denn diese befand sich im Streit mit ihren Nachbarn und wurde bald belagert. So konnte er Esens nicht mehr verlassen und sein Bär wurde in den alten Kirchturm gesperrt. Aus Angst vor dem Hungertod wollten die Eingeschlossenen schon kapitulieren. Den Bären hatte man darüber vergessen und nicht gefüttert. So begann das hungrige Tier auf der Turmbrüstung zu brüllen, worauf die Belagerer erschraken, dachten sie doch, die Esener wären nicht so schnell zu bezwingen, da sie es sich leisten konnten, auch ein »überflüssiges« Tier zu ernähren. Also zogen sie ab. Der Bär aber wurde daraufhin im Triumph vom Turm geholt und zum Dank im Stadtwappen verewigt. Eine Skulptur vor dem Rathaus erinnert ebenfalls an den »Retter«.

Sehenswertes in Esens und Bensersiel

Rathaus

Das Rathaus am Esener Marktplatz aus dem 18. Jh. war ursprünglich ein Witwensitz für vornehme Damen. Daran erinnert noch der Ahnensaal mit seinen kostbaren Tapisserien, die hübsche Naturszenen und Stadtansichten zeigen (Besichtigung nur im Rahmen der Führungen durch die St.-Magnus-Kirche, April – Okt. Do. 15.00 Uhr).

St. Magnus

Auf einer niedrigen Warft, umgeben von hohen Bäumen, steht die St.-Magnus-Kirche, mit ihren 1700 Sitzplätzen **das größte Gotteshaus Ostfrieslands**. Im heutigen, 1850 geweihten Bau sind noch wertvolle Stücke aus Vorgängerbauten – der erste entstand im 12. Jh. – zu sehen: der gotische Sandsteinsarkophag des 1473 verstorbenen Ritters Attena sowie die reich verzierte Kanzel und der mit einem prächtigen geschnitzten Weinstock verzierte Altar, beide aus der Werkstatt Jakob Kröpelins. Das Turmmuseum erzählt die Kirchengeschichte im Raum Esens und stellt dazu auch einen historischen Leichenwagen aus (Kirche: März – Okt. Di. – Fr. 10.00 – 11.30 u. 14.30 – 16.00; Museum: April – Sept. Di. / Do. 15.00 – 17.00, So. 11.00 – 12.00 Uhr).

Wellen klatschen an Bootsrümpfe, Holz knarrt, es riecht nach Meer: Bensersiel.

August-Gottschalk-Haus An die Geschichte der Esener Juden erinnert das August-Gottschalk-Haus. Die Gedenk- und Begegnungsstätte im ehemaligen jüdischen Gemeindehaus trägt den Namen des früheren Lehrers und Bürgervorstehers. Zu sehen sind Exponate aus dem religiösen Leben der Juden; das rituelle Tauchbad, die Mikwe, wurde bei Sanierungsarbeiten unter dem Fußboden wieder entdeckt (Burgstr. 8; April – Okt. Di., Do., So. 15.00 – 18.00 Uhr).

Bernstein-Huus Bernstein in den unterschiedlichsten Farben und Formen ziert die Schmuck- und Dekostücke, die im Bernstein-Huus zum Verkauf angeboten werden. Im dazu gehörenden Museum erfährt man viel über die interessante Entstehung und Bearbeitung des schönen Materials

ESENS ERLEBEN

AUSKUNFT

Kurverein Nordseeheilbad Esens-Bensersiel e.V.
Am Strand 8, 26427 Bensersiel
Tel. (049 71) 91 70
www.esens.de, www.bensersiel.de

ESSEN

► Erschwinglich

Ratsgaststätte
Am Markt 1, Esens
Tel. (049 71) 32 27
Fischspezialitäten, Fleischgerichte und Vegetarisches in einem alten Stadthaus.

Café Waterkant
Am Hafen 4, Bensersiel
Tel. (049 71) 78 73
Café und Restaurant mit Aussichtsterrasse am Sieltor; gutbürgerliche Küche.

ÜBERNACHTEN

► Luxus / Komfortabel

Vier Jahreszeiten am Yachthafen
Hauptstr. 19, 26427 Bensersiel
Tel. (049 71) 925 10, Fax 92 51 11
www.hotel-4jahreszeiten.com
Neu erbautes Haus (19 Z.) am Deich mit Blick auf den Yachthafen; Restaurant, Bar mit Meeresblick.

► Komfortabel

Wieting's
Am Markt 7, 26427 Esens
Tel. (049 71) 45 68, Fax 41 51
www.hotel-esens.de
Ostfriesische Gastlichkeit in zentraler Lage. 18 Z. von rustikal bis modern, Sauna, Solarium, Garten mit Liegewiese, sehr gutes Restaurant und nette Kneipe »Söpke«. Kinder bis 12 Jahre wohnen kostenlos!

BADEN / WELLNESS

Bensersiel: Wellenfreibad und Bade- und Wellnessanlage »Sonneninsel« im Kurmittelhaus sowie Meeresstrand

SHOPPING

Bernstein-Huus
Herdestr. 14, Esens
Das Museum verkauft auch Schmuck und Steine.

Ostfriesisches Teehaus (Teekontor)
Steinstr. 16, Esens
Große Auswahl an Teesorten, Porzellan und Zubehör.

FEST

Schützenfest: eines der traditionsreichsten Schützenfeste Ostfrieslands (zweites Juliwochenende).

(Herdestr. 14; März – Okt. Mo. – Fr. 9.30 – 13.00, 15.00 – 18.00, in der Hauptsaison Mo. – Fr. 9.30 – 18.00, Sa. 10.00 – 12.30 Uhr).

★ **Museum »Leben am Meer«**

In der Peldemühle wird die Siedlungsgeschichte des Harlingerlands erzählt. Ausführlich gehen die Ausstellungsmacher auf die Landgewinnung ein; weitere zentrale Themen sind die Stadtgeschichte und das Alltagsleben, was mit einigen bemerkenswerten Stücken illustriert wird: **ein im Watt gefundenes Frauenskelett**, typisch blauweiße niederländische Kacheln in der Fliesenkammer und eine historische Uhrmacherwerkstatt (Bensersieler Str. 1; tgl. außer Mo. 10.00 bis 17.00, Führungen Mi. 15.00 Uhr).

Bensersiel

Vor allem Familien machen in Bensersiel gerne Urlaub: Neben Unterkünften jeglicher Kategorie gibt es auch einen riesigen Campingplatz, das Meer kann man am kilometerlangen Sandstrand genießen. Wer sich austoben möchte, für den ist der maritime Sport-Themenpark die richtige Adresse. Für Kinder gibt es das Spielhaus Kunterbunt, einen Abenteuerspielplatz und das Kletterschiff Hoppetosse. Im Zirkuszelt wartet ein Animationsprogramm und bei schlechtem Wetter der überdachte Strandspielplatz »Taka-Tuka-Land«.

◄ Naturkundehaus

Was lebt im Wattenmeer? Dieser Frage geht man im Naturkundehaus auf den Grund. Man findet hier eine Ausstellung mit präparierten Tieren und guten Texten, bunte Seewasseraquarien und einen Kräutergarten (Seestr.; Di., Mi., Fr. 10.00 – 12.00, 15.00 – 17.00 Uhr).

★ Föhr

M / N 3

Bundesland: Schleswig-Holstein **Landkreis:** Nordfriesland
Einwohner: 8700

Vor Wind und Wasser durch vorgelagerte Halligen und Inseln geschützt, herrscht auf Föhr ein für die Nordsee ungewöhnlich mildes Klima. Das wusste schon Dänemarks König Christian VIII. zu schätzen, der hier einst seinen Badedurlaub verbrachte.

Grüne Insel im Wattenmeer

Marschwiesen und Äcker prägen die »Grüne Insel«. Weite Dünengebiete wie auf den Nachbarinseln Amrum und Sylt finden sich auf Föhr nicht in vergleichbarem Maß – und auch der Küstenstreifen unterscheidet sich: An der 37 km langen Küste überwiegen an der Nordhälfte grüne Deichabschnitte, an der Südwestküste zwischen Utersum und Wyk gibt es 15 km zusammenhängenden Sandstrand. Den Nordosten der Insel nimmt die flache Marsch ein, die Ende des 15. Jh.s eingedeicht wurde. Ausgesprochen idyllisch dazwischen verstreut sind die kleinen Friesendörfer, deren gepflegte alte Häuser sich unter hohe Bäumen zu ducken scheinen. Föhr lebt in erster Linie vom Tourismus, mehr als 180 000 Gäste kommen pro Jahr.

Föhr *Orientierung*

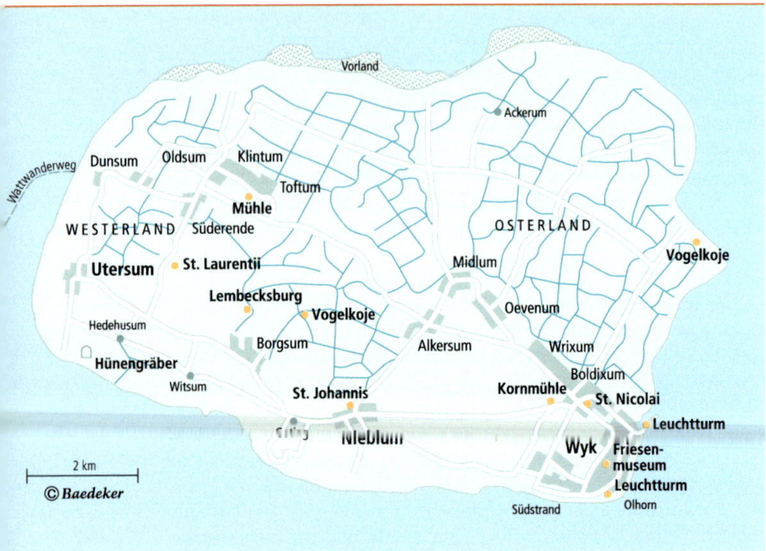

Ein Pionier des Bäderwesens

Bereits um 7000 v. Chr. zogen Jäger und Fischer durch das Föhrer Gebiet, wie eine gefunde Knochenharpune und ein kleines Beil bezeugen. 1231 wird Föhr im »Erdbuch« des dänischen Königs Waldemar II. erstmals erwähnt. Im 15. Jh. wurde die Insel aufgeteilt – Osterlandföhr fiel an das Herzogtum Schleswig, Westerlandföhr unterstand unmittelbar der dänischen Krone. Wie die benachbarten Inseln auch lebte Föhr im 17. und 18. Jh. vom Walfang (►Baedeker Special S. 108) und wandte sich dann der Landwirtschaft zu. Im 19. Jh. wanderten viele Föhrer nach Amerika aus, um entweder der Arbeitslosigkeit zu entgehen oder der Wehrpflicht, die wieder eingeführt wurde, als Föhr zu Preußen kam. Denn seit 1735 waren die jungen Föhrer durch eine Sonderregelung des dänischen Königs vom Wehrdienst befreit gewesen, damit sie auf Walfang gehen konnten.

Im Bäderwesen spielte Föhr die Pionierrolle unter den Nordfriesischen Inseln: Bereits am 15. Juli 1819 wurde das Seebad Wyk gegründet. Ab 1834 ging alle zwei Wochen ein Dampfschiff von Hamburg über Helgoland nach Föhr.

Sehenswerte Orte und Plätze auf Föhr

✶ Wyk

Wyk ist mit fast 4600 Einwohnern die einzige Stadt auf Föhr und dessen geschäftiges Zentrum. Mit Strandpromenade, Einkaufsstraßen, Kurmittelhaus, einer künstlichen Badelandschaft, Kino und Kurpark fällt es auf der sonst so beschaulich-ländlichen Insel völlig aus dem Rahmen. Mit der Aufnahme des Badebetriebs 1819 wurde

FÖHR ERLEBEN

AUSKUNFT

Tourismus GmbH
Gästeservice-Center
Am Fähranleger 1
25938 Wyk
Tel. (046 81) 300, Fax 30 68
www.foehr.de

ANREISE

Tideunabhängige Autofähre ab Dagebüll (ca. 45 Min)
Wyker Dampfschiffs-Reederei, Tel. (046 05) 800, www.wdr-wyk.de

ESSEN

► Fein & teuer

Alt Wyk
Große Str. 4, Wyk
Tel. (046 81) 32 12
Die Nr. 1 auf Föhr: hervorragendes Essen und guter Wein. Besonders schön sitzt man im Pesel.

Zur Scheune
Haus 20, Süderende
Tel. (046 83) 96 25 67
Im reetgedeckten Landhaus im Sylter Stil kommt eine feine Küche auf den Tisch.

► Preiswert

Fischerhus
Süderstr. 6, Wyk
Tel. (046 81) 50 18 30
Einfaches und gutes Fischrestaurant.

CAFÉS / KNEIPEN

Café Kohstall
Jens-Jakob-Eschel-Str. 12, Nieblum
Kuchen und Waffeln im einstigen Kuhstall, köstlich ist der Bienenstich!

Galerie-Café im Apfelgarten
Oldsum
Von April bis Oktober genießt man Kaffee und Kuchen unter Apfelbäumen, dazu Kunstausstellungen und manchmal Konzerte.

Block's Schankwirtschaft
Kertelheinallee 1, Nieblum
Urige Friesenkneipe.

ÜBERNACHTEN

► Luxus

Landhaus Laura
Buurnstraat 49, 25938 Oevenum
Tel. (046 81) 597 90, Fax 59 79 35
www.landhaus-laura.net
Landhaus (17 Z.) eingerichtet im Laura-Ashley-Stil mit Garten und Fitnessbereich. Gutes Restaurant.

► Komfortabel

Duus-Hotel
Hafenstr. 40, 25938 Wyk
Tel. (046 81) 598 10, Fax 89 26
www.duus-hotel.de
Gepflegtes Haus (22 Z.) in Hafennähe in der Wyker Altstadt.

SCHIFFSAUSFLÜGE

Ausflugsfahrten nach Amrum, Dagebüll sowie zu den Halligen Langeneß und Hooge mit der WDR (Tel. 018 05 / 08 01 40, Fax 801 16 www.wdr-wyk.de)

BADEN

aquaWyk
Stockmannsweg 1, Wyk
Meerwasserwellenbad mit Wildwasserkanal, Solarium, Sauna, 70-m-Rutsche u. v. m. (www.aquawyk.de).

MÄRKTE

Bauernmarkt Wyk: Juni – Sept. Mi. und Sa. ab 9.00 Uhr
Fischmarkt Wyk: Ostern – Sept. So. ab 10.00 Uhr, auch Textiles, Souvenirs.
Dorfmarkt Oevenum Mai – Mitte Sept. Do. ab 10.00 Uhr

das bis dahin verschlafene Dorf, das sich »bi de Wiek« (»an der Bucht«) entwickelt hatte, plötzlich lebendig. Zwischen 1842 und 1848 kam der dänische König Christian VIII. regelmäßig einmal im Jahr hierher und begründete den Ruf Wyks als Seebad für den europäischen Adel. Nach dem Tod des Königs versank Wyk zunächst im Dornröschenschlaf, erfuhr aber kurz nach 1900 einen Aufschwung durch Dr. Carl Gmelin und Dr. Carl Häberlin, die sich mit Forschungen zu Meeresheilkunde und Seeklima um Föhr verdient machten. Neben dem modernen Fährhafen gibt es einen 1984 in Betrieb genommenen Yachthafen und den alten Fischereihafen, in dem man den frischen Fang direkt vom Kutter aus erwerben kann.

! *Baedeker* TIPP

Föhr-Triathlon

Das ist wirklich eine sportliche Herausforderung: Beim Föhr-Triathlon im Hochsommer muss man 600 m schwimmen, 25 km auf dem Rad fahren und am Ende 5 km laufen. Wer das schafft, kann sich wirklich feiern lassen! Informationen unter Tel. (046 81) 50 15 39 oder 50 11 29, www.foehr-triathlon.de.

Die **Carl-Häberlin-Straße** ist wegen ihrer schmucken Giebelhäuschen bekannt, vor denen im Sommer die Rosen üppig blühen.

◄ Glockenturm

Als Wahrzeichen von Wyk gilt der Backstein-Glockenturm (1892) an der Ecke Große Straße / Mittelstraße. 1701 wurde an dieser Stelle ein hölzerner Glockenturm als Kirchturm gebaut, da die Wyker bei ungünstiger Windrichtung die Glocken der damals noch auf freiem Feld stehenden St.-Nicolai-Kirche in Boldixum nicht hören konnten.

* ◄ Friesenmuseum

Wirklich sehenswert ist das Friesenmuseum, in dem man viel über regionale Bräuche, Geschichte, Alltagskultur, Handwerk, Volkskunde und Natur erfahren kann. 1927 baute man neben dem heutigen Museum das damals älteste noch erhaltene Friesenhaus der Insel auf, das **Haus Olesen** (1617) aus Alkersum. Die Bockwindmühle stammt von der Hallig Langeneß (Rebbelstieg 34; tgl. außer Mo. 10.00 bis 17.00; Führungen durch das Haus Olesen Di. 15.00 Uhr).

Boldixum

◄ St. Nicolai

Im heute zu Wyk gehörenden Boldixum steht mit St. Nicolai, auch »Gute-Nacht-Kirche« genannt, eine der drei historischen Kirchen Föhrs. Mit ihrem Bau wurde Mitte des 13. Jh.s begonnen, der Turm ist der Hochgotik zuzurechnen. Sehenswert sind der Altar mit einer Abendmahlsszene auf der Mitteltafel (1643), die ausdrucksvolle Holzfigur des heiligen Nikolaus und der Taufstein (beide um 1300). 1426 kamen in der Kirche die Vertreter der Region zusammen, um bei den Dänen die Gültigkeit ihrer friesischen Rechte durchzusetzen. Die **»Siebenhardenbeliebung«** ging als ältestes Zeugnis der friesischen Unabhängigkeitsbestrebungen in die Geschichte ein.

Vogelkoje

Etwa 4 km nordöstlich kommt man zur Boldixumer Vogelkoje. Mit Hilfe dieser ausgeklügelten Fanganlagen wurden Wildenten auf einen

← *Walkieferknochen markieren den Eingang zum Friesenmuseum in Wyk.*

Vogelkoje Orientierung

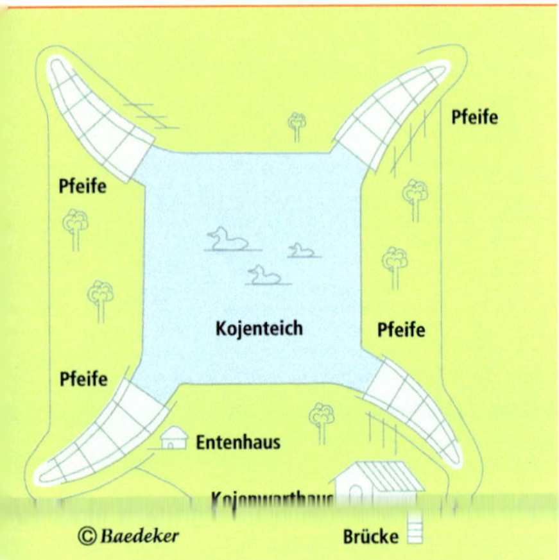

Teich, von dort in die Pfeifen (Fangarme) gelockt und vom Kojenwärter »gekringelt«, d. h. er drehte ihnen den Hals um. Jährlich konnten bis zu 12 000 Enten gefangen werden; insgesamt ließen 3 Mio. Enten auf diese Weise ihr Leben (April bis Okt. Mo. – Fr. 10.00 – 12.00 Uhr).

Das alte Straßendorf **Wrixum** geht heute fast in Boldixum über. Interessant ist eine Besichtigung des Mühlenmuseums in der Mühle von 1851 (April – Aug. tgl. 10.00 – 12.00 und 14.30 – 18.00, Sept. / Okt. bis 17.00 Uhr, Jan. / [illegible] Uhr).

Oevenum, mit fast 500 Einwohnern Föhrs größtes Dorf, ist ein wunderhübsches Bauerndorf mit kleinen Friesenhäusern und deswegen mehr und mehr auf Tourismus eingestellt. Seine beiden parallel verlaufenden Straßen sind z. T. durch verwunschen wirkende Sträßchen oder unbefestigte Wege verbunden. Das Dorfmuseum in der Scheune des Martenshofs gibt einen Einblick in das Föhrer Landleben vergangener Zeiten (März – Okt. tgl. 14.00 – 17.00 Uhr). Südlich von Oevenum liegt **die höchste Stelle der Insel**: Sie misst 13,2 m ü.d.M.

★ Dorfmuseum ►

★ **Nieblum**

Nieblum ist heute der Vorzeigeort der Insel – bereits im 18. Jh. wurde es als außerordentlich schönes Dorf erwähnt. Man findet hier wunderbare alte Friesenhäuser, die sich jene Kapitäne, die durch Seefahrt und Walfang zu Geld gekommen waren, bauen ließen.

★ St. Johannis (»Friesendom«) ►

Am Rand von Nieblum steht der »Friesendom« – so genannt wegen seiner Größe und seines einstmals weiten Einzugsbereichs. St. Johannis, das auf einen Vorgängerbau (12. Jh.) zurückgeht, entstand überwiegend im 13. Jh. Von außen zeigt sich der »Friesendom« streng und spröde und für eine Inselkirche außergewöhnlich mächtig. Die Größe des massiven Turms lässt auf die damalige Bedeutung schließen, zumal andere Föhrer Kirchen seinerzeit keinen bzw. nur einen Holzturm hatten. Der lichte Innenraum birgt wahre Schätze, von denen der **Granittaufstein (um 1200)** mit der Darstellung des Kampfes Davids mit dem Löwen zu den ältesten Kunstwerken gehört. Der Flügelaltar mit den Aposteln, Jesus, Maria, Johannes dem Täufer und Papst Silvester stammt aus dem 15. Jh.; desgleichen die große farbige Holzfigur Johannes des Täufers im Chor (tgl. 9.00 – 18.00, Führung: Mitte Juni – Mitte Sept. Mi. 17.30 Uhr).

Das Goting-Kliff westlich des Ortsteils Goting entstand in der Saale-Eiszeit (230 000 – 130 000 v. Chr.). Auf dem Weg von Nieblum zum Kliff zeugen einige Grabhügel von den Menschen der Bronzezeit. Wer eine wunderbare Aussicht auf Wattenmeer und Dünen genießen will, sollte die leicht hügelige Straße von Goting über Witsum nach Hedehusum wählen.

★ ◄ Goting-Kliff

Borgsum

Auf der Geesthöhe im Südwesten der Insel liegt Borgsum, dessen Namen von einer Burg (fries. borig) herrührt, deren Ringwall man noch nördlich des Dorfs in den Wiesen finden kann. Der Umfang der Anlage beträgt 450 m, der Durchmesser fast 100 m, die damalige Höhe des Ringwalls muss um die 11 m betragen haben. Innerhalb des Burgwalls fand man Keramikstücke, Reste von Häusern und eines befestigten Wegs. Die Lembecksburg stammt aus der zweiten Hälfte des ersten Jahrtausends und wurde wahrscheinlich von den Friesen als Verteidigungsanlage gegen die Wikinger errichtet. Ihren Namen erhielt sie nach dem dänischen Lehnsherrn Klaus Lembeck bzw. Limbeck, der im 14. Jh. mit strenger Hand über Föhr herrschte. Der Legende nach brach er den Lehenseid gegenüber dem dänischen König Waldemar IV. und wurde 1374 von Föhr vertrieben.

★ ◄ Lembecksburg

Süderende

Süderende (fries. Söleraanj) liegt abgeschieden in einer lieblichen Landschaft im Westen Föhrs. Die kunstgeschichtliche Attraktion des Dorfs ist die südlich außerhalb mitten in den Feldern gelegene St.-Laurentii-Kirche, die auf das späte 12. Jh. zurückgeht; Gewölbedecke und Kirchturm entstanden aber im 16. Jh.. Innen sind der **romanische Taufstein,** der dreiflügelige Schnitzaltar mit Figuren von Maria, Jesus, den Aposteln und Heiligen sowie die Kanzel aus Tannenholz (17. Jh.) sehenswert. Interessant sind auch die Reste der Deckenmalereien; noch erkennbar ist die Darstellung von Jesus mit den Arbeitern im Weinberg am dritten Joch(tgl. 9.00 – 18.00; Führung: Juni bis Mitte Sept. Di. 17.30 Uhr).

★ ◄ St. Laurentii

Der Friedhof von St. Laurentii ist bekannt für seine zahlreichen **»sprechenden Grabsteine«**, die den Lebensweg der Verstorbenen erzählen. Diese Schilderungen sind von verschiedenen feststehenden Symbolen umgeben. So bedeuten z.B. Schiffe unter vollen Segeln den frühen Tod eines Seefahrers (Führung: Mi. 15.00 Uhr).

Utersum ist ein kleiner, abgelegener Kurort im Südwesten der Insel. Sein Strand gilt als einer der schönsten der Insel. Am Strand nördlich der Kurverwaltung, direkt hinter dem Deich, liegt Sunberig, ein ca. **6000 Jahre altes Grab** aus der Zeit der Megalithkultur. Knapp 300 m vom

Strand entfernt erkennt man zwischen Dorf und der Kurklinik an der Straße drei Grabhügel, Überbleibsel des bedeutenden bronzezeitlichen Gräberfeldes Triibergem.
Empfehlenswertist auch ein Spaziergang von Utersum über Hedehusum nach Witsum und Goting. Bei Witsum passiert man die Godel, den einzigen Fluss der Insel, der durch die Salzwiesen hier direkt ins Meer fließt. Von der ungefähr 5 km langen, hügeligen »Traumstraße« auf dem Geestrücken hat man eine schöne Aussicht auf das Wattenmeer und die Dünen.

Oldsum Das Künstlerdorf Oldsum liegt im Westen von Föhr am Rand der Marsch. Sehenswert ist »Stellys Hüüs«, ein liebevoll zusammengewürfeltes Kuriositätenkabinett, das Rolf Stelly in rund 50 Jahren angehäuft hat und in einem friesischen Kapitänshaus aus dem Jahr 1837 ausstellt. Die Windmühle von Oldsum ist 1901 in Betrieb genommen worden.

★ Friedrichskoog

P 7

Bundesland: Schleswig-Holstein **Landkreis:** Dithmarschen
Einwohner: 2500

Friedrichskoog an der Dithmarscher Küste ist ein relativ junges Seebad, denn erst durch Eindeichungen konnte Land gewonnen werden und ein Städtchen entstehen. Hier machen Familien gerne Urlaub, u. a. auch, um mit dem Nachwuchs Schleswig-Holsteins einzige Seehundstation zu besuchen.

Dem Meer abgerungen Durch die Entwässerung und Urbarmachung des Wattenmeers konnte sich nach Westen hin die heutige Halbinsel bilden. Startschuss hierfür war die Eindeichung des Kronprinzenkoogs 1787, es folgten der Friedrichskoog Mitte des 19. Jh.s, der Kaiser-Wilhelm-Koog 1872 / 1873, der Kaiserin-Auguste-Viktoria-Koog 1899 und der Neufelder Koog 1923. 1934 / 1935 wurde schließlich der heutige Dieksanderkoog als »Adolf-Hitler-Koog« eingedeicht und mit handverlesenen »germanischen« Bauern besiedelt. Der Ort selbst ist 1853 gegründet und nach dem dänischen König Friedrich VII. benannt.

Sehenswertes in und um Friedrichskoog

★ Hafen Friedrichskoogs schönster Platz ist der malerische Hafen, in dem die mehr als 30 Kutter **der größten Krabbenkutterflotte an der schleswig-holsteinischen Westküste** liegen. Ein Blick in den Gezeitenkalender verrät, wann etwas los ist, denn die Kutter kommen und gehen mit dem Hochwasser. Fischmärkte finden in der Hochsaison regelmäßig statt.

★ ★ ◄ Seehundstation

In der Seehundstation päppelt man allein aufgefundene Heuler (junge Seehunde), die durch Stürme oder Störungen von ihrer Mutter getrennt wurden, so lange auf, bis sie sich selbstständig ernähren können. Die Station bietet detaillierte Informationen über die Tiere. In die Fütterungen werden kleine Vorträge zum Leben der Seehunde und den Aufgaben der Station eingeflochten; Vorträge und Veranstaltungen rund um die Meeressäuger runden das Programm ab (An der Seeschleuse 4; März – Okt. tgl. 9.00 – 18.00, Fütterung 10.30 und 17.30; Nov. – Febr. tgl. 10.00 – 17.30, Fütterung 10.30 u. 16.00 Uhr). Zum Wahrzeichen der Station ist die **Trischenbake** geworden. Die ehemalige Rettungsbake der Insel Trischen wurde 2001 zu einem Aussichtsturm umgebaut, von dessen 17 m hohen Plattform sich eine wundervolle Aussicht über die Marschenlandschaft und über das Wattenmeer bietet.

Schutzstation Wattenmeer

Das Informationszentrum am Hafen klärt über das Leben im Wattenmeer auf, über die ökologische Bedeutung der Salzwiesen und die Vielfalt der Tier- und Pflanzenwelt. Zudem werden ausgedehnte Wattwanderungen, auch für Kinder, angeboten (Ostern – Mai, Sa. u. So. 11.00 – 17.00, Juni – Okt. tgl. 11.00 – 15.00 Uhr).

Seehunde aus nächster Nähe lassen sich in der Seehundstation erleben.

FRIEDRICHSKOOG ERLEBEN

AUSKUNFT

Tourismus-Service
Koogstr. 14 (Deichpassage)
25718 Friedrichskoog
Tel. (018 05) 18 18
Fax (048 54) 904 94 19
www.friedrichskoog.de

ESSEN

► Preiswert

Krabben und Fischdelikatessen Urthel
Hafenstr. 71
Tel. (048 54) 291
Große Auswahl an Fisch-, Krabben- und Fleischgerichten im Bistro des Fischgeschäfts.

ÜBERNACHTEN / ESSEN

► Komfortabel / Erschwinglich

Friedrichskooger Hof
Koogstr. 96
25718 Friedrichskoog
Tel. (048 54) 10 00
Fax 10 10
Gemütliches Landhotel mit 8 Zimmern und Liegewiese; im Restaurant gibt es solide Fisch- und Fleischgerichte und köstliche Dithmarscher Spezialitäten.

BADEN / WELLNESS

fontamar
Schulstr. West 14
Tel. (048 54) 900 20
Kur- und Wellnesszentrum, Solebewegungsbad mit 32 °C warmem Meerwasser, Dampfbad, Solarien, Kraftraum.

Strandbad Friedrichskoog Spitze
3 km Grünstrand mit Hundestrand und FKK-Bereich. Ideal für kleine Kinder.

FEST

Höhepunkt des Jahres ist die Kutterregatta rund um die Vogelinsel Trischen im Juli. Gäste können mit den Krabbenkuttern mitfahren, es wird eine Krabbenkönigin gewählt, Shantychöre singen und vieles mehr.

Hochzeitsmühle »Vergissmeinnicht«

In einer der wenigen erhaltenen Windmühlen Schleswig-Holsteins geben sich Brautpaare aus aller Welt das Jawort. Die 1855 gebaute Hochzeitsmühle »Vergissmeinnicht« stellt auch die Kulisse für Konzerte, Lesungen und Kunstausstellungen. Viele der frisch gebackenen Eheleute haben entlang der Nordseestraße junge Bäume gepflanzt – so entstand die »Hochzeitsallee« in Friedrichskoog-Spitze.

? WUSSTEN SIE SCHON ...?

- Was in Wald und Heide die Förster, sind im Wattenmeer die Seehundjäger. Als verantwortliche Jagdaufseher entscheiden sie u. a., was mit einem aufgefundenen Heuler geschieht.

Der Trischendamm ragt von Friedrichskoog-Spitze 2,3 km weit ins Meer hinaus. Er sollte die »wandernde Insel« Trischen mit dem Festland verbinden. Heute schützt er das Festland vor der Strömung eines Priels und gibt einen angenehmen Spazierweg ab.

★★ Friedrichstadt

Q 5

Bundesland: Schleswig-Holstein **Landkreis:** Nordfriesland
Einwohner: 2500

Holland in Schleswig-Holstein mit Treppengiebeln, Brücken und Grachten: Friedrichstadt gehört zu den Top-Zielen an der nordfriesischen Nordseeküste.

Idyllische »Holländerstadt«

Wobei »an der Küste« nicht ganz korrekt ist, denn das Meer ist Luftlinie immerhin 12 km entfernt von Friedrichstadt. Der Gottorfer Herzog Friedrich III. ließ 1621 die Stadt an der Mündung der Treene in die Eider als Hafen- und Handelsstadt neu anlegen, wollte er doch seine ausgedehnten Handelsbeziehungen, die bis dato über das dänische Rendsburg liefen und bis nach Spanien und in den östlichen Mittelmeerraum reichten, voranbringen. Für sein ehrgeiziges Vorhaben holte er **holländische Mennoniten und Remonstranten** ins Land, die in ihrer Heimat aus religiösen Gründen verfolgt wurden. Ihnen garantierte er **Glaubensfreiheit** und sehr bald gab es in Friedrichstadt sieben Religionsgemeinschaften mit dazugehörenden Gotteshäusern. Der Mündungsbereich der Treene wurde durch ein Schleusensystem und Siele künstlich gesichert, man errichtete Häuser im holländischen Stil und legte wie in den Niederlanden Grachten an. Doch als 1630 Holland das Verbot der Remonstranten aufhob, gingen viele Familien wieder zurück, wohl auch, weil sich die Pläne Friedrichs III. als außerordentlich schwierig und letztendlich undurchführbar erwiesen. 1850 wurde die zu diesem Zeitpunkt dänische Stadt von schleswig-holsteinischen Truppen angegriffen und gut ein Drittel der ursprünglichen Häuser zerstört.

Stadtanlage

Trotz der starken Zerstörung zeichnet sich Friedrichstadt nach wie vor durch ein recht einheitliches, im holländischen Stil gestaltetes Stadtbild aus, da man bei späteren Bauten auf eine adäquate Fassadengestaltung und Bauhöhe achtete. Das Stadtzentrum ist schachbrettartig angelegt, der Mittelburggraben zwischen Vorder- und Hinterstadt gezogen. Zwischen Mittelburggraben und Fürstenburggraben liegt die Vorderstadt, der älteste Teil der Stadtanlage. Auf die Geschichte der Stadtgründung verweisen heute noch die zahlreichen Kirchen der verschiedensten Glaubensrichtungen.

Sehenswertes in Friedrichstadt

★ Marktplatz

Neun Gebäude mit den typischen Treppengiebeln bilden an der Westseite des Marktplatzes das einzige noch zusammenhängend erhaltene Ensemble von Kaufmannshäusern aus der Zeit der Stadtgründung (Nr. 16 – 24). Sie alle tragen Hauszeichen, die auf Beruf oder eine Eigenart des Besitzers hinweisen. Beliebtes Fotomotiv ist

Wozu zu Fuß gehen, wo es in Friedrichstadt doch so schöne Grachten gibt.

der Pumpenbrunnen (1879) mit einem auffälligen, von Säulen getragenen Häuschenaufsatz, an dem plattdeutsche Verse von Klaus Groth zu lesen sind. Eine sorgfältig zusammengetragene Puppensammlung kann man im Haus Nr. 8 bewundern (tgl. 10.00 – 18.00 Uhr).

**** »Alte Münze«**

Der Marktplatz öffnet sich zum **Mittelburggraben**, den direkt am Markt eine massive Granitquaderbrücke von 1773 überspannt. Am Mittelburgwall 24 ist mit der »Alten Münze«, die ungeachtet ihres Namens nie als Münzstätte diente, **das prächtigste Wohnhaus aus der Gründungszeit Friedrichstadts** erhalten. Sie wurde für Statthalter Adolf von Wael erbaut, dessen Wappen im Fries zu sehen ist. In der »Alten Münze« unterrichtet ein interessantes Museum ausführlich über die Stadtgeschichte und die unterschiedlichen Glaubensrichtungen (Mitte Mai – Sept. Di. – So. 11.00 –17.00, April – Mitte Mai, Okt. Di. – Fr. 15.00 – 17.00, Sa. / So. 13.00 – 17.00 Uhr).

Betsaal der Mennoniten ▶

Im hinteren Gebäudetrakt kamen seit 1708 die Mennoniten zum Gebet zusammen; er wird heute von der dänischen Gemeinde als Kirche genutzt. Im Garten ist der Mennoniten-Friedhof erhalten.

Ehemalige Synagoge

Bis 1938 lebte eine relativ große jüdische Gemeinde in Friedrichstadt. Als Synagoge diente das Haus Binnenhafen / Ecke Westermarktstraße; es ist nun Außenstelle des Museums »Alte Münze« und zeigt in einer Ausstellung auf der ehemaligen Frauenempore die **Geschichte der Friedrichstädter Juden**.

Katholische Kirche

Die katholische Kirche am Fürstenburggraben wurde erst 1853 als neogotischer Saalbau errichtet. Die Ausstattung ist älteren Datums: Das Gestühl stammt von 1760, die Holzskulpturen (Apostel mit Christus) aus dem zweiten Viertel des 17. Jh.s und das hölzerne Kruzifix, das aus der Kirche in Uelvesbüll hierher kam, von 1230.

Fünf-Giebel-Haus

Das nahe gelegene Fünf-Giebel-Haus ließ Herzog Friedrich, der Gründer der Stadt, 1623 für sich und hochrangige Gäste bauen. Hier ist eine Galerie eingezogen, die vorrangig Arbeiten norddeutscher Künstler und Kunsthandwerker zeigt. Für eine kleine Ruhepause bieten sich der idyllische Garten oder die Kaffeestube an (Am Fürstenburgwall 11; im Sommer tgl. 11.00 – 18.00, im Winter Di. – So. 13.00 – 18.00 Uhr).

»Paludanushaus«

Ein weiteres stattliches Bürgerhaus, das traditionell als »Paludanushaus« bezeichnete Wohnhaus Prinzenstraße Nr. 28, ließ sich möglicherweise der Remonstrantenprediger Godefridus Paludanus bauen, der später als Weinhändler Erfolg hatte.

Remonstrantenkirche

Einen Häuserblock weiter südwestlich ragt die Remonstrantenkirche empor. Eine erste Remonstrantenkirche wurde 1625 errichtet, 1850 dann zerstört. Der heutige Bau mit dem hohen Turm und offener Laterne stammt aus den Jahren 1852 bis 1854.

*** »Grafenhaus«**

An der Ecke Mittelburggraben / Lohgerberstraße steht das »Grafenhaus« (Lohgerberstraße 8), das 1622 wohl für Pieter de Graef, den Bruder des damaligen Amsterdamer Bürgermeisters, gebaut wurde. Es gehört wieder zu den schönsten Bürgerhäusern in Friedrichstadt, nachdem es 1945 durch Bomben teilweise zerstört und der Nordgiebel 1961 restauriert wurde.

*** St. Christophorus**

Jenseits des Mittelburggrabens steht die zwischen 1643 und 1649 errichtete evangelische Kirche, deren Innenausstattung 1861 größtenteils erneuert wurde.
Der Marmortaufstein aus dem belgischen Namur (15. Jh.) und die geschnitzte Kanzel aus der Ringeringk-Werkstatt (17. Jh.) stammen möglicherweise aus einer Kirche der bei der Sturmflut von 1634 teilweise in den Fluten versunkenen Insel Strand. Bedeutend ist das Gemälde der Beweinung und Salbung Christi, das als **Hauptwerk von Jürgen Ovens** gilt und 1675, drei Jahre vor dem Tod des Malers, entstand. In der Männergestalt oben links im Bild hat Ovens sich selbst dargestellt. Er arbeitete die letzten 20 Jahre seines Lebens in Friedrichstadt als Hofmaler von Herzog Friedrich III. und ist in der Christophorus-Kirche beigesetzt.

Alter jüdischer Friedhof

Im Nordwesten der Innenstadt, am Westersielzug, sind noch Reste des alten jüdischen Friedhofs erhalten, der 1677 angelegt wurde. Der neue jüdische Friedhof liegt an der Schleswiger Straße.

FRIEDRICHSTADT ERLEBEN

AUSKUNFT

Tourist-Information
Am Markt 9
25840 Friedrichstadt
Tel. (048 81) 939 90
Fax 93 93 93
www.friedrichstadt.de

ESSEN / ÜBERNACHTEN

► Erschwinglich / Komfortabel

Hotel Herzog Friedrich
Schmiedestr. 11 a
25840 Friedrichstadt
Tel. (048 81) 17 71
Fax 10 27
www.herzog-friedrich.de
36 stilvolle Zimmer in einer ehemaligen Druckerei, wunderbar bepflanzter Hof. Im Restaurant kommt verfeinerte friesische Küche auf den Tisch.

Holländische Stube
Am Mittelburgwall 22 – 26
25840 Friedrichstadt
Tel. (048 81) 939 00, Fax 93 90 22
www.hollaendischestube.de
Kleines, aber gediegenes Hotel mit 9 hübschen Zimmern in einem historischen Holländerhaus aus dem 17. Jh.; nettes Lokal mit Terrasse, in dem schleswig-holsteinisch gekocht wird.

ÜBERNACHTEN

► Günstig

Gästehaus Rottmann
Am Fürstenburgwall 17
Tel. (048 81) 10 04
Liebevoll eingerichtetes Nichtraucherhaus (2 Z.) an der Gracht.

SCHIFFSAUSFLÜGE

Grachten-, Treene- und Eiderfahrten:
Günther Schröder
Am Markt 17
Tel. (048 81) 73 65
www.grachtenschifffahrt.de

Friedrichstädter Grachtenschifffahrt
Max E. Prinz
Prinzenstr. 33
Tel. (048 81) 15 72
www.grachtenfahrt.de

In den Sommermonaten werden stündlich Grachtenfahrten angeboten. Die von der Schröder-Linie veranstalteten Treene-Fahrten sind zur Zeit der Seerosenblüte von Mitte Juni bis Ende August besonders romantisch.

SHOPPING

Fischstube-Räucherei
Prinzenstr. 10
Fisch aus eigener Räucherei, auch Versand.

Friedrichstädter Teehaus
Prinzenstr. 23
Tel. (048 81) 16 61
Neben allerlei Teesorten und den dazugehörigen Utensilien werden hier auch Friedrichstädter Fayencen verkauft.

SPORT

Radfahren
Friedrichstadt liegt am 240 km langen Eider-Treene-Sorge-Weg.
Auch für Kinder geeignet sind die »Kleeblatt-Touren«, die sternförmig in die nähere Umgebung führen und zwischen 21 und 75 km lang sind.

Reiten
Über 30 ausgewiesene Routen führen durch die Umgebung. Infos bei der Tourist-Information.

FEST

Friedrichstädter Festtage im Juli auf dem Marktplatz: Samstagnacht werden die Grachten mit Lampions beleuchtet und es gibt ein Feuerwerk.

Umgebung von Friedrichstadt

Inmitten einer reizvollen Landschaft liegt Schwabstedt 8 km nordöstlich von Friedrichstadt. Der kleine Ort war einst Bischofssitz. Im Heimatmuseum im Treenehaus erinnert ein Modell an die Bischofsburg. Ruhe liebenden Urlaubern hat der idyllische Ort einiges zu bieten: angenehme Rad- und Spazierwege, schöne Bademöglichkeiten an der Treene, gutes Angelgewässer, Flussfreibad und Bootverleih.

★ **Schwabstedt**

Bekannt als »Storchendorf« ist das auf einer Geestinsel zwischen Sorge und Treene gelegene Bergenhusen 16 km östlich von Friedrichstadt. Hier brüten von April bis August **die meisten Weißstörche in Schleswig-Holstein**. Ideale Lebensbedingungen finden sie an der »Alten Sorge«, einem breiten, stillgelegten Flussarm. Mehr Informationen erhält man im Naturschutzzentrum (Goosmstroot 1; April bis Sept. 10.00 – 18.00 Uhr).

Bergenhusen

Wenige Kilometer südwestlich von Friedrichstadt liegt Lunden. Der kleine Ort war im 16. Jh. zeitweilig Verwaltungszentrum des Nordens von Dithmarschen. Sehenswert ist die auf einem Hügel errichtete, 1140 erstmals erwähnte romanische St.-Laurentius-Kirche, in der zwei Gemälde von 1568 hängen, die Luther bzw. Melanchthon zeigen. Auf dem Geschlechterfriedhof, der sich über den Kirchhügel erstreckt, sieht man mit Inschriften, Wappen und figuralem Schmuck reich verzierte Grabstätten aus dem 16. und 17. Jh., die für die Bauerngeschlechter des unabhängigen Dithmarschen angelegt wurden. Offen steht der Sulemannen-Keller mit der Grabstele Peter Swyns dahinter, auf der dessen Ermordung 1537 dargestellt ist. Die Inschrift »Pater Patriae« (Vater des Vaterlandes) weist auf seine herausragende Bedeutung hin: Swyn vertrat als einer der »48 Regenten« die Bauernrepublik.

Lunden

★ ◄ Geschlechterfriedhof

Garding

06

Bundesland: Schleswig-Holstein **Landkreis:** Nordfriesland
Einwohner: 2700

Das Städtchen Garding – auf halber Strecke zwischen ► Tönning und ► St. Peter-Ording gelegen – zeichnet sich durch eine beschauliche Atmosphäre aus. Sein berühmtester Sohn ist der Literaturnobelpreisträger Theodor Mommsen.

Alte Marktstadt

Ursprünglich lag Garding auf der Insel Evershop, die durch die Eindeichung der Inseln Utholm (bei Tating) und Eiderstedt (bei Tönning) mit diesen zur heutigen Halbinsel Eiderstedt zusammenwuchs. Wie auch Tönning, mit dem es 1590 gemeinsam das Stadtrecht erhielt, lebte Garding im Mittelalter vom Handel und brachte es zu Wohlstand. Auf dem seit 1575 bis heute abgehaltenen Gardinger Markt wurde vor allem mit Käse, Hopfen und Schafen gehandelt.

Sehenswertes in Garding und Umgebung

★ **St. Christian**

Die Gardinger Kirche mit ihrem massiven Turm stammt aus dem frühen 12. Jh. und gehört zu den wenigen zweischiffigen Kirchen in Schleswig-Holstein. Mit dem Altar aus der Werkstatt des Marten van Achten, der kunstvollen Kanzel des sogenannten Eiderstedter Typs, den Epitaphien, dem **ältesten Orgelprospekt Norddeutschlands** (1512) und der heiteren Atmosphäre bildet St. Christian ein Kleinod sakraler Architektur und Kunst (Juli–Aug. Orgelmusik mit anschließender Führung 10.15 Uhr).

★ **Theodor-Mommsen-Gedächtnisstätte**

Im Alten Diakonat, dem Geburtshaus Theodor Mommsens (1817–1903) gegenüber der Kirche, ist eine kleine Gedenkausstellung eingerichtet, die über den Werdegang und die Werke des bedeutenden Historikers informiert. Mommsen wurde 1902 als erster Deutscher für seine »Römische Geschichte« mit dem Literaturnobelpreis (!) ausgezeichnet (Juni–Aug. Di.–Fr. 8.30–11.30, Mai/Sept. 15.00–17.00 Uhr).

Tetenbüll

★ Haus Peters ►

Ein Bilderbuchdörfchen, umgeben von weitem Land, Schafen und Haubargen, ist Tetenbüll (6 km nordöstlich). Hier sollte man außer der St.-Anna-Kirche (um 1400) dem Haus Peters einen Besuch abstatten und in die »gute alte Zeit« eintauchen. Der 1820 gegründete Kolonialwarenladen ist noch mit original biedermeierlicher Ausstattung erhalten, während Küche und Stube im Stil der Gründerzeit eingerichtet sind. Nach wie vor wird in der historischen »Hökerei« verkauft, u. a. selbst gemachte Marmeladen, braunes Steingut und Glas. In einigen Räumen finden Ausstellungen statt und auch der

GARDING ERLEBEN

AUSKUNFT

Tourismusverein Garding und Umgebung e.V.
Am Markt 26, 25836 Garding
Tel. (048 62) 496, Fax 12 25
www.garding-nordsee.de

CAFÉ

Galerie-Café Schweizer Haus
Düsternbrook 10, Tating
Weithin bekannt für den besten Kuchen und die leckeren kleinen Gerichte.

ÜBERNACHTEN

► Günstig

Gardinger Hof
Süderstr. 52, 25836 Garding
Tel. (048 62) 257, Fax 59 81 40
www.gardinger-hof.de
Kleines Hotel (5 Z.) mitten im Ort mit hübschem Garten.

Vor der Selbstbedienungs-Ära: ehemaliger Kaufmannsladen in Tetenbüll

hübsche Bauerngarten ist sehenswert (Dörpstraat 16; Di. – So. 14.00 – 18.00 Uhr).

Die Straße führt weiter zum Hafenort Tetenbüllspieker, wo man herrlich baden oder auf dem Deich wandern kann. Zudem hat man einen schönen Blick zu den Inseln Pellworm und Nordstrand. ◄ Tetenbüllspieker

Welt

In Welt, behaupten seine Einwohner, ist die Welt anders. Ruhig ist es in dem Dorf 3 km südöstlich von Garding allemal. Zu sehen gibt es noch drei typische Haubarge sowie die Kirche aus dem 13. Jh., in der in kleinen Wechselausstellungen über Geschichte und Reichtümer der 18 Eiderstedter Kirchen informiert wird.

Nach weiteren 1,5 km kommt man nach Vollerwiek, das neben einem grünen Badestrand auch eine Kirche aus dem 12. Jh. besitzt. Zudem lohnt es sich, in der Töpferei Vollerwiek das glasierte Steinzeug anzuschauen. ◄ Vollerwiek

Tating

Tating (4 km westlich) bietet neben der ältesten Kirche Eiderstedts auch zwei Haubarge: Sowohl der Haubarg Hochdorf (Garten öffentlich) als auch der Haubarg Hamkens liegen in großen Parks. Das schöne Bauerndorf gehört zu den auf dem Geestrücken gelegenen frühen Siedlungen in Eiderstedt und war Mittelpunkt der einstigen Insel Utholm. Die romanisch-gotische St.-Magnus-Kirche wurde ursprünglich als hölzerne Kapelle errichtet und im Jahr 1103 dem hl. Magnus geweiht.

★★ Greetsiel · Krummhörn

D 10 / 11

Bundesland: Niedersachsen **Landkreis:** Aurich
Einwohner: 1600

Auf der Suche nach ostfriesischer Idylle ist man in Greetsiel, dem Hauptort der Krummhörn, genau richtig: Hier findet man malerische bunte Ostfriesenhäuser rund um den Hafen der größten Krabbenkutterflotte Ostfrieslands. Wahrzeichen des Orts sind die Windmühlen »Greetsieler Zwillinge«, die eine rot, die andere grün.

Hauptort der Krummhörn

Als die Häuptlinge der Cirksena noch auf der Domäne Appingen lebten, gründeten sie Greetsiel. In der Folge verlor die Domäne immer

Die berühmten Zwillingsmühlen von Greetsiel

mehr an Bedeutung, bis der Hafenort schließlich zum Häuptlingssitz aufstieg. Erstmals urkundlich erwähnt wurde Greetsiel 1388, als Hamburger Schiffe im Hafen lagen und Zoll entrichten mussten. Seit 1972 gehört Greetsiel zur aus 19 Orten bestehenden Gemeinde Krummhörn, deren Verwaltung ihren Sitz zwar in Pewsum hat, doch ist Greetsiel unbestritten der Hauptort. Neben dem historischen Ortskern mit seinen malerischen Gassen, guten Restaurants und gemütlichen Kneipen bietet Greetsiel noch nette Museen, Ausflugsfahrten zur Seeschleuse Leysiel, durch die Kanäle der Krummhörn oder zu den Ostfriesischen Inseln. Entspannung und Erholung findet man auch bei ausgedehnten Wanderungen und Radtouren durch die idyllischen Dörfer der Krummhörn, vorbei an saftigen Wiesen und Feldern, alten Windmühlen und Leuchttürmen.

Sehenswertes in Greetsiel

✶ **Zwillingsmühlen**

Schon von Weitem sieht man am östlichen Ortsrand die »Greetsieler Zwillinge«, zwei zweistöckige Galerieholländer am Greetsieler Sieltief. Bei aller Ähnlichkeit sind sie doch nicht gleich alt: Die rote wurde 1921 erbaut, die grüne schon 1856, beide als Nachfolger für durch Sturm oder Brand beschädigte ältere Mühlen. In der grünen Mühle befinden sich heute eine Galerie und eine Buchhandlung, in der roten wird nach wie vor gemahlen, wobei man zusehen kann (April – Okt. Mo. – Sa. 7.00 – 18.00, So. 7.30 – 18.00; Nov. bis März Mo., Mi. – Fr. 8.00 – 13.00 u. 14.30 – 17.00, Sa. 8.00 – 13.00 Uhr). Im Mühlenladen gibt es frisches Brot, Vollkornartikel, Andenken u. a.; nebenan im Café kann man auf der Terrasse direkt am Sieltief Tee, Kaffee, Kuchen und kleine Gerichte genießen.

✶✶ **Hafen**

Der Greetsieler Hafen ist die **Heimat der größten Kutterflotte Ostfrieslands**, zeitweise sieht man hier 30 Kutter und dazu Muschelfänger, Ausflugsdampfer, Segelboote und holländische Tjalken. In der Vergangenheit nutzten Schiffe aus dem Binnenland den Sieldurchlass, um ins offene Meer zu gelangen, doch nachdem Mitte der 1990er-Jahre die Seeschleuse an der Leyhörn fertiggestellt wurde, verloren die Gezeiten ihren Einfluss. Besonders interessant ist das Anlanden der Kutter, denn dann kann man direkt vom Schiff leckere fangfrische Krabben erstehen.

◄ Sielstraße

Die ältesten Bürgerhäuser stehen unmittelbar am Hafen in der Sielstraße. Zum Teil stammen sie aus dem 18. Jh., ihre Wappen erzählen von der Zeit ihrer Entstehung und den einstigen Besitzern. Haus Nr. 21, **Poppingas Alte Bäckerei**, erweist sich als einer Mischung aus Teestube, Bäckereimuseum und Galerie (Ostern – Okt. tgl. 11.00 bis 19.00, Nov. – Ostern nur Sa. / So.).

Buddelschiffmuseum

Ungefähr 500 Buddelschiffe aus aller Welt kann man im Buddelschiffmuseum bewundern (Mühlenstr. 23; geöffnet: Febr. – Dez. tgl. 10.30 – 19.00 Uhr).

GREETSIEL ERLEBEN

AUSKUNFT

Touristik GmbH Krummhörn-Greetsiel
Zur Hauener Hooge 15
26736 Greetsiel
Tel. (049 26) 91 88-0, Fax 91 88 61
www.greetsiel.de

ESSEN

► Erschwinglich / Preiswert

Alte Brauerei
An der alten Brauerei 2
Pilsum-Krummhörn
Tel. (049 26) 91 29 15
Restaurant und Bistro in renoviertem historischen Gebäude von 1673. Besonders zu empfehlen ist der gebackene Pilsumer Ziegenkäse.

ESSEN / ÜBERNACHTEN

► Fein & teuer / Luxus

Witthus
Kattrepel 5 – 9, 26738 Greetsiel
Tel. (049 26) 92 00-0
www.witthus.de
Vieles in einem und das in Hafennähe: Hotel mit 15 hübschen, hellen Zimmern, eines der besten Restaurants Ostfrieslands, Teestube und Galerie.

► Komfortabel / Erschwinglich

Hohes Haus
Hohe Str. 1, 26736 Greetsiel
Tel. (049 26) 18 18 10, Fax 181 99
www.hoheshaus.de
Im Zentrum Greetsiels fast unmittelbar am Hafen liegt dieses historische Haus mit der Jahreszahl 1696 am Giebel. Das alte Rentmeisterhaus ist heute Hotel mit 33 Zimmern, gutem Restaurant und Schenke.

ÜBERNACHTEN

► Günstig

Zum Alten Siel
Am Markt 1, 26736 Greetsiel
Tel. (049 26) 339, Fax 23 78
www.zum-alten-siel.de
Zentral gelegenes Haus (8 Z.); besonders schön ist Zimmer Nr. 2 mit Blick auf den Hafen.

TEESTUBE

Is Teetied
Hohe Straße
Teestube mit Delfter Kacheln, Gartencafé und altostfriesisches Restaurant gegenüber der Greetsieler Kirche; Kuchen aus eigener Herstellung und friesische Spezialitäten.

SCHIFFSAUSFLÜGE

Kanalfahrten durch die Krummhörn ab Zwillingsmühlen (Ostern – Okt. tgl. 10.30, 11.30 u. 12.30 Uhr; Tel. 049 26 / 763). Wenige Meter weiter Verleih von Ruder- und Tretbooten sowie Kajaks.

BADEN

Schönste Badestelle der Krummhörn: der Strand beim Campener Leuchtturm nahe Rysum

SHOPPING

Skipswinkel
Am Hafen 1
Maritime Devotionalien, Souvenirs und Praktisches.

Teekontor Greetsiel
Sielstr. 23
Alles für eine schöne Teetafel: Neben vielen Teesorten gibt es hier auch schönes Porzellan, Silber und feine Tischwäsche.

FESTE

Greetsieler Woche: Kunst- und Kunsthandwerksmarkt im Juli / Aug.
Kutterkorso im Juli
Krummhörner Orgelfrühling Anfang Mai

Nationalparkhaus Greetsiel

Über die Besonderheiten des Nationalparks Niedersächsisches Wattenmeer informiert das Nationalparkhaus Greetsiel, das natürlich auch Touren anbietet: Per pedes oder mit dem Rad geht es durch das Naturschutzgebiet Leyhörn, zu den Salzwiesen, durch das Watt oder zur Vogelbeobachtung (Schatthauser Weg 6; April – Okt. tgl. 11.00 – 18.00 Uhr).

Durch die Krummhörn

Pilsum

Eines der bekanntesten Motive Ostfrieslands, der **rot-gelb-gestreifte Pilsumer Leuchtturm**, steht auf der Deichkrone 3,5 km südwestlich von Greetsiel bei Pilsum. Hier wohnte Otto Waalkes in seinem Film »Otto – der Außerfriesische«. Darüber sollte man aber nicht das hübsche Dorf mit den roten Backsteinhäusern, farbenfrohen Gärten und seiner St.-Stephanus-Kirche mit dem etwas schief geratenen Vierungsturm vergessen. Der Bau aus dem 13. Jh. zeigt deutlich den ursprünglichen Wehrcharakter des Gotteshauses und besitzt u. a. Wandmalereien aus dem frühen 14. Jh. sowie ein Bronzetaufbecken von 1469 von Hinrich Klinghe.

> ! *Baedeker* TIPP
>
> **Überall nur Schlick**
>
> Ein besonderer Spaß: die norddeutsche Meisterschaft im **Schlickschlittenrennen** Ende Juli bzw. Anfang August in Pilsum am Diekskiel, ein Ereignis, bei dem der Spaß im Vordergrund steht, denn die z. T. witzig kostümierten Teilnehmer dürfen sich so richtig »einsauen«.

Manslagt, wenige Kilometer südlich von Pilsum, ist ebenfalls ein einstiger Häuptlingssitz der Krummhörn. In der spätgotischen Kirche kann man einen Taufstein aus dem 13. Jh. und eine 1714 in Amsterdam gefertigte Kanzel besichtigen.

Groothusen

Auf Manslagt folgt Groothusen, das durch seine Lage auf einer sogenannten Straßenwarft im Vergleich zu den anderen Dörfern etwas zersiedelt wirkt. Den historischen Handelsplatz an der verlandeten Bucht von Sielmönken sicherten einst drei Burgen, von denen heute noch die Osterburg, eine dreiflügelige Anlage aus dem 18. Jh., geblieben ist. Die größten Schätze der Dorfkirche (15. Jh.) sind der Grabstein der Adda van Meckenaburg (1590), ein Bronzetaufbecken (1454) sowie die golden und weiß gehaltene Orgel (1801). Die mit viel Liebe zum Detail restaurierte Dorfschmiede kann besichtigt werden (Mitte Mai – Mitte Okt. Fr. 16.00 – 18.00 Uhr).

Pewsum

★

◄ Manningaburg, Mühlenmuseum und Nikolaikirche

Pewsum, der Verwaltungssitz der Krummhörn, liegt wenig östlich von Groothusen und gute 10 km südlich von Greetsiel. Es war seit 1400 Sitz des Häuptlingsgeschlechts der Manninga, doch 1565 verkaufte Hoyko Manninga die Burg und Ländereien an die Cirksena. Die Manninga bauten sich die heute im Ortszentrum stehende, gelb getünchte und von einem Wassergraben umgebene Manningaburg.

Die Manningaburg, eine Wasserburg aus dem 15. Jh., steht in Pewsum.

Allerdings ist dies nur noch die Unterburg von 1458, in der das Burgmuseum über die Häuptlingssitze und Burgen Ostfrieslands informiert. Zusammen mit der Manningaburg gehört das Mühlenmuseum zum Ostfriesischen Freilichtmuseum. Es beschäftigt sich mit der Geschichte von Landwirtschaft, Handwerk und Deichbau sowie der Entwässerung und Landgewinnung Ostfrieslands (beide: Mitte Mai – Mitte Okt. Di. u. Do. 10.00 – 12.30 u. 15.00 – 17.00, Sa. / So. 15.00 – 17.00 Uhr).

Die Nikolaikirche und ihr abseits stehender Glockenturm gehen auf das 15. Jh. zurück; die Kanzel stammt von 1618.

Campen Fast 4,5 km in südwestlicher Richtung spaziert oder radelt man von Pewsum auf einem schnurgeraden, schmalen Wirtschaftsweg durch die Marsch nach Campen. Das Dorf mit seiner schlichten gotischen Kirche mit frei stehendem Glockenturm und Friedhof liegt auf einem kleinen Hügel. Am Dorfrand stellt in zwei Gulfhöfen das Landwirtschaftsmuseum vornehmlich landwirtschaftliche Fahrzeuge und Geräte aus den Jahren 1850 bis 1950 aus, darunter eine mit Torf betriebene Lokomotive (Mitte Mai – Mitte Okt. Di. – Fr. 10.00 – 13.00 u. 14.00 – 17.00 Uhr, Sa. / So. nur nachmittags).

Landwirtschaftsmuseum ▶

Loquard Auf der Straße nach Rysum erreicht man nach 3 km Loquard, dessen schmale Gassen strahlenförmig zu der auf der Warft stehenden Kirche (13. Jh.) führen. Deren holzgeschnitzter Altarschrein aus dem Jahr 1520 zeigt eine beeindruckende Darstellung der Leidensgeschichte Christi.

In der Kirche im 3 km weiter entfernt liegenden Rysum kann man **die älteste spielbare Orgel Nordeuropas** (1457) sehen und – mit etwas Glück – auch hören. Auf beiden Seiten des reich verzierten Faltwerks breiten sich Flügel aus, die mit Sonne, Mond und Sternen geschmückt sind. Nur wenige Meter von der Kirche steht die Rysumer Mühle, ein zweistöckiger Galerieholländer, von der man eine gute Aussicht über das Dorf und die Umgebung hat.

★ **Rysum**

In nördlicher Richtung geht es den Deich entlang zum 4,3 km entfernten Campener Leuchtturm, mit 65 m der höchste der deutschen Nordseeküste. Nach 365 Stufen genießt man einen wunderbaren Blick über das Wattenmeer und die Krummhörn (April – Okt. Di., Do. 14.00 – 16.00, Sa. u. So. 10.00 – 12.00 Uhr).
Die **beste Badestelle der Krummhörn**, ein »Trockenstrand« hinter dem Deich, ist nur 2 km entfernt und mit Beachvolleyballfeld, Abenteuerspielplatz mit dem versunkenen Schiff von Klaus Störtebeker sowie Grillstelle und kleiner Bühne für Strandfeste und Sonntagskonzerte ausgestattet.

Campener Leuchtturm

★★ Halligen

M-O 3-5

Bundesland: Schleswig Holstein **Landkreis:** Nordfriesland

Wer hier lebt, muss hart im Nehmen sein, denn an vielen Tagen im Jahr klatscht das Meer bis fast an die Haustür. Wer hier Urlaub macht, kommt in den Genuss einmaliger Natureindrücke und manchen Schnacks mit den Halligbewohnern.

Bollwerke gegen den Blanken Hans

Die Halligen im Wattenmeer zwischen der Halbinsel Eiderstedt im Süden und Amrum und Föhr im Norden stellen ein weltweit einmaliges Naturphänomen dar. Einige von ihnen sind Relikte des Festlands, das sich einst viel weiter nach Westen zog und vom landeinwärts drängenden Meer, vor allem bei der Sturmflut 1362, überflutet wurde, andere sind durch Schlickablagerungen entstanden. Durch Landgewinnung versucht man heute, die Halligen zu vergrößern oder zumindest ihre Größe zu halten. Geschützt werden die nur 1 – 2 m über dem mittleren Tidenhochwasser liegenden Eilande allenfalls an einigen Stellen durch sogenannte **Sommerdeiche** von höchstens 4 m Höhe – das unterscheidet sie von den anderen Inseln, bei denen höhere Deiche oder Dünen die Angriffe des Meeres abwehren. Durch die bewusst flach gehaltenen Deiche kommt es auf den Halligen 40- bis 60-mal im Jahr zu Überflutungen, die zur Landgewinnung nötig sind, da jedes Mal auch neues Bodenmaterial angeschwemmt wird.
Die Bezeichnung »Hallig« leitet sich vom friesischen »hal« (salzig) ab. Die insgesamt zehn Halligen umfassen eine Gesamtfläche von

Halligen Orientierung

2282 ha – Habel, die kleinste, bringt es gerade noch auf 7 ar. Exakt 297 Menschen leben auf den ständig bewohnten Halligen Hooge, Gröde, Oland, Langeneß, Nordstrandischmoor und Süderoog. Habel, Norderoog, Südfall und Hamburger Hallig sind unbewohnte Vogel- bzw. Naturschutzgebiete.

Leben auf den Halligen

Trotz der unwirtlichen Bedingungen ist die Erhaltung der Halligen wegen ihrer Küstenschutzfunktion wichtig. Die Wucht des Meeres wird hier schon erheblich abgeschwächt und richtet an der dahinter liegenden Festlandküste weniger Schaden an. Den besten Schutz bieten die Halligen, wenn sie »gepflegt«, d. h. bewohnt und bewirtschaftet werden. Die Häuser stehen seit jeher auf erhöhten Warften, die bei starken Fluten einsam aus dem Wattenmeer herausragen. Das Hausdach ruht auf einer Ständerkonstruktion, die selbst dann noch hält, wenn die unteren Mauersteine vom Wasser eingedrückt werden. Notfalls ziehen sich die Bewohner in den höchsten Punkt ihres Hauses im Giebel zurück, heute oft ein mit Beton verstärkter Schutzraum.

Energie und Bildung

Seit den 1950er-Jahren sind Hooge, Langeneß und Oland mit Strom versorgt, Gröde erhielt erst Mitte der 1970er-Jahre Elektrizität. Die Trinkwasserversorgung erfolgt über Leitungen, nachdem man sich lange aus sogenannten Fethingen (Süßwasserbrunnen) versorgt hat. Für die wenigen Kinder gibt es Grund- und Hauptschulen; weiterführende Schulen können sie nur auf dem Festland besuchen.

Überschaubare Nachbarschaft: Oland ist eine der kleinsten Halligen.

Die Halligen von Nord nach Süd

★ **Oland**

Das autofreie Oland ist mit dem Festland durch einen Lorendamm verbunden, der allerdings nur für Frachtgut und nicht für den Personenverkehr bestimmt ist. Gäste können jedoch nach Absprache mit dem Vermieter mit der Lore vom Festland abgeholt werden.

Oland, die 0,96 km² große, nördlichste der Halligen und eine der schönsten, entstand im Zug der »Großen Mandränke« im Jahr 1362, als sie von einer größeren Insel abgetrennt wurde. Auf der Hallig gibt es ein wenig Tourismus, der Hafen ist **Ziel von Ausflugsfahrten**. Olands 30 Einwohner leben auf einer einzigen Warft mit 15 Häusern nebst Kirche aus der ersten Hälfte des 19. Jh.s, deren Vorgänger ein Bau aus dem frühen 18. Jh. und eine 1430 errichtete kleine Holzkirche waren. Sehenswert sind das romanische Taufbecken und ein spätgotisches Kruzifix, die Kanzel ist ein Werk der Renaissance. Auch der Halligfriedhof lohnt einen Besuch.

Langeneß

Die 10 km lange und durchschnittlich gut 1 km breite Hallig Langeneß (»Lange Nase«) ist aus den kleineren Halligen Langeneß, Butwehl und Nordmarsch zusammengewachen und durch einen schmalen Damm mit Oland verbunden. 140 Menschen leben auf 18 von 22 Warften der mit 9,76 km² größten Hallig. Hier gibt es noch fünf landwirtschaftliche Betriebe und ein wenig Fremdenverkehr.

◀ Kirche

Teile des Inventars der Kirche (1894) hat man von Vorgängerbauten übernommen. Auffällig sind v. a. die bemalte Holzdecke mit Szenen

HALLIGEN ERLEBEN

AUSKUNFT

www.halligen.de

Gröde
Claudia Mommsen
Tel. / Fax (046 74) 302
Monika Petersen
Tel. / Fax (046 74) 14 48
www.groede.de

Touristikbüro Hooge
Hanswarft, 25859 Hooge
Tel. (048 49) 91 00, Fax 201
www.hooge.de

Fremdenverkehrsbüro Langeneß / Oland
Ketelswarft, 25863 Langeneß
Tel. (046 84) 217, Fax 289
www.langeness.de

ANREISE

Regelmäßige Fährverbindungen das ganze Jahr über mit der *Wyker Dampfschiffs-Reederei* von Schlüttsiel und Amrum nach Langeneß und Hooge (www.wyker-dampfschiffs-reederei.de); *»MS Rungholt«* ab Schlüttsiel regelmäßig, aber nicht täglich zu verschiedenen Halligen, u. a. nach Gröde und Oland (Tel. 046 67 / 367; www.halligmeerfahrten.de). Ansonsten *Ausflugsschiffe* nutzen.

ESSEN

► Preiswert

Auf Langeneß: Gasthof Hilligenley
Hunnenswarft, Tel. (046 84) 223
www.hilligenley.de
Einziges, aber gutes Gasthaus auf Langeneß.

Auf Hooge: Friesenpesel
Backenswarft, Tel. (048 49) 250
Das älteste und größte Gasthaus auf Hooge. Friesenküche im Kacheldekor.

Auf Hooge: T-Stube
Hanswarft, Hooge, Tel. (048 49) 289
Friesische Gerichte und typische Getränke.

Auf Oland:
Kiek In, Tel. (046 67) 390
Das einzige Restaurant der Hallig befindet sich am kleinen Hafen.

ÜBERNACHTEN

Ferienwohnungen
gibt es auf Gröde, Hooge, Langeneß und Oland. Vermittlung durch die Auskunftsadressen.

► Komfortabel

Auf Hooge: Ferk's Buernhus
Lorenzwarft, 25859 Hooge
Tel. (048 49) 245, Fax 275
www.halligbhotel.de
Hotelpension (13 Z.) mit Restaurant, Café und Terrasse.

► Günstig

Auf Hooge: Hus Halligblick
Backenswarft 5, 25859 Hooge
Tel. (048 49) 222, Fax 328
7 Zimmer auf dem Bauernhof.

! *Baedeker* TIPP

Ringelganstage

Auf ihrem Weg von Sibirien rasten jedes Frühjahr ca. 30 000 Ringelgänse auf den Salzwiesen der Halligen – ein einmaliges Naturschauspiel und Anlass für die Gemeinden, Ende April / Anfang Mai die Ringelganstage zu veranstalten. Hier werden Vogelbeobachtungen an Land, im Watt oder vom Wasser aus mit dem Segler »Ronja« geboten, dazu Halligführungen, Filme und Köstlichkeiten wie das Vogelzugmenü (www.ringelganstage.de).

aus dem Alten und Neuen Testament, der Flügelaltar (1670), die Kanzel von 1696 sowie die beiden Taufbecken aus Muschelkalk (13. Jh.) bzw. Sandstein (16. Jh.).

◄ Museen

Über das frühere Halligleben informieren das **Kapitän-Tadsen-Museum** auf der Ketelswarft mit Möbeln und Gegenständen aus dem 18. Jh., dem mit holländischen Fliesen gekachelten Pesel sowie dem Nachbau einer Bockmühle davor (Führungen: Ostern – Okt. Mo. bis Sa. 13.30 u. 15.30 Uhr) sowie die **Friesenstube** auf der Honkenswarft. Im **Gertsen-Haus** erfährt man u. a. manches über die Salzsiederei und vor allem über die Fünfmastbark **»Preußen«, einen der legendären »Flying-P-Liner«**. Kapitän dieses größten und schnellsten je gebauten Rahseglers war der auf der Tamenswarf auf Langeneß geborene Boye Richard Petersen (Führungen: Ostern – Okt. Mo. – Fr. 10.30 Uhr).

Gröde und Appelland

Gröde ist mit 17 Einwohnern **die kleinste Gemeinde Deutschlands**. Vor rund 100 Jahren sind Gröde und Appelland zur mit rund 2,8 km² drittgrößten Hallig zusammengewachsen (Gröde-Appelland). Sie besteht aus der Kirch- und der Knutswarft. Sechs Familien wohnen auf der Knutswarft; auf der Kirchwarft steht nur ein Haus – Schule, Kirche und Wohnung des Lehrers unter einem Dach. Aus dem Jahr 1779 stammt der reetgedeckte Kirchenbau, der einen Flügelaltar aus dem 16. Jh. sowie ein um 1500 entstandenes Kreuz birgt.

Habel

Habel ist die kleinste der Halligen. Gerade einmal 0,07 km² kann sie noch aufweisen – Tendenz abnehmend. Heute gibt es hier noch eine Warft mit einem Haus, das in den Sommermonaten von einem Vogelwart des Vereins Jordsand bewohnt wird. Nur ihm ist das Betreten erlaubt, denn die kleine Hallig liegt in der Zone 1 des Nationalparks Schleswig-Holsteinisches Wattenmeer.

Hamburger Hallig

Ob man die Hamburger Hallig noch als Hallig bezeichnen kann, bleibt strittig: Seit 1859 ist sie durch einen 4 km langen Damm mit dem Sönke-Nissen-Koog verbunden, durch Aufschlickung zu beiden Seiten des Damms fester mit dem Küstenstreifen verankert und sogar mit dem Auto (Gebühr) zu erreichen. Die Hamburger Hallig dient seit 1930 als Vogelschutzgebiet, drei Häuser gibt es hier, eines davon ist ein Gasthaus. Hierher kommt man wegen der Bademöglichkeiten.

★ Hooge

Hooge ist die zweitgrößte (5,74 km²), wohl attraktivste und deshalb von Touristen meistbesuchte Hallig. Die **»Königin der Halligen«** entstand während der »Großen Mandränke« von 1362 und ist bis ins 20. Jh. hinein immer wieder von Flutkatastrophen heimgesucht worden. Auf den neun Warften leben 120 Menschen; zwei Bauern haben noch rein landwirtschaftliche Betriebe.

◄ Johanniskirche

Für den Bau der Hooger Kirche (1637) verwendete man die Überreste einer älteren Kirche, die einst in Osterwoldt auf der Insel Strand stand und 1634 in den Fluten unterging. Der niedrige, behaglich wir-

Die Hooger Kirche wurde im 17. Jh. nach der zweiten Sturmflut errichtet.

kende Raum ist mit einer schönen Holzdecke ausgestattet, hübsch sind die blauen Kirchenbänke. An der Renaissance-Kanzel sollte man die kleine Tür (1743) beachten, die einen Wal mit Jungtier zeigt; angeblich hat sie fernab der Heimat ein Walfänger geschnitzt. Sehenswert ist auch das hölzerne Taufbecken von 1624.

* Königspesel ▶ Die Attraktion der Hallig ist aber der Königspesel im Kapitänshaus Tade Hans Bendiks auf der Hanswarft, in dem der dänische König Friedrich VI. im Jahr 1825 eine Nacht verbrachte, weil er wegen des schlechten Wetters nicht weiterreisen konnte. Diese gute Stube des Hauses aus dem 18. Jh. ist vollständig mit blauweißen Fliesen verkleidet, wie es die Nordfriesen von den Holländern übernommen haben (siehe Bild S. 34). Auch das ursprüngliche Mobiliar ist erhalten und zeigt, wie auf engstem Raum das Nötigste untergebracht werdenkonnte (Führungen April – Okt. tgl. nach Ankunft der Fähre; übrige Zeit nach Voranmeldung Tel. 048 49 / 259).

Heimat- und Halligmuseum ▶ Einblicke in das Halligleben und den Naturraum gibt dieses Museum auf der Hanswarft, das auch Funde untergegangener Warften ausstellt (Mitte März – Sept. Di. – So. 11.00 – 17.00 Uhr).

Erlebniszentrum »Mensch und Watt« ▶ Die Schutzstation Wattenmeer spiegelt die vielfältigen Beziehungen zwischen Mensch und Natur in der Biosphäre Hallig und Wattenmeer mit einem Gezeitenaquarium und einer Wattwerkstatt wider. »Land unter« zeigt das Sturmflutkino.

Norderoog Nicht einmal 0,1 km² groß ist die Hallig Norderoog, aus einer Düne südwestlich von Hooge entstanden und durch Befestigung des Uferstreifens allmählich größer geworden. Dazu baute man keine Deiche, sondern Lahnungen, d. h. kilometerlange Reihen von Rundhölzern, die mit Zweigen angefüllt werden. Norderoog ist Naturschutzgebiet und dient Tausenden von Vögeln als Brutstätte, die im Sommer ein Vogelwart überwacht. Von der 5 km entfernten Hallig Hooge aus werden von Juli bis September Wattwanderungen angeboten.

Nordstrandischmoor

Bis 1634 existierte die Insel Strand, bis sie bei der Buchardi-Flut auseinandergerissen wurde. Übrig blieben die Inseln Pellworm und Nordstrand sowie die 1,75 km² große Hallig, auf der heute 18 Menschen leben. Es gibt fünf Häuser, eines davon ist die Grundschule. Ungefähr 50-mal im Jahr – noch öfter als die anderen Halligen – liegt Nordstrandischmoor »Land unter«. Aufgrund ihres stark durchfeuchteten, salzhaltigen Bodens bietet die Hallig einen idealen Lebensraum für Seevögel. Über einen Lorendamm ist sie mit dem Festland verbunden.

Süderoog

Südwestlich von Pellworm liegt die 0,6 km² große Hallig Süderoog. **Theodor Storms Novelle »Eine Halligfahrt«** soll von Süderoog inspiriert worden sein. Da sie der offenen See am nächsten liegt, wurde hier schon immer viel Strandgut angeschwemmt. So ist in der Tür des Paulsen-Hauses die Heckfigur des 1870 gestrandeten spanischen Schiffs »Ulpiano« erhalten – allerdings kann sie nur im Rahmen von Führungen von Pellworm aus bewundert werden, denn Süderoog ist heute als Vogelreservat unter Naturschutz gestellt.

Südfall

Auch Südfall (0,5 km²) ist reines Naturschutzgebiet und kann nur bei Führungen besucht werden – per Pferdewagen von Nordstrand aus (Tel. 048 42 / 300).

Heide

Q 6

Bundesland: Schleswig-Holstein **Landkreis:** Dithmarschen
Einwohner: 21 000

Die Dithmarscher Kreisstadt hat eine ihrer Bedeutung angemessene Attraktion zu bieten: den nach eigenem Bekunden größten Marktplatz Deutschlands.

Dithmarscher Kreisstadt

Heides Kern lag an einer Wegkreuzung »up de heyde«, wo sich ab 1447 regelmäßig die 48 Ratsherren des von Meldorf hierher verlegten Dithmarscher Obergerichts versammelten, um über die Belange der Dithmarscher Bauernrepublik zu beraten. Bald wuchs rund um den Versammlungsplatz die Stadt. Diese wurde jedoch bereits 1559 beim Angriff dänisch-schleswig-holsteinischer Truppen in Schutt und Asche gelegt. 1970 wurde Heide Kreisstadt des neu geschaffenen Kreises Dithmarschen.

HEIDE ERLEBEN

AUSKUNFT

Touristinformation Heide-rundum
Markt 28
25746 Heide
Tel. (04 81) 212 21 60, Fax 212 21 88
www.heide-nordsee.de, www.heide.de

ESSEN / ÜBERNACHTEN

▶ **Fein & teuer / Luxus**

Ringhotel Berlin
Österstr. 18, 25746 Heide
Tel. (04 81) 854 50, Fax 854 53 00
www.hotel-berlin.com
Modernes Hotel im Landhausstil (70 Z.); allerlei Annehmlichkeiten wie Wellness-Oase, Ayurveda und Beautyabteilung, im Restaurant internationale »Frischeküche«.

▶ **Erschwinglich / Komfortabel**

Heider Hof
Markt 74
25746 Heide
Tel. (04 81) 85 08 50
Fax 16 02
www.heider-hof.de
Großes Hotel (70 Z.) am Marktplatz, mit gutem Frühstücksbüffet und Dithmarscher Küche im Restaurant.

! Baedeker TIPP

Heider Marktfrieden

Alle zwei Jahre – das nächste Mal 2010 – wird in Heide am ersten Juli-Wochenende die Zeit um etwa 500 Jahre zurückgestellt. Inmitten von Händlern, Handwerkern, Schaustellern, Gauklern und Musikanten kann man einen typischen mittelalterlichen Markt bestaunen und sieht einen kilometerlangen Umzug mit Ochsengespannen, Pferdewagen und Reiter- und Fußvolk sowie eine Ratsversammlung, bei der Recht gesprochen wird. Außerdem lässt sich ein echtes Dithmarscher Brautpaar trauen – Anlass für ein zweitägiges Fest auf dem Marktplatz.

BADEN

Dithmarscher Wasserwelt
Badespaß für die ganze Familie mit Rutschen, Thermalsole-Hallenbad (32 °C), Sportbecken (28 °C), ganzjährigem Freibad und abwechslungsreicher Saunalandschaft (Landvogt-Johannsen-Str. 61).

FESTE

Dithmarscher Kohltage im September mit großem Markt
Heider Sommer Ende Juni bis Ende August mit Musik- und Theater auf dem Südermarkt

Sehenswertes in Heide

★ **Marktplatz**

Heides geschichtsträchtiger Marktplatz – der mit dem Freudenstädter um den Titel des größten Marktplatzes in Deutschland konkurriert – bildet mit 4,6 ha den Mittelpunkt der Stadt. Eines der auffälligsten Häuser, das Pastorat (Nr. 27 / 28) aus dem Jahr 1739, erkennt man an seinem großen Torbogen. 1989 ist in der Südwestecke der St.-Georg-Brunnen aufgestellt worden. Die auf das 15. Jh. zurückgehende St.-Jürgen-Kirche wirkt auf dem großen Platz etwas unterdimen-

St.-Jürgen-Kirche ▶

Bei Festen trägt »man« Tracht.

sioniert. 1559 zerstört, wurde sie anschließend wieder aufgebaut und mehrfach verändert. Innen erinnert sie zunächst eher an eine bescheidene Dorfkirche, doch korrigieren diesen Eindruck der Altaraufbau des Hamburgers Valentin Preuß von 1699, das Altarbild von 1515 u.a. mit einer Darstellung des hl. Jürgen (niederdeutsch für Georg) sowie die Sandsteintaufe aus der Mitte des 15. Jh.s und die Eiderstedter Holzkanzel (16. Jh.). Auch die Grabsteine an der Südseite der Kirche sind interessant, weist einer doch die Jahreszahl 1595 auf. Den Grabstein mit dem russischen Kreuz ließ Zar Peter der Große 1713 für den in Heide verstorbenen Marschall Patrekieff aufstellen.

In der Straße Lüttenheid sind drei Museen zur sogenannten Museumsinsel zusammengefasst.

Das **Heider Heimatmuseum** belegt zwei Gebäude. Im ersten wird berichtet über die Entstehung und Entwicklung Heides und u. a. das älteste Siegel der Stadt, das Landrecht des Bauernfreistaates Dithmarschen von 1477 und Norddeutschlands ältester Kachelofen gezeigt – er wurde 1559 verschüttet und 1988 am Markt wieder ausgegraben. Thema des zweiten Gebäudes, des »Pferdestalls«, sind Handwerk und historische Kleidung.

◄ Klaus-Groth-Museum

Durch den Pferdestall kommt man in das Haus, in dem am 24. April 1819 der niederdeutsche Dichter und Universitätsprofessor Klaus Groth geboren wurde. Dokumente und Fotografien des Museums zeigen sein Leben und Werk und auch die umfangreiche Privatbibliothek ist ausgestellt. Eine recht enge Freundschaft verband Klaus Groth mit **Johannes Brahms** (Di. – Do., So. 11.30 – 17.00, Fr. 11.30 – 14.00, Sa. 14.00 – 17.00 Uhr).

◄ Brahmshaus

Brahms vertonte auch Texte von Klaus Groth. Das weiß getünchte Haus mit dem heruntergezogenen Dach und den blühenden Rosenstöcken Ecke Lüttenheid / Neue Anlage gehörte von 1819 bis 1997 der Familie Brahms. Nun unterhält hier die schleswig-holsteinische Brahms-Gesellschaft eine Gedenkstätte, die zum Treffpunkt für zahlreiche Musikfreunde geworden ist (April, Mai, Okt. Di., Do., Fr. 14.30 – 16.30, Sa. 10.30 – 12.30, Juni – Sept. auch Di., Do., Fr. 10.30 – 12.30 Uhr).

Umgebung von Heide

Deutsche Zweiradsammlung Eine außergewöhnliche Privatsammlung von 220 Motorrädern von 1910 bis 1983 und 40 Fahrrädern von 1870 bis 1993 kann man bei Walter Thede in Ostrohe, 3 km nördlich von Heide, bestaunen (Kringelkrug 14; Besichtigung nach Vereinbarung, Tel. 04 81 / 54 28).

Tellingstedt In Tellingstedt (13 km östlich von Heide), einer der ältesten Siedlungen in Dithmarschen, hatte die Töpferei eine große Tradition, die 1999 jedoch endete. Heute wird das Handwerk nur noch von der einstigen Tellingstedter Keramikerin Hanna Doepner im nahen Hövede ausgeübt. Die älteste noch bespielbare Barockorgel Schleswig-Holsteins kann man in Tellingstedts romanischer Feldsteinkirche St. Martin (12. Jh.) sehen.

✶ Albersdorf Etwa 13 km südöstlich von Heide kommt man nach Albersdorf, einem früheren Kurbad. Mit dem **»Brutkamp«** ist dort ein 4500 bis [illegible] stein auf fünf Trägersteinen ruht.

Bunsoh Nordöstlich von Albersdorf bei Bunsoh wurde 1874 an der Straße nach Osterrade ein ca. 4500 Jahre altes **Megalithgrab** entdeckt. Am westlichsten Deckstein, dem »Schalenstein«, erkennt man eingravierte Hände, einen Fuß und ein vierspeichiges Rad bzw. ein Kreuz in einem Ring. Die Hintergründe erhellt das AÖZA, das Archäologisch-Ökologische Zentrum Albersdorf, ein mit archäologischen Wanderwegen durchzogener »Naturerlebnisraum«, zu dem auch ein nachgebautes Steinzeitdorf gehört. Veranstaltet werden auch Ausflüge »in die Steinzeit« mit Grabungen und Flintgeräteherstellung sowie Einbaumwettrennen (Di. – Fr. 10.30 – 17.00, So. 11.00 –17.00 Uhr).

AÖZA ►

Hemmingstedt Erdölfunde in Hemmingstedt? Tatsächlich stieß ein Bauer 1856 beim Brunnengraben auf »schmierigen Sand« und bis 1989 wurde bei Hemmingstedt, 5 km südlich von Heide, auch Öl gefördert. In Lohe-Rickelshof steht noch eine historische Erdölförderpumpe; geblieben ist die Hemmingstedter Raffinerie, die nun importiertes sowie Öl aus dem Förderfeld Mittelplate im Watt verarbeitet. An die siegreiche Schlacht gegen die Dänen im Februar 1500 erinnert der Findling auf der Dusenddüwelswarft (B 5 Richtung Meldorf, beschildert).

Wöhrden Mitten in Wöhrden, 8 km südwestlich von Heide, steht **das Materialienhaus, das älteste Haus Dithmarschens**, ein Fachwerkspeicher aus dem frühen 16. Jh., der heute als Wohnhaus genutzt wird. Vom Wohlstand des einstigen Hafenorts erzählt das Sandsteinportal (1634) am Gasthof Oldenwöhrden, das ursprünglich zum 1914 abgebrochenen Seeck'schen Haus gehörte. Auch die Kirche St. Nicolai mit ihrer in Gold und Weiß gehaltenen Antonius-Wilde-Orgel (1593) und dem schwebenden Taufengel ist einen Besuch wert.

★ Helgoland

J 6

Bundesland: Schleswig-Holstein **Landkreis:** Pinneberg
Einwohner: 1650

»Irgendwo ins grüne Meer hat ein Gott mit leichtem Pinsel lächelnd, wie von ungefähr, einen Fleck getupft: die Insel.«
So beschreibt der berühmteste Helgoländer, James Krüss, Deutschlands einzige Hochseeinsel. Gar so romantisch ist es nun nicht, aber mehrere Hunderttausend Besucher jährlich machen das Felseneiland zu einem legendären Ausflugsziel in der Nordsee.

Deutschlands einzige Hochseeinsel

Helgoland liegt 55 km nordwestlich von Cuxhaven und 75 km nördlich von Wilhelmshaven in der Deutschen Bucht und lockt als anerkanntes Seebad vor allem dank seiner jodhaltigen und schadstoffarmen Hochseeluft Touristen an. Für diese stehen 2200 Betten sowie gute Bade- und Kureinrichtungen bereit. Hinzu kommen unzählige Tagesausflügler, die zum zollfreien Einkauf nach Helgoland fahren oder den Besonderheiten von Natur und Geschichte nachspüren. Dazu laden drei ausgeschilderte Entdeckungsspaziergänge ein.

Die »Lange Anna«, eine Felsnadel an der Inselspitze, ist das Wahrzeichen Helgolands.

HELGOLAND

★★ **Markant ragt das rote Sandsteinplateau Helgolands aus dem Meer auf. Deutschlands einzige Hochseeinsel ist im Sommer das Dorado der Ausflügler. Hier kann man zollfrei einkaufen und schöne Spaziergänge machen.**

① Hafen
Wie zwei Hummerzangen ragen die Kaimauern vor dem Süd- und Vorhafen ins Meer hinaus und schützen den Hafen. Hier ist nicht für alle Schiffe Platz, auch haben manche zu viel Tiefgang, um anlegen zu können. Daher werden die Passagiere vieler Fähren »ausgebootet«.

② Unterland
Besucher betreten als erstes das Unterland, dessen zahrleiche Hummerbuden einen bleibenden Eindruck hinterlassen.

③ Oberland
Am Ende des Lung Wai verbinden drei Treppen mit bis zu 260 Stufen und ein Aufzug die beiden Inselregionen.

④ Klippenrandweg
Ein herrlicher Spaziergang führt hoch über dem Meer bis zur Langen Anna.

⑤ Lummenfelsen
Der Felsen ist Deutschlands kleinstes Naturschutzgebiet und bietet im Mai und Juni alljährlich ein besonderes Schauspiel: Die jungen Trottellummen stürzen sich beim sogenannten Lummensprung wagemutig vom Fels hinunter – eine spektakuläre Art des Flüggewerdens.

⑥ Lange Anna
Die Felsnadel ist das Wahrzeichen von Helgoland. Sie entstand 1860, als eine größere Felsgruppe einstürzte.

Im Zweiten Weltkrieg war Helgoland, das Hitler zum größten eisfreien Kriegshafen der Welt ausbauen wollte, ständig Ziel britischer Bomber. Ihren größten Angriff flog die Royal Air Force am 18. April 1945 und legte mit 951 Maschinen große Teile der Insel in Schutt und Asche.

Im Zweiten Weltkrieg als Flakturm erbaut, dient der Turm seit 1952 als Leuchtturm. Er besitzt das stärkste deutsche Feuer und strahlt 42 Seemeilen weit. In klaren Nächten sieht man von den ostfriesischen Inseln aus das Licht von Helgoland blitzen.

Der Lummenfelsen verdankt seinen Namen den Trottellummen, die mit anderen seltenen Vogelarten wie Basstölpel oder Dreizehenmöwe hier brüten.

Ausgebootet: Passagiere steigen, meist unter großem Hallo, in Bördeboote um und werden damit zur Insel geschippert.

Flagge von Helgoland:
»Grün ist das Land,
rot ist die Kant,
weiß ist der Sand,
das sind die Farben von Helgoland.«

Entstehung und Gestalt Helgoland unterscheidet sich geologisch von den küstennahen Nord- und Ostfriesischen Inseln. Es entstand vor rund 40 Mio. Jahren, als sich Kalk-, Kreide- und Sandsteinschichten hoben, während das übrige Land allmählich in den ansteigenden Wassermassen der Deutschen Bucht versank. Da die Gesteine Helgolands relativ weich sind, haben die Sturmfluten der Felseninsel stark zugesetzt: Seit 1721 ist die Düne von der Hauptinsel getrennt und selbst massive Befestigungen können nicht verhindern, dass immer wieder Felsenteile ins Meer abbrechen. Heute ist die Hauptinsel nur noch 1 km^2 groß (Düne: 0,7 km^2) und teilt sich in **Oberland, Mittelland und Unterland**. Im Norden, Westen und Südwesten steigt sie in bis zu 61 m hohen Klippen aus dem Meer auf.

Geschichte Als Vorposten im Meer war das Eiland sowohl für Dänen, Briten und Deutsche wie auch für Seeräuber von Interesse – der berühmte Störtebeker hatte hier einen Unterschlupf. Im frühen Mittelalter besiedelten vermutlich Friesen, die von Fischfang und Piraterie lebten, die Insel. Im 12. und 13. Jh. wurde Helgoland dänisch, fiel im 16. Jh. an die Herzöge von Gottorf, wurde 1714 wieder dänisch und 1807 schließlich von den Briten besetzt. 1826 gründete **Jacob Andresen Siemens** das Seebad. 1890 tauschten die Briten Helgoland gegen die zu Deutsch-Ostafrika gehörende Insel Sansibar. Das Deutsche Reich baute die Insel zum Marinestützpunkt mit riesigen Bunkeranlagen und U-Boothafen aus. In beiden Weltkriegen wurden die Helgoländer evakuiert; im **Zweiten Weltkrieg** war die Insel Ziel heftiger Bombenangriffe der Alliierten.

Von 1945 bis 1952 diente die nun britisch besetzte Insel – nach dem spektakulären wie erfolglosen Versuch von 1947, ganz Helgoland in die Luft zu sprengen – als Übungsziel für Bomber. Als Helgoland 1952 schließlich an Deutschland zurückgegeben wurde und die Bevölkerung zurückkehrte, glich die Insel einer Mondlandschaft. Die Ortsteile Unter- und Oberland wurden bis 1967 unter der Federführung des Architekten Otto Bartning einheitlich im Stil der Nachkriegsarchitektur wieder aufgebaut.

? WUSSTEN SIE SCHON ...?

- ... dass noch in den 1920er-Jahren so viele Helgoländer Hummer aus dem Meer gezogen wurden, dass er fast eine Volksspeise war? Heute ist dieser von Kennern als einer der besten der Welt bezeichnete Riesenkrebs eine gesuchte (und nicht ganz billige) Spezialität auf den Tellern der Inselrestaurants. Gerettet haben ihn die Züchter der Biologischen Anstalt Helgoland.

Insel der Touristen Nach dem drastischen Einbruch der Gästezahlen auf 420 000 (2005) erhält Helgoland erstmals wieder Fördermittel vom Bund und von der EU. Zwei Windkraftanlagen und ein neues Seekabel nach ►Tönning sollen die hohen Energiekosten senken und ein Yachthafen die Insel für Wassersportler attraktiver machen.

Helgoland Orientierung

Unterland

Hafen und Kurpromenade

Prägender Anblick im Hafen sind die bunten Hummerbuden, in denen einst die Hummerfischer ihre Werkstätten hatten und die heute als Imbiss- und Verkaufsbuden für allerlei Schnickschnack dienen. In einer von ihnen unterhält der Naturschutzverein Jordsand sein Informationszentrum. Auf der Hauptstraße des Unterlands, dem Lung Wai, setzt sich die Reihe der Imbissstände und Läden fort. An ihm liegt auch das Rathaus mit der Touristeninformation, wo man sich zu **Führungen durch die Bunkerwelt** und über die Insel anmelden kann.

◄ Lung Wai

Kurzentrum

Am nordöstlichen Ende des Unterlands kommt man zum Kurzentrum mit dem neu gestalteten Meerwasser-Schwimmbad, dem Kurmittelhaus und dem **Nordseemuseum** in der Nordseehalle, wo ein kurzweiliger Rundgang über die bewegte Geschichte der Insel unterrichtet und Leben und Arbeiten in früheren Zeiten demonstriert (tgl. außer Mo. 10.00 – 15.00 Uhr).

Bronzebüste

Hinter dem Zollhaus beim Musikpavillon erinnert eine von Friedrich Schaper 1892 geschaffene Bronzebüste an den Vormärzdichter August Heinrich **Hoffmann von Fallersleben** (1798 – 1874). Er schrieb im August 1841 bei einem Aufenthalt auf Helgoland, observiert von einem hannoveranischen Polizeispitzel, das **Deutschlandlied**.

HELGOLAND ERLEBEN

AUSKUNFT

Kurverwaltung Helgoland
Lung Wai 28
27498 Helgoland
Tel. (018 05) 64 37 37
Fax (047 25) 81 37 25
www.helgoland.de

ANREISE

Mit dem Schiff
Größere Schiffe können nicht in den Hafen einlaufen, sondern ankern an der Südreede. Dort werden die Passagiere ausgebootet, d. h. sie müssen auf sogenannte Börteboote umsteigen und werden in den Hafen gebracht. Die schnellen, kleineren Katamarane machen im Südhafen fest. Von den schleswig-holsteinischen Häfen werden auch Tagesausflüge mit 4 Std. Inselaufenthalt angeboten.

... ab Cuxhaven
Förde-Reederei Seetouristik
Tel. (04 61) 86 46 02, www.helgoline.de
Katamaran 70 Min. (Mai – Okt.)
Seebäderschiff 2 Std. (Mai – Okt.)

Reederei Cassen Eils
Tel. (047 21) 350 82 84
www.helgolandreisen.de
Personenfähre 3,5 Std. (April – Okt.)

... ab Wilhelmshaven / Ostfriesische Inseln
Aktiengesellschaft Ems
Tel. (018 05) 180 182, www.ag-ems.de
Personenfähre ab Wilhelmshaven 3 Std. (Juni – Okt.)
Katamaran ab Borkum 2 Std. (Juni – Okt.)

... ab Emden
Aktiengesellschaft Ems s.o.
Katamaran 3 Std. (Juni – Okt.)

... ab Bremerhaven
Förde-Reederei Seetouristik s.o.
Seebäderschiff 3 Std. (Mai – Okt.)

... ab Büsum
Reederei H.G. Rahder
Tel. (048 34) 36 12
www.rahder.de
in 2 ¼ Std., auch Tagesfahrten (Mitte März – Okt.)

Reederei Cassen Eils s.o.
in 2 ¼ Std., auch Tagesfahrten (April – Okt.)

... ab Westfriesische Inseln und Dagebüll
Adler-Schiffe / Insel- und Halligreederei
Tel. (046 51) 98 70-0
www.adler-schiffe.de
ab Sylt, Amrum, Föhr und Dagebüll 2 – 3 Std. (April – Okt.)

Wilhelmshaven-Helgoland-Linie
Tel. (01 80) 322 86 61, www.catno1.de
Katamaran ab Wilhelmshaven und Norderney 90 Min. bzw. ab Langeoog und Hooksiel 75. Min.
Wilhelmshaven-Helgoland-Linie s.o.
Katamaran ab Sylt 75 Min., ab Amrum 75 Min., ab Föhr 120 Min.

Mit dem Flugzeug (Flugplatz Helgoland-Düne)
Air Hamburg: ab Hamburg 2 x tgl. ganzjährig (www.air-hamburg.de)
Luftverkehr Friesland-Harle:
ab Harle Juni – Sept. donnerstags (www.inselflieger.de)

Ostfriesische Lufttransportgesellschaft:
ab Heide-Büsum und Bremerhaven ganzjährig tgl.; ab Cuxhaven Juni bis Sept. tgl.

ESSEN

► Fein & teuer / Erschwinglich

Atlantis
Hingstgars 444
Tel. (047 25) 64 07 16
Sehr gute Adresse im Oberland, natürlich mit Fischgerichten ganz oben auf der Karte. Spezialität: Helgoländer Hummer und Helgoländer Knieper (Scheren vom Taschenkrebs).

► Erschwinglich

Mocca-Stuben
Hingstgars 447
Tel. (047 25) 12 53
Bistro und Feinschmeckerrestaurant im Oberland. Französischer Koch, reiche Auswahl an Whiskeys und Cocktails, gelegentlich Liveveranstaltungen.

► Erschwinglich / Preiswert

Bunte Kuh
Hafenstr. 1018
Tel. (047 25) 81 13 43
Helgoländer Spezialitäten direkt am Hafen im Hummerbuden-Ambiente.

ÜBERNACHTEN

► Luxus

Insulaner
Am Südstrand 2, 27498 Helgoland
Tel. (047 25) 81 41-0, Fax 81 41 8
www.insulaner.com
Direkt an der Binnenreede gelegenes Familienhotel mit 30 Zimmern und Garten.

Baedeker-Empfehlung

atoll Helgoland
Lung Wai 27
27498 Helgoland
Tel. (047 25) 80 00
Fax 80 04 44
www.atoll.de
Eine exquisite Adresse im Unterland, sofort zu erkennen am gläsernen Turm: das außergewöhnliche Designhotel atoll. Architektur, Einrichtung der 51 Zimmer, Design, Service, Gastronomie und Wellness auf höchstem Niveau.

SHOPPING

Da Helgoland seit britischer Zeit »Zollhandelsfreigebiet« ist, also nicht zum Zollkodex der Europäischen Union gehört, gelten besondere Zollvorschriften:
Zollfrei dürfen von Personen über 16 Jahren u. a. mitgenommen werden 200 Zigaretten, 1 l Spirituosen über 22 %, 5 kg Butter und 50 g Parfüm. Bei Parfums, Süßigkeiten, Butter und Schmuck lohnt sich der Preisvergleich.

Aquarium Helgoland

Das vom Meeresbiologischen Institut betriebene Aquarium stellt in 18 Becken Tier- und Pflanzenarten der Nordsee vor,; dazu kommt ein eher bescheidenes Freiland-Seehundbecken (Mo. – Fr. 10.00 bis 17.00, Sa. / So. 13.00 – 16.00 Uhr, Nov. – März s. Aushang).

Oberland

*** Klippenrandweg**

Ins Oberland führen vom Ende des Lung Wai drei Treppen oder ein Fahrstuhl. Wegen des grandiosen Ausblicks sollte man unbedingt einen Spaziergang auf dem 2,8 km langen Klippenweg unternehmen, der das Plateau umrundet. Man überblickt die Hafenanlagen, das Unterland bis hinüber zur Düne und an der Westseite das Meer. Im Norden führt er am **Radarturm** vorbei, der den besten Ausblick auf die Lange Anna und den Lummenfelsen bietet.

✶ »Lange Anna« Wahrzeichen Helgolands ist die »Lange Anna«, der schmale rote Felsblock im Norden der Insel. Er entstand 1860, als eine größere Felsgruppe einstürzte. Seit den 1970er-Jahren wird die »Lange Anna« von Betonplomben gestützt; ihre Stabilisierung ist inzwischen zur Daueraufgabe geworden.

Düne Wer nach Helgoland zum Baden kommt, muss sich mit Booten (Abfahrt ca. alle 30 Minuten) auf die Düne übersetzen lassen. Hier gibt es hervorragende feinsandige Badestrände, am Nordstrand mit Brandung, am Südstrand meist mit ruhigerem Wellengang. Am Nordostende liegt ein Campingplatz, außerdem befindet sich der Helgoländer Flugplatz dort. Ein neues Feriendorf ist im Bau.

✶✶ Husum

Q 5

Bundesland: Schleswig-Holstein **Landkreis:** Nordfriesland
Einwohner: 20 900

»Graue Stadt am Meer«, heißt es über Husum. Theodor Storm hat seiner Geburtsstadt dieses Attribut verschafft, über das die Stadtväter nicht unbedingt glücklich sind. Und in der Tat ist Husum mit seinem großzügigen Marktplatz und dem Hafen alles andere als grau – erst recht im Frühjahr, wenn die Krokusblüte den Schlosspark in einen violett leuchtenden Blütenteppich verwandelt.

Nordfrieslands Hauptstadt Husum, die Kreisstadt des Landkreises Nordfriesland, liegt nahe der schleswig-holsteinischen Westküste im südlichen Nordfriesland. Den Zugang zum Meer stellt der Außenhafen her, der die Stadt mit dem Heverstrom verbindet, der sich wiederum zwischen den Halbinseln Eiderstedt und Nordstrand ins Binnenland schiebt.

Erstmals urkundlich erwähnt wurde Husum 1252 als Kleinstsiedlung mit einer Handvoll Häuser. Die Sturmfluten des 13. und 14. Jh.s verbreiterten den Heverstrom, der nun tief ins Landesinnere bis nach Husum reichte. So konnte der Ort zum Hafen- und Handelsplatz werden und die Entwicklung der Stadt nahm ihren Lauf. Das 16. und 17. Jh. brachten, tatkräftig unterstützt von den Gottorfer Herzögen, eine wirtschaftliche Blüte: 1582 erhielt Husum Markt-, 1603 Stadtrecht; 1582 schon war das herzogliche Schloss fertig geworden. Der Niedergang Husums setzte mit den Kriegen im 17. Jh. ein und erst unter den Preußen, nach 1867, verbesserte sich die Situation wieder.

Berühmt ist die Krokusblüte vor dem Husumer Schloss.

Sehenswertes in Husum

★ **Markt**

Husums Innenstadt ist nicht besonders groß und lässt sich gut zu Fuß erkunden. Als Startpunkt eines Stadtrundgangs bietet sich der lang gestreckte und weitläufige Marktplatz an. Vor der Marktkirche ehrt der Asmussen-Woldsen-Brunnen (1902) des Husumer Bildhauers Adolf Brütt »Tine« alias Catharine Asmussen und deren Bruder August Friedrich Woldsen. Beide waren wohlhabende Husumer Bürger, die ihr Vermögen der Stadt für soziale Zwecke überließen. Die Ochsenköpfe am Brunnen wiederum erinnern an den einst bedeutenden Husumer Viehmarkt, der 1970 zum letzten Mal abgehalten wurde.

◀ Asmussen-Woldsen-Brunnen

Rechts neben dem 1601 vom Niederländer Peter van Maastricht gebauten Rathaus steht das älteste Husumer Haus (Nr. 1–3), das noch aus dem späten 16. Jh. erhalten ist. Die Sandsteinköpfe in dessen Fassade erinnern an die 1472 nach einer Revolte gegen den dänischen König Christian I. hingerichteten Husumer und Eiderstedter. Die Schwan-Apotheke stammt aus dem Jahr 1656, Haus Markt Nr. 9 ist das **Geburtshaus von Theodor Storm**.

◀ Häuser am Markt

HUSUM ERLEBEN

AUSKUNFT

Touristinfo
Im alten Rathaus, Großstr. 27
25831 Husum
Tel. (048 41) 89 87-0
Fax 89 87 90
www.tourismus-husum.de

ESSEN

► Fein & teuer

① ***Eucken***
Süderstr. 6
Tel. (048 41) 83 30
Das Gourmetrestaurant im Gewölbe des Hotels »Altes Gymnasium« überzeugt mit regional inspirierter Spitzenküche (Fisch, Deichlamm), die ein erstklassiger Service auf den Tisch bringt.

② ***Zum Krug***
Alte Landstr. 2a
Schobüll / Hockensbüll
(4,5 km nordwestlich)
Tel. (048 41) 615 80
Gourmetrestaurant in idyllischem Ambiente – das reetgedeckte Friesenhaus hat seit 1707 eine Schankerlaubnis. Selbstverständlich werden vornehmlich Produkte aus der Region verwendet.

► Erschwinglich

③ ***Ewalds***
Hafenstr 1
Tel. (048 41) 83 97 70
Gutes Fischrestaurant mit Blick auf den Innenhafen.

► Preiswert

④ ***Historischer Braukeller***
Schlossgang 7
Tel. (048 41) 49 66
Husumer Treffpunkt im Gewölbekeller mit Schwerpunkt Pizza und Pfannkuchen.

CAFÉS

⑤ ***Tine Café***
Schiffbrücke
Im Erdgeschoss Bäckerei mit Stehcafé, aber vom ersten Stock aus hat man einen Blick auf den Binnenhafen und kann in aller Ruhe Kuchen, Kaffee oder Tee genießen.

ÜBERNACHTEN

► Luxus

① ***Romantik-Hotel Altes Gymnasium***
Süderstr. 2 – 10,
25813 Husum
Tel. (048 41) 83 30, Fax 833 12
www.altes-gymnasium.de
Was aus einer Schule so werden kann: Das im ehemaligen Gymnasium (Baujahr 1867) eingerichtete Luxushotel (72 Z. und Suiten, meist alte Klassenzimmer) lässt keine Wünsche offen: Bade- und Fitnessbereich in der alten Turnhalle, Feinschmeckerrestaurant »Eucken«.

► Komfortabel

② ***Lundenbergsand***
Lundenbergweg 3
25813 Simonsberg/Simonsberger Koog
(7 km südwestlich)
Tel. (048 41) 839 30, Fax 83 93 50
www.hotel-lundenbergsand.de
Allein hinterm Deich am Meer gelegenes Hotel mit 18 nostalgisch-individuell gestalteten Zimmern (z. B. Gutsherrenstuv, Kapitänszimmer), Garten, Sauna und Solarium.

► Günstig

③ ***Hotel Hinrichsen***
Süderstr. 35,
25813 Husum
Tel. (048 41) 890 70, Fax 28 01
www.hotel-hinrichsen.de
Zentral am Hafen gelegenes Hotel (49 Z.) mit sehr gutem Frühstücksbüffet.

SCHIFFSAUSFLÜGE

Hallig- und Inselfahrten nach Sylt, Amrum und Helgoland:
Wilhelm Schmidt, Tel. (048 41) 20 16

In die Hallig- und Inselwelt sowie nach Pellworm:
Neue Pellwormer Dampfschiffahrts GmbH (NPDG)
Tel. (048 44) 75 37 55
www.faehre-pellworm.de

MARKT

Donnerstag

FEST

Husumer Hafentage
Höhepunkt des Jahres sind die Husumer Hafentage, die Anfang August gefeiert werden. Shantychöre treten auf, es gib einen Kutterkorso sowie einen Kunsthandwerkermarkt und jede Menge zu Essen und zu Trinken. (Programm unter www.hafentage-husum.de)

Husum Orientierung

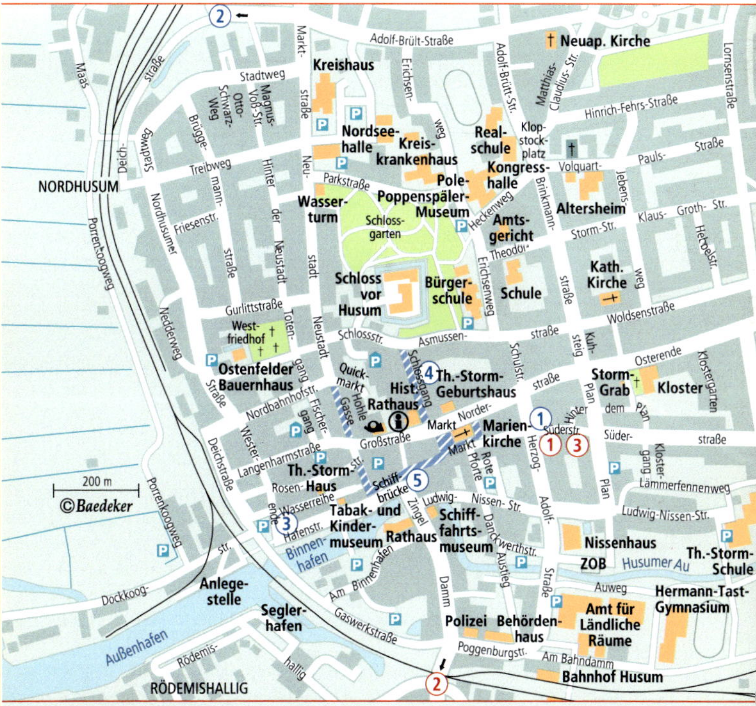

Übernachten
1 Romantik-Hotel Altes Gymnasium
2 Lundenbergsand
3 Hotel Hinrichsen

Essen
1 Eucken
2 Zum Krug
3 Ewalds
4 Historischer Braukeller
5 Tine Café

★ Marktkirche

Die Husumer Marktkirche wurde zwischen 1829 und 1833 anstelle der 1807 abgerissenen spätgotischen Marienkirche nach Entwürfen des Kopenhagener Architekten Christian Friedrich Hansen erbaut. Sie gilt neben der Vizelinkirche in Neumünster als **bedeutendster klassizistischer Sakralbau in Schleswig-Holstein**. Aus der alten Marienkirche stammen noch zwei Ausstattungsstücke (andere sind heute in den Kirchen der Umgebung zu finden): die von Evangelistenfiguren getragene barocke Messingtaufe (1643) mit einer Darstellung der Taufe Christi von Lorenz Karstensen und das von Jan van Groningen gemalte Epitaph links neben dem Eingang aus dem 16. Jh.. Der Kanzelaltar aus der Erbauungszeit hat den Gedanken, Predigt und Abendmahl als gleichwertig anzusehen, auf überzeugende Weise architektonisch umgesetzt.

Binnenhafen

Der Binnenhafen südwestlich vom Markt besteht seit dem späten Mittelalter und ist somit der älteste Teil des Husumer Hafens. Den schönsten Anblick bieten die spitzgiebeligen Häuserfronten der Hafenstraße an der Nordseite und des Zingel an der Ostseite, an den das 1989 gebaute Neue Rathaus anschließt. An der Hafenstraße wartet der »Speicher« als Kulturzentrum mit anspruchsvollem, abwechslungsreichem Programm (Info: Tel. 048 41 / 650 00). Im Westen überspannt die Eisenbahn-Klappbrücke das Hafenbecken, dahinter beginnt der Außenhafen.

★ Schifffahrtsmuseum Nordfriesland

Das Schifffahrtsmuseum Nordfriesland befasst sich mit Leben und Arbeit der nordfriesischen Seefahrer und ihrer Familien, dem Holz- und Stahlschiffbau, der Fischerei und dem Walfang. Seltenheitswert hat das Wrack eines sog. Friesenschiffs aus dem 16. Jh., das bei Uelvesbüll gefunden und in Zuckerlösung (!) konserviert wurde (Am Zingel 15; tgl. 10.00 – 17.00 Uhr).

Tabak- und Kindermuseum

Zwei sehr gegensätzliche Themen vereint das Haus Wasserreihe Nr. 52: Erwachsene erfahren hier anhand interessanter Exponate einiges über die Kultur des Tabaks, Kindern gefällt das alte Spielzeug (tgl. 10.00 – 18.00 Uhr).

★★ Theodor-Storm-Zentrum

Theodor Storm lebte von 1866 bis 1880 im Haus Wasserreihe Nr. 31, einem 1730 gebauten Kaufmannshaus. Wohn- und Arbeitszimmer (»Poetenstübchen«), die aus dieser Zeit erhalten sind, Landvogtei, der Hof und der kleine Garten geben einen guten Eindruck des Ambientes wieder, in dem mehr als 20 Novellen, darunter »Pole Poppenspäler«, »Carsten Curator«, »Aquis submersus« und »Viola tricolor« entstanden sind.
Wechselnde Ausstellungen illustrieren ausgewählte Aspekte aus Storms Leben und Werk. Das Archiv der Theodor-Storm-Gesellschaft vervollständigt das Zentrum (April bis Oktober tgl. 14.00 – 17.00, Di. – Fr. 10.00 – 12.00, Nov. – März Di., Do., Sa. 14.00 – 17.00 Uhr).

In dieser Umgebung schrieb Theodor Storm viele seiner Werke.

Am Ort des heutigen Schlosses stand ursprünglich ein 1494 gebautes Franziskanerkloster. Nach dessen Abbruch ließ Herzog Adolf von Gottorf das Schloss zwischen 1577 und 1582 als Nebenresidenz errichten. Die zweigeschossige Dreiflügelanlage im Stil der niederländischen Spätrenaissance, im 17. Jh. Witwensitz der Gottorfschen Herzogsgemahlinnen, baute Landbaumeister Otto Johannes Müller 1751 / 1752 zu einem Amtshaus um, das – wie die »Staatsappartements« zeigen – auch für Aufenthalte des (dänischen) Königs präpariert sein musste. Hier haben heute die Musikschule und das Archiv des Kreises Nordfriesland ihren Sitz, außerdem finden in den Räumen Konzerte und Ausstellungen statt. Beim Rundgang durch die Staatsgemächer sieht man von der ursprünglichen Ausstattung nur noch wenig: Erhalten sind die Schlosskapelle – hier ist das Gemälde »Madonna mit Christkind und Johannesknaben« (um 1670) von Jürgen Ovens beachtenswert – und **fünf prächtige Sandsteinkamine** mit Alabasterreliefs von 1614 bis 1616, darunter der Fortuna-Kamin und der Sagenkamin (Mitte März – Okt. Di. – So. 11.00 – 17.00 Uhr).

★ **Schloss**

Das **Torhaus** von 1612 zeigt sich dagegen noch originalgetreu mit schönen Schweifgiebeln und einem kunstvoll gerahmten Torbogen. In den zwei Nischen über der Durchfahrt sind die Figuren von Athene und Venus aufgestellt.

Auch nach der Krokusblüte bleibt der Schlosspark eine hübsche Oase der Ruhe mit schönen alten Bäumen. Das 1898 für Theodor Storm errichtete Denkmal stammt – wie auch der Brunnen auf dem Marktplatz – vom Husumer Künstler Adolf Brütt.

★ ◀ Schlosspark

Wasserturm An der Nordwestecke des Parks steht der 1902 in Betrieb genommene Wasserturm, von dem sich ein wunderbarer Blick über die Stadt bietet (Marktstr. 2; Mo. – Fr. 8.30 – 17.00 Uhr).

Ostenfelder Bauernhaus Das Ostenfelder Bauernhaus westlich vom Schloss, ein altsächsisches Fachhallenhaus aus der Mitte des 16. Jh.s, stand bis 1899 im 12 km von Husum entfernten Ostenfeld. Am heutigen Standort neu aufgebaut, ist es heute das älteste Freilichtmuseum Schleswig-Holsteins. Seine Einrichtung ist original erhalten, wobei vor allem der wertvolle, 1642 eingebaute Pesel und eine sog. Schenkschive (norddeutscher Schranktypus aus dem 16. Jh.) herausragen. Um das Haus zieht sich ein sehr hübscher Garten mit Ziehbrunnen (Nordhusumer Str. 13; April – Okt. Di., Mi., Do. 13.30 – 17.00 Uhr).

✶✶ Ludwig-Nissen-Haus (Nordfriesisches Museum) Über die Geschichte Nordfrieslands, seine Menschen, die friesische Kultur und Volkskunst informiert das Nordfriesische Museum. Es geht zurück auf eine Stiftung und Schenkung des 1855 in Husum geborenen Ludwig Nissen, der nach Amerika auswanderte und dort eine Bilderbuchkarriere als Diamantenhändler machte.

Themen des im Herbst 2006 mit völlig neuer Konzeption wieder eröffneten Museums sind die Natur, die Rolle des Meeres und der damit einhergehende Landschaftswandel, illustriert mit Funden aus dem Wattenmeer, Großmodellen von Deichen, Ebbe und Flut sowie historischen Landkarten, Grafiken und Fotografien. Mit friesischen Malern des 19. und 20. Jh.s befasst sich die Kunstabteilung, die mit Werken von Christian Rohlfs, Paula Modersohn-Becker oder Egon Schiele ebenso wie mit der Sammlung von US-Kunst des Stifters Nissen den regionalen Rahmen verlässt. Volkskundliche Sammlungen mit Möbeln, Trachten und diversen Gerätschaften sowie eine naturkundliche Abteilung komplettieren das Angebot (Herzog-Adolf-Str. 25; April – Okt. tgl. 10.00 – 17.00, Nov. – März Di. – Fr., So. 10.00 – 16.00 Uhr).

! *Baedeker* TIPP

Prinzessinnen und Zauberer

Jedes Jahr im September treffen sich Betreiber von Puppentheatern zu den Pole-Poppenspäler-Tagen in Husum und geben Vorstellungen. Der Hauptfigur der Storm-Novelle »Pole Poppenspäler« ist auch ein Museum in der Irene-Thordsen-Kongresshalle gewidmet, das die facettenreiche Geschichte des Puppenspiels in Deutschland zusammenfasst und u. a. über 800 alte und moderne Puppen zeigt (Erichsenweg 23; Mo. – Fr. 14.00 – 17.00, Juli – Sept. auch So. 14.00 – 17.00 Uhr).

Storms Grab Theodor Storm ist auf dem Friedhof der St.-Jürgen-Kirche (Osterende) im Familiengrab Storm und Woldsen begraben. Er stammte mütterlicherseits aus der Familie Woldsen.

Gasthaus zum Ritter St. Jürgen ►
Der Friedhof gehörte einst zum Gasthaus zum Ritter St. Jürgen, einem Stift für mittellose Alte und Kranke, das auf das im 15. Jh. gegründete St.-Georgs-Hospital zurückgeht. Das Stiftsgebäude, heute

Seniorenheim, wurde 1563 bis 1571 erbaut und enthält einen Predigtsaal mit bemerkenswerter Abendmahlsdarstellung (1641) und einer Holzkanzel (1565) im Stil der niederländischen Renaissance.

Umgebung von Husum

KZ-Gedenkstätte Schwesing

In Schwesing, östlich von Husum, wurde im Herbst 1944 eine Außenstelle des Konzentrationslagers Neuengamme eingerichtet, in dem 2500 Menschen interniert waren. Mehr als 300 von ihnen kamen durch Unterernährung und Misshandlung um.

Schobüll

Schobüll (ca. 3 km nordwestlich) liegt auf einer kleinen Geestanhöhe, die bis unmittelbar ans Meer reicht – die einzige Stelle an der deutschen Nordseeküste, an der es keinen Deich gibt. Über Schobüll erfolgt die Zufahrt nach Nordstrand. Auf der Höhe steht seit dem 13. Jh. eine frühgotische Backsteinkirche, die als »Kirchlein am Meer« bekannt ist und an dem sich in früheren Zeiten die Kapitäne orientierten. Heutzutage ist das Kleinod eine hübsche Kulisse für Hochzeiten und Konzerte. Innen fallen vor allem die geschnitzte Barockkanzel und die Kreuzigungsgruppe aus dem 13. Jh. ins Auge; interessant sind auch Altar und Taufstein, die rund 200 Jahre jünger sind.

✶

◄ Kirchlein am Meer

Hattstedt

Hattstedt (4 km nördlich) ist durch seinen hohen Turm, der ebenfalls als Seezeichen diente, schon aus der Ferne gut zu orten. Die einschiffige, lang gestreckte Kirche stammt aus der Zeit um 1200, wurde aber kurze Zeit später erweitert und erhielt Ende des 15. Jh.s den auffälligen spätgotischen Turm. Sehr schön sind der geschnitzte Altar, die gotländische Kalksteintaufe (13. Jh.) wie auch die Holzkanzel (Mitte 17. Jh.).

Hattstedter Marsch

Nordwestlich erstreckt sich die weite Hattstedter Marsch, auch »Schimmelreiterland« genannt, da Theodor Storm vermutlich von dieser Landschaft beim Schreiben des »Schimmelreiters« inspiriert wurde. Wer auf den Spuren seiner Novelle wandeln möchte, sollte im **»Schimmelreiterkrug«** in Wobbenbüll einkehren, wo 1934 der Stoff erstmals verfilmt wurde. Daran erinnern in der Gaststube Bilder und Dokumente.

✶

Roter Haubarg

Rund 10 km südwestlich von Husum liegt zwischen Simonsberg und Witzwort der Rote Haubarg, ein 1647 errichtetes Bauernhaus, unter dessen gewaltigem Reetdach einst Mensch und Tier lebten. Die Hausform selbst stammt aus Holland. 45 dieser eindrucksvollen Höfe gibt es heute noch.
Wie es sich darin lebte, zeigt das Museum im Roten Haubarg. Angeschlossen ist ein sehr schönes Restaurant mit regionaler Küche, die je nach Jahreszeit auch Wild und Spargel anbietet (tgl. 11.00 – 22.00 Uhr, Mo. geschlossen).

✶ Jever

J 10

Bundesland: Niedersachsen **Landkreis:** Friesland
Einwohner: 14 000

Jever ist in aller Munde – denn das friesisch-herbe Pils in der grünen Flasche ist überregional begehrt. Trotzdem bezeichnet Jever mehr als Gerstensaft: Als vor über 150 Jahren die Brauerei gegründet wurde, blickte die Stadt schon auf eine lange Geschichte zurück, von der heute noch idyllische Straßen und Plätze zeugen.

Einst Seehafen Die Stadt geht auf eine Siedlung der Chauken zurück und lag bis zum 11. Jh. noch direkt am Meer. Auch nach der Versandung des Hafens blieb das 1158 erstmals erwähnte Jever eine Handels- und Residenzstadt von großer Bedeutung, nacheinander beherrscht von den Friesen, Sachsen und Ostfriesen. Der Clan der Wiemken prägte mit Edo d. J. und dessen Erbtochter, dem legendären **Fräulein Marie**, den Ort ganz besonders, indem er ihm 1536 die Stadtrechte zusprach. 1575 fiel Jever an das Herzogtum Oldenburg und bald darauf an das Haus Anhalt-Zerbst, bevor es 1793 – mit einem russischen Intermezzo – wieder oldenburgisch wurde.

? WUSSTEN SIE SCHON ...?

- Die Jeverer sprechen von ihrer Heimatstadt mitnichten als »Je**w**er«, bei ihnen heißt es »Je**f**er«.

Sehenswertes in und um Jever

Schlossplatz Einen Rundgang durch die Stadt beginnt man am besten am Schlossplatz, wo ein 1903 aufgestelltes Denkmal **Fräulein Marie von Jever** ehrt. Sie ist auch auf dem 1995 am benachbarten Alten Markt errichteten Sagenbrunnen verewigt, auf dem Bronzefiguren verschiedene Jever Stadtsagen verkörpern. Die Verehrung geht noch weiter: Jeden Abend erklingt das Marienläuten – im Sommer um 22.00, im Winter um 10.00 Uhr. Das Glockenspiel des Gasthauses »Hof von Oldenburg« am Schlossplatz zeigt große Persönlichkeiten der Stadtgeschichte. Den Reigen beschließt Katharina die Große, da Jever von 1793 bis 1816 zum russischen Zarenreich gehörte (stdl. 11.00 – 12.00 u. 15.00 – 18.00 Uhr).

✶ Schloss und Schlossmuseum Jevers Hauptattraktionen sind im Schloss versammelt, das inmitten eines englischen Parks am Rand der Altstadt liegt. Vom ehemaligen Charakter der Ende des 14. Jh.s von Edo Wiemken d. Ä. angelegten Vierflügelanlage zeugt noch der 61 m hohe Turm, das Wahrzeichen der Stadt. Ihm wurde 1730 der barocke Helm aufgesetzt, nur eine von vielen Veränderungen, die das im Kern jedoch unverändert gebliebene Bauwerk erfuhr.

Das prunkvolle Grabmal des Edo Wiemken in der Stadtkirche von Jever

Das Schlossmuseum beherbergt eine umfangreiche Sammlung zur Stadt- sowie zur Regionalgeschichte Frieslands. Hauptattraktion der Räume ist die filigran geschnitzte Renaissance-Holzdecke im vom Fräulein Maria 1560 bis 1564 zum Audienzsaal umgebauten Herrensaal. Großen kunsthistorischen Wert besitzen auch die kostbaren Gobelins von 1680, die geprägten und farbigen Ledertapeten (um 1700) sowie die Büchersammlung Johann Ludwigs von Anhalt-Zerbst aus dem 18. Jh., **eine der wenigen erhaltenen Fürstenbibliotheken Norddeutschlands** (Juli / Aug. tgl., Sept. – Juni Di. – So. 10.00 – 18.00; Turmbesteigung: Mai – Sept. Di. – So., Juli / Aug. tgl. 11.00 – 17.00 Uhr).

★★ ◀ Audienzsaal

Stadtkirche

Die von außen eher unscheinbare, 1959 neu gebaute Stadtkirche östlich vom Schloss bewahrt einen weiteren kunsthistorischen Höhepunkt. Ein Brand im Baujahr hatte glücklicherweise wenigstens den separat stehenden Glockenturm und den Chor verschont, in dem sich das Grabmal Edo Wiemkens d. J. befindet. Dieses exzellente Beispiel für die Plastik der niederländischen Hochrenaissance entstand im Auftrag des Fräuleins Marie in der Antwerpener Werkstatt des Cornelis Floris de Vriendt: Unter einem achteckigen, mehrstöckigen Baldachin steht der Sarkophag mit der überlebensgroßen Marmorfigur des letzten Friesenhäuptlings. Den Sarkophag wiederum stützen Karyatiden, die u. a. Planeten des Sonnensystems symbolisieren.

★★ ◀ Grabmal des Edo Wiemken d. J.

JEVER ERLEBEN

AUSKUNFT

Jever Marketing und Tourismus GmbH
Alter Markt 18, 26441 Jever
Tel. (044 61) 710 10, Fax 892 99 27
www.stadt-jever.de

ESSEN

► Fein & teuer / Erschwinglich

Restaurant Zitronengras
(im Hotel Schützenhof)
Schützenhofstr. 47
Tel. (044 61) 93 70
Fantasievolle deutsch-friesische und orientalisch inspirierte Küche.

Haus der Getreuen
Schlachtstr. 1
Tel. (044 61) 30 10
Seit 1751 bestehende historische Gaststätte neben dem Friesischen Brauhaus. Auf den Tisch kommt leichte und kreative, an der Region orientierte Küche.

ÜBERNACHTEN

► Komfortabel

Pellmühle
Mühlenstr. 55
26441 Jever
Tel. (044 61) 930 00
Fax 93 00 93
www.jever-hotel.de
Kleines Hotel mit 19 Nichtraucherzimmern in einer heimeligen Villa in Zentrumsnähe; recht hübscher Garten.

SHOPPING

In der Altstadt zwischen Schloss, Elisabethufer und Schillerstraße findet man hübsche Lädchen mit allerlei Friesischem und die museale Blaudruckerei.
Natürlich auch den Jever-Shop für die Bierfans, wo man vom Original-Bierglas über einen zünftigen Südwester bis hin zum Jever-Strandkorb alles rund um das Pils bekommt.

Feuerwehrmuseum

In einem alten Bahnschuppen präsentiert das Feuerwehrmuseum das alles rund um die Brandbekämpfung von Uniformen bis zur Holzdrehleiter. Geplant ist eine Halle für die 19 Fahrzeuge der Feuerwehr-Oldtimerfreunde e.V. (Drostenstr. 7 – 9; tgl. 14.00 – 17.00 Uhr).

Friesisches Brauhaus zu Jever

Als modernen Kontrast zum Schlossturm prägen die drei 32 m hohen verspiegelten Türme der Jever-Brauerei die verwinkelte Altstadt. Selbstverständlich kann man die Produktionsanlagen des 1848 von Diedrich König gegründeten Brauhauses besichtigen. Wie sich seither die Brauereitechnik entwickelt hat, zeigt das Brauereimuseum (Elisabethufer 18 / Schlachtstr. 2; Führungen Mo. – Fr. 9.30 – 16.30, Sa. 9.30 – 12.30 Uhr, nach Voranmeldung im Jever-Shop, unter Tel. 044 61 / 137 11 oder www.jever.de).

Haus der Getreuen

Die historische Gaststätte »Haus der Getreuen« gegenüber vom Jever-Shop besteht seit 1751. Seit 1859 betrieb das Jever Original Rudolphi die Gastwirtschaft, die bald zum beliebten Treffpunkt der Bürger wurde. Hier versammelten sich auch die »Getreuen von Jever«, die dem als Gourmet bekannten **Reichskanzler Bismarck** von 1871 an jährlich zu seinem Geburtstag am 1. April 101 Kiebitzeier schenkten, die dieser besonders mochte. Noch heute treffen sich hier Bismarck-Verehrer am 1. April.

Passend dazu hat Ende 2004 das **Bismarck-Museum** eröffnet. Die private Sammlung zeigt über 400 Stücke rund um den »Eisernen Kanzler«, darunter auch Objekte aus dessen persönlichem Besitz (Wangerstr. 15; Di. – So. 10.00 bis 17.00 Uhr).

! *Baedeker* TIPP

Blau, wohin man schaut

Vor über 20 Jahren ließ Georg Stark eine alte Tradition wieder aufleben: die Blaudruckerei. Der Meister zeigt u. a., wie er den »Druckpapp« mit alten Holzmodeln aufstempelt, bevor der Stoff mehrere Bäder in einer besonderen Indigofarbe durchläuft – wo der »Papp« den Stoff bedeckt, entsteht ein weißes Muster. Mit den historischen Modeln werden nicht nur Stoffe, Tischwäsche oder Seidenschals bedruckt, sondern auch Porzellan (Kattrepel 3; Mo. – Fr. 10.00 – 13.00 u. 14.00 – 18.00, Sa. 10.00 – 14.00 Uhr).

Die Schlachtstraße mündet stadtauswärts auf der Schlachte(»schlagde« = Umschlagplatz). Hier, heute ein sehr schöner Kinderspielpatz, lag bis 1870 der **Hafen von Jever**. Ein Stück weiter am Hooksweg steht die 1857 erbaute Schlachtmühle. Seit 1722 ist an diesem Ort eine Mühle belegt, die zur Herstellung von Graupen, dem damaligen Hauptnahrungsmittel, genutzt wurde. Zum Mühlenensemble gehört das privat genutzte Müllerhaus nebst Scheunengebäude, in dem eine Außenstelle des Schlossmuseums **Sonderausstellungen zur regionalen Kultur und Landwirtschaftsgeschichte** des 19. und 20. Jh.s zeigt. Glanzstück ist eine vollständig rekonstruierte Schlosserwerkstatt (Hooksweg 9; Ostern – Okt. Di. – Sa. 10.00 – 13.00 u. 15.00 – 17.00, So. 11.00 – 13.00 u. 15.00 – 17.00 Uhr).

★ Juist

C/D 9

Bundesland: Niedersachsen **Landkreis:** Aurich
Einwohner: 1800

Juist, mit 17 km die längste und mit höchstens 500 m die schmalste der Ostfriesischen Inseln, wird auch Töwerland (Zauberland) genannt. Viele Urlaubern scheinen das auch so zu empfinden, kommen sie doch immer wieder gerne zurück auf das autofreie Eiland.

Seebad im zweiten Anlauf

Dem westlich liegenden und heute Schutz vor dem Meer bietenden Borkum verdankt Juist den **fantastisch langen und sehr breiten Nordstrand**. Zwei Siedlungen gibt es: den Hauptort Juist und das kleinere Loog. Keine der Inseln litt so sehr unter dem Meer wie Juist. 1651 wurde die Insel durch die Petriflut in zwei Teile gerissen, der neue Ortsteil Loog entstand und 1715 ging die neue Kirche zwischen

JUIST ERLEBEN

AUSKUNFT

Kurverwaltung
Friesenstr. 18, 26560 Juist
Tel. (049 35) 80 91 05, Fax 80 92 23
www.juist.de

ANREISE

Fähre
tidenabhängige Personenfähre ab Norddeich-Mole (ca. 90 Min.); Norden-Frisia, Tel. (049 31) 98 70, www.reederei-frisia.de

Flugzeug
Von Norden-Norddeich tgl. Flugzeuge der Reederei Frisia (ca. 15 Min.); Infos unter Tel. (049 31) 93 32-0 oder www.reederei-frisia.de

ESSEN

► Fein & teuer / Erschwinglich

Gabeljürge
Gräfin-Theda-Str. 3
Tel. (049 35) 10 07
Nicht von der rustikalen Einrichtung täuschen lassen: Serviert wird sehr gute, französisch inspirierte Küche. Besonders zu empfehlen sind frischer Fisch und Deichlamm.

► Erschwinglich / Preiswert

Domäne Loog
Tel. (049 35) 12 50
Immer günstige und gute Mittagsgerichte, auch auf der Terrasse.

► Preiswert

Matjes & Co.
Strandstr. 12, Tel. (049 35) 84 80
Große Auswahl von Fischgerichten und -snacks im Bistro.

ÜBERNACHTEN

► Luxus

Hotel Achterdiek
Wilhelmstr. 36, 26571 Juist
Tel. (049 35) 80 40, Fax 17 54
www.hotel-achterdiek.de
Die feinste Gelegenheit zum Übernachten auf Juist: 31 schöne Zimmer, Clubraum, Bar, Halle mit offenem Kamin, Wellness und Badelandschaft. Dazu das Restaurant Wintergarten, eine bekannte Gourmetadresse.

Haus AnNatur
Dellertstr. 14, 26571 Juist
Tel. (049 35) 918 10, Fax 12 36
www.annatur.de
In diesem Nichtraucherhaus (10 Z.) werden Frühstück und das vegetarische Abendessen aus Vollwertzutaten zusammengestellt, das Gesundheitszentrum verwöhnt mit Massagen und ayurvedischen Anwendungen.

► Komfortabel / Günstig

Hotel-Pension Sonnenheim
Billstr. 34, 26571 Juist
Tel. (049 35) 92 14 70
www.sonnenheim-juist.de
Gemütliche Familienpension mit großem Frühstücksbüffet.

SCHIFFSAUSFLÜGE

In den Sommermonaten nach Norderney, Baltrum, zur Vogelinsel Memmert, zu den Seehundbänken und zum Krabbenfischen; gelegentlich auch nach Borkum und Helgoland.

BADEN

Meerwasser-Erlebnisbad
im Kurmittelhaus und natürlich: der 17 km lange *Nordstrand*!

SHOPPING

Einen Blick lohnen u. a. die Käsehandlung »Kees un Botterfatt« (Strandstr. 20), die Inseltöpferei (Gräfin-Theda-Str. 1) und das Keramik-Atelier im Loog.

den beiden Ortsteilen während der Fastnachtsflut unter. Zwei Jahre später kamen an Heiligabend sämtliche Kirchgänger aus Loog auf dem Nachhauseweg durch die Weihnachtsflut ums Leben. Da die Juister immer wieder extreme Not leiden mussten, regte Pastor Janus 1783 in einem Brief an König Friedrich II. von Preußen an, ein Seebad nach englischem Vorbild einzurichten. 1840 wagte man den Versuch, scheiterte aber; erst der zweite Anlauf 1866 gelang. Seither gewinnt die Insel als Ferienziel zunehmend an Bedeutung.

Sehenswertes auf Juist

Ort Juist

Vom Hafen direkt zum makellosen, hellen Nordstrand sind es nur wenige Hundert Meter durch den Ort. Das Memmertfeuer am Hafen schickt sein Licht erst seit 1992 – nicht über See, sondern über die Insel. Es ist ein Neubau mit dem Laternenhaus des alten Leuchtfeuers von der **Vogelinsel Memmert** (Führungen Mi. 16.00 u. So. 11.00 Uhr). Im »Alten Bahnhof« am Kurplatz erklärt das **Nationalparkhaus Juist** den Lebensraum Wattenmeer. Hauptattraktion: das Skelett eines 2004 tot angeschwemmten Zwergwals (Jan. – März Mi. 15.00 – 18.00, übrige Zeit Di. – Fr. 9.30 – 12.30 u. 15.00 – 18.00, Sa. / So. 15.00 bis 18.00 Uhr)

Lange Strandspaziergänge – Zeit zum Nachdenken und Durchatmen

Juist Orientierung

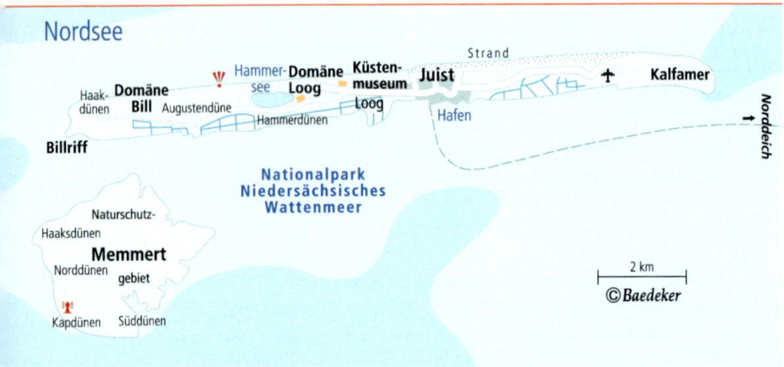

Kurhaus und Kurplatz ► Vor dem Haupteingang zum Strand fällt das historische Kurhaus mit seiner modernen Glaskuppel ins Auge. Seit 1998 dient das 100 Jahre zuvor gebaute elegante Gebäude als Suitenhotel, das leider nur Hausgästen den Panoramablick aus der Kuppel gewährt. Der sanierte Kurplatz zeigt sich seit 2005 als kleine grüne Oase mit neuer Konzertmuschel, in der von Mitte Mai bis Ende September das Kurorchester aufspielt. Der markante Wasserturm von 1927, von den Einheimischen »Doornkaatbuddel« genannt, ist immer noch in Betrieb.

Kirchen ► Am Ort der **evangelischen Kirche** in der Warmbadstraße sollen bereits fünf Vorgängerbauten gestanden haben. 1964 wurde das heutige Gotteshaus erbaut, dessen Kanzel (1732) aus einer heute nicht mehr erhaltenen Kirche im Loog stammt. Juister Schulkinder haben das Mosaik über dem Altar zusammengefügt, das den Fischzug Petri zeigt. Die **katholische Kirche** in der Dünenstraße wurde 1910 geweiht. Das Fresko an der linken Seitenwand der Apsis zeigt den hl. Ludger, der der **Insel Bant** das Christentum brachte. Diese lag in der Emsmündung und brach 1170 bei einer Sturmflut auseinander in die Teile Borkum, Norderney, Memmert und Juist.

Osten der Insel

Goldfischteich und Salzwiesen ► Ein nettes Ziel für einen Spaziergang: der 1903 angelegte, von einem Wäldchen umgebene Goldfischteich östlich des Orts. Die Landschaft Richtung Flughafen prägen die an das Wattenmeer grenzenden Salzwiesen, die aus Naturschutzgründen nicht betreten werden dürfen. Durch die mehr oder weniger starke tägliche Salzwasserüberflutung gedeihen hier Queller, Wattflieder, Strandwermut und Wattnelke.

Kalfamer ► Der äußerste Osten Juists heißt Kalfamer, was soviel wie »Kälberwiese« bedeutet. Da hier u. a. viele seltene Vögel brüten, ist der Besuch nur von November bis März – und auch dann nur auf deutlich gekennzeichneten Wegen – erlaubt. Zwischen April und November kann der Kalfamer nur im Rahmen von regelmäßig angebotenen Führungen betreten werden.

Westen der Insel

Im Loog behandelt das Küstenmuseum Themen wie die Geomorphologie der südlichen Nordsee, friesische Warftenkultur, Gezeiten, Sturmfluten, Deichbau und Küstenschutz. Aber auch über Tiere und Pflanzen, Schifffahrt, Fischerei, Seezeichen sowie Erdöl und Erdgasbohrungen in der Nordsee erfährt man Interessantes (Loogster Pad 21; April – Okt. Mo. – Fr. 9.00 – 13.00 u. 14.30 – 17.00, Sa. 9.00 bis 12.00; ansonsten Di. / Do. 14.00 – 17.00 Uhr).

✶ ◄ Küstenmuseum

Der Hammersee ist **der größte Süßwassersee der Ostfriesischen Inseln** und Rastplatz für viele Wasservögel. Ungefähr an dieser Stelle teilte die Petriflut 1651 die Insel. Der Durchbruch erweiterte sich bis Mitte des 19. Jh.s auf fast 2 km, bis er sich auf der Südseite durch eine natürlich aufgewehte Dünenkette wieder zu schließen begann. 1927 sicherte man auch die Nordseite durch einen Dünendeich. Bei einer Sturmflut gelangte Salzwasser in die Bucht, mit der Zeit bildete sich eine Salztonschicht, die die Ansammlung von Regenwasser ermöglichte. Seither verlandet der Hammersee stetig. Von der Aussichtsdüne am Westende breitet sich ein schönes Panorama aus: im Norden die offene See, westlich das Naturschutzgebiet mit der Bill, südwestlich die Vogelinsel Memmert, am Horizont Borkum und die holländische Küste, im Osten Juist und Norderney.

✶ ◄ Hammersee

Am westlichen Dünenende erreicht man ein ausgedehntes Sandgebiet, den Bill. Seinen Namen verdankt er seiner ausgeprägten Form, denn der friesische Begriff bedeutet so viel wie »Arschbacke«. Vor dem Billriff liegt das beliebte Ausflugsziel Domäne Bill, das einfache leckere Gerichte anbietet. Besonders gut: Rosinenstuten mit Butter.

◄ Bill und Billriff

Insel Memmert

Die kleine Insel Memmert südwestlich von Juist war ursprünglich eine Sandbank und wurde durch die Anpflanzung von Strandhafer zur Vogelinsel. Im August und September darf sie unter Führung des Vogelwarts betreten werden, in der übrigen Zeit ist die Beobachtung nur vom Schiff aus erlaubt.

Land Wursten

N 9/10

Bundesland: Niedersachsen **Landkreis:** Cuxhaven

Zwischen ► Bremerhaven und ► Cuxhaven erstreckt sich das Land Wursten, dessen Name sich von »Wurtsassen« bzw. »Wursaten« (Wurtenbewohner) ableitet. Hier geht es gemächlich zu – ideal für einen Urlaub an einem bislang nicht gar so bekannten Küstenstrich, der für Kunstfreunde zudem noch einige Kirchenkleinodien bereithält.

Altes Bauernland

Das Land Wursten ist altes Bauernland, in dem man von der Milchwirtschaft und heute auch vom Tourismus lebt. Man ist stolz darauf, bis 1524 eine freie Bauernrepublik gewesen zu sein.

Durch das Land Wursten

Dorum

★ St. Urbanus ▶

Dorum, Hauptort des Landes Wursten, liegt seeabgewandt rund 8 km vom Sielhafen Dorum-Neufeld entfernt und besitzt mit St. Urbanus eine der größten und am reichsten ausgestatteten Kirchen des Landstrichs. Im 13. Jh. erbaut und um 1510 und 1750 größeren Veränderungen unterzogen, bewahrt sie romanische Schätze wie den maskenverzierten Taufstein und ein Kruzifix sowie aus der Spätgotik das filigrane **Sakramentshäuschen** und die beeindruckenden Gewölbemalereien zum Jüngsten Gericht. Die Kanzel schufen 1620 Otterndorfer Künstler, darunter Ringkmacher; der Altar mit Szenen aus dem Leben Jesu entstand 1670 und stammt von Jürgen Heidtmann d. J. (April – Okt. Mo. – Sa. 15.00 – 17.00 Uhr).

★ Niedersächsisches Deichmuseum ▶

Wer wissen möchte, wie das Land am Meer entstand, gehe ins Niedersächsische Deichmuseum. In anschaulichen Modellen präsentiert das Museum die unterschiedlichen Deichtypen, Bau- und Entwässerungstechniken. Gezeiten, Sturmfluten und das sensible Gleichgewicht von Mensch und Natur werden ebenfalls behandelt. Vom Kampf ums Überleben hinter dem Deich erzählt ein Film über die Orkanflut von 1962 (Poststr. 16; Mai – Okt. tgl. 14.00 – 17.00 Uhr).

Dorum-Neufeld

Mit seinen Campingplätzen, Ferienhaussiedlungen und dem Sandstrand vor dem Deich eignet sich Dorum-Neufeld **ideal für einen Familienurlaub**. Die Hafenterrasse hat sich zum attraktiven Treffpunkt entwickelt; hier gibt es allerlei maritime Happen.

Im Frühjahr 2003 wurde der 1887 in Betrieb genommene Leuchtturm »Obereversand« von seinem Standort in der Außenweser in die

Bei Ebbe geht in Dorum nichts mehr.

Hafeneinfahrt von Dorumersiel versetzt. Nun kann man bei einer Führung die über 100 Jahre alte Einrichtung bestaunen (Termine: Tel. 047 42 / 25 39 47, www.obereversand.de).

Auf der Südseite des Hafens befindet sich der vielfältig genutzte Bau der **Kurverwaltung**, vor der der Gezeitenbrunnen die Konstellation der Gestirne und den Gezeitenwechsel simuliert. Im Haus ist auch das Nationalparkhaus Niedersächsisches Wattenmeer untergebracht. Anschaulich erläutern Tafeln und Guckkästen die Tier- und Pflanzenwelt des Watts und der Salzwiesen. Außer einem Aquarium ist ein Wattmodell von besonderem Interesse, denn es ahmt den Gezeitenwechsel nach (März – Nov. tgl. 13.00 – 18.00 Uhr). ⌚

Zum Nationalparkhaus gehört das im Sielhafen liegende **Nationalparkschiff »Nordstern«**, das fast täglich zu interessanten Fahrten ins Watt ausläuft.

Cappel

In Cappel, 5 km nördlich von Dorum, weist – eine Seltenheit im Norden – ein Zwiebelturm den Weg zur Kirche **St. Peter und Paul** (1266), die eine der am besten erhaltenen Orgeln von Arp Schnitger besitzt. Ursprünglich für das St.-Johannis-Kloster in Hamburg bestimmt, gelangte die 1680 vollendete Orgel 1816 nach Cappel, weil die arme Gemeinde sich keine neue Orgel leisten konnte. Auch in den folgenden Jahren fehlte das Geld, um Reparaturen oder Modernisierungen durchzuführen – aus heutiger Sicht ein Glücksfall, denn sie erstrahlt so immer noch in barocker Pracht. Im Juni, September und Dezember erfreuen Orgelkonzerte ein überregionales Publikum.

✶ ◄ Arp-Schnitger-Orgel

Midlum

Midlum liegt rund 8 km nordöstlich von Dorum in der Wurster Heide. Im Gegensatz zum Trubel der Küstenorte findet man hier Ruhe und Beschaulichkeit, aber auch ein vielfältiges Freizeitangebot: das Quellen-Freibad, eine Kneipp-Anlage, einen Trimm-dich-Pfad sowie einen ökologischen Lehrpfad. Historisch interessant sind die Hünengräber am Ortsausgang (Nähe Wanhödener Weg) sowie die Midlumer Windmühle von 1857, ein zweistöckiger Galerieholländer. Man kann sie von April bis Oktober besichtigen und dazu frischen Butterkuchen aus dem Steinbackofen genießen.

Die Kirche St. Pankratius – vermutlich die älteste im Land Wursten – wurde im 12. Jh. aus Felssteinen erbaut und hat noch einige spätmittelalterliche Ausstattungsstücke bewahrt (jeden ersten So. im Monat 19.00 Uhr oder nach Absprache: Tel. 047 41 / 12 91). ◄ St. Pankratius

✶ **Padingbüttel**

Im kleinen Padingbüttel, etwas abseits der Störtebeker-Straße westlich von Dorum, weist die Kirche St. Matthäus aus dem 14. Jh. mehrere Besonderheiten auf, so etwa den 1470 begonnenen und 300 Jahre später veränderten Flügelaltar mit Passionsszenen oder die spätgotische Kreuzigungsgruppe, deren erschreckend realistisches Kruzifix ursprünglich eine Echthaar-Perücke trug. Beachtenswert sind auch die Emporentafeln und die Kanzel von 1652, vermutlich ein Frühwerk von Jürgen Heidtmann.

Misselwarden Kurz nach Mulsum führt ein Abstecher nach Misselwarden, oft als Troja des Nordens bezeichnet, weil hier mehrere Siedlungsebenen vom 1. Jh. v. Chr. bis zum 5. Jh. n. Chr. ergraben wurden – allerdings ist vor Ort nichts mehr zu sehen.

Wremen Der alte Ortskern von Wremen, 6 km südlich von Dorum, ist um eine hohe Wurt angelegt worden. Rund 1,5 km sind es bis zum Strand und Hafen, von dem täglich mehrere kleine Kutter zum Krabbenfang auslaufen. Urlauber finden in den strandnahen Ortsteilen Hofe, Hungerhörn und Wremertief einen Ferienpark, zahlreiche Ferienhäuser und -wohnungen und mehrere Campingplätze. Südlich des ✶ Hafens erstreckt sich ein feinsandiger Badestrand. Mächtig erhebt sich die Kirche St. Willehad auf ihrer Wurt. Sie ist eine der größten und ältesten des Landes Wursten (um 1200). Innen fällt der barocke Hochaltar auf, der 1709 von Johannes Helmes geschaffen wurde.

St. Willehad ►

✶ Das interessante Museum für Wattenfischerei ist in einem alten Fischerhaus untergebracht. Es wird der Lebensraum Wattenmeer vorgestellt und unterschiedliche Fangmethoden der Wattenfischerei wie die Reusenfischerei mit hundegezogenen Schlickschlitten. Krabben wurden meist mit Schiebehamen gefischt, was schwere Frauenarbeit war. Das obere Stockwerk beschreibt vor allem die Granatverarbeitung und zeigt die 1954 patentierte **älteste Krabbenpulmaschine**. Zum Museum gehören auch eine vollständig eingerichtete Krabbenküche sowie ein Krabbenkutter (Wurster Landstr. 118; April – Sept. Di. – So. 14.30 – 18.00, übrige Zeit nur Sa. u. So. 14.30 – 17.00 Uhr).

Museum für Wattenfischerei ►

LAND WURSTEN ERLEBEN

AUSKUNFT

Kurverwaltung Land Wursten
Am Kutterhafen 3, 27632 Dorum
Tel. (047 41) 96 00, Fax 96 01 41
www.wursterland.de

ESSEN

► Erschwinglich / Preiswert

Restaurant Zur Börse
Lange Str. 22, Wremen
Tel. (047 05) 12 77
Fisch, Krabben und Fleischspezialitäten im ältesten Gasthaus von Wremen.

ÜBERNACHTEN

► Günstig

Deichhotel Grube
Am Neuen Deich 2
27632 Dorum-Neufeld
Tel. (047 41) 969 70, Fax 96 97 30
www.deichhotel-grube.de
Gute Lage hinterm Deich, auch Ferienhäuschen.

Pension Villa Hey
Wurster Landstr. 93
27638 Wremen
Tel. (047 05) 95 00 16, Fax 81 01 36
www.villa-hey.de
Nette Frühstückspension, ca. 1,5 km vom Strand.

BADEN

Schwefelsole-Wellenfreibad Dorum-Neufeld
64-m-Rutsche, Wellnessbereich, Wassergymnastik.

★ Langeoog

F/G 9

Bundesland: Niedersachsen **Landkreis:** Wittmund
Einwohner: 2000

Der Name sagt es bereits: Die Ostfriesische Insel Langeoog ist lang, zwar nicht ganz so lang wie ►Juist, aber immerhin nahezu 11 km in Luftlinie, was bei ihrer gekrümmten Gestalt wiederum 14 km Strandlinie entspricht. Ideale Voraussetzungen also für einen erholsamen Urlaub, zumal die autofreie Insel mit interessanten Sehenswürdigkeiten und viel geschützter Natur aufwarten kann.

Insel mit Inselbahn

Langeoog liegt zwischen ►Baltrum im Westen und ►Spiekeroog im Osten. Eine bunte dieselgetriebe Bahn – Unikum auf den ostfriesischen Inseln – rattert in sechs Minuten vom Hafen im Süden in den Ort Langeoog im Nordosten. Ansonsten geht man zu Fuß, tritt in die Pedale oder lässt sich bei einer Fahrt mit der Pferdekutsche die Insel zeigen.

Langeoog wird 1398 erstmals urkundlich erwähnt. Sturmfluten haben der Insel immer wieder schwer zugesetzt, so 1717, als die Insel

Nicht zu übersehen: der Wasserturm von Langeoog

LANGEOOG ERLEBEN

AUSKUNFT

Kurdirektion
Hauptstr. 28, Postfach 12 63
26454 Langeoog
Tel. (049 72) 69 30, Fax 69 31 16
www.langeoog.de

ANREISE

tideunabhängige Personenfähre ab Bensersiel (ca. 30 Min.);
Reederei Schifffahrt der Inselgemeinde Langeoog
Tel. (049 72) 69 03

ESSEN

▸ Fein & teuer / Erschwinglich

Seekrug
Höhenpromenade 1
Tel. (049 72) 383
Das Lokal punktet mit exklusiver Aussichtslage und allem, was Ostfrieslands Küche zu bieten hat: Fisch, Granat, Lamm und Kalb von den Salzwiesen, Wild, Langeooger Bauernkäse – und dazu Kuchen und Torten aus eigener Konditorei.

▸ Erschwinglich

Strandhalle
Höhenpromenade 5
Tel. (049 72) 60 44
Gemütliches Lokal mit bürgerlicher Küche, von dem aus man wunderbare Sonnenuntergänge beobachten kann.

▸ Preiswert

Ostfriesische Teestube am Hafen
Hafenstr. 27
Beliebter Treffpunkt; hier bekommt man eine gute Einweisung in die Teezeremonie. Tipp: die Kuchenrezepte aus der »Rezeptfibel«.

Sonnenhof
Gerk-Sin-Spoor 6
Tel. (049 71) 713
Das einstige Wohnhaus von Lale Andersen ist heute Café-Restaurant und ein guter Platz, um sich Ostfriesentee mit einem Stück Kuchen schmecken zu lassen.

ÜBERNACHTEN

▸ Luxus / Komfortabel

Hotel Flörke
Hauptstr. 17 – 19, 26454 Langeoog
Tel. (049 72) 922 00, Fax 16 90
www.hotel-floerke.de
Angenehme Atmosphäre in dem modernen, zentral gelegenen Hotel (46 Z.); reichhaltiges Frühstücksbüffet

Nordseehotel Kröger
Am Wasserturm, 26454 Langeoog
Tel. (049 72) 68 60, Fax 878
www.nordseehotel-kroeger.de
Hotel (35 Z.) mit persönlicher Atmosphäre und gutem Restaurant »Wasserturm« und Hotelbar.

SCHIFFSAUSFLÜGE

Tagesfahrten nach Baltrum, Norderney, Spiekeroog, Wangerooge und Helgoland; Ausflüge zu den Seehundbänken und ins Wattenmeer.

BADEN / WELLNESS

Meerwasser-Erlebnisbad
im Kurzentrum, Kavalierspad 5
Bad mit allen Schikanen: u. a. Wellenbecken, 42-m-Rutsche, Jet-Stream, Whirlpools, Fitnessraum, Saunalandschaft mit Innen- und Außensaunen (tgl.; Nov./Dez. So., Mo. geschl.).

Nordsee SPA & Wellness
im Kurzentrum, Kavalierspad 5
Im neuen Wellness-Zentrum sorgen die Heilkräfte von Schlick, Algen und Salzwasser für Erholung und Wohlbefinden. Dazu Ayurveda, Solarium u.v.m.

in zwei Teile zerfiel. Bis 1721 verließen daraufhin alle Langeooger ihre Heimat; erst 1723 begann von Helgoland her die Neubesiedlung. Um 1850 konnte man schon 100 Badegäste verzeichnen. Als 1888 das westlich von Hannover ansässige Kloster Loccum den Seebadbetrieb übernahm, begann der Aufstieg zum Ferienort.

Sehenswertes auf Langeoog

Ort Langeoog

Vom Bahnhof steuert man auf der Hauptstraße direkt den Wasserturm zu. Auf dem Weg dorthin passiert man in der Kirchstraße die (evangelische) **Inselkirche**. Sie besitzt ein sehr ungewöhnliches, eigentlich provozierendes Altarbild: Das Werk des ostfriesischen Malers Hermann Buß zeigt ein auf dem Deck eines anderen Schiffes gestrandetes Schiff; auf Deck steht eine Gruppe Menschen, die angesichts des Ereignisses völlig teilnahmslos bleiben und anscheinend auch untereinander nichts miteinander zu tun haben wollen.

*** Wasserturm**

Von der Aussichtsplattform des 1910 errichteten Wasserturms, Langeoogs Wahrzeichen, eröffnet sich ein wunderbarer Blick über die Insel. Er steht auf der Kaapdüne, auf der vor Erbauung des Turms ein sogenanntes Kaap als Seezeichen existierte (Turmbesteigung: Mo. – Fr. 10.00 – 12.00 Uhr). Zum 100. Geburtstag von Lale Andersen am 23. Mai 2005 ist am Wasserturm ein von der Goldschmiedin Eva Recker geschaffenes Bronzestandbild enthüllt worden.

Seemannshus

Im Seemannshus, einem der letzten echten Insulanerhäuser, sind eine heimatkundliche Sammlung sowie Wechselausstellungen zu sehen (Caspar-Döring-Pad / Mittelstr.; Mi. / Fr. 15.00 – 18.00 u. So. 10.00 bis 12.00 Uhr). Heiratswillige können sich hier trauen lassen.

Ortsmitte

Mittelpunkt des Langeooger Lebens, wo man bummeln, in Läden stöbern, eine Kleinigkeit essen oder trinken kann, ist die **Barkhausenstraße**, eine breite Fußgängerzone. Richtung Dünenwall liegen die Kur- und Freizeitanlagen, darunter das Haus der Insel mit dem sehr sehenswerten Schifffahrtsmuseum, das u. a. Buddelschiffe, Schiffsmodelle, Münzen mit maritimen Motiven und gravierte Walknochen zeigt. Im angegliederten Nordsee-Aquarium schwimmen typische Vertreter der hiesigen Meeresbewohner. Im Hof steht das nunmehrige Museums-Rettungsboot »Langeoog«, das 35 Jahre lang vor der Insel im Einsatz war (Mo. – Do. 10.00 – 12.00 u. 15.00 bis 17.00, Fr. u. Sa. 10.00 – 12.00 Uhr).

* ◄ Schifffahrtsmuseum

*** Dünenfriedhof**

Der Dünenfriedhof am östlichen Ortsrand zeugt von einer ereignisreichen Geschichte: Die Baltengedenkstätte erinnert an Baltendeutsche, die nach ihrer Vertreibung infolge des Hitler-Stalin-Pakts auf Langeoog eine neue Heimat fanden. Auf dem sog. Russenfriedhof sind sowjetische Zwangsarbeiter begraben und auf dem eigentlichen Ortsfriedhof befindet sich die **letzte Ruhestätte von Lale Andersen**.

Langeoog Orientierung

★ **Pirolatal**

Ein Wanderweg führt weiter ostwärts in das 2 km lange und bis zu 300 m breite Pirolatal, dessen Ränder bis zu 15 m hohe Graudünen säumen. Das Tal hat seinen Namen von einem Wintergrüngewächs: Die Mitglieder der Gattung *Pyrola* ziehen im Winter ihre Blätter nicht ein, daher der Name Wintergrün. Einst wurde die Pflanze zur Behandlung von Blasenleiden eingesetzt.

Man passiert dann die Feuchtebenen Kleiner und Großer Schlopp: Sie entstanden bei der Weihnachtsflut von 1717 und waren bis zum Deichbau 1906 überflutet. Schließlich erreicht man die über 21 m hohe Melkhorndüne, von der man eine wunderbare Aussicht auf die Umgebung hat.

★ **Vogelkolonie und Osterhook**

Zur Vogelkolonie und zum Osterhook fährt man am besten mit dem Fahrrad. Etwa 3 km östlich der Melkhorndüne kommt man am Rand der Vogelkolonie an, wo u. a. jedes Jahr ab Mai ca. 4000 Silbermöwen brüten. Das Vogelschutzgebiet darf nur im Rahmen von Führungen, die am Vogelwärterhaus beginnen, betreten werden. Am beliebten **Ausflugslokal Meierei** stellen die meisten ihre Räder ab und genießen frische Milch, Sanddornsaft oder eines der anderen leckeren Angebote. Der kurvige asphaltierte Weg führt nun zum Osterhook, dem Ende eines Dünengeländes, das man nur zu Fuß überqueren kann. Nach ca. 700 m kommt man zu einer Aussichtsplattform, von der man Seehunde beobachten kann. Die beste Zeit dafür sind die drei Stunden vor und nach dem Hochwasser. Sollte man aber kein Glück haben, sind sicher viele Vögel wie Austernfischer oder Eiderenten zu sehen.

Flinthörn

Flinthörn heißt ein im Laufe der Jahrhunderte gebildeter nehrungsartiger Fluthaken im Südwesten Langeoogs, der durch Sandablagerungen entstanden ist. Ein Lehrpfad verläuft zwischen Dünen und Fluthaken; ausführliche Schautafeln erklären die Vogel- und Pflanzenwelt.

★ Meldorf

Q 7

Bundesland: Schleswig-Holstein **Landkreis:** Dithmarschen
Einwohner: 7600

Selbst wenn Meldorfs St.-Johanniskirche kleiner ausgefallen wäre, würde sich der Besuch lohnen, kann man hier doch in einem der wenigen noch mittelalterliche Atmosphäre verbreitenden Städtchen Schleswig-Holsteins bummeln. So aber erlebt man auch noch den bedeutendsten gotischen Kirchenbau an der schleswig-holsteinischen Nordseeküste.

Dithmarschens »Domstadt«

Meldorf, 9 km südlich von ►Heide, ist das zweite Zentrum in Dithmarschen. Seine Ursprünge liegen vermutlich auf einem leicht erhöhten Geestkeil, der früher direkt am Wattenmeer lag und als Hafen und Thingplatz diente. Jedenfalls ist »Melindorf« (mellen = wählen) für das Jahr 1265 erstmals urkundlich erwähnt und stieg zum **Zentrum des sächsischen Gaus Dithmarschen** und dessen erstem »Regierungssitz« auf. Hier kam regelmäßig der Rat der freien Bauernrepublik zusammen, bevor 1434 Heide zum Versammlungsort auserkoren wurde. Bereits im frühen 14. Jh. war ein Dominikanerkloster gegründet worden, das nach der Reformation zur Lateinschule umfunktioniert wurde. Nach dem Ende der Bauernrepublik verlor Meldorf 1559 das Stadtrecht, das es erst 1868 zurückerhielt. Lange Zeit lebten die Meldorfer vom Getreidehandel in ihrem Hafen, der wegen künstlicher Landgewinnung und der daraus resultierenden Binnenlage immer mehr an Bedeutung verlor. 1978 wurde der neue, 6 km westlich liegende Hafen an der Küste eröffnet.

! *Baedeker* TIPP

Schuss und Kette

Die alte Kunst der Beiderwand- und Gobelinweberei lebt in der historischen Handweberei im 400 Jahre alten Pastorat fort. Hier kann man nicht nur mitverfolgen, wie die regionalen historischen Motive gewebt werden, sondern auch von zeitgenössischen Künstlern gestaltete Kissen, Decken oder Gardinen erwerben (Zingelstr. 29; Besichtigung: Mo. – Do. 9.30 – 11.30 u. 13.00 – 15.00; Verkauf Mo. – Mi., Fr. ab 8.00, Do. ab 6.00, Sa. ab 9.30 Uhr).

Sehenswertes in Meldorf

★★ St. Johannis – »Dom der Dithmarscher«

Mit der St.-Johannis-Kirche besitzt Meldorf ein herausragendes Bauwerk. Der »Dom der Dithmarscher«, wie er wegen seiner Größe genannt wird, ist auch als Zeugnis der jahrhundertelangen politischen Unabhängigkeit Dithmarschens zu sehen, war er doch die **Hauptkirche der Bauernrepublik**, die sogar das Kirchensiegel als ihr eigenes Siegel führte. Der Dom geht zurück auf die von Bischof Willrich von Bremen zwischen 814 und 826 errichtete erste der vier karolingi-

Opulent ausgestattet: der Dom

schen Urkirchen im Norden (neben Hamburg, Schenefeld und Heiligenstedten). Der heutige gotische Bau in Gestalt einer dreischiffigen Backsteinbasilika ist zwischen 1250 und 1300 entstanden, der 61 m hohe Kirchturm wurde um 1870 anstelle des durch einen Brand zerstörten Vorgängers errichtet. In dieser Zeit erfolgten auch umfassende Renovierungsarbeiten am Kirchenschiff und die Verblendung der gesamten Außenfassade mit Ziegeln.

An der Decke des Querschiffs sind noch Fragmente von Ausmalungen aus der Zeit um 1300 erhalten. Die reichhaltige Ausstattung besteht u. a. aus einer Messingtaufe (13. Jh.) mit einem hölzernen Deckel von 1688, dem Schnitzaltar (1520) aus der oberdeutschen Schule mit Kreuzigungsszene und Passionsdarstellungen, einer hölzernen Pracht-Chorschranke (1601) in niederländischer Spätrenaissance und der 1601 gefertigten Holzkanzel. Aus dem 15. Jh. stammen das Chorgestühl sowie die Schnitzfiguren des Johannes und der hl. Gertrud. Beachtenswert sind auch die vier Holzepitaphien aus der Spätrenaissance, die aus einer Dithmarscher Werkstatt stammen.

Niebuhr-Haus

Gegenüber vom Dom steht das Wohnhaus des Landvermessers, Geografen, Mathematikers und Orientforschers Carsten Niebuhr (1733 – 1815). Er war Mitglied der Expedition, die im Auftrag des dänischen Königs von 1761 bis 1767 Arabien erkundete und kartierte. 1778 wurde er Justizrat in Meldorf. Heute stellt in dem Haus die Domgoldschmiede erlesene Gold- und Silberarbeiten her; auch wer nichts kauft, kann sich den schönen **Mineralienkeller** anschauen.

★ Dithmarscher Landesmuseum

Lohnend erweist sich ein Besuch des abwechslungsreichen Dithmarscher Landesmuseums, das mit zahlreichen, teilweise auch humorvollen Exponaten die Alltagskultur und Geschichte der Region veranschaulicht. Neben Dokumenten zum Deichbau und zur Entwässerung, kunsthandwerklichen Produkten, Gemälden, Grafiken und Skulpturen ist der Gerichtssaal des Landvogtes Markus Swyn aus dem 16. Jh. zu sehen. Großen Raum nimmt natürlich die Dithmarscher Bauernrepublik ein. In der »modernen« Abteilung hat man einen Friseursalon aus den 1950er-Jahren eingerichtet, ferner eine Zahnarztpraxis, die bis 1966 in Betrieb war, die ersten Selbstbedienungsläden und die originalen »Capitol Lichtspiele« mit 180 Plätzen, die bis 1953 in Tönning Filme zeigten (Bütjestr. 2 – 4; Ostern – Okt. Di. – Fr. 10.00 – 16.30, Sa. und So. 11.00 – 16.00; Nov. – Ostern Di. – Fr. 10.00 – 16.00, So. 11.00 – 16.00 Uhr).

Landwirtschaftsmuseum

Im Schleswig-Holsteinischen Landwirtschaftsmuseum sind Maschinen und landwirtschaftliches Gerät, eine alte Backstube, eine Schmiede und die Wohnung des Schmieds ausgestellt. Auf dem Grundstück steht das niederdeutsche **»Dithmarscher Haus«**, ein Fachhallenhaus aus dem 17. Jh., das 1907 hierher versetzt wurde (Jungfernstieg 4a; Di. – Fr. 9.00 – 17.00, Sa. und So. 11.00 – 17.00 Uhr, Nov. – März Sa. geschl.).

Südermarkt

Am Südermarkt fallen mehrere schöne Häuser ins Auge, darunter Nr. 6, ein fünfachsiges Giebelhaus mit Löwendarstellungen. Die Apotheke (Nr. 8) zeigt sich als klassizistischer Bau aus dem Jahr 1840.

Windmühlen

Auch zwei Windmühlen sind in Meldorf erhalten: die Nordermühle »Fortuna«, ein Erdholländer von 1863, und die Südermühle »Christel«, ein Galerieholländer von 1892, in dem ein Restaurant und eine Weinstube eingerichtet sind.

MELDORF ERLEBEN

AUSKUNFT

Fremdenverkehrsverein
Nordermarkt 10
25704 Meldorf
Tel. (048 32) 97 80-0
Fax 97 80 20
www.meldorf-tourismus.de

ESSEN

▸ Erschwinglich

Domschänke
Westerstr. 1 / Südermarkt
Tel. (048 32) 31 57
Bekannt für leckere, schonend zubereitete (= nicht ausgebackene) Fischgerichte.

▸ Preiswert

Dom Café
Südermarkt 4
Köstliche Kuchen und Torten aus eigener Herstellung, Kaffeespezialitäten und viele Teesorten.

ESSEN / ÜBERNACHTEN

▸ Preiswert / Komfortabel

Hotel zur Linde
Südermarkt 1
25704 Meldorf
Tel. (048 32) 959 50
Fax 43 12
www.linde-meldorf.de
Behagliches »Flair-Hotel« (17 Z.) am Domplatz mit gutem Restaurant, das auf bodenständige Dithmarscher Kost setzt wie z. B. »Mehlbeutel«: ein salziger Mehl-Eierkloß, serviert mit zerlassener Butter, Zucker, Kirschsoße und Schweinebackenfleisch. Sollte man probieren!

Umgebung von Meldorf

Marne Marne, 17 km südlich von Meldorf, lag bis vor rund 200 Jahren noch direkt am Wattenmeer; die Ortsgründung geht sogar auf eine Ansiedlung auf einer wasserumspülten Warft zurück. Heute fährt man etwa 7 km bis zum nächsten Nordseedeich und der Hafen ist mittlerweile verschwunden. In der örtlichen Brauerei wird seit 1775 Dithmarscher Pilsener gebraut.

Rathausplatz ► Das fast monumental wirkende Marner Rathaus ist 1914 / 1915 in einer Spätform des Jugendstils, dem sogenannten Klinker-Expressionismus, gebaut worden. Die gegenüberliegende **Maria-Magdalenen-Kirche** mit dem auffällig hohen Kirchturm – er ist 1,20 m höher als der des Meldorfer »Doms« – geht auf einen 1281 erwähnten Vorgängerbau zurück und wurde zwischen 1904 und 1906 als neoromanischer Bau errichtet. Erhalten ist eine Bronzetaufe aus der Zeit um 1325; die Holzkanzel stammt von 1603.

✶ Heimatmuseum ► Das Heimatmuseum entsprang einer ebenso kuriosen und wie sehenswerten Sammlung des Skatclubs, die die Marner Alltagsgeschichte auf ausgesprochen kurzweilige Art dokumentiert (Museumstr. 2; Di. – Fr. 15.00 – 17.00, So. 10.00 – 12.00 Uhr).

! *Baedeker* TIPP

Marschenbahn-Draisine

Vergnüglich-nostalgische 8 km verspricht die »Marschbahn« von Marne nach St. Michaelisdonn. Allerdings müssen zwei der maximal vier Passagiere selbst in die Pedale der Fahrrad-Draisinen treten – es sei denn, man kann das Segel setzen (Mai – Okt.; Reservierungen Tel. 048 53 / 80 73 05; www.draisine-marne.de).

Am Kaiser-Wilhelm-Koog (ca. 5 km westlich von Marne), der als eines der windreichsten Gebiete in Deutschland gilt, ist seit 1987 der erste deutsche Windenergiepark in Betrieb, der heute pro Jahr 78 000 KWh Strom in das öffentlich Netz einspeist – genug, um rund 17 000 Haushalte mit Strom zu versorgen. Er geht zurück auf die Forschungsanlage **GROWIAN** (Große Windenergieanlage), die bei ihrer Inbetriebnahme im Jahre 1983 die größte Windenergieanlage der Welt war. Im Informationszentrum dieser 1989 deinstallierten Anlage erfährt man, wie aus Wind Strom gewonnen wird.

Burg Naturliebhaber sollten sich einen Ausflug ins **Waldmuseum** Burg auf dem 66 m hohen Wulffsboom überlegen (ca. 14 km südöstlich von Meldorf), wo die heimische Pflanzen- und Tierwelt intensiv, aber auch spielerisch und interaktiv vorgestellt wird (Obere Waldstr.; Di. – So. 10.00 – 12.00 und 14.00 – 17.00 Uhr).

Das kann man auch sehr gut kombinieren mit einem Besuch im Burger **Heimatmuseum**, wo unter anderem eine alte Tischlerwerkstatt, ein Kaufmannsladen und eine Landapotheke originalgetreu aufgebaut sind (Große Mühlenstr. 6; Mai – Oktober Di., Fr. – So. 14.30 – 16.30 Uhr).

★ Neuharlingersiel

H 9

Bundesland: Niedersachsen **Landkreis:** Wittmund
Einwohner: 1100

Neuharlingersiel, Spiekeroogs Festlandhafen, gilt als einer der schönsten an der Nordseeküste. Für das richtige Flair sorgt eine Flotte von 14 Krabbenkuttern.

Malerischer Hafenort

Vor mehr als 300 Jahren wurde das Fischerdorf gegründet. Heute macht es viel Spaß, dem Treiben im Hafen, dem Herzstück des Orts, zuzusehen, frische Krabben direkt vom Kutter zu kaufen oder in einem der netten Café-Restaurants einzukehren. In der Hochsaison ist das beliebte Ausflugsziel allerdings oft überlaufen.

Sehenswertes in Neuharlingersiel und Umgebung

★ Buddelschiffmuseum

An der westlichen Hafenseite in Janssen's Hotel erlebt man im Buddelschiffmuseum die Bandbreite dieser nur mit viel Feingefühl zu konstruierenden Objekte und kann auch einem Buddelschiffbauer bei der Arbeit zusehen. Buddelschiffe decken alle Schiffstypen, Epochen und denkwürdigen Ereignisse ab: So findet man hier Wikingerschiffe, phönizische und römische Galeeren, Kolumbus' »Santa Maria«, Admiral Nelsons »HMS Victory«, die untergehende »Titanic« ebenso wie Thor Heyerdahls »Kon-Tiki«, ein Atom-U-Boot oder ein im Trockendock liegendes Schiff (Am Hafen West 7; April bis Okt. tgl. 10.00 – 13.00 und 13.30 bis 17.00 Uhr).

Havarie im Buddelschiffmuseum

Beim Fähranleger nach ► Spiekeroog stellt in einem Schuppen die Deutsche Gesellschaft zur Rettung Schiffbrüchiger das See-Rettungswesen vor. Westlich vom Hafen beginnt **der öffentliche Strand**.

Sielhof

Der hübsche Eindruck des Orts setzt sich auch südlich des Hafens fort. Hinter der Schleuse, die Friedrich der Große 1785 bauen ließ, liegt inmitten eines kleinen Parks der Sielhof aus dem 18. Jh.. Der schlossähnliche Gutshof dient heute als Haus des Gastes; in der Hauskapelle werden in den Sommermonaten mittwoch- und freitagabends Andachten abgehalten und zudem kann man in dem ansprechenden Ambiente heiraten. Dahinter beginnt der grüne Teil Neuharlingersiels.

Seriemer Mühle

Eine schöne Radtour führt zu der am Neuharlinger Sieltief gelegenen Seriemer Mühle (2 km südlich). Inmitten von Feldern und Wiesen ragt der funktionstüchtige einstöckige Galerieholländer (1804) empor, nach dessen Besichtigung man in der gemütlichen Teestube im Müllerhaus einkehren kann. Der Ostfriesentee wird auf traditionelle Art serviert, dazu gibt es Apfelkuchen oder ausgezeichnete Rumflockentorte (April – Okt. tgl. 10.30 – 12.30 u. 14.30 – 18.30 Uhr).

NEUHARLINGERSIEL ERLEBEN

AUSKUNFT

Kurverwaltung
Edo-Edzards-Str. 1
26427 Neuharlingersiel
Tel. (049 74) 181 12
Fax (049 74) 788
www.neuharlingersiel.de

ESSEN

► Preiswert

Gaststätte Kissmann
Von-Eucken-Weg 21
Tel. (049 74) 339
Hausmannskost in Portionen, an denen man sich nach einer langen Wanderung so richtig satt essen kann.

ESSEN / ÜBERNACHTEN

► Erschwinglich / Komfortabel

Janssen's Hotel
Am Hafen 7
26427 Neuharlingersiel
Tel. (049 74) 224
Fax (049 74) 702
www.hotel-janssen.de
Sehr schönes Hotel mit 24 modern und hell eingerichteten Zimmern am idyllischen Hafen.
Dazu passt das Restaurant mit »Kamerun-Zimmer«, kachelgeschmückter Teestube und Veranda. Gekocht wird mit regionalen Produkten, v. a. Fisch.

► Preiswert / Günstig

Landhotel Bauernstuben
Dorfstr. 10
26427 Neuharlingersiel
Tel. (049 74) 625, Fax 13 12
www.landhotel-bauernstuben.de
Das an seinem Eckturm zu erkennende Landhotel liegt 2 km landeinwärts südwestlich des Orts direkt am Radweg und ist gut auf Radurlauber eingestellt (Fahrradgarage, kostenlose Tourenkarten). Aber auch wer nicht mit dem Rad unterwegs ist, wird die hübschen Zimmer, die Terrasse und das freundlich-friesischblau eingerichtete Restaurant zu schätzen wissen.

BADEN

Meerwasser-Hallenbad
30 °C-Meerwasserbecken, Unterwasser-Massagedüsen, Solarien, Hydro-Jet, Tropengarten, Trocken- und Blockhaussauna (tgl. geöffnet).

FEST

Die seit mehr als 30 Jahren stattfindende *Regatta der Krabbenkutter* ist nicht nur für den Ort, sondern für ganz Ostfriesland ein Top-Ereignis: Ende Juli treten die bunt beflaggten Kutter gegeneinander an zu einem Wettrennen. (Zahlende) Gäste sind an Bord willkommen.

✶ Neuwerk · Scharhörn

M/N 8

Bundesland: Hamburg **Einwohner:** 36 (auf Neuwerk)

Wattwandern in Hamburg? Kein Problem, nur muss man sich dazu von der Hansestadt in Cuxhavens Kurorte begeben, denn von dort starten die Wege und Wattwagenfahrten zur Insel Neuwerk.

Vorposten Hamburgs im Wattenmeer

Neuwerk und Scharhörn liegen rund 10 km nordwestlich von ►Cuxhaven im Nationalpark Hamburgisches Wattenmeer und somit fast 100 km von Hamburg entfernt. Seit 1204 gehört Neuwerk zur Hansestadt, sicherte die Elbeinfahrt und war Umschlagplatz für Heringe. Seefahrer konnten sich ab 1310 am 35 m hohen, als Seezeichen erbauten Turm orientieren, unter ihnen auch die Seeräuberbanden um Klaus Störtebeker (► Baedeker Special S. 248), der hier gleich eines seiner Quartiere aufschlug. Neuwerk ist rund 3 km² groß und kann entlang des Deiches in ungefähr 1,5 Std. umrundet werden. Die Häuser stehen auf vier bis zu 15 m hohen Warften. Neuwerk hat drei landwirtschaftliche Betriebe, eine eigene Schule (**die kleinste Schule Deutschlands**), eine Feuerwehr (ebenfalls die kleinste Deutschlands) sowie zwei Schullandheime und Jugendzeltplätze. Die 2,6 km² große Vogelschutzinsel Scharhörn liegt 5 km nordwestlich.

Sehenswertes auf und um Neuwerk

✶ Nationalpark Hamburgisches Wattenmeer

Der kleinste der drei deutschen Wattenmeer-Nationalparks besitzt keine Festlandküste, umfasst aber mit den Inseln und Sandbänken rund um Neuwerk **besondere See- und Zugvogelschutzgebiete** sowie Ruheplätze für Seehunde. Aufgrund der besonderen Ruhebedürftigkeit dieser Tiere, vor allem während der Brutzeit, und zum Schutz zahlreicher bedrohter Arten sind weite Teile des Hamburger Nationalparks für Besucher gesperrt oder nur unter fachkundiger Führung betretbar. Dazu gehören Scharhörn sowie die kleinere Nachbarinsel Nigehörn. Auch für Segler, Skipper, Paddler und Surfer gelten Sperrzonen. Das Nationalparkhaus auf Neuwerk – rechts des Wegs vom Schiffsanleger zum Turm – informiert multimedial mit Aquarien, Dioramen, Modellen u. v. a. über die Tier- und Pflanzenwelt im Wattenmeer. Ein breites Angebot an Veranstaltungen macht das Biosphärenreservat rund um Neuwerk zum Erlebnis (www.nationalpark-hamburgisches-wattenmeer.de).

◄ Nationalparkhaus

✶ Wattwanderweg

Was bei Flut schier unglaublich erscheint: Bei Ebbe kann man die 10 km nach Neuwerk zu Fuß zurücklegen. Von Cuxhaven, Duhnen und Sahlenburg führen die durch Reisigbündel, sogenannten **Pricken**, markierten Wattwanderwege zur Insel hinüber. Es ist jedoch größte Vorsicht geboten, denn auf die rund 3-stündige Wanderung kann man sich nur zu festgelegten, tidenabhängigen Zeiten begeben.

NEUWERK ERLEBEN

ANREISE

Mit dem Wattwagen ab Cuxhaven; Verzeichnis der Anbieter unter www.cuxhaven.de/cuxhaven_666.php
Mit dem Schiff ab Cuxhaven: Reederei Cassen Eils, Tel. (047 21) 350 82 84, www.helgolandreisen.de

ESSEN / ÜBERNACHTEN

▸ Erschwinglich / Komfortabel

Nige Hus
27499 Insel Neuwerk
Tel. (047 21) 295 61, Fax 288 25
www.inselneuwerk.de
Das relativ neue Hotel am Deich, 10 Min. vom Leuchtturm entfernt, bietet außer normalen Zimmern auch Suiten für bis zu vier und einen Gruppenraum für sechs Personen. Rustikaler geht es im Restaurant Anker zu und ganz zünftig wird es im »Tüdelüt«, wo Fisch geräuchert und Steaks gegrillt werden.

ÜBERNACHTEN

▸ Luxus / Komfortabel

Pension Leuchtturm Neuwerk
Leuchtturm 1, 27499 Insel Neuwerk
Tel. und Fax (047 21) 290 78
www.leuchtturmneuwerk.de
Luxuriös ist es sicher nicht in »Antje's Leuchtturm«, aber ein bisschen mehr muss man schon bezahlen, um am originellsten Platz der Insel in einem der sieben urgemütlichen Zimmer übernachten zu können.

Am besten schließt man sich einer professionellen Führung an. Von Neuwerk aus werden auch Wattwanderungen zur Nachbarinsel Scharhörn angeboten. Diese rund einstündige Wanderung ist vor allem Vogelliebhabern zu empfehlen, da sich hier ausgezeichnete Einblicke in die Vogelschutzgebiete ergeben. Auch auf eigene Faust darf man hinüberwandern, allerdings **nur nach vorheriger Anmeldung (!) beim Vogelschutzwart** (Tel. 047 21 / 285 84).

✶ **Leuchtturm**

Das älteste Hamburger Bauwerk steht fern der Stadt. Zwischen 1301 und 1310 wurde der mächtige Ziegelturm auf Neuwerk errichtet. Als Wehrturm nahm er zunächst elf Mann Besatzung auf, die die für Hamburg lebenswichtige Elbmündung zu sichern hatten. 1556 wurde rund um den Turm ein Deich gezogen und seitdem fanden die Insulaner in ihm immer wieder Zuflucht bei Sturmfluten, so zuletzt 1976. Da viele Schiffe auf den flachen Sandbänken rund um Neuwerk und Scharhörn strandeten, wurde 1644 eine sogenannte Blüse (ein Holz- oder Kohlefeuer auf einem Gerüst) als Seezeichen errichtet; 1814 hat der Turm diese Funktion übernommen. Heute ist er Wahrzeichen und zugleich Hauptattraktion der Insel, spätestens seit hier die »Tatort«-Kommissare Stöver und Brockmöller alias Manfred Krug und Charles Brauer ermittelten. Von der Spitze des Turms hat man einen herrlichen Rundblick.

Neuwerks Leuchtturm ist gleichzeitig Hamburgs ältestes Bauwerk. →

★ Niebüll

03

Bundesland: Schleswig-Holstein **Landkreis:** Nordfriesland
Einwohner: 8800

Niebüll sehen viele nur durch das Autofenster, denn von hier fährt der Autoreisezug ab, der über den Hindenburgdamm nach ► Sylt rollt. Sehr schade, denn das Städtchen besitzt drei attraktive Museen und bietet sich als Standort für Ausflüge in die Region an, was für Emil-Nolde-Anhänger einem Muss gleichkommt.

Sprungbrett zu den Inseln

1887 ist ein wichtiges Datum in der Geschichte des 1436 als »Nubul« erstmals erwähnten Niebüll: Bis dahin Marktzentrum einer bäuerlichen Kooglandschaft, wurde der Ort mit der Eröffnung der Marschenbahn von Hamburg zur Nordseeküste zur Drehscheibe für den Verkehr nach den Nordfriesischen Inseln. Mit dem Bau des Hindenburgdamms 1927 ist diese Position zementiert worden.

Sehenswertes in Niebüll und Umgebung

★ Friesisches Museum

Einen guten Einblick in die hiesige Wohnkultur gibt das Friesische Museum, zu finden in einem uthlandfriesischen Gehöft von 1844 im Ortsteil Deezbüll, einer früheren Fischer- und Kleinbauernsiedlung. Das Gebäude ist ein gutes Beispiel für ein nordfriesisches Ständerhaus (► 3 D S. 36) Die Ausstellungen zeigen, wie die Friesen vor der

NIEBÜLL ERLEBEN

AUSKUNFT

Touristinformation Niebüll
Rathausplatz
25899 Niebüll
Tel. (046 61) 94 10 15, Fax 85 95
www.niebuell.de

ESSEN

► Preiswert

Café Storchennest
Gotteskoogstr. 28
Tel. (046 61) 67 50 74
Kuchen und kleine Gerichte.

Wattwurm
Hauptstr. 28, Tel. (046 61) 88 54
Café, Bistro und Kneipe, die leckere kleine Gerichte anbietet.

ÜBERNACHTEN

► Komfortabel

Insel-Pension
Gotteskoogstr. 4, 25899 Niebüll
Tel. (046 61) 21 45, Fax 94 20 30
Kleines, nett eingerichtetes Hotel (9 Z.) mit Garten und Kosmetikstudio im Haus.

BADEN

Freibad
Deichstraße:Naturbad in der »Wehle«, einem durch Deichbruch entstandenen See.
Als Ausflug in die westliche Umgebung Niebülls bietet sich die angenehme Badestelle *Südwesthörn* (10 km) an.

Industrialisierung wohnten, arbeiteten und im Laufe der Jahrhunderte eine typische Volkskultur entwickelten (Osterweg 76; Juni – Sept. tgl. 14.00 – 16.00 Uhr und nach Vereinbarung, Tel. 01 75 / 41 46 18).

Naturkundemuseum

Mit der heimischen Flora und Fauna befasst sich das Naturkundemuseum. Neben Dioramen und Grafiken beleben Aquarien und ein Bienenvolk die Ausstellung. Kindern gefällt es meist am besten im Erlebnisraum, in dem sie Tiere streicheln, malen und basteln können (Hauptstr. 108; April – Okt. Di. – So. 14.00 – 17.30 Uhr, Juni – Aug. auch Mo.).

Richard-Haizmann-Museum

Das Richard-Haizmann-Museum im alten Rathaus zeigt Skulpturen und Gemälde des Künstlers, der unter den Nationalsozialisten als »entartet« galt und sich nach Niebüll zurückgezogen hatte, wo er bis zu seinem Tod lebte. Zudem sind hier von Zeit zu Zeit hervorragende Wechselausstellungen von namhaften Künstlern des 20. Jh.s zu sehen (Rathausplatz; Di. – Fr. 11.00 – 16.30, Sa. 10.00 – 12.00, So. 14.00 – 17.00 Uhr).

Dagebüll

Dagebüll, südwestlich von Niebüll gelegen, ist für viele Urlauber nur Durchgangsstation und Großparkplatz, da vom Hafen die Autofähren nach ►Amrum und ►Föhr starten und man per Lorendamm die ►Halligen Oland, Langeneß und Hooge erreicht. Dagebüll ist dabei, sich zum Ferienort zu mausern, gibt es doch einen grünen Strand mit bunten Badehäusern und Strandkörben. Gäste, die in Dagebüll spazieren gehen oder am Strand ein Sonnenbad nehmen wollen, sollten am Strandparkplatz im Ort parken.

◄ Dagebüll-Kirche

Besonders hübsch gibt sich das Dörfchen Dagebüll-Kirche etwas landeinwärts. Es war bis Anfang des 18. Jh.s eine Hallig, wurde zwischen 1704 und 1727 mit einem Deich umzogen und ans Festland angeschlossen. Der auf einer Warft errichteten Dorfkirche von 1731 ging eine dem hl. Dionysius geweihte Kirche voraus.

Fahretoft

Am Hauke-Haien-Koog unweit von Dagebüll liegt Fahretoft, wo der Mathematiker und Mechaniker **Hans Mommsen** (1735 – 1811) geboren wurde, **Storms Vorbild für Hauke Haien** in seiner Novelle »Der Schimmelreiter«. Er fertigte die Sonnenuhr an der Außenwand der **Dorfkirche** an. Diese wurde bereits 1240 erwähnt, doch erst 1703 in der jetzigen Form fertiggestellt. Ihr um 1480 entstandener Altar mit der Kreuzigung Christi und Apostel- und Heiligendarstellungen stammt ursprünglich aus der Kirche von Tondern und kam 1695 nach Fahretoft. Die Kanzel von 1647 stützt sich auf eine geschnitzte Figur Mose.

Seebüll

Seebüll im äußersten Nordwesten Schleswig-Holsteins (ca. 15 km nördlich von Niebüll) ist für Freunde von Emil Noldes leuchtenden Gemälden und Aquarellen ein Erlebnis ohnegleichen. Emil Nolde (► Baedeker Special S. 46) hatte in den 1920er-Jahren, nachdem sein

Auch sein prachtvoller heimischer Garten in Seebüll inspirierte Emil Nolde.

Geburts- und Wohnort Nolde bei Tondern in Nordschleswig dänisch geworden war, auf deutschem Gebiet eine Warft erworben und darauf nach eigenen Entwürfen ein Haus gebaut, das er als Wohnung, Atelier und Ausstellungsraum nutzte. Das im Stil der Neuen Sachlichkeit errichtete Refugium ging nach Noldes Tod als öffentliche Einrichtung und Museum in die »Stiftung Ada und Emil Nolde« ein. Hier ist **ein Großteil des Gesamtwerks** zu sehen, darunter auch die zwischen 1938 und 1945 entstandenen »Ungemalten Bilder«, die der von den Nationalsozialisten als »entartet« eingestufte Künstler trotz Malverbots und somit heimlich geschaffen hat. Das Haus umgibt ein einzigartig farbenfroher Bauerngarten, in dem Nolde für seine Blumenbilder reichlich Anregung fand. In der Anlage der Wege erkennt man das »A« für Ada und das »E« für Emil (März – Okt. tgl. 10.00 – 18.00, Nov. tgl. 10.00 – 17.00 Uhr).

✶ ✶ Emil-Nolde-Museum ▶

Ladelund In Ladelund, etwa 10 km nordöstlich von Niebüll, erinnern eine Gedenkstätte und ein Mahnmal an das Konzentrationslager, das im Winter 1944 für sechs Wochen als Außenlager von Neuengamme eingerichtet worden war. In dieser Zeit kamen von den 2000 Inhaftierten über 300 ums Leben (Mitte März – Mitte Dez. Di. – Fr. 14.00 – 17.00, Sa. / So. 14.00 – 18.00 Uhr).

Ausflug nach Dänemark

Højer

Über den knapp 5 km vom Nolde-Museum entfernten Grenzübergang Rudbøl geht es nach Højer, einem netten Schleusenstädtchen, sehr gut geeignet für eine Pause und einen Bummel.

★ Tønder

Von hier fährt man in das östlich gelegene Tønder (Tondern), das im Lauf der Geschichte mal deutsch, mal dänisch war. Unbedingt probieren: das berühmte dänische Blätterteiggebäck, hier **Wiener Brød** genannt. Außer echt dänischer »Hyggeligkeit« findet man in den hübschen Gassen rund um den Marktplatz schöne Bürgerhäuser aus dem 17. und 18. Jh., die Christuskirche von 1592 sowie das Tønder Museum mit dem dazugehörigen Sønderjyllands Kunstmuseum (Di. – So. 10.00 – 17.00 Uhr, Juni – Aug. tgl.). Große Tradition hat in Tønder die Spitzenklöppelei, zu besichtigen im Tønder Museum und in Drøhses Hus in der Storegade 14. Das Zeppelin-und Garnisonsmuseum beleuchtet die Geschichte des im Ersten Weltkrieg hier befindlichen deutschen Luftschiffhafens und dessen spätere Nutzung (Gasverkvej 1; Sa. / So. 12.00 – 17.00 Uhr).

◄ Zeppelin-und Garnisonsmuseum

Zurück geht es auf der E 11 / B 5 über Süderlugum nach Klixbüll und Niebüll. Will man das Auto lieber stehen lassen, kann man den Ausflug von Niebüll nach Tønder auch mit dem Zug machen.

★ Norden · Norddeich

D / E 10

Bundesland: Niedersachsen **Landkreis:** Aurich
Einwohner: 26 000

Zwei (ostfriesische) Superlative kann Norden vorweisen: Es ist die älteste Siedlung Ostfrieslands und besitzt die größte mittelalterliche Kirche der Region. Den Hafen Norddeich kannte jeder deutsche Seemann, denn Norddeich Radio hielt in handylosen Zeiten die Verbindung mit der Heimat aufrecht.

Ältester Ort Ostfrieslands

Die Ursprünge Nordens reichen wohl ins 6. Jh. zurück, was es zur ältesten Siedlung Ostfrieslands macht. Die erste urkundliche Erwähnung datiert auf 1255; die Stadterhebung selbst erfolgte formalrechtlich allerdings erst 1535. Dazwischen lagen mehrere Sturmfluten, die die Leybucht vergrößerten und Norden zur Hafenstadt werden ließen, was man im 19. Jh. aber durch Eindeichungen wieder rückgängig machte und dafür Norddeich ausbaute, dessen Hauptfunktion heute der des Fährhafens nach ►Juist und ►Norderney ist.

NORDEN · NORDDEICH ERLEBEN

AUSKUNFT

Touristinformation Norden
Postfach 11 65
Dörper Weg 22
26501 Norden-Norddeich
Tel. (018 05) 00 83 75 200
Fax 98 62 90
www.norddeich.de

ESSEN

► Erschwinglich / Preiswert

Käpt'n Remmer
Osterstr. 136
Norden
Tel. (049 31) 34 55
Uriges Fischrestaurant, in dem man ausgiebig studieren kann, was die Nordsee noch so hergibt.

Minna
Am Markt 68, Norden
Tel. (049 31) 32 11
Familienfreundliches Restaurant mit guter regionaler und internationaler Küche.

Utkiek
Badestr. 1
Norddeich (auf dem Deich)
Tel. (049 31) 80 62
Für die einfachen, schmackhaften Gerichte muss man nicht tief in die Tasche greifen. Schöne Aussicht auf Hafen und Wattenmeer.

ÜBERNACHTEN

► Luxus

Silencehotel Regina Maris
Badestr. 7c
26506 Norden-Norddeich
Tel. (049 31) 189 30
Fax 18 93 75
www.hotelreginamaris.de
Modernes Hotel (62 Z.) an der Deichpromenade mit kleinem Schwimmbad, Sauna, Solarium, Beauty und zwei Restaurants: dem allein schon sehr guten »Regina Maris« (Café-Restaurant) und dem »Qulinaris« für Gourmets.

► Komfortabel

Zur Post
Am Markt 3
26506 Norden
Tel. (049 31) 27 87
Fax 16 87 28
www.hotel-zur-post-norden.de
Traditionsreiches Hotel mit 16 netten Zimmern, Café und gemütliche Kneipe. Zentrale Lage.

BADEN / WELLNESS

Ocean Wave
Dörper Weg 22
Norddeich
Großes, neues Erlebnisbad direkt neben der Touristinformation. 15 m hoher Leuchtturm mit 105-m-Rutsche, Wasserfall, Strömungskanal, Brodelbecken, Saunalandschaft, Restaurants (tgl. geöffnet).

! *Baedeker* TIPP

Einmal Dornum und zurück

Im Sommer startet vom Norder Bahnhof eine Museumseisenbahn über die stillgelegte Strecke nach Dornum. Auf der 15 km langen, beschaulichen Fahrt zuckelt man vorbei am Lütetsburger Wald, legt einen kurzen Zwischenaufenthalt im historischen Marktflecken Hage ein, passiert den Berumer Forst und gelangt in die weite Marschenlandschaft. Nach einem Halt in Westerende kommt man schließlich in Dornum an. Die Fahrt lässt sich bestens mit einer Fahrradtour verbinden, denn die Bahn nimmt Räder mit (Juni – Okt. jeden So. 10.25, 12.25, 14.25, 16.25 Uhr sowie Sonderfahrten; Tel. 049 31/ 77 37, www.mkoev.de).

Die Ludgerikirche ist die größte Kirche des Mittelalters in Ostfriesland.

Sehenswertes in Norden · Norddeich

Umgeben von alten Bäumen dominiert die Ludgerikirche, die größte mittelalterliche Kirche Ostfrieslands, den Markt. Mit ihrem Bau war 1235 begonnen worden; das romanische Langhaus entstand um 1250, danach folgten das Querschiff Anfang des 14. Jh.s und 1445 der hoch aufragende gotische Chor. Geweiht ist die Kirche Ludger, dem Apostel der Friesen und Schutzheiligen des Norderlandes. Drei Teile der Ausstattung ragen besonders heraus: das spätgotische Sakramentshaus von ca. 1480 mit einer außergewöhnlichen Bemalung der Innenseiten, das fast vollständig erhaltene spätgotische Chorgestühl und vor allem die für ihren großartigen Klang bekannte **Arp-Schnitger-Orgel** (1685 – 1688), die im Sommer jeden Mittwoch um 20.00 Uhr gespielt wird.

* **Ludgerikirche**

Das Alte Rathaus, ein Renaissancebau von 1542 mit vorgesetztem Treppenturm, beherbergt heute zwei Museen, von denen eines als einzigartig gelten kann: das Ostfriesische Teemuseum. Es beschäftigt sich mit vielerlei Aspekten des ostfriesischen Nationalgetränks vom Anbau der Teepflanze, ihrer Ernte und Verarbeitung bis hin zur Bedeutung des Tees als Fernhandelsprodukt. Ein weiterer Schwerpunkt befasst sich mit der Teekultur: Liebevoll werden Teegeschirr, Samo-

** **Ostfriesisches Teemuseum**

ware, Stövchen und andere Gerätschaften präsentiert, darunter auch chinesisches Teegeschirr aus einer 1690 vor Vietnam gesunkenen Dschunke sowie aus dem 1817 in der Straße von Malakka untergegangenen englischen Teeklipper »Diana«. Asiatisches Ambiente verströmt zudem der Nachbau eines japanischen Teehauses. Wer sich für die ostfriesische Teezeremonie interessiert: Sie wird in Verbindung mit Gruppenführungen angeboten (Tel. 049 31 / 121 00).

Im **Heimatmuseum** sind die vollständigen Einrichtungen von alten Norder Kaufmannsläden, Kontoren und Handwerksbetrieben – u. a. einer Zinngießerei und einer Blaufärberei – zu sehen. Außerdem befasst es sich mit der Wohnkultur im 18. und 19. Jh., wobei der sogenannte Rummel im 1. Stock, ein Festsaal mit Fliesenkamin und alten Möbeln, besonders gelungen ist. In der Theelkammer versammelte sich einst der **Theelacht**, die auf das 9. Jh. zurückreichende älteste bäuerliche Gemeinschaft Europas. Einen ersten Überblick über die Stadtgeschichte erhält man im Gewölbekeller (Markt 36; März – Okt. Di. – So. 10.00 – 17.00 Uhr, Juli / Aug. auch Mo.).

Der »Rummel« im Nordener Teemuseum diente einst auch als Gerichtssaal.

Rund um den Markt fallen noch weitere Bauten auf, zunächst neben dem neuen (klassizistischen) Rathaus die »Dree Süsters«, drei zwischen 1570 und 1630 gebaute Renaissance-Bürgerhäuser.Die palaisartige, backsteinerne **Mennonitenkirche** entstand aus einem 1662 gebauten und 1795 von der Gemeinde erworbenen stattlichen Bürgerhaus, dem 1796 bzw. 1835 die beiden Seitengebäude angefügt wurden. Die Decken des Gebetsraums sind im Rokokostil ausgemalt (Am Markt 17; Mai – Sept. Sa. 10.00 – 12.00 Uhr).

Weitere Gebäude am Markt

Das unbestritten prächtigste profane Bauwerk Nordens steht unweit des Markts in der Osterstraße. Das Schöningh'sche Haus mit seinen Sandsteinbändern und dem reich verzierten Staffelgiebel entstand 1576 als vierstöckiges Patrizierhaus im Renaissancestil. Die Sandsteinfiguren auf dem Giebel stellen die Taten des Herkules dar.

✶ Schöningh'sches Haus

Vom alten Hafen südlich des Zentrums legten noch zu Beginn des 20. Jh.s Schiffe nach England, Skandinavien und Portugal ab. Daran erinnert das einstige Pack- und Zollhaus, ein lang gestreckter Backsteinbau von 1857.

Pack- und Zollhaus

14 Mühlen drehten sich einst in Norden, doch nur drei sind erhalten geblieben. Als technisches Museum zu besichtigen ist die **Deichmühle**, deren mächtige Flügel einen Durchmesser von 23 m haben. Entstanden ist der vierstöckige Galerieholländer im Jahr 1900 (Bahnhofstr.; in den Sommerferien Mo. – Fr. 10.00 – 12.00 u. 15.00 bis 17.00 Uhr).

Norder Mühlen

Die Gnurre-Mühle **Frisia** am Stadtrand geht auf eine Konzession aus dem Jahr 1700 zurück. Sie wurde zwar 1930 bis auf den steinernen Achtkant abgebaut und erst Jahrzehnte später wieder aufgestockt, doch seit 1993 drehen sich wieder die Flügel der vierstöckigen, über 29 m hohen Windmühle. Heute befinden sich hier eine Ausstellung über die Geschichte der Mühle, ein Keramikstudio sowie in der zweiten Etage ein **Muschel- und Schneckenmuseum**. Es zeigt über 1000 verschiedene Muscheln und Schnecken, die teilweise auch zum Kauf angeboten werden (In der Gnurre 40; April – Okt. Di. – Fr. 14.30 bis 18.00 Uhr). Ursprünglich mit Wind, doch seit 1975 mit Motorkraft betrieben wird die **Westgaster Mühle**. Gelegentlich lassen einige Landwirte noch ihren Hafer zu Schrotmehl mahlen, dann wird der Mühlenbetrieb wieder aufgenommen. Außerdem sind in dem dreistöckigen Galerieholländer (1863) eine Teestube und ein Laden untergebracht (Alleestr. 65; Mo. – Sa. 10.00 – 12.30, 15.00 – 18.00 Uhr).

? WUSSTEN SIE SCHON ...?

- ... dass Norddeich Radio von 1907 bis zum Betriebsende 1998 die beliebteste deutsche Küstenfunkstelle war? Abgesehen von Radio Rügen in der DDR konnte es als einzige deutsche Station mit Schiffen auf allen Weltmeeren kommunizieren. Heiligabend wurden so die Weihnachtsgrüße hin und her gesendet – wenn »Gruß an Bord« über den Äther lief, war das ein Pflichtprogramm für jede norddeutsche Familie.

Weitere Museen Wem das Teemuseum nicht reicht, sollte vielleicht eines der anderen Museen Nordens besuchen: das **Maritimmuseum** im Backersweg zeigt Modell- und Buddelschiffe (Mitte Mai – Mitte Okt. Mo. – Do. 14.30 – 18.00 Uhr) und direkt beim Flugplatz kann man im **Automobil- und Spielzeugmuseum Nordsee** Auto- und Motorrad-Oldtimer sowie altes Spielzeug bewundern (April – Okt. tgl. 11.00 – 18.00 Uhr, Nov. – März nur Sa. u. So.). Eine Reminiszenz an vergangene Zeiten ist das **Funktechnische Museum Norddeich Radio** im Clubheim des DARC auf dem ehemaligen Dornkaat-Gelände (Fr. 19.00 – 21.00, So. 11.00 – 13.00 Uhr) ebenso wie das **Küstenbahnmuseum** im Lokschuppen des Bahnhofs. Schließlich noch **Thiele's Comic-Museum**, eine Mischung aus Museum, Laden und Bistro, das mehr als 30 000 Comic- und Werbefiguren mit Zubehör (seit 1900) präsentiert (Westerstr. 10; Mo., Mi. – Fr. 11.00 – 18.00, Sa. u. So. ab 14.00 Uhr).

★ ★ Seehundstation Norddeichs Attraktion schlechthin ist die Seehundstation beim **Nationalparkhaus**. Hier werden jedes Jahr bis zu 90 verwaiste Seehunde und [illegible] aufgepäppelt und im Herbst in den Schutzgebieten der Nordsee wieder ausgesetzt. Angeschlossen ist zudem eine Pflegestation für ölverschmierte Tiere. In der ehemaligen Seefunkstelle Os-

Mutterlos, aber nicht verlassen: Die kleinen Robben werden liebevoll aufgepäppelt.

terloog hat 2006 als Außenstelle der Seehundstation das **»Waloseum«** eröffnet, das rund um das 17 m lange Skelett eines 2003 vor Norddeich gestrandeten Pottwals Wissenswertes über die großen Meeressäuger erzählt (tgl. 10.00 – 17.00 Uhr).

Umgebung von Norden · Norddeich

Wasserschloss Lütetsburg

Wer Spaziergänge in weitläufigen Parks mit Hügeln, Bächen, Tempeln und Kapellen zu schätzen weiß, sollte den 30 ha großen Park um das Wasserschloss Lütetsburg 6 km östlich von Norden besuchen (tgl. 9.00 – 17.00, im Sommer bis 21.00 Uhr).

Marienhafe

Marienhafe, 10 km südlich von Norden, hat eine »wilde« Vergangenheit. Bereits im Mittelalter wurden in dem Örtchen Jahrmärkte abgehalten, doch vor allem war Marienhafe ein lebendiger Hafen, denn die See reichte damals noch weit ins Landesinnere hinein. Die »Likedeler« um **Klaus Störtebeker** (► Baedeker Special S.248) sollen ihre Schiffe in unmittelbarer Nähe der Kirche an der Stadtmauer festgemacht haben.

Heute ist der Verwaltungssitz der Samtgemeinde Brookmerland ein ruhiges Städtchen mit zwei Mühlen, einer mächtigen Kirche und einem 1992 aufgestellten Denkmal Störtebekers. Ihm huldigt man auch im 3-jährigen Turnus mit den »Störtebeker-Freilichtspielen«. Die nächste Aufführung ist für Juli 2008 angesetzt.

> ! *Baedeker* TIPP
>
> **Kräutereinmaleins**
>
> Oregano ist eigentlich nur »spanisches Unkraut« und Enzian verleidet unternehmungslustigen Männern das Fremdgehen. In diese und andere Geheimnisse weiht die Brookmerlander Kräuterhexe Dagmar Michel bei ihren Wildkräuterradtouren ein. In den Sommermonaten trifft man sie und den Hexenraben Abraxas in der Regel donnerstags um 11.00 Uhr beim Störtebeker-Denkmal von Marienhafe (Voranmeldung bis zum Vortag unter 0175 / 880 95 29 und 049 33 / 84 14).

◄ St.-Marienkirche mit Störtebeker-Turm

Die St.-Marienkirche mit dem Störtebeker-Turm wurde Mitte des 13. Jh.s als dreischiffige Kreuzbasilika gebaut und war bis zum Teilabbruch im 19. Jh. mit 72 m Länge und 23 m Breite der größte Kirchenbau Ostfrieslands; lediglich das Mittelschiff blieb erhalten, der Turm wurde um zwei Stockwerke verkürzt. In ihm schlug Klaus Störtebeker von 1396 bis 1401 sein Hauptquartier auf und lagerte die Beute. Er bewohnte einen Raum im ersten Stock, in dem heute u. a. ein Modell des ursprünglichen Kirchenbaus zu sehen ist sowie ein Teil eines Sandsteinfrieses mit biblischen Szenen und Fabelwesen, für den St. Marien berühmt war. Von der Aussichtsplattform bietet sich ein herrlicher Blick auf das Brookmerland (Mo. – Sa. 10.00 bis 12.00 und 14.00 – 17.00, So. 14.00 – 17.00 Uhr).

Zudem prägen zwei Windmühlen das Bild von Marienhafe: die dreistöckige Mühle am Mühlenloog und der zweistöckige Galerieholländer im Ortstteil Tjüche.

ROBIN HOOD DER MEERE

Über die Person Klaus Störtebekers sind selbst die Historiker nicht wirklich im Bilde – doch jedes Kind weiß, dass er einer der gefürchtetsten Piraten aller Zeiten war. An seine waghalsigen Kaperfahrten, seinen sagenhaften Reichtum und sein schauriges Ende erinnern zahlreiche Lieder und Legenden, die ihn bis heute vor dem Vergessen bewahrt haben.

Verbürgt ist über Klaus Störtebeker nicht einmal der Vorname. Sein Nachname leitet sich von seiner vorgeblichen Trinkfestigkeit ab: Er soll gleich mehrere große Becher hintereinander auf einen Zug geleert haben. So wurde aus »Stürz den Becher« Störtebeker. Mehrere Orte nehmen für sich in Anspruch, Geburtsort des Piratenkapitäns gewesen zu sein, wahrscheinlich stammte er aber aus der Ostsee-Hansestadt Wismar, ebenso wie sein Wegbegleiter, der Seeräuberhauptmann Godeke Michels.

Reiche Beute bei der Hanse

Als der Krieg zwischen Mecklenburg und Dänemark (1389 – 1391) ausbrach und **zur Seeräuberei aufgerufen** wurde, hat sich vermutlich Störtebeker wie viele andere zur organisierten Kaperfahrt gemeldet. Die marodierenden Seefahrer erfüllten zunächst ihren Zweck und schädigten Dänemark gehörig. Da die Besatzungen jedoch ausschließlich auf Raub und Plünderungen angelegt waren, wurden bald auch die schwer beladenen Hansekoggen Ziel der sogenannten »Vitalienbrüder«. Sie selber bezeichneten sich als »Liekedeeler«, Gleichteiler, da sie ihre Beute gerecht untereinander aufteilten. Außerdem wurde der Hauptmann demokratisch gewählt. Dieses sozialrevolutionäre System bedeutete für viele der recht- und besitzlosen Seeräuber die **große Freiheit**.

Seeräuber wurden mehr und mehr zum Problem für die Hanse, da sie zwischen 1395 und 1398 die Ostsee beherrschten und der Hanse große Verluste zufügten. Also ging man nach einer Friedenslösung mit Dänemark gemeinsam gegen die Piraten vor. Nach anfänglichen Fehlschlägen konnten die Vitalienbrüder aus der Ostsee vertrieben werden. Zu dieser Zeit tauchten die Namen Störtebeker und Godeke Michels als gefürchtete Seeräuberhauptmänner erstmals auf. Zwar schien der Ostseehandel nun gerettet, doch hatte sich das Piratenunwesen lediglich in die Nordsee verlagert. Unterstützung fanden die Seeräuber aber entlang der ostfriesi-

Dieses Portrait soll den legendären Seeräuber darstellen, beruht aber leider auf einer Verwechslung.

schen Küste, denn den friesischen Häuptlingen war die **Vormacht der Hanse** schon lange ein Dorn im Auge. Die Piraten verkauften ihre erbeuteten Waren günstig und boten Verstärkung bei Kämpfen an. Einer der mächtigsten ostfrisieschen Häuptlinge, Keno tom Brook aus Marienhafe, war sogar mit Störtebeker befreundet. Im dortigen Störtebeker-Turm kann man noch die Stube des berüchtigten Hauptmanns besichtigen. Schließlich drohten die Hamburger und Bremer den Friesenhäuptlingen mit einer imposanten Flotte.

Tod einer Legende

Im Frühjahr 1401 organisierte Störtebeker von Helgoland eine weitere Kaperfahrt. Das erste vermeintliche Opfer entpuppte sich jedoch als gut gerüstete hamburgische Streitflotte. Vor Helgoland kam es zum Gefecht und erstmals unterlagen die Seeräuber. Ihr größter Verlust waren aber weder die getöteten Kameraden noch die verlorenen Schiffe, sondern die **Gefangennahme** ihres Hauptmanns Störtebeker. Als wenig später auch Godeke Michels seinen Gegnern ins Netz ging, waren zwei der führenden Köpfe ausgeschaltet. Gemeinsam mit rund 40 Kameraden wurden Störtebeker und Michels im Oktober 1401 in Hamburg hingerichtet, inszeniert als großes Volksschauspiel.

Eigentlich war Störtebeker nur einer unter mehreren Seeräuberhauptmännern, doch um seine Person rankten sich kurz nach seinem Tod unzählige Mythen. Vor allem sein sagenhafter Reichtum trug zur Legendenbildung bei: In zahlreichen Höhlen und Verstecken an der Nord- und Ostsee soll er seine **Schätze** gelagert haben, außerdem seien die hohlen Masten seiner Schiffe mit Gold ausgegossen worden. Andere Erzählungen rühmen seine **soziale Ader**: So soll er einer armen Fischertochter einen mit Gold gefüllten Schuh geschenkt und Teile seiner Beute regelmäßig an Arme verteilt haben. Klaus Störtebekers Taten, Leben und Ende wurden zum Gegenstand von Moritaten und Chroniken, die sich bald im gesamten deutschen Sprachraum verbreiteten und zur Volkssage wurden. Dichtung und Wahrheit lassen sich heute nicht mehr sicher voneinander trennen. Auch sein vermeintliches Porträt beruht auf einer Verwechslung und stellt eigentlich einen Vertrauten Kaiser Maximilians I. dar. Sicher ist nur, dass niemals ein Störtebeker-Schatz gefunden wurde. Bislang ...

Nordenham

M / N 10/11

Bundesland: Niedersachsen **Landkreis:** Wesermarsch
Einwohner: 27 600

Im Gegensatz zu den historischen Friesendörfern auf der nahen Halbinsel ► Butjadingen kann die Stadt Nordenham erst auf eine rund 150-jährige Geschichte zurückblicken. Dank der Eingemeindung älterer Vororte bietet sie jedoch auch einige Sehenswürdigkeiten, die den Besuch lohnen.

Öl statt Ochsen

Als Gründer Nordenhams gilt der Kaufmann Wilhelm Müller, der 1857 beim Dorf Atens einen Pier bauen ließ, von dem der Norddeutsche Lloyd Ochsen nach England verschiffte. Von ► Bremerhaven nur durch die Wesermündung getrennt, wurde Nordenham zum **heute wichtigsten deutschen Ölhafen**, zudem Ausweichhafen für den Norddeutschen Lloyd und Getreideumschlagplatz. Das zeitigte Industrieansiedlungen, die Nordenham zwar steigende Einwohnerzahlen einbrachten, doch auch den Ruf einer unansehnlichen Industriestadt. Zumindest einige der 35 Stadtteile bestätigen dies nicht.
Ans andere Weserufer gelangt man seit 2004 durch den **Wesertunnel** von Kleinensiel aus. Der 365 Mio. € teure Bau bedeutete das Aus für die 600-jährige Fährtradition an dieser Stelle.

Sehenswertes in Nordenham und Umgebung

Museum Nordenham

Das Museum Nordenham führt durch die Stadt- und Regionalgeschichte, angefangen mit der Urgeschichte über die Eindeichungen und die Nordenhamer Gründerzeit bis hin zum Standort von Fischerei- und Metallindustrie. Ein Film rundet die Ausstellung ab (Hansingsstr. 18; April – Mitte Juni u. Mitte Sept. – Okt. Di. – Sa. 14.00 bis

NORDENHAM ERLEBEN

AUSKUNFT

Nordenham Marketing und Touristik
Marktplatz 7
26954 Nordenham
Tel. (047 31) 93 64 13
Fax 93 64 46

www.nordenham.de
www.nordenham.net

ESSEN / ÜBERNACHTEN

► **Luxus**

Hotel am Markt
Marktstr. 12, 26954 Nordenham
Tel. (047 31) 937 20, Fax 93 72 55
www.hotel-am-markt.de
Komfortables Vier-Sterne-Hotel (44 Z.) mit Bar, Bistro und Wintergarten; Fitnessraum, Sauna und Solarium. Im Restaurant »Wikinger« regionale und internationale Küche.

Das alte Fährhaus im Stadtteil Blexen

17.00 u. So. 10.30 – 17.00; Mitte Juni – Mitte Sept. Di. – Fr. u. So. 10.30 – 17.00, Sa. 14.00 – 17.00 Uhr; Nov. – März nur Sa. u. So.).

Abbehausen

◄ Historisches Kaufhaus

Im westlich des Zentrums liegenden Stadtteil Abbehausen betreibt in der Butjadinger Str. 101 die Familie Freese seit 1927 in vierter Generation das schon 1853 eröffnete Kaufhaus J. H. Büsing Sohn – mittlerweile ein sammelsuriumartiges Geschäft mit allem, was für den täglichen Bedarf wichtig ist. In historischer Ausstattung wie der originalen Ladeneinrichtung oder einem rund hundert Jahre alten Bad findet der Ladeninhaber auf Anhieb jeden der 3600 Artikel seines breit gefächerten Angebots.

◄ Kirche

Obwohl der Bau der Abbehausener Kirche 1858 grundlegend erneuert wurde, haben sich wertvolle Ausstattungsstücke früherer Zeiten erhalten, vor allem der romanische Taufstein, den der berühmte Bildhauer **Münstermann** 1628 zum manieristischen Kunstwerk umarbeitete. Ebenfalls als eine Arbeit Münstermanns wird der Grabstein für das Vogtsehepaar Meiners (um 1630) angesehen.

★ **Moorseer Mühle**

Nur wenig nordwestlich von Abbehausen kommt man zur Moorseer Holländermühle, die seit 1840 in Betrieb und noch voll funktionstüchtig ist, wovon man sich während der Führungen überzeugen kann. Das komplett erhaltene Mühlenensemble mit Müllerhaus und mehreren Nebengebäuden sowie Werkstätten ergänzt ein Ausstellungsgebäude, wo über Geschichte und Technik von Wind- und Wassermühlen und historische Arbeitsgänge vom Getreideanbau bis zum Brotbacken informiert wird (Butjadinger Str. 132; April – Okt.

Di. – So. 10.00 – 17.00, übrige Zeit nur So.; Führungen Mi. 15.00 Uhr). An den **Backtagen** können Kinder und Erwachsene in der historischen Bäckerei Brot backen wie anno dazumal (April – Okt. Di. / Mi. ab 11.00 Uhr; Anmeldung erforderlich Tel. 047 31 / 8 89 83).

Blexen

Blexen ist heute vor allem wegen der regelmäßigen Autofährverbindung von und nach Bremerhaven für die gesamte Halbinsel Butjadingen von Bedeutung. Blexen ist aber auch der **Sterbeort des ersten Bischofs von Bremen, Willehad**. Vermutlich befand sich an der Stelle, an welcher er während seiner Missionierung des Friesenlands eine Kirche erbauen ließ, ursprünglich ein heidnisches Heiligtum. Hier soll er auch im Jahr 798 gestorben sein, was seiner Kirche eine besondere Bedeutung zukommen ließ. Diese erste Kirche war wohl aus Holz und brannte um das Jahr 1000 ab. Mehrere Jahrhunderte baute man anschließend an der heutigen repräsentativen Steinkirche mit Wehrturm und Wehrmauern. Unter dem Inventar befinden sich wertvolle Stücke der Bildhauerfamilie Münstermann: Vater Ludwig und Sohn Johann schufen [illegible] Ludwig fertigte die Kanzel (1638) und von dessen Schüler Onnen Dierksen stammt der Taufstein von 1642.

★ Kirche St. Hippolyt ▸

★ Norderney

D / E 9

Bundesland: Niedersachsen **Landkreis:** Aurich
Einwohner: 6200

Norderney ist die »Grande Dame« der Nordsee – das erste deutsche Nordseebad, dessen prunkvolle Bausubstanz noch den Glanz des einstigen Modebads verbreitet.

»Grande Dame« der Nordsee

Bis heute ist die mit 26,3 km² Fläche **zweitgrößte Ostfriesische Insel** mit 3,2 Mio. Übernachtungen pro Jahr ausgesprochen beliebt und sind die Fähren von Norddeich immer unterwegs und ihre Autodecks stets gut gefüllt. Als »Osterende« wurde Norderney erstmals 1398 urkundlich erwähnt, 1549 bekam sie den Namen »Norder-Nye-Oog« (»Nordens neue Insel«). 1797 wurde auf Norderney, das als einzige Nordseeinsel auch größere Waldbestände besitzt, **Deutschlands erstes Nordseebad** gegründet. Ganze Straßenzüge mit Biedermeier- und klassizistischen Bauten im in der Westhälfte liegenden Inselort verweisen auf die Zeit, als Norderney 1836 Sommerresidenz des hannoverschen Kronprinzen und späteren Königs Georg V. von Hannover wurde und auch prominente Besucher wie Heinrich Heine und Otto von Bismarck in diesem »Modebad des Nordens« zu Gast waren. Die östliche Inselhälfte zeigt sich hingegen als »Natur pur« mit ausgedehnten Salzwiesen und Dünenlandschaften. Sie gehört zur Ruhezone des Nationalparks, durch die nur wenige Wege führen.

NORDERNEY ERLEBEN

AUSKUNFT

Staatsbad Norderney GmbH
Am Kurplatz 3
26548 Norderney
Tel. (049 32) 891-0, Fax 89 11 12
www.norderney-staatsbad.de

ANREISE

Fähre
Tideunabhängige Autofähre ab Norddeich-Mole (ca. 50 Min.)
Reederei Norden-Frisia
Tel. (049 31) 98 70
www.reederei-frisia.de

Flugzeug
Von Norden-Norddeich aus verkehren auch Flugzeuge der Reederei Frisia zur Insel; Infos zum Flugplan unter Tel.: (049 31) 93 32-0 oder www.reederei-frisia.de

ESSEN

► Fein & teuer / Erschwinglich

Zur Mühle
Marienstr. 24, Tel. (049 32) 20 06
Regionale Spezialitäten stehen auf der sehr umfangreichen Karte in der einzigen historischen Windmühle der Ostfriesischen Inseln; Reservierung unbedingt erforderlich.

► Erschwinglich

König's Brasserie
Friedrichstr. 20
Tel. (049 32) 33 48
Nettes Restaurant, v. a. Fisch- und Steakgerichte.

ÜBERNACHTEN

► Luxus / Komfortabel

Landhuis am Denkmal
Friedrichstr. 21
Tel. (049 32) 938 30, Fax 93 93 30
www.landhuis-norderney.de
Nette Hotelpension in einem sehr schönen klassizistischen Haus an einer der Haupteinkaufsstraßen von Norderney.

► Komfortabel

Hotel-Pension Hartwig
Damenpfad 21
26548 Norderney
Tel. (049 32) 24 86 , Fax 10 99
Kleineres Haus (15 Z.) für Urlauber, die die Ruhe suchen.

Baedeker-Empfehlung

Café Marienhöhe
Bei einigen gilt die hohe Düne am Damenpfad als »heiliger Berg« der Verehrung Heinrich Heines, denn hier soll er sein »Lied vom Meer« geschrieben haben. Ihm zu Ehren ließ Marie von Hannover einen kleinen Holzpavillon errichten, der sich rasch zu einem beliebten Ausflugsziel mauserte. In den 1920er-Jahren ersetzte der heutige Kuppelbau den Pavillon; was blieb, ist das Café als nach wie vor gute Adresse, um Kaffee und Kuchen sowie einen wunderbaren Meeresblick zu genießen.

SCHIFFSAUSFLÜGE

nach Baltrum, Borkum, Juist, Langeoog und Spiekeroog sowie Einkaufsfahrten zum holländischen Eemshaven, Fahrten zu den Seehundbänken und Abendfahrten

BADEN

badehaus norderney
Das ehemalige Meerwasserwellenbad von 1931 wurde im Sommer 2005 als Badetempel der Superlative neu eröffnet mit Meerwasserwellenbad, diversen Wellnesseinrichtungen und dem ***größten Thalassozentrum Deutschlands*** (tgl. geöffnet).

A 634
A 135
A 536
A 1026
2041
519
A 495
A 783
A 224
A 678
784
A 593
A 513
A 832
798

Sehenswertes auf Norderney

★ **Kurplatz**

Weiße Prunkbauten aus der Gründungszeit verleihen dem Mittelpunkt der Insel, dem Kurplatz, seinen nostalgischen Touch, musikalisch untermalt aus der Konzertmuschel auf der Rasenfläche. Hier steht auch **das schönste Gebäude der Insel**, das elegante Kurhaus von 1822, in dem seit 1978 die **Spielbank** residiert (88 Geldspielautomaten, kein Roulette o.Ä.!). Das Kurhaus ist Nachfolger des 1799 auf Empfehlung des Seebadgründers, Medizinalrat Dr. Friedrich Wilhelm von Halem (1762 – 1835), errichteten Conversationshauses, eines strohgedeckten Holzbaus mit kleinem Saal und Billardstube.

Kurtheater

Im 1894 von Hotelbesitzer Gustav Weidenmann gebauten Kurtheater, das fast an ein kleines, intimes Hoftheater erinnert, finden auch heute noch regelmäßig Gastspiele, Konzerte und Kino-Abende statt.

Heinrich-Heine-Denkmal

Direkt daneben steht vor dem Haus der Insel ein Denkmal für Heinrich Heine, 1930 entworfen von Arno Breker. Die Skulptur, ein Geschenk der Gesellschaft Heinrich-Heine-Denkmal e.V. an die Stadt Norderney, wurde 1983 aufgestellt; begleitet von heftigen Protesten angesichts Brekers Rolle im Dritten Reich.

Postamt

In der Poststraße sollte man sich das Postamt ansehen. Mit seinen Ziegelverzierungen, der Bemalung und dem neoromanischen Rundbogenfries gilt es als eines der schönsten Gebäude des Orts.

Kaiser-Wilhelm-Denkmal

Ecke Bismarckstr. / Herrenpfad erinnert das 1899 enthüllte Kaiser-Wilhelm-Denkmal an die Gründung des Deutschen Reichs im Jahr 1871. 75 Städte aus dem gesamten Reichsgebiet haben für den Bau der 13 m hohen Pyramide Steinblöcke auf die Insel geschickt.

★ **Bade-Museum**

Im Gebäude des ehemaligen Freibads zwischen Argonnerwäldchen und Weststrand lädt das 2006 eröffnete Bade-Museum zu einem spannenden Streifzug durch Norderneys 200-jährige Geschichte als Seebad und Kurort. Im alten Wasserwerk sind Werke des Inselmalers **Hans Trimborn** (1891 – 1979) sowie der populären ostfriesischen Künstler Poppe Folkerts und Julian Klein von Diepold ausgestellt (Mo. – Sa. 14.00 – 17.00, So. 11.00 – 17.00 Uhr). ⌚

Georgshöhe

Einen guten Überblick über die Stadt und die Insel verschafft man sich von der Georgshöhe an der Strandpromenade. Ihren Namen verdankt sie **Georg V., dem letzten König von Hannover,** und Herzog von Cumberland (1819 – 1878), der Norderney zu seiner Sommerresidenz erwählte. An ihn erinnert auch das **Cumberland-Denkmal** am Ostende des Ruppertsburger Wäldchens.

← *Die Strandidylle fand schon früh Anhänger: Auf Norderney wurde Deutschlands erstes Nordseebad gegründet.*

Norderney Orientierung

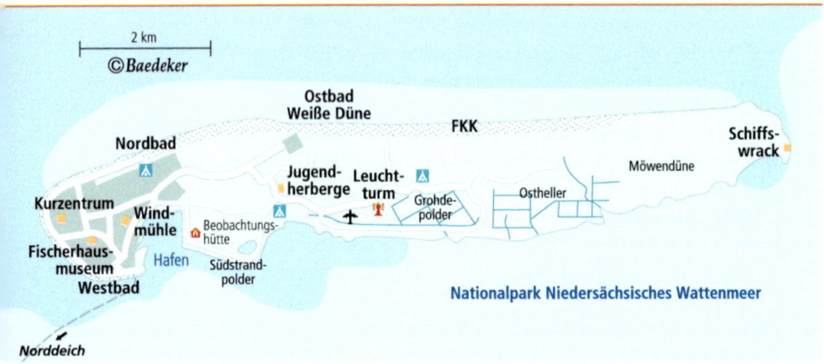

Windmühle Seldenrüst Norderney ist stolz auf die einzige Windmühle der Ostfriesischen Inseln. Man findet sie am Ostende der Marienstraße, wo sie 1862 Ihbe Lammers Hellmers erbaute und ihr den Namen »Selden Rüst« (»Selten Ruhe«) gab. Der Galerieholländer war mit einem Weizen-, Roggen- und Pelde(Graupen-)gang ausgestattet und konnte bei gutem Wind (Stärke 5 – 6 aus östlicher oder südlicher Richtung) etwa 5 t Getreide am Tag verarbeiten. Bis 1962 war die Mühle in Betrieb, heute beherbergt sie das Restaurant Zur Mühle.

Napoleonschanze Auf der westlich gegenüberliegenden Straßenseite steht im Kurpark **das älteste Bau- und Kulturdenkmal der Insel**. Die Napoleonschanze stammt aus der Zeit der holländischen und französischen Besatzung (1806 – 1813) in Ostfriesland und wurde zur Überwachung der gegen England verhängten Kontinentalsperre und zur Unterbindung des Schmuggels zwischen Helgoland und den Ostfriesischen Inseln 1811 / 1812 erbaut. Nördlich der Schanze erstreckt sich der Schwanenteich; auf der Ostseite, unter Bäumen, erinnert der **»Hindenburg-Stein«** an den Reichspräsidenten Paul von Hindenburg, der vor 1914 für einige Wochen Inselgast war. Weiter nördlich sieht man den **Wasserturm**, ein weiteres Wahrzeichen Norderneys.

Nationalpark-haus Im modernsten Nationalparkhaus der Inseln werden multimedial das Ökosystem Wattenmeer erläutert und regelmäßig Führungen angeboten (April – Okt. Di. – So. 9.00 – 18.00, Sa. / So. ab 12.00; Nov. – März Di. – Fr. 10.00 – 17.00, Sa. u. So. ab 13.00 Uhr).

Senderdüne Von der Aussichtsdüne neben der gleichnamigen Jugendherberge hat man einen schönen Blick auf grundwassernahe, feuchte Dünentäler mit Birken und Strauchweiden.

Leuchtturm Der einzige Leuchtturm der deutschen Küste, dessen Feuer links dreht, tut dies beim Flugplatz. Gleichzeitig ist er mit 54,6 m auch das höchste Gebäude der Insel. Er wurde im August 1874 fertiggestellt;

sein Leuchtapparat ist von der Pariser Firma Sautter, Lemonnier & Co in Paris als Reparationsleistung aus dem Krieg 1870 / 1871 geliefert worden (Mai – Mitte Okt. tgl. 14.00 – 16.00 Uhr).

Südstrandpolder

Der Südstrandpolder östlich des Hafens ist das älteste Naturschutzgebiet der Insel. Hier brüten ca. 140 Vogelarten, u. a. Nachtigallen, Rohrdommeln, Teichrohrsänger und Wasserrallen. Einblicke in diesen Lebensraum verschafft eine 4,5 km lange Rundwanderung.

✶ Schiffswrack

Beliebt als Wanderziel: das Wrack eines Muschelbaggers im äußersten Osten Norderneys. Er befreite 1968 ein festsitzendes Schiff, strandete aber selbst unrettbar. Man erreicht das Wrack über den einzig zulässigen und markierten Weg durch diesen Inselteil.

Nordstrand

O / P 4 / 5

Bundesland: Schleswig-Holstein **Landkreis:** Nordfriesland
Einwohner: 2300

Nordstrand – das bedeutet Urlaub der ruhigen Art, denn hier bestimmt immer noch die Landwirtschaft den Alltag und weniger der Tourismus. Als Gast kann man darüber nachdenken, ob man sich nun auf einer Insel befindet oder nicht.

Friedliche Rasenmäher: Schafe sorgen für kurzes Gras auf den Deichen.

NORDSTRAND ERLEBEN

AUSKUNFT

Kurverwaltung
Schulweg 4
25845 Nordstrand
Tel. (048 42) 454
Fax 90 09 90
www.nordstrand.de

ESSEN / ÜBERNACHTEN

► Komfortabel

Hotel Arcobaleno
Am Ehrenmal 10
25845 Nordstrand
Tel. (048 42) 82 12
Fax 13 49
www.hotel-arcobaleno.de
Freundliches Hotel (13 Z.) im Zentrum der Halbinsel. Im Restaurant kommen Fisch, Lamm und auch Italienisches auf den Tisch.

ESSEN / CAFÉS

► Erschwinglich

Café-Restaurant Halligblick
Norderhafen 20
Tel. (048 42) 214
Vom ersten Stock genießt man den wunderbaren Halligblick. Gekocht wird verfeinert friesisch.

Mühlencafé Glück zu
Süderhafen 15
Tel. (048 42) 256
Friesische Spezialitäten, ob süß oder deftig (Letzteres allerdings nur zur Mittagszeit), gibt es in der Ende des 19. Jh.s erbauten Engelsmühle.

► Günstig

Nordstrander Teestuv
Süden 42
Nettes Café mit leckerem Kuchen und kleinen Gerichten, gleich neben der Töpferei.

Baedeker-Empfehlung

Pharisäer-Hof
Elisabeth-Sophien-Koog 3
In dem friesischen Strohdachhaus ist 1872 angeblich der »Pharisäer« erfunden worden und noch heute der Renner. Im Bauernmarkt im ehemaligen Stallgebäude lässt es sich bestens stöbern: Lammwurstspezialitäten, Schaf- und Ziegenkäse, Fell- und Wollartikel, Marmelade, Liköre ...

AUSFLÜGE

Schiffsausflüge
Zu den Halligen, nach Amrum, Hörnum / Sylt und zu den Seehundbänken; auch kombiniert mit Wattwanderungen
Insel- und Halligreederei Kurt Paulsen, Tel. (048 42) 90 00-0, Fax 90 00 21, www.adler-schiffe.de

zur Hallig Südfall
mit Pferdekutschen ab Fuhlehörn (Mai – Sept., Tel. 048 42 / 300) oder mit geführter Wattwanderung ab Schutzstation Wattenmeer (Tel. 048 42 / 519).

SHOPPING

Hofladen Schäferei Baumbach
Pohnshalligkoogstr. 1
Spezialitäten aus Lamm- und Schaffleisch, Wolle, Wollartikel.

Nordstrander Töpferei
Süden 44
Gebrauchskeramik in typischer graublauer Glasur historischer Vorbilder.

FEST

Anlässlich der *Salzwiesenlammtage* an Pfingsten werden köstliche Lammgerichte aufgetischt.

Insel – oder nicht?

Die Frage, ob Nordstrand eine Insel ist oder nicht, stellt sich durchaus. Denn mit dem Festland ist Nordstrand nur über einen 4 km langen Damm verbunden, der etwas nördlich von Schobüll beginnt und tatsächlich darauf verweist, dass Nordstrand einst eine Insel war. Sie entstand, als 1634 die **Buchardi-Flut** die größere Insel Strand (damals mit 220 km² Fläche, 9000 Einwohnern und 21 Kirchen), die schon bei der »Großen Mandränke« 1362 an Substanz verloren hatte, auseinander riss. Übrig blieben Nordstrand, Pellworm und die Hallig Nordstrandischmoor. Die Überlebenden auf Nordstrand fristeten ein solch armseliges Dasein als Halligbauern, dass Herzog Friedrich III. ihre Insel 1652 an vier Holländer verkaufte, sehr zum Verdruss der Insulaner. Bereits 1654 begannen die neuen Besitzer mit dem Bau des am Ende 28 km langen (und heute 8 m hohen) Deichs. Durch weitere Eindeichungen, Landanspülungen und Entwässerungen wurden mehrere sog. Köge gebildet und Neuland gewonnen. 1935 baute man den Damm zum Festland, an dessen Nordseite inzwischen durch Eindeichung ein weiteres Kooggebiet entstanden ist, sodass Nordstrand nun als Halbinsel anzusehen ist.

Schafe, Sonne, Wellness

Die aus mehreren Högen bestehende Gemeinde Nordstrand ist landwirtschaftlich geprägt. Satte Wiesen, Weiden und Rapsfelder prägen die überwiegend unter dem Meeresspiegel liegende Landschaft, in der die vielen Schafe auffallen, die das Gras auf den Deichen kurz halten. Sandstrände gibt es nicht, dafür lädt am flachen Deich ein Grünstrand zum Sonnen und Faulenzen ein. Das Kurmittelhaus in Norderhafen bietet Massagen, Wellness, Schwimmbad und Sauna.

Sehenswertes auf Nordstrand

Beltringharder Koog

Der 1987 zum Naturschutzgebiet erklärte Beltringharder Koog nördlich des Damms entstand durch Eindeichung. Er darf nicht betreten werden, denn mit dem neuen Land entwickelt sich erst ganz allmählich ein wichtiger Lebensraum für Tiere und Pflanzen. Vom 9 km langen Seedeich, der den Koog vom Watt trennt, überblickt man ausgezeichnet das Areal und die Vogelwelt.

Odenbüll

Das einigermaßen in der Mitte von Nordstrand liegende Odenbüll ist der Hauptort. Am Ortsrand steht – geschützt zwischen hohen Bäumen auf einer kleinen Warft – die **Vinzenz-Kirche** aus dem 13. Jh.. Abgesehen von den beiden Kirchen auf ► Pellworm ist sie weit und breit das einzige Gotteshaus, das die Flutkatastrophen von 1362 und 1634 überstanden hat. Ihr ursprüngliches Aussehen hat sie durch Umbauten jedoch verloren. Erhalten sind aber noch einige alte Ausstattungsstücke, darunter der Schnitzaltar von 1480, eine achteckige Marmortaufe aus Namur und ein Triumphkreuz, beide aus dem 15. Jh.. Die Kanzel von 1605 zeigt Reliefs mit Darstellungen des Sündenfalls, der Kreuzigung, der Auferstehung und des Jüngsten Gerichts.

Süden Die **Theresienkirche** in Süden wurde 1662 für die katholischen Deichbauer aus Brabant und Holland errichtet und 1887 umfassend neu gestaltet. Innen sind ein schönes Tabernakel aus dem 18. Jh. mit einem Kruzifix, das Altargemälde aus dem späten 17. Jh. und ein neueres Kruzifix beachtenswert. Im **Heimatmuseum** ist Nordstrands Geschichte aufbereitet.

Otterndorf

P 9

Bundesland: Niedersachsen **Landkreis:** Cuxhaven
Einwohner: 6670

Viele gestresste Hamburger zieht es regelmäßig ins ruhige Otterndorf mit seiner hübschen Altstadt, dem Strand und den Badeseen. Die Stadt liegt direkt an der Elbemündung und Ozeanriesen aus aller Herren Ländern ziehen gut sichtbar vorbei.

Silber und Meer Bereits 1261 wird Otterndorf erstmals urkundlich erwähnt, im Jahre 1400 erhielt der Ort Stadtrechte. Ab 1450 schützten Deiche die Stadt und Dämme, Kanäle und Schleusen förderten den Handel. Das Stadtbild blieb seit dem 16. Jh. im Wesentlichen unzerstört. Erstaunlich, wenn man bedenkt, dass in Otterndorf durchaus reiche Beute gewartet hätte: Seit 1550 wirkten hier die Goldschmiedemeister, die das Otterndorfer Silber berühmt gemacht haben. Nach 1945 gestaltete man im Zuge von Deichbaumaßnahmen den See **Achtern Dieck**, heute das Herzstück des Wassersportes am Ort. Seit 1998 trägt Otterndorf den Titel eines **Nordseebades**. Die Sole-Therme, die Spiel- und Spaßscheune sowie der Seglerhafen bieten genug Möglichkeiten zum Relaxen und Sporttreiben.

Sehenswertes in Otterndorf und Umgebung

Rathaus Als Ausgangspunkt für einen Stadtrundgang bietet sich das historische Rathaus mitten in der Altstadt an. Das Backsteingebäude wurde 1583 erbaut und im 20. Jh. umgebaut. Wer Otterndorf intensiv kennenlernen will, kann sich einer Stadtführung anschließen, die hier am Rathaus beginnt (Apr. – Okt., Mi. 11.00 Uhr).

Hadler Haus Die Hauptachse der Altstadt bilden die Marktstraße und die Reichenstraße, die vom Rathausplatz abzweigen. Nicht zu übersehen ist das imposante Hadler Haus (Marktstr. 21), ein typisches Kaufmannshaus mit Speicher, erbaut 1792. Hinter dem Gebäude liegt die Stadtscheune, ein beliebter Ort für Kulturveranstaltungen. Das Dachgeschoss gehört der »gegenstandsfreien Kunst«: Hier sammelt und zeigt »Studio a« Werke aus der Zeit nach 1945 (Sackstr. 4; Di. – Fr. 10.00 – 13.00 u. 15.00 – 18.00, Sa. / So. 15.00 – 18.00 Uhr).

Sehr stolz sind die Otterndorfer auf ihr Kranichhaus (Reichenstr. 3, Bild nächste Seite). Man kann es kaum verfehlen, denn ein mächtiger Kranich krönt seinen Giebel. 1696 erbaut und 1764 mit Backsteinen im Hamburger Stil umgebaut, wurde das Kaufmannshaus 1997 einer umfassenden Renovierung unterzogen und gilt nun als das Juwel der Stadt. Hier ist das Kreismuseum des alten Landes Hadeln untergebracht sowie eine Sammlung zur Volkskunde und Stadtgeschichte vom 17. bis 20. Jh. Höhepunkte sind der Biedermeiersalon und ein originalgetreuer Laden; natürlich werden auch kostbare Beispiele des Otterndorfer Silbers präsentiert (Apr. – Okt. Di. – Fr. 10.00 – 12.00 u. 14.30 bis 16.30, sonst Mi., So. 14.30 – 16.30 Uhr).

✶ Kranichhaus

OTTERNDORF ERLEBEN

AUSKUNFT

Touristinformation im Historischen Rathaus
Rathausplatz 1
21762 Otterndorf
Tel. (047 51) 91 91 31
Fax (047 51) 91 91 14
www.otterndorf-touristik.de

ESSEN

▸ Fein & teuer

Restaurant Ratskeller
Rathausplatz 1
Tel. (047 51) 38 11
Gehobene Gastronomie im über 400 Jahre alten Gewölbe des historischen Rathauses.

▸ Erschwinglich

Elb-Terrassen
Schleuse 18
Tel. (047 51) 22 13
Beliebtes Ausflugslokal oberhalb des Hafens; besonders schön ist der Panoramablick zum Schifffahrtsweg.

ÜBERNACHTEN

▸ Komfortabel

Hotel am Medemufer
Goethestr. 15
Tel. (047 51) 999 90, Fax 99 99 44
www.hotel-am-medemufer.de
Wunderbar verwöhnen lassen kann man sich in diesem angenehmen Hotel (26 Z.) mit seinem empfehlenswerten Restaurant.

BADEN / WELLNESS

Sole-Therme
Saunalandschaft, Ayurveda, Massagen aller Art, Schwimmkurse und Kinderschwimmbecken (tgl. geöffnet, aktuelle Bade- und Sauna-Termine unter Tel. 047 51/36 68).

VERANSTALTUNGEN

! Baedeker TIPP

Keulen werfen und Met stemmen

Wilde Gesellen, in Felle gewickelt, auf dem Kopf gehörnte Helme und Keulen in den Fäusten – so treten die Athleten zum germanischen Fünfkampf auf dem Otterndorfer Grünstrand an. Jeden letzten Samstag im Juli geht es um den Gesamtsieg in den Disziplinen Diek'n, Findlingstoßen, Keulenzielwurf, Weitsprung aus dem Stand und Angelsachsenpfad. Das sagt Ihnen alles nichts? Dann schauen Sie sich das Spektakel einfach an, es lohnt sich allein schon wegen des »urgermanischen« Beiprogramms.

Heute Museum: das Kranichhaus

Die Otterndorfer **Kirche** geht auf das Jahr 1585 zurück. Im 18. und 19. Jh. wurden die Westempore eingebaut und der Westturm errichtet, der eine Doppelfunktion als Seezeichen und Wasserturm erfüllte. Aus der Mitte des 14. Jh.s stammt die bronzene Taufe, die restliche Innenausstattung gehört ins Barock: So ist die Kanzel (1644) ein Werk des dänischen Hofbildhauers Jürgen Kriebel, der auch die Kanzel des Bremer Doms schuf. Der Hochaltar von 1664 ist ein Musterbeispiel des sogenannten Knorpelstils und zeichnet sich durch besonders aufwendige Ranken- und Arabeskenverzierungen aus.

Hinter der Kirche liegt die **alte Lateinschule**, ein Fachwerkbau von 1614, in dem Generationen von Otterndorfer Schülern die Schulbank drückten. Von 1778 bis 1782 lehrte hier der Dichter Johann Heinrich Voß. Er machte sich einen Namen als Homer-Übersetzer und ist vor allem für die deutsche Fassung der »Odyssee« bekannt, die während seiner Otterndorfer Zeit erstmalig erschien.

Voß-Haus

Voß musste, um von seiner Wohnung zur Schule zu kommen, nur die Straße überqueren, die heute seinen Namen trägt. Das Haus Nr. 8 war damals Dienstwohnung des Rektors. Heute ist in dem Fachwerkbau aus dem 17. Jh. ein Museum eingerichtet, das Ausstellungsstücke zu Voß' Leben und Werk präsentiert (Mi., So. 15.00 – 18.00 Uhr).

Gartenhaus im Stadtpark

Am südlichen Teil der ehemaligen Stadtbefestigung erstreckt sich der Stadtpark. Das idyllisch am Süderwall gelegene Gartenhaus dient im Sommer dem jeweiligen Otterndorfer Stadtschreiber als Domizil. So sind in Otterndorf nicht nur interessante Werke entstanden, sondern die Stadtschreiber bereichern durch Lesungen und andere Veranstaltungen auch das Kulturleben der Stadt.

★ Natureum Niederelbe

Für einen Tag Naturforscher sein? Kein Problem im Natureum an der Niederelbe zwischen Neuhaus und Balje, nur wenige Kilometer östlich von Otterndorf. Das Gelände des interaktiven Natur- und Freilichtmuseums umfasst 60 000 m². Auf dem 5 km langen Rundweg durchwandern die Besucher anschaulich die Erdgeschichte und die unterschiedlichen Naturräume an Elbmündung und Wattenmeer. Verschiedene Mit-Mach-Stationen laden ein, Natur selber zu erfahren. Der überdachte Ausstellungsbereich führt interaktiv durch Naturräume wie Geest, Marsch, Moor und Küste. Besondere Attraktionen sind die Wetterstation, das Sturmflutmodell und die Vogelbeobachtungsstation (Balje/Neuhaus, Elbemündung, Sommer Di. – So. 10.00 – 18.00, Winter bis 17.00 Uhr).

★ Pellworm

N/O 4/5

Bundesland: Schleswig-Holstein **Landkreis:** Nordfriesland
Einwohner: 1200

Saftige grüne Weiden mit grasenden Kühen, Rapsfelder in hellgelb, Leuchtturm und Mühle und ein 20 km langer Deich – das ist Pellworm. Den Mangel an Sandstränden gleicht das Inselchen durch balsamische Ruhe und deutlich niedrigere Preise als im nahen Amrum und Föhr aus.

Insel für Romantiker

Wie die östlich gelegene Insel Nordstrand entstand auch Pellworm im Zuge der Buchardi-Sturmflut im Jahr 1634, als die frühere Insel Strand auseinandergerissen wurde. Nach der Sturmflut wurde Pellworm eingedeicht.

Bis zu 8 m hoch ist der Deich, der die 38 km² große Insel mit ihren dreizehn Krögen vor dem Meer schützt. Die meisten Pellwormer suchen ihr Auskommen in Landwirtschaft und Tourismus. Charakteristisch für die Insel sind Leuchtturm, Mühle und das Fragment des alten Kirchturms, die als einzige Erhebungen aus der flachen Landschaft herausragen. Von den Inseldörfern ist Westertilli mit seinen hübschen, alten Friesenhäusern das idyllischste.

Sehenswertes auf Pellworm

Neue Kirche

Die Neue Kirche, ein Backsteinbau aus dem Jahre 1622, markiert die Mitte der Insel. Fenster und die Westseite sind 1867 neogotisch umgestaltet worden. Als bei der Sturmflut 1634 die Kirche von Ilgrof auf der Insel Strand weggespült wurde, konnte ihr Schnitzaltar (um 1520) geborgen werden und steht jetzt in Pellworm. Spätgotisch ist die Steintaufe aus Belgien, die wohl erst nachträglich mit der Datierung 1587 versehen wurde. Die Kanzel mit schönen Intarsien wurde um 1600 gefertigt.

★ Alte Kirche

Wie ein mahnender Zeigefinger ragt der 1611 teils eingestürzte Turm der Alten Kirche St. Salvador im Westen Pellworms empor. Man reparierte das in Mitleidenschaft gezogene Kirchenschiff, räumte die heruntergefallenen Turmziegel weg und ließ den 26 m hohen Stumpf stehen, der heute eine eindrucksvolle Backsteinruine darstellt. Mit dem Bau der Alten Kirche, einst Hauptkirche der Pellworm-Harde, wurde im 12. Jh. begonnen. Auffällig ist der lang gezogene Chor mit

PELLWORM ERLEBEN

AUSKUNFT

Kur- und Tourismusservice Pellworm
Uthlandestr. 2
25849 Pellworm
Tel. (048 44) 189 40
Fax (048 44) 189 44
www.pellworm.de

ANREISE

Über den 4 km langen Damm nach Nordstrand und von dort vom Hafen Strucklahnungshörn im Westen der Insel per Fähre (ca. 45 Min.) nach Tammensiel auf Pellworm.

ESSEN

► Erschwinglich

Gasthaus Hooger Fähre
Hooger Fähre 5
Tel. (048 44) 99 23 23
Gutbürgerliche Küche, besonders gut ist die Porrenpann (Krabben in Kräutersauce mit einem Schuss Köm).

Nordermühle
Nordermitteldeich
Tel. (048 44) 656
In der einzigen vollständig erhaltenen Mühle Pellworms kann man abends speisen und an Sommernachmittagen mit herrlichem Blick über den Deich Kaffee trinken.

ÜBERNACHTEN

► Komfortabel

Clausenhof
Waldhusen 9
Tel. (048 44) 290, Fax 14 72
www.clausenhof.de
Liebevoll restaurierter Hof auf einer alten Warft am Rand des Naturschutzgebiets Waldhusen Tief.

► Günstig

Ütermarker Hof
Ütermarkerweg 11
Tel. (048 44) 230, Fax 13 56
www.bio-hof.de
Vor allem Kindern wird es auf dem freundlichen Biobauernhof gefallen.

KNEIPE

Beer-Krog im Ponyhof
Osterschütting 11
Tel. (048 44) 414
Gemütliche Kneipe.

BADEN

Pelle Welle Freizeitbad
Uthlandestr. 6
Tel. (048 44) 99 04 49
20 m Becken mit Spaßelementen, 62 m Wasserrutsche, Kleinkinderbecken, Saunalandschaft.

Strände
Sandstrand gibt es keinen, dafür elf »Grünstrände« an den Deichen, auch mit Strandkorbverleih.

SHOPPING

Pellwormer Kunstgewerbe
Tammensiel 36
Selbst gefertigter Bernsteinschmuck sowie Holzartikel.

! *Baedeker* TIPP

Rungholttage

Jedes Jahr um Himmelfahrt halten die »Rungholttage« die Erinnerung an das angeblich unvorstellbar reiche Rungholt wach, das der Legende nach bei der »Großen Mandränke«, der Flutkatastrophe von 1362, im Schlick des Wattenmeers versank. An den Festtagen werden Wattwanderungen und Bootsausflüge zu der Stelle nahe Südfall angeboten, wo der sagenumwobene Ort vermutet wird.

Die Ruine des alten Kirchturms gilt als Wahrzeichen von Pellworm.

der 1913 erneuerten Apsis. Größter Schatz der Kirche ist die 1711 von Arp Schnitger gebaute Orgel, die bei Konzerten ihren hervorragenden Klang unter Beweis stellt. Der Schnitzaltar (um 1470) und die Bronzetaufe von 1475 sind die ältesten Gegenstände der Ausstattung (Ostern – Erntedankfest tgl. 10.00 – 18.00, sonst bis 16.00 Uhr, Konzerte im Juli und August Mi. 20.30 Uhr).

Museen

Die Exponate des **Inselmuseums** im Gebäude der Kurverwaltung vermitteln einen guten Überblick hinsichtlich Erdgeschichte, Besiedlung, Eindeichung sowie Sturmfluten und informieren über das Alltagsleben und die Wohnkultur auf Pellworm in früheren Zeiten (Uthlandestr. 2; Mo. – Fr. 8.00 – 16.00, Sa., So. 10.00 – 17.00 Uhr).
Funde aus dem Wattenmeer können im **Rungholtmuseum** am Westerschütting 2 – im Westen der Insel – nach Voranmeldung besichtigt werden. Die Stücke trug der Wattführer Hellmut Bahnsen in über 20 Jahren zusammen (Tel. 048 44 / 569).
Im **Wattenmuseum** zeigt Heinrich Liermann seine Fundstücke und Familienerinnerungen; fast 50 Jahre lang hat er die Post zu Fuß durchs Wattenmeer zur Hallig Süderoog gebracht (Westerschütting 9; tgl. 10.00 – 12.00 u. 14.00 – 18.00 Uhr).

Solar- und Windkraftwerk

E.ON Hanse betreibt auf Pellworm seit 1983 **eines der größten Hybridkraftwerke in Europa**. 2006 umfassend modernisiert, liefert es jetzt 1071 kW. Auf welche Weise hier Sonne und Wind kombiniert werden, um gemeinsam noch effektiver Strom zu erzeugen, verrät das Infozentrum am Solarfeld (In der See 2; Ausstellung und Kiosk tgl. 9.00 – 17.00 Uhr).

Leuchtturm Im Südosten von Pellworm ragt der 1907 errichtete rote Leuchtturm 37 m in die Höhe und markiert die Einfahrt in den Heverstrom. Nach Absprache mit der Kurverwaltung kann der Leuchtturm besichtigt werden – und es darf geheiratet werden: Mehr als 1000 Paare gaben sich hier schon das Ja-Wort.

Mühle Ein beliebtes Ausflugsziel ist die Nordermühle, ein Zwickstellholländer aus dem Jahr 1652, in dem sich heute ein Restaurant befindet.

★ Spiekeroog

G / H 9

Bundesland: Niedersachsen **Landkreis:** Wittmund
Einwohner: 800

Alles wirkt hier ein wenig ruhiger und grüner als auf den anderen Ostfriesischen Inseln, besonders auffallend sind die vielen Bäume. Bundespräsidenten gefällt es hier besonders gut: Gustav Heinemann und Richard von Weizsäcker entspannten sich auf Spiekeroog von der großen Politik, Johannes Rau heiratete hier sogar.

Dünen, Ruhe und Natur Keine Autos, kein Flugplatz, keine großen Hotelanlagen, kein Lärm und keine Hektik: Fast wie eine Insel der Seligen erscheint Spiekeroog, das seit 1972 ein anerkanntes Nordseeheilbad ist. Die modernen Bauten der Kurverwaltung (Noorderpad 25) wurden 2002 durch das Haus des Gastes und eine Mehrzweckhalle erweitert. Vom Inselhafen gelangt man zu Fuß sehr schnell in das idyllische Dorf mit seinen schattigen Wegen, hübschen Läden, Cafés und Restaurants.

Idyllische Häuser auf Spiekeroog

Spiekeroog Orientierung

Den Kern Spiekeroogs bildet eine stellenweise bewaldete Dünenlandschaft. Nach Osten erstreckt sich die über 7 km lange Ostplate, eine Sandbank, die erst nach 1850 entstand und somit ein Musterbeispiel für das langsame, aber stetige Ostwärtswandern aller Ostfriesischen Inseln ist. Selten gewordene Pflanzen wie die gelb blühende Strandwinde, der Strandqueller und die Strand- oder Salzaster wachsen hier. Das harmonische Gesamtbild des Dorfes Spiekeroog im Westen der Insel wird durch keine modernen Gebäude gestört. Zwischen Dorf und Strand liegt ein außergewöhnlich breiter Dünengürtel..

Sehenswertes auf Spiekeroog

★ **Alte Inselkirche**

Mitten im idyllischen Dorf steht die **älteste erhaltene Kirche der Ostfriesischen Inseln** (erbaut 1696). Man betritt sie durch einen niederen Vorbau, der früher als Bootsschuppen und Leichenhalle diente und heute einen Opferstock und sieben Apostelbilder birgt. Diese und die Pietà stammen vermutlich von einem 1588 vor der Insel gestrandeten Schiff der spanischen Armada, die im Ärmelkanal aufgerieben worden war. Erwähnenswert sind zudem die Renaissancekanzel sowie die beiden Schiffsmodelle, die von der Wand hängen. Der kleine Friedhof, auf dem noch einige alte, z.T. mit schönen Reliefs versehene Grabsteine stehen, ist von mächtigen Bäumen umgeben (Zugang vom Noorder- und vom Süderloog; Mo. 16.00 – 17.00, Mi. 11.00 – 12.00 und Fr. 17.00 – 18.00 Uhr).

Inselmuseum

Ein paar Meter weiter befindet sich etwas erhöht gelegen das Inselmuseum, das über die Geschichte Spiekeroogs sowie seine Tier- und Pflanzenwelt informiert. Weitere Schwerpunkte bilden Schifffahrt, Fischerei und Badewesen, zusätzlich sind Schiffsmodelle sowie kuriose Souvenirs der Seeleute aus fernen Ländern zu sehen. Ein wichtiges Ausstellungsstück ist die Glocke des **Auswandererschiffes »Johanne«**, das nach Baltimore wollte, aber am 6. November 1854 vor Spie-

SPIEKEROOG ERLEBEN

AUSKUNFT

Kurverwaltung
Noorderpad 25
26466 Spiekeroog
Tel. (049 76) 91 93-101, Fax 91 93-213
www.spiekeroog.de

ANREISE

Fähre von Neuharlingersiel nach Spiekeroog (ca. 1 Std. Fahrt).
Nordseebad Spiekeroog GmbH
Tel. (049 74) 214 (Fahrkarten)

ESSEN

► Erschwinglich

Capitänshaus
Noorderloog 11
Tel. (049 76) 90 00 16
Im Dorfkern gelegenes nettes Lokal mit maritimer Atmosphäre. Besonders gut sind die Kutterschollen mit Bratkartoffeln.

Siwalu
Noorderloog 5, Tel. (049 76) 919 40
Leichte, abwechslungsreiche Küche (auch vegetarisch oder vollwertig); leckere Fischgerichte und eine gute Weinkarte.

ÜBERNACHTEN

► Komfortabel

Gästehaus Klasing
Westend 10
Tel. (049 76) 230
Fax 99 00 01
www.haus-klasing.de
Handyfreies Nichtraucherhaus (8 Z.) außerhalb des Ortes mit Blick auf Nordsee und Wattenmeer.

Haus Orion
Bi d'Utkiek 16
Tel. (049 76) 213 Fax 91 20 64
www.haus-orion.de
Pension (4 Z.) mit schönem Garten.

Zur Linde
Noorderloog 5
Tel. (049 76) 919 40
Fax 91 94 30
www.linde-spiekeroog.de
Traditionsreiches Hotel (19 Z.) im Zentrum des autofreien Dorfes. Modern eingerichtete Zimmer, Restaurant »Siwalu« und Seefahrerkneipe »Kap Hoorn«.

CAFÉ / TEESTUBE

Insel-Café
Noorderloog 13
Spezialität des Hauses ist die wunderbare Sanddorntorte.

Teetied in't Witthuus
Süderloog 1
In dem 200 Jahre alten Gebäude versteckt sich eine anheimelnde ostfriesische Teestube. Nachmittags sollte man hier die leckeren Obstkuchen oder Butterwaffeln mit heißen Kirschen probieren.

SCHIFFSAUSFLÜGE

Ausflugsfahrten
während der Saison nach Helgoland und Norderney

BADEN

Inselbad »Schwimmdock«
im Kurmittelhaus
Tel. (049 76) 919 31 61
Hallenbad mit Sauna
(Mo., Mi., Do., Sa. 10.00 – 12.30, 14.00 – 19.00, Di., Fr., So. 10.00 – 14.00 Uhr).

SHOPPING

Schröders
Noorderloog 8
Wein- und Naturkostladen mit sehr guter Käsetheke.

keroog sank. 77 Passagiere kamen ums Leben, nicht zuletzt deshalb, weil ihnen von der Insel aus nicht geholfen werden konnte. Nach Protesten aus der Bevölkerung wurde daraufhin 1861 die erste Gesellschaft zur Rettung Schiffbrüchiger gegründet (Noorderloog 1; Mitte April – Ende Okt. Di. – Sa. 15.30 – 17.30 Uhr).

> **! *Baedeker* TIPP**
>
> **Ein einmaliges Gefährt**
>
> Eines der letzten romantischen Verkehrsmittel zieht auf Spiekeroog seine Bahnen: Deutschlands einzige Eisenbahn, die noch von Pferden gezogen wird. Sie verkehrt auf historischer Strecke vom alten Inselbahnhof bis zum Dünenrand im Westen der Insel und zurück. Ca. 12 Min. dauert die Fahrt mit dem Wagen aus dem Jahre 1885 (Ostern bis September, Abfahrt ab Bahnhof Westend Di. – So. 14.00, 15.00, 16.00 und ab Café 14.30, 15.30, 16.30 Uhr).

Wie der Name bereits andeutet, führt die Straße »An d'nee Kark« zur neuen Kirche. Kurz darauf umrundet man den kleinen **Friedhof der Heimatlosen** (Drinkeldoodenkarkhoff), auf dem ein von einer Ankerkette umschlungenes Kreuz an das Unglück der »Johanne« erinnert.

*** Kurioses Muschelmuseum**

Mehr als 2000 Muscheln und Meeresschnecken aus aller Welt sind auf der Galerie im Haus des Gastes zu sehen. Aus Rücksicht auf die Besucher hat man im Kuriosen Muschelmuseum auf die lateinische Fachterminologie verzichtet, dafür aber von Farbe, Form und Muster inspirierte fantasievolle Namen vergeben (Noorderpad 18; April bis Okt. Mo. – Fr. 9.00 – 17.00, Sa. 10.00 – 13.00 Uhr).

Nordstrand

Vom hohen Dünenwall am Nordstrand genießt man einen schönen Ausblick. Abends treffen sich Literaturinteressierte im Lesepavillon. Wer Ruhe sucht, ist am östlichen Teil des wunderbaren Strandes richtig. Und die beste Aussicht genießt man von der 18 m hohen Aussichtsdüne nahe der Strandhalle.

Umweltzentrum

Das Umweltzentrum Wittbülten in der Hermann-Lietz-Schule zeigt eine Ausstellung zu Gezeiten, Entstehung und Naturraum der Insel. Außer einem Aquarium und einem Pottwalskelett findet man hier ein Teleskop, das der spätere Raketenforscher Wernher von Braun während seiner Schulzeit auf Spiekeroog benutzte (Mitte März – Mitte Nov. Di. – So. 11.00 – 17.00 Uhr, sonst nur Di. und Sa.).

*** Ostplate**

Mit der Ostplate beginnt die Ruhezone des Nationalparks. Diesen Teil der Insel darf man nur mit sachkundiger Führung betreten, da hier viele Vogelarten – z. B. Sandregenpfeifer, Eiderente und Austernfischer – brüten (Treffpunkt Infopavillon Umweltzentrum).

Der Westen

Die Weißen Dünen nördlich des Kurzentrums gelten mit ihren 24,5 m als **höchste Erhebungen Ostfrieslands**. Am Westend kann man nach den Wanderungen an der Endstation der Museumspferdebahn einkehren.

★ St. Peter-Ording

N 6

Bundesland: Schleswig-Holstein **Landkreis:** Nordfriesland
Einwohner: 4000

Ein atemberaubend feiner, weißer Sandstrand schiebt sich weit ins Meer hinein, unendliche Weite, ein perfektes Zusammenspiel von Dünen, Strand und Meer und dazu die wunderbare Luft – das und noch viel mehr bietet St. Peter-Ording.

Wald, Meer und warme Quellen

Ein Sandstrand von 12 km Länge, dazu ein großes Waldgebiet mit herrlichen Wandermöglichkeiten zeichnen die Halbinsel Eiderstedt aus. Am westlichen Zipfel liegt die Gemeinde St. Peter-Ording, bestehend aus den vier Ortsteilen St. Peter-Ording, St. Peter-Bad, St. Peter-Dorf und St. Peter-Böhl. Jedes Viertel hat seinen eigenen Charakter: St. Peter-Dorf bildet den historischen Kern mit etlichen guten Adressen zum Schlemmen und Einkaufen, in St. Peter-Bad befinden sich die Solequelle, Wellness- und Therapieeinrichtungen. Nicht weit zu Wald und Meer ist es von Ording aus. In St. Peter-Böhl erkennt man noch den bäuerlichen Ursprung des Ortes.

★ Pfahlbauten ►

Typisch und ein beliebtes Fotomotiv sind die Pfahlbauten, die an fünf Stellen auf dem flachen Strand – ursprünglich einmal als Umkleidekabinen – errichtet wurden. Bei Ebbe gelangt man zu Fuß dorthin und muss über die Holztreppen bis zu den rustikalen Gaststätten hinaufsteigen, bei hohen Fluten werden die Häuschen von Wasser umspült. Auf die vor dem Ort gelegene Sandbank führt von St. Peter-Bad eine Seebrücke, von Ording aus ein Holzsteg.

Sehenswertes in und um St. Peter-Ording

St. Peter

Zentrum des alten Ortsteils St. Peter-Dorf ist die um 1200 erbaute Backsteinkirche, die mehrfach umgebaut wurde. Der Schnitzaltar (1480 – 1500) ist der älteste von Eiderstedt, weiter sind eine reich verzierte Kreuzigungsgruppe und eine Renaissancekanzel zu sehen.

Eiderstedter Heimatmuseum

Das in einem nordfriesischen Bauernhaus eingerichtete Eiderstedter Heimatmuseum zeigt die Entstehungsgeschichte der Halbinsel, die Geschichte des Seebades sowie eine Sammlung zu Schifffahrt, Fischerei, Handwerk und Alltag. Den ausgestellten Silberpokal stiftete übrigens 1860 der Augustenburger Prinz Noer (Olsdorfer Str. 6; März bis Okt. Di. – Sa. 10.00 – 17.00, So. 10.00 – 13.00, Nov. – Feb. Di. – Sa. 15.00 – 17.00, So. 10.00 – 13.00 Uhr).

Nordsee-Bernstein-museum

Seit über 50 Jahren betreibt Familie Jöns ihre Bernsteinschleiferei und sammelt angeschwemmte Stücke. Besonders schöne Exemplare, darunter Inklusen (Insekteneinschlüsse) zeigt das Museum, in dem auch erklärt wird, wie der Bernstein entsteht, wie er an die Nordsee

Trockenen Fußes erreicht man über die Seebrücke den Strand.

kommt und wie man Bernstein am Strand aufspürt (Dorfstr. 15; Mitte März – Okt. Mo. – Fr. 9.30 – 13.00 und 14.30 – 18.30, Sa. 9.30 bis 13.00, So. 11.00 – 13.00, Museumsführung: Mi. 17.00, Werkstattführung: Mo. 17.00; Nov. – Mitte März Mo., Do., Fr. 10.00 – 12.00 und 15.00 – 17.00, Sa. 10.00 – 12.00, Museumsführung: Mo. 16.00 Uhr).

Seebrücke

In St. Peter-Bad führt eine rund 1000 m lange Seebrücke zum Strand. Seit 2005 ist die Lärchenbohlen-Brücke auf beiden Seiten mit Lampen bestückt und verwandelt sich abends in eine romantische Spazierstrecke.

*** Westküstenpark**

Das richtige Ziel für einen Familienausflug ist der Westküstenpark im Ortsteil Böhl. Im Haustier- und Wildpark sieht man seltene Schaf- und Ziegenrassen sowie Geflügel, aber auch Alpakas, eine Basstölpelkolonie und vieles mehr. Absoluter Höhepunkt ist aber das Robbarium, in dem die Seehunde wie in einem Hafen mit Mole, Schwimmponton und Strand leben. Abwechslungsreiches Kinderprogramm, z. B. Falknervorführungen (Wittendüner Allee; April bis Okt. 9.30 – 19.00, Nov. – März von 10.30 Uhr bis zum Einbruch der Dunkelheit).

SANKT PETER-ORDING ERLEBEN

AUSKUNFT

Tourismus-Zentrale
Postfach 100
25823 St. Peter-Ording
Tel. (048 63) 99 90
Fax (048 63) 99 01 80
www.st.peter-ording.de

ESSEN

► Fein & teuer/Erschwinglich

① ***Gambrinus***
Strandweg 4
Tel. (048 63) 29 77
Freundlicher Service, gutes Preis-Leistungsverhältnis, köstliche Lamm- und Fischspezialitäten und einer der schönsten Kaffeegärten des Ortes.

② ***Wanlik-Hüs***
Dorfstr. 27
Tel. (048 63) 30 30
Hier gibt es sehr gute Nordseespezialitäten im friesischen Ambiente unter dem Reetdach.

► Erschwinglich

③ ***Am Kamin***
Dorfstr. 12
Tel. (04863) 31 10
Schon der Name klingt vielversprechend und das Reetdach tut das Seine, um auch von außen den gemütlichen Eindruck zu unterstreichen. Regionale Spezialitäten.

► Erschwinglich / Preiswert

④ ***Doris Strandcafé***
Am Ordinger Strand
Tel. (048 63) 26 98
Pfahlrestaurant mit deftigen Gerichten.

► Preiswert

⑤ ***Friesenkate***
Im Bad 17
Tel. (048 63) 81 90
Deftige Gerichte, gute Portionen zu günstigen Preisen!

ÜBERNACHTEN

► Luxus/Komfortabel

① ***Jensens Hotel Tannenhof***
Im Bad 59
Tel. (048 63) 70 40, Fax 704 13
www.jensenstannenhof.de
Gepflegtes Hotel (34 Z.) direkt am Naturschutzgebiet von St. Peter-Bad.

② ***Landhaus an de Dün***
Im Bad 63
Tel. (048 63) 960 60, Fax 96 06 60
www.hotel-landhaus.de
Vier-Sterne-Haus mit edlem Ambiente (neuer Wellnessbereich, Dünengarten etc.).

► Komfortabel

③ ***Hotel Christiana***
Im Bad 79
Tel. (048 63) 90 20, Fax 902 33
www.hotel-christiana.de
Kleines Hotel garni (12 Z.) in hübscher Jugendstilvilla mit idyllischem Garten; schöne Lage auf dem höchsten Punkt der Innendüne.

CAFÉS / TEESTUBEN / KNEIPEN

Baedeker-Empfehlung

Café Rasmus
Strandpromenade 1
Gute Adresse, um einmal eine besonders leckere Friesentorte zu probieren – und der Blick auf Promenade und Meer ist wunderschön.

Arche Noah
Auf der Sandbank
St. Peter-Bad

Panorama-Café auf der Sonnenterrasse eines der Pfahlbauten am Strand (nur im Sommer geöffnet).

Black Magic Diskothek
Neuweg 1 (St. Peter-Dorf)
Tel. (048 63) 14 44
Diskothek, in der auch regelmäßig Kleinkunst geboten wird. Angeschlossen ist das Restaurant »Anno«.

BADEN

Dünen Therme
Maleens Knoll 2
25823 St. Peter-Ording
Tel. (046 83) 99 91 61
Wellenbad, Dampfbad und Sauna mitten in der Dünenlandschaft – einzigartig!

SHOPPING

Bernstein Boy Jöns
Dorfstr. 15
25826 St. Peter-Ording
Museum mit angeschlossener Werkstatt und Verkaufsraum.

St. Peter-Ording *Orientierung*

Übernachten
1. Jensens Hotel Tannenhof
2. Landhaus an de Dün
3. Hotel Christiana

Essen
1. Gambrinus
2. Wanlik-Hüs
3. Am Kamin
4. Doris Strandcafé
5. Friesenkate

Sportangebote Ideale Surfbedingungen gibt es am Strand von St. Peter-Ording, dem Schauplatz der TV-Serie »Gegen den Wind«. Einige Reiterhöfe bieten Unterricht und Ausritte am Strand an und der öffentliche Golfplatz Deichgrafenhof propagiert »Golf für jedermann« (► Urlaub aktiv). Wer gerne seine Kletterkünste erproben will, kann dies im Hochseilgarten TaNaGa mitten im Ordingerwald tun.

> **! Baedeker TIPP**
>
> **Schnell wie der Wind**
>
> ... sind die Piloten, die auf drei Rädern mit ihren an Seifenkisten mit Segeln erinnernden Fahrzeugen über den Strand flitzen. Dabei werden Geschwindigkeiten bis zu 130 km/h erreicht! Im Sommer finden hier deutsche und internationale Wettkämpfe statt. Wer selbst Strandsegler werden will, kann im Yachtclub von St. Peter-Ording einen Pilotenschein machen.

Eine Abbildung des berühmten **Westerhever Leuchtturms** kennen die meisten – seit Jahren wirbt die Brauerei Jever mit diesem Turm für ihr Bier. 1907 wurde der 37 m (41,5 m ü. d. M.) hohe Turm (10 km nördlich von St. Peter-Ording) auf einer Basis von Baumstämmen errichtet, die das Absacken verhindern sollten. In den zwei seitlich stehenden Häuschen wohnten früher die Leuchtturmwärter. Seit 2001 können sich Paare hier trauen lassen, müssen aber hin und zurück 1,5 Stunden Fußweg in Kauf nehmen!

Auch eine norddeutsche Berühmtheit: der Westerhever Leuchtturm

★★ Sylt

L/M 1–3

Bundesland: Schleswig-Holstein **Landkreis:** Nordfriesland
Einwohner: 22 000

Schlank wie eine Ballerina streckt sich die Königin der Nordseeinseln entlang der Küste aus. In ihrem schneeweißen Sand räkelten sich schon Brigitte Bardot und Gunter Sachs, als Treffpunkt von Künstlern, Playboys und Stars hat sie oft Schlagzeilen gemacht. Noch immer üben 40 km Strand, der legendär wolkenlose Himmel und ein Meer wie blaue Seide eine einzigartige Faszination aus.

Auf der größten Nordseeinsel

Ganz im Norden vor der Westküste von Schleswig-Holstein liegt Sylt, die bekannteste und mit 99 km² Fläche größte Nordseeinsel. Von Nord nach Süd misst sie 38,5 km, an der engsten Stelle ist sie nur 330 m breit. Der höchste »Berg« der Insel ist die Uwe-Düne bei Kampen mit 52,5 m. Rund 40 km durchgehender Sandstrand, Dünen, Wattwiesen und Weiden prägen das Bild. Auf Sylt befindet sich die einzige Wanderdüne an der deutschen Nordseeküste. Sie ist halb so hoch wie die Uwe-Düne.

Der Triumph des Meeres

Der schmale Inselkörper ist schon durch die normalen Tiden stark gefährdet und die schweren Sturmfluten tun seit Jahrhunderten ein Übriges, um die Insel schrumpfen zu lassen. Die Westküste ist den Angriffen des Meeres besonders ausgesetzt: Dörfer wie Wendingstadt und Eidum existieren heute nicht mehr. Seit 1927 ist die Insel durch den Hindenburgdamm mit dem Festland verbunden; hier verkehrt allerdings nur der Zug bzw. Autoreisezug ab Niebüll. Sylt lebt vom Tourismus: Über 600 000 Gäste machen hier jährlich Urlaub.

Geschichte

Schon vor über 6000 Jahren war Sylt bewohnt, wie zahlreiche neolithische Grabanlagen bezeugen. Ab 700 n. Chr. siedelten **Friesen** auf der Insel, 1141 wird Sylt erstmals schriftlich erwähnt. 1203 und 1226 ist in dänischen Urkunden von einem »Siland« (Seeland) die Rede. Anderen Theorien zufolge leitet sich der Inselname von »Sild« (Hering) ab. Bis 1435 unterstand die Insel der dänischen Krone, kam dann aber weitgehend zum Herzogtum Schleswig. Nur der äußerste Norden zählte zu Dänemark. Die Insel blieb geteilt, bis sie an Preußen fiel. Die Sylter lebten vom 12. Jh. an zunächst von der Salzsiederei, später vom Heringsfang, im 17. und 18. Jh. dann vom Walfang, der vorübergehend einen beträchtlichen Wohlstand auf die Insel brachte. Mitte des 19. Jh.s setzte der **Badebetrieb** auf Sylt ein: 1855 erhielt Westerland die Badekonzession und kurbelte den Fremdenverkehr an. 1888 wurde eine Inselbahn angelegt, die bis 1970 die Insel der Länge nach abfuhr. Während der Weltkriege brach der Tourismus ein; Sylt selbst wurde mit Marineflugstationen zu einer Festung ausgebaut.

◄ Vom Walfang zum Tourismus

SYLT ERLEBEN

AUSKUNFT

Fremdenverkehrszentrale
Bahnhofsgebäude
25980 Westerland
Tel. (046 51) 99 88
Fax (046 51) 99 85 55

Sylt-Marketing-GmbH
Stephanstr. 6
25980 Westerland
Tel. (046 51) 820 20, 193 44
Fax (046 51) 82 02 22
www.sylt.de
www.natuerlich.sylt.de
www.sylt-az.de

ANREISE

mit dem Auto
Autoreisezug ab Niebüll oder Fähre über Rømø /Dänemark
Rømø-Sylt-Fähre
Tel. (0180) 310 30 30 (0,09 €/Min.)

mit dem Schiff
ab Rømø /Dänemark nach List

mit dem Flugzeug
von mehreren deutschen Flughäfen bis Westerland

ESSEN

► Fein & teuer

② ***Jörg Müller***
Süderstr. 8 (Westerland)
Tel. (046 51) 277 88
Hier speist man beim besten Koch Sylts. Im fliesengeschmückten Pesel gibt es gehobene regionale Küche, die Grande Cuisine wird im Restaurant zelebriert.

Sylt ist das Surfer-Mekka an der deutschen Nordseeküste.

► Erschwinglich

Landhaus Nösse
Nösistig 13 (Morsum)
Tel. (046 51) 972 20
Wunderbares Ausflugsziel für Wanderer am östlichsten Zipfel der Insel; diese kehren gerne auf der Caféterrasse oder in der Kaptains Stuv ein. Dazu gehören aber auch ein kleines Bistro und das elegante Nösse-Restaurant.

① ***Schneckenhaus***
Norderstr. 6 (Westerland)
Tel. (046 51) 232 75
Geheimtipp weit ab vom Sylt-Rummel! Neben Schnecken und Steaks auch leckere Kompositionen wie Erdbeer-Spargel-Salat auf Frischkäse.

► Preiswert

Barbecue am Meer
Strandübergang Höhe Greth-Skrabbel-Wai (Hörnum)
Tel. (046 51) 988 15 48
Gemütliche Blockhütte mit Blick aufs Meer.

Gosch am Kliff
Wenningstedter Strandstr. 27 (Wenningstedt)
Tel. (046 51) 456 88
Perfekter Ort, um den Abend mit einem kleinen Imbiss und einem Glas Wein ausklingen zu lassen und den Sonnenuntergang zu beobachten.

ÜBERNACHTEN

► Luxus

Benen-Diken-Hof
Süderstr. 3 – 5
25980 Keitum
Tel. (046 51) 938 30, Fax 938 31 83
www.benen-diken-hof.de
Der Benen-Diken-Hof (40 Z. und Ap.) gehört zweifelsohne zu den besten und schönsten Hotels auf Sylt. Es verfügt über alle Annehmlichkeiten wie perfekten, freundlichen Service, ein erstklassiges Restaurant sowie einen großen, eleganten Wellness- und Beautybereich.

Watthof
Alte Dorfstr. 40
25980 Rantum
Tel. (046 51) 80 20, Fax 802 22
www.watthof.de
Exklusives Domizil am Rantumer Watt (35 Z.) mit schönem Wellnessbereich und Restaurant.

① ***Villa Kristina***
Norderstr. 7
25980 Westerland
Tel. (046 51) 85 70
www.sylter-hof.de
Ideale Lage nahe am Westerländer Strand und nur 200 m vom Zentrum entfernt. Sehr liebevoll modernisiertes Haus, Zimmer auf der straßenabgewandten Seite sind zu bevorzugen!

② ***Strandhotel Miramar***
Friedrichstr. 43
25980 Westerland
Tel. (046 51) 85 50, Fax 85 52 22
www.hotel-miramar.de
Toplage direkt oberhalb des Strandes; altes Haus (86 Z.) mit großzügigem Seebadflair.

► Komfortabel

Haus Hanseat
Dünenwai 2
25980 Rantum
Tel. (046 51) 232 56, Fax 284 31
www.rantum.de/haus-hanseat
Bed-and-Breakfast in den Dünen.

► Günstig

Weißes Kliff
M.-T.-Buchholz-Stig 9
25980 Braderup
Tel. (046 51) 430 08, Fax 44 64 03
www.weisses-kliff.de

Sehr stimmungsvoll in einem ehemaligen Kapitänshaus, liegt nahe dem Naturschutzgebiet Braderuper Heide das »Weiße Kliff« (6 Z.) mit seinem netten Restaurant.

KNEIPEN / BARS

Irish Pub
Paulstr. 11A
(Westerland)
Wie auf der grünen Insel fühlt man sich bei Guinness, Irish Stew, Whiskey und Folkmusik.

Sturmhaube / Willy's
Riperstig (Kampen)
Tel. (046 51) 99 59 40
Bar mit tollem Ausblick, am Rande von Kampen in den Dünen gelegen. Zudem bietet die Sturmhaube eine preisgünstige, gute Fischküche.

Kliffkieker
Strandstr. 24 (Wenningstedt)
Direkt auf dem Kliff; in der Saison »Danz op de Deel« am Abgrund.

Salon 1900
Süderstr. 40 (Keitum)
Tel. (046 51) 93 60 00
Eine Inselinstitution mit Tanz, Restaurant und Bar.

! *Baedeker* TIPP

Essen auf Stelzen

Nach Sauna und Massage mit Meeres- und Dünenblick kann man es sich im »Grande Plage« am Weststrand von Kampen auf der Sonnenterrasse oder windgeschützt im Bistro gemütlich machen. Es gibt Kartoffelsuppe, Currywurst, Baguettes und Bouillabaisse, aber auch Gourmets kommen auf ihre Kosten (Tel. 046 51 / 88 60 78, www.grande-plage.de). Am Strand vor dem »Grande Plage« werden im Sommer gerne heiße Beachpartys gefeiert.

Spielbank Westerland
Andreas-Nielsen-Str. 1
Kleinste Spielbank Deutschlands (American Roulette, Blackjack sowie ein Automatensaal) im Westerländer Rathaus.

SCHIFFSAUSFLÜGE

Fahrten nach Föhr, Amrum oder zu den Halligen
(in der Saison täglich)
Adler-Schiffe
Boysenstr. 13, 25980 Westerland
Tel. (046 51) 987 00 oder
am Fahrkartenschalter
Hafen Hörnum
Tel. (046 51) 88 12 97
www.adler-schiffe.de

BADEN

Sylter Welle
Strandstr. 32
25980 Westerland
Tel. (046 51) 99 82 43
Wunderbares Freizeit- und Wellenbad mit Wellnessoase – und fast alles mit Blick auf die Nordsee.

SHOPPING

Goldschmiede Edda Raspé
Terpstich 15
25980 Sylt-Ost (Morsum)
Schöner, ungewöhnlicher Goldschmuck, teilweise mit geschliffenen Steinen vom Sylter Strand kombiniert.

Marschentöpferei
Munkhoog 47
25980 Munkmarsch
Kunstvolle Keramik und nach holländischer Tradition gebrannte Fliesen.

VERANSTALTUNGEN

Kultursommer Kampen
Namhafte Künstler lesen während der Saison immer donnerstags um 20.30 Uhr im Kamp Hus aus ihren Werken.

Westerland Orientierung

Übernachten
① Villa Kristina
② Miramar

Essen
① Schneckenhaus
② Jörg Müller

Westerland und nördliches Sylt

Westerland Westerland ist mit 9500 Einwohnern die einzige Stadt auf der Insel und Sylts Hauptstadt. In dem städtisch anmutenden Badeort sind die Strand- und die Friedrichstraße mit vielen Geschäften, die 574 m lange Strandpromenade, das Kasino und das Spaßbad »Sylter Welle« Hauptanziehungspunkte.

Idyllischer ist es im alten Teil von Westerland, wo um die **St.-Niels-Kirche** noch ein paar schöne Friesenhäuser erhalten sind. Die St.-Niels-Kirche wurde zwischen 1635 und 1637 als Ersatz für ein weiter westlich gelegenes Gotteshaus errichtet, das durch Küstenabbruch gefährlich nah an die Abbruchkante geraten war. Aus diesem Bau stammen die alten Ausstattungsstücke von St. Niels wie das Passionskreuz (13./14. Jh.) und der spätgotische Schnitzaltar.

Das **Sylt-Aquarium** direkt an den Dünen präsentiert in 25 Becken heimische und tropische Meereswelten. Durch zwei der Becken führt ein Wassertunnel aus Acryl (tgl. 10.00 – 19.00 Uhr).

Wenningstedt Wenningstedt, nördlich von Westerland, ist seit 1960 anerkanntes Heilbad. Von hier aus sollen zur Zeit der Völkerwanderung Angeln und Sachsen in See gestochen sein, um nach England überzusetzen.

* Denghoog ► Ausgesprochen sehenswert ist der Denghoog (Abb. S. 28), ein Ganggrab aus dem 3. Jahrtausend v. Chr., das als eines der bedeutendsten in Nordeuropa gilt. Das von außen als 3 m hoher Hügel zu erkennende Grab hat eine 15 m² große Kammer, die man besichtigen kann. Zu dieser führt ein 6,5 m langer Gang. 1868 wurde das Grab geöffnet und man fand eine vollkommen unberührte jungsteinzeitliche Grabkammer mit Tongefäßen, Werkzeugen, Waffen und Bernsteinperlen (Führungen Apr. – Okt. tgl. 10.00 – 16.00 Uhr, sonst nach Voranmeldung unter Tel. 046 51/ 57 69).

* **Kampen** Kampen gehört zu den bekanntesten Orten an der Nordsee: Im Laufe der Jahrzehnte haben zahllose namhafte Gäste den Ort weit über die Grenzen Sylts hinaus bekannt gemacht – darunter Thomas Mann, Peter Suhrkamp, Ernst Rowohlt, Elisabeth Flickenschildt, Axel Springer, Werner Höfer, Gunter Sachs und Brigitte Bardot (►Baedeker Special S. 286). Die legendäre Buhne 16, das FKK-Paradies der ersten Stunde, wurde zum Treffpunkt von Playboys und Stars. Dass Geld in Kampen (k)eine Rolle spielt, merkt man – zumal beim Anblick der vielen pompösen Feriendomizile – auf Schritt und Tritt.

Südlich vom Ort steht der 1855 erbaute weißschwarze Leuchtturm mit einer Höhe von 38 m und einer Reichweite von rund 40 km. Eine Attraktion für Strandspaziergänger ist das Rote Kliff, das sich über 4,4 km an der Westküste bei Kampen entlangzieht. Die Grenze zwischen einer bis zu 3 Mio. Jahre alten Kaolinsandschicht und der 180 000 Jahre alten Geschiebelehmschicht ist stellenweise deutlich als waagerechte Linie sichtbar. Die Häuser auf der Kliffhöhe sind inzwischen durch Landabbrüche bedroht.

Flaggschiff unter den Sylter Schönheiten: das Rote Kliff

Von 1767 bis 1921 war die Kampener Vogelkoje in Betrieb, bevor man sie 1935 unter Naturschutz stellte. Heute wird hier die Funktion der Vogelkojen im Informationszentrum erklärt; anhand einer rekonstruierten Fanganlage und eines Lehrpfades lässt sich der Entenfang nachvollziehen (April – Okt. tgl. 10.00 – 16.00 Uhr).

List

List, im Osten des größten zusammenhängenden Dünengebiets gelegen, ist der nördlichste Ort Deutschlands. List verdankt seine Entwicklung einer Marineflugstation, die im Ersten wie auch im Zweiten Weltkrieg eine Rolle spielte. Seit 1986 gibt es vor List in der Blidselbucht wieder Austernbänke, die früheren waren dem Raubbau zum Opfer gefallen. Heute exportiert die »Dittmeyer Austern Compagnie« wieder die berühmte »Sylter Royal«. Auf dem Lister Hafenparkplatz erhebt sich das Erlebniszentrum Naturgewalten. Es vermittelt auf 3300 m² Wissen über die Ströme und Kräfte der Nordsee (aktuelle Öffnungszeiten unter www.muez.de).

★ Listland Das Listland westlich des Ortes gehört landschaftlich zum Schönsten und Imposantesten, was die Insel zu bieten hat: Hier liegt das größte Dünengebiet Sylts mit Dünen bis zu 35 m Höhe und einer Wanderdüne, die sich pro Jahr bis zu 7 m ostwärts bewegt.

★ Ellenbogen Der Ellenbogen ist der nördlichste Ausläufer Sylts. Das Gebiet steht unter Naturschutz. Bei der Umrundung der Ellenbogen-Spitze kommt man an den beiden 1857 erbauten Leuchttürmen vorbei.

Braderup Braderup liegt an der Wattseite der Insel, eingebettet in eine wunderschöne Heidelandschaft. Diese endet abrupt an der Steilküste, dem sogenannten Weißen Kliff, das seinen Namen dem hellen, feinerdigen Kaolinsand verdankt. In der unter Naturschutz gestellten Braderuper Heide ist noch ein Stück ursprünglicher Flora erhalten. Am

Sylter Sonnenuntergänge

südlichen Ortsrand (M.-T.-Buchholz-Stig 1) informiert ein Naturschutzzentrum über die Besonderheiten der Region.

Munkmarsch

Munkmarsch, die »Marsch der Mönche« vom dänischen Kloster Odense, ist das kleinste Dorf auf Sylt. Einst lag hier der Hafen von Sylt. Als 1927 der Hindenburgdamm gebaut wurde, verlor das Dorf an Bedeutung.Heute zieht der Ort vor allem **Surfer** an und die sanften Gewässer in der Bucht machen es Anfängern sehr viel leichter, sich auf dem wackeligen Brett zu halten.

Tinnum

In Tinnum, das heute wie ein Vorort von Westerland wirkt, steht das **älteste Haus Sylts**, die Alte Landvogtei (1649 erbaut). Bis 1742 lebte darin der höchste dänische Beamte auf Sylt. Von der **Tinnumburg**, über deren Baugeschichte und Nutzung man nichts Gesichertes weiß, hat sich noch der 20 m breite Ringwall mit einem Durchmesser von 110 m erhalten.
Im Tinnumer **Tierpark** kann man 300 Tiere bestaunen und Tretboot fahren (Mai–Okt. tgl. 10.00–19.00 Uhr) und an der Straße nach Keitum die Rettungsstation für Seevögel besichtigen.

✶ Keitum

Am Rand des Grünen Kliffs

Geschützt an der Wattseite liegt Keitum, das idyllischste Dorf der Insel. Die traditionelle Bebauung, der alte Baumbestand sowie die schöne Lage am Rand des Grünen Kliffs haben Keitum zur eigentlichen Attraktion der Insel werden lassen. Von ca. 1650 bis um 1800 lebte Keitum wie die meisten Inseldörfer vom Walfang. Diese Arbeit war ebenso abenteuerlich wie ertragreich: Viele Kapitäne setzten sich hier zur Ruhe und bauten prachtvolle, von Wohlstand zeugende Häuser im friesischen Stil. Ab 1820 war Keitum bedeutender Hafen- und Hauptort der Insel. 1868 versandete der Hafen und Munkmarsch übernahm die Funktion als Hafenort, das aufstrebende Westerland wurde Verwaltungssitz.

St.-Severin-Kirche

Die St.-Severin-Kirche, im Norden außerhalb des Ortes auf einer Geesthöhe gelegen, wurde im 13. Jh. errichtet, der schlichte Turm 200 Jahre später angebaut. Der lichte Innenraum mit taubenblauen Kirchenbänken und gleichfarbiger Empore ist mit einigen Kostbarkeiten ausgestattet: Das älteste Stück stellt das romanische Taufbecken dar, der dreiflügelige Altar ist eine Schnitzarbeit der Spätgotik. Lohnend ist ein Gang über den Friedhof, auf dem man die Grabsteine so mancher Berühmtheiten findet – von Sylter Bürgern, aber auch von hier sesshaft gewordenen Gästen.

✶ Altfriesisches Haus

Das Altfriesische Haus, in dem im 19. Jh. der Sylter Chronist Christian Peter Hansen wohnte, hat der Sylter Heimatverein Söl'ring Foriining als Museum eingerichtet. Küche, Wohnstube, der für Feste vorgesehene Pesel und die Kellerkammer enthalten traditionelles Mobi-

Reet und Backstein bilden das Rückgrat der Keitumer Architektur.

liar und Hausrat. Geflieste und holzgetäfelte Wände gelten als typisches Merkmal des hiesigen Einrichtungsstils. Die Seefahrertradition bezeugen einzelne Gegenstände, die von »großer Fahrt« heimgebracht wurden (Am Kliff 13; Ostern – Nov. tgl. 10.00 – 17.00, Sa., So. erst ab 11.00, Nov. – Ostern Di. – Fr. 13.00 – 16.00 Uhr).

Sylter Heimatmuseum Auch das 1908 gegründete Sylter Heimatmuseum lässt friesische Kulturgeschichte lebendig werden. Gezeigt werden friesische Trachten, Schmuck, Seekarten, Seefahrerutensilien und Mitbringsel aus fernen Ländern. Eine kleine Abteilung ist der Biografie des auf Sylt geborenen Freiheitskämpfers Uwe Jens Lornsen (1793 – 1838) gewidmet, der für die Zusammengehörigkeit und Unabhängigkeit Schleswig-Holsteins kämpfte (Am Kliff 19a; geöffnet wie Altfriesisches Haus, s.o.).

Tipkenhoog Der Tipkenhoog am südlichen Ortsausgang von Keitum ist einer der schönsten Sylter Grabhügel der jüngeren Steinzeit. Direkt neben dem Tipkenhoog liegt der Harhoog (um 2500 v. Chr.).

Sylt-Ost und der Süden

Archsum Das kleinste Dorf der Insel liegt abseits vom mondänen Sylter Treiben zwischen Morsum und Keitum in einer flachen Wiesenlandschaft. Archsum war schon früh relativ dicht besiedelt und besaß eine Burg, die vermutlich um Christi Geburt entstand. Ein eindrucksvolles Zeugnis aus der Steinzeit findet man auf der Seeseite des Nössedeichs südwestlich von Archsum: eine etwa 4000 Jahre alte

Grabkammer, die im Volksmund unter dem Namen Modjes Küül (Mutters Keller) bekannt ist.

Morsum

In Sylts östlichstem Dorf bekommt man einen Eindruck vom einsamen Inselleben, wie man es auf Sylt sonst kaum noch findet. Inzwischen nehmen aber auch hier die Neubauten in Toplagen zu.
Ähnlich wie die Morsumer Kirche St. Martin aus dem 13. Jh. muss man sich die anderen romanischen Inselkirchen früherer Zeit vorstellen: Alle wurden zunächst ohne Kirchturm errichtet, die Glocke hing in einem hölzernen, etwas abseits gebauten Turm, wie es bei St. Martin heute noch der Fall ist. Im Innenraum ist vor allem der spätgotische Flügelaltar mit den Aposteln sehenswert, außerdem die geschnitzte Kanzel (1698) mit Szenen aus dem Leben Jesu. Die ältesten Stücke sind der romanische Taufstein und das Weihwasserbecken.

★ Morsum-Kliff

Das 23,2 m hohe Morsum-Kliff steht wegen seiner geologischen Bedeutung seit 1923 unter Naturschutz. Sedimente, die normalerweise in 100 m Tiefe lagern, sind durch Druck und Schub von Eisgletschern an die Oberfläche befördert und schräg gestellt worden. Die ältesten Schichten sind bis zu 10 Millionen Jahre alt.

Rantum

Rantum, südlich von Westerland, liegt an der schmalsten Stelle der Insel. Nur noch einige Hundert Meter sind es vom Strand im Westen bis zum Ufer des Wattenmeers im Osten. Der Ort entwickelte sich in den 1930er-Jahren mit dem Bau des Rantum-Beckens für Wasserflugzeuge, das heute geschützter Lebensraum für zahlreiche Vögel ist. In der Eidumer Vogelkoje gibt es ein Infozentrum.

★ Hörnum

Am Südzipfel der Insel liegt der kleine Hafenort Hörnum, seit 1950 Nordseebad. Zwischen Rantum und Hörnum hat die Insel nur noch eine Breite von einigen Hundert Metern, die Dünenkette ist bereits stark beschädigt. Der Hörnumer Leuchtturm hat eine Höhe von 34 m (48,9 m ü. d. M.) und eine Reichweite von gut 40 km.
Die Hörnum-Odde, die Südspitze von Sylt, steht seit 1972 unter Naturschutz; sie ist der am stärksten bedrohte Teil Sylts, da dort ständig große Massen vom Ufer wegbrechen. Im März 1989 trennten die Fluten schließlich die äußerste Südspitze ab, die zu einer Sandbank im Meer wurde. Die Schutzstation Wattenmeer veranstaltet Diavorträge sowie Exkursionen zur Hörnum-Odde und ins Wattenmeer (Di. – So. 10.00 – 12.00 und 15.00 – 18.00 Uhr).

! *Baedeker* TIPP

Nordic Walking am Strand

220 km Strecke und jede Menge frische, salzhaltige Luft bietet der Nordic Walking Park auf Sylt. Er ist einer der größten in Deutschland. Die Routen sind zwischen 1,6 und 18,7 km lang und je nach Beschaffenheit des Untergrundes in einfache, mittelschwere und schwierige Strecken aufgeteilt. Von April bis September vermittelt eine Trainerin täglich die Grundtechnik (Infos bei der Kurverwaltung Sylt-Ost, Tel. 018 05/ 55 79 58).

Playboy Gunter Sachs und die »BB«

PROMINENTE UNTER SICH

Maler, Schriftsteller, Verleger, also Kulturschaffende prägten über viele Jahrzehnte das Prominentenleben auf Sylt. Die Insel zog sie scheinbar magisch an. In den 1960er-Jahren entdeckten der Jetset, Stars, Sternchen und Reiche die Nordseeinsel, und zwar in solcher Zahl, dass von Gunter Sachs und Brigit Bardot (oben) heute wohl nur noch wenig Notiz genommen würde.

Haus Uhlenkamp

Sylts Werdegang als Insel der Maler und Dichter wurde wesentlich durch den Naturliebhaber **Ferdinand Avenarius** gefördert, der das ruhige Kampen dem hektischen Westerland vorzog und sich dort 1903 am Hoogenkamp das Haus Uhlenkamp bauen ließ. Die Villa stellte eine kleine Kuriosität dar, weil ihre Architektur friesische und bayerische Elemente verband und allein dadurch auffiel, dass sie eine Etage höher war als die anderen Häuser in Kampen. Auf dem Dach gab es eine vertiefte Wanne, die die Möglichkeit zum hüllenlosen Sonnenbad bot. Avenarius verlegte in den Sommermonaten die Redaktion seiner Zeitschrift »Der Kunstwart« nach Kampen und holte Mitarbeiter und Künstler in sein Haus.

Das Haus Uhlenkamp wurde zu einer Begegnungsstätte von Künstlern und begründete damit den Ruf Kampens als Ort, an dem Maler, Schriftsteller, Musiker und Verleger regen Austausch, inspirierende Stille und selbst gesuchte Einsamkeit fanden. Im Jahr 1968 wurde das Uhlenkamp, das heute bestimmt unter Denkmalschutz stünde, trotz erheblicher Proteste abgerissen, denn die Gemeinde Kampen konnte das Haus nicht mehr halten. 1923 – im Todesjahr Avenarius' – wurde ein anderes geschichtsträchtiges Haus in Kampen gebaut. Der Verleger und Buchhändler **Heinrich Tiedemann** hatte am Ortsrand ein Grundstück mit einem kleinen Schuppen erworben, auf dem er nach Plänen des Architekten Walther Baedeker das Haus Kliffende errichten ließ. Dieses kleine Anwesen hat über Jahrzehnte hinweg illustre Gäste gesehen. So verbrachte der Maler **Emil Nolde** 1930 einige Wochen im Kliffende, während sein Haus auf dem Festland renoviert wurde. Ehefrau Ada hatte ihren Künstlergatten in Kampen abgeliefert, um sich in Ruhe dem Umbau in Seebüll zu widmen.

Thomas Mann indessen war 1927 mit Frau Katja und drei Kindern ins Kliffende gekommen. In einer Ansichtskarte an seinen Bruder Heinrich schreibt er: »Viele Grüße von Meer zu

Meer! Die Reize dieser Insel sind keusch und karg und lenken den Sinn auf Grog ...« Und im Gästebuch steht: »Wir reisen wieder, gut das Kliffende bleibt«. So Thomas Mann am Ende seiner Ferien, nicht ahnend, dass die Existenz seines Feriendomizils Jahrzehnte später durch Küstenabbruch massiv bedroht sein würde.

Promi-Herberge Kliffende

Einige Jahre nach dem Besuch der Familie Mann war der Nationalsozialist **Hermann Göring**, ein leidenschaftlicher Seehundjäger, zu Gast im Haus Kliffende, bevor er sich ein eigenes Heim in Wenningstedt kaufte. Auch der Richter **Roland Freisler**, der für den nationalsozialistischen Justizterror verantwortlich war, verbrachte hier viele Urlaubstage. Das Sagen im Kliffende hatte die Schauspielerin und Hausherrin Clara Tiedemann, von der man in diese ausgesprochen exklusive Prominentenherberge nur aufgenommen, wenn ein alteingesessener Gast eine Empfehlung aussprach. Im Sommer war das Haus ausgebucht, Maler, Komponisten, Dirigenten, Museumsdirektoren, Schriftsteller und Verleger wohnten Tür an Tür.

Durch Heirat mit Annemarie van Hoboken kam der Verleger **Peter Suhrkamp** in den Besitz eines Hauses in Kampen, wo er vielen Freunden Urlaubsquartier gewährte, darunter **Max Frisch, Carl Zuckmayer, Ernst Penzoldt, Oskar Loerke und Walter Jens** – im Weinkeller gab Carl Zuckmeyer in trauter Runde Moritatengesänge zur Laute zum Besten.

Nach dem Zweiten Weltkrieg fand sich die Prominenz schnell wieder ein. In den 1960er-Jahren entdeckten Jet-Set und Schickeria die Insel und vor allem Kampen als standesgemäßen Urlaubsort. Die legendäre Buhne 16, ein FKK-Strand, wurde zum Treffpunkt von Playboys und Stars und brachte dem Ort den Ruf »St. Tropez des Nordens« ein. Auch heute kommen etliche Prominente auf die Insel – sei es für einen Urlaub oder nur zu einem der großen Party-Events.

Auch im Bademantel ein ansehnlicher Mann: Thomas Mann

★ Tönning

P 6

Bundesland: Schleswig-Holstein **Landkreis:** Nordfriesland
Einwohner: 4900

Wenn im Hafen die Krabbenkutter festmachen, kommt Leben in den malerischen Bade- und Luftkurort. Hauptattraktion ist das Multimar Wattforum, das faszinierende Einblicke in die Unterwasserwelt des Wattenmeers erlaubt.

Wohlhabend durch Handel

Tönning, der Hauptort der Halbinsel Eiderstedt, blickt auf eine große Geschichte zurück. Der Ort an der Eider entstand um 1000 auf einer Warft und entwickelte sich zu einem bedeutenden Handels- und Verladeplatz. Im 17. Jh. passierten pro Jahr mehr als 2000 Schiffe Tönning und luden Getreide, Vieh und Käse. Tönning hatte eine eigene Handelsflotte und war bis 1895, dem Zeitpunkt der Eröffnung des Nord-Ostsee-Kanals, ausgesprochen wohlhabend. Im 16. Jh. wählten die Gottorfer Herzöge Tönning sogar als Nebenresidenz, 1583 bezogen sie hier ein von italienischen und französischen Vorbildern inspiriertes Schloss, das jedoch 1735 abgebrochen wurde. Für die Nordseeküste ist die Stadt immer noch sehr wichtig, denn von hier aus werden zahlreiche Leuchttürme an der Küste und auf den Inseln per Funk in Gang gesetzt und überwacht.

Sehenswertes in Tönning

★ Markt

Tönning zeichnet sich durch ein ansprechendes Ortsbild mit teils gut erhaltenen Bürgerhäusern aus. Auf dem Marktplatz sollte man sich den achteckigen Brunnen (1613) genauer anschauen: Es ist ein Ziehbrunnen, hierzulande eine Rarität. An dem zierlichen Aufsatz kann man noch den Eimeraufzug erkennen.

Laurentiuskirche

Am Markt erhebt sich die Laurentiuskirche, die im 12. Jh. gebaut, anschließend mehrfach verändert wurde. Eindrucksvoll wirkt die mit Motiven der Bergpredigt bemalte Holztonnendecke (1704). Ein besonderer Kunstschatz ist ein Gemälde von Jürgen Ovens, der 1623 in Tönning zur Welt kam und Schüler von keinem Geringeren als Rembrandt wurde. Das Epitaph (1691) zeigt die heilige Familie und darüber zwei Ovale, auf denen Ovens selbst und seine Frau Maria zu sehen sind. Im Turmraum befindet sich ein spätbarockes Vexierbild (1739), bei dem je nach Standort Kreuzigung (von links betrachtet) und Auferstehung (von rechts) zu sehen sind.

Schlossgarten

Bei einem Spaziergang durch den Schlossgarten, der sich an den Marktplatz anschließt, fällt der Wassergraben auf, ein Relikt der Gottorfer Residenz. Das Schloss selbst ist nicht erhalten, man kann aber ein Modell im alten Schlossgraben studieren.

Im hübschen Tönninger Hafen steht noch eine hölzerne Ziehbrücke. Die vielen Krabbenkutter zeigen, dass der Ort heute noch u. a. von der Krabbenfischerei lebt. Am Skipperhuset (Nr. 30) und dem Pfahl davor sind Flutmarken angebracht, die die Wasserstände der Jahre zwischen 1634 und 1962 dokumentieren.

✶ Hafen

Das auffälligste Gebäude am Hafen ist das dreigeschossige Packhaus (1783), das – wie die Speicher in Kiel-Holtenau und Rendsburg – anlässlich der Eröffnung des Eider-Kanals erbaut wurde. Heute ist hier ein Museum zur Tönninger Stadtgeschichte eingerichtet. Themen sind die frühe Besiedlung bis zur Wikingerzeit, das Schloss und die Festung des 17. Jh.s sowie die Eisenschiffswerft (Mai – Sept. Di. – So. 14.30 – 17.30 Uhr). Im Winter verwandelt sich das Packhaus in einen der längsten Weihnachtskalender der Welt.

Historisches Packhaus

Hochinteressant ist das Multimar Wattforum, das die Vielfalt des Watts im Detail, aber auch in größeren Zusammenhängen (Mensch – Natur – Wissenschaft) beleuchtet und einen faszinierenden Blick in die Unterwasserwelt des Nationalparks Schleswig-Holsteinisches Wattenmeer erlaubt. Mehr als 250 Arten von Fischen, Krebsen,

✶✶ Multimar Wattforum

1997 strandete dieser Pottwal vor der Küste, jetzt steht er präpariert im Wattforum.

TÖNNING ERLEBEN

AUSKUNFT

Tourist-Information
Am Markt 1
26832 Tönning
Tel. (048 61) 614 20
Fax (048 61) 614 44
www.toenning.de

ESSEN

► Erschwinglich

Windrose
Westerstr. 21
(im Hotel Miramar)
Tel. (048 61) 90 90
Besonders köstlich sind die Fischgerichte und in der entsprechenden Saison das Wild. Auch Eiderstedter Krabben stehen auf der Karte.

► Preiswert

Schankwirtschaft Andresen
Katingsiel / Tönning
(ca. 9 km südwestlich)
Tel. (048 62) 370
Hinter dem Deich in Katingsiel steht dieser mehr als 300 Jahre alte Gasthof. Selbst gebackene Kuchen, regionale kleine Gerichte.

ÜBERNACHTEN

► Komfortabel

Godewind
Am Hafen 23
Tel. (048 61) 66 00
Fax 697 97
www.hotel-godewind.info
Liebevoll geführtes Romantik-Hotel (6 Z.) direkt am Hafen mit Sauna, Solarium, Sonnenterrasse, Wintergarten und einem wunderbaren Fischrestaurant.

KNEIPE

Roter Hahn
Alte Feuerwache
Tel. (048 61) 698 53
Beliebteste Tönninger Kneipe, in der man sich auch zum Kaffetrinken oder Essen treffen kann.

SCHIFFSAUSFLÜGE

Fahrten zu den Seehundbänken
ab Tönning und ab dem Eidersperrwerk
Reederei Ziegert
Tel. (048 61) 56 64
www.seehund2.de

BADEN

Meerwasser-Freibad
Strandweg
25832 Tönning
Tel. (048 61) 56 99
Freibad und Sauna; nur in den Monaten Mai bis September geöffnet.

SHOPPING

Tönninger Töpferei
Deichstr. 15
25832 Tönning
Handgedrehte Keramik in dezenten Blautönen.

Krabben und Fisch GmbH
Am Eiderdeich 12
26832 Tönning
Direkt am Hafenkann man frischen Räucherfisch, Krabben und Salate kaufen.

Muscheln und Schnecken tummeln sich in den großen Aquarien, darunter der stoisch seine Runden drehende Katzenhai. Hier kann man auch beobachten, wie der Seewolf Muscheln knackt, am Mikroskop die Wattschnecke erforschen und sich an Infoterminals über Tidenhub, Wellendynamik und Küstenschutz informieren.
Nur wenigen ist bekannt, dass Schweinswale in der Nordsee leben. Deren Leben und das ihrer »großen« Verwandten ist Thema des angebauten **Walhauses**. Herzstück dieser Ausstellung ist das 17,5 m lange Skelett eines Pottwals, der 1997 vor der dänischen Insel Rømø strandete. Entfleischt und präpariert, wurden seine Überreste zu einem Modell zusammengefügt: ein Teil zeigt nun das Skelett mit dem 4 m langen Schädel, die andere Hälfte eine Körpernachbildung (Am Robbenberg; Nov. – März tgl. 10.00 – 17.00, April – Okt. 9.00 – 19.00 Uhr, www.multimar-wattforum.de).

Umgebung von Tönning

Gut Hoyerswort

Das Gut Hoyerswort, ein schlossartiger Renaissancebau, ließ Ende des 16. Jh.s Caspar Hoyer errichten, einer der wichtigsten Ratgeber von Herzog Adolf von Gottorf. 1704 wurde an das ungefähr 7 km nördlich von Tönning gelegene Gebäude ein Haubarg angesetzt. Das Herrenhaus befindet sich in Privatbesitz und kann nicht besichtigt werden; Interessenten können allerdings eine der fünf elegant eingerichteten Ferienwohnungen mieten (Tel. 048 64 / 359).

Witzwort

Über Witzwort (10 km nördlich) kann man ebenfalls den Roten Haubarg besuchen (►Husum), ein ehemaliger Hof mit einem mächtigen Reetdach, der heute Museum ist.

★ Eidersperrwerk

1973 wurde 8 km südwestlich von Tönning der etwa 5 km lange Staudamm mit dem enormen Eidersperrwerk eröffnet, durch dessen fünf Schotten von je 40 m Breite das Wasser der normalen Tiden strömt, das aber bei Sturmflut das Einströmen der Wassermassen verhindert. Über den Damm verläuft die Verbindungsstraße zwischen Dithmarschen und Eiderstedt. Ein 263 m langer Tunnel führt durch das Sperrwerk. Über die Schleuse mit dem 14 m breiten und 75 m langen Becken wurde eine Klappbrücke gebaut. Ein guter Blick auf das immense Bauwerk bietet sich vom Parkplatz an der Südseite. Vom Eidersperrwerk aus werden Schifffahrten zu den Seehundbänken und nach Helgoland angeboten.

Katinger Watt

Auf beiden Seiten des Staudamms wurde durch Aufschüttungen Land gewonnen. Auf der Binnenseite des Damms liegt das Katinger Watt, ein Naturschutzgebiet, welches man hervorragend auf Reit-, Wander- und Radwegen erkunden kann. Das Naturzentrum »Lina-Hähnle-Haus« informiert über die Lebenszusammenhänge im Watt und an der Nordseeküste, bietet auch Wattführungen und Exkursionen an (April – Nov. tgl. 10.00 –18.00 Uhr).

Varel · Dangast

K 11

Bundesland: Niedersachsen
Landkreis: Friesland
Einwohner: 25 000 (Varel) bzw. 1500 (Dangast)

Varel und Dangast liegen südlich von Wilhelmshaven am Jadebusen. Während Varel mit sehr guten Einkaufsmöglichkeiten lockt, ist das kleine Nordseebad Dangast seit über 100 Jahren ein Anziehungspunkt für Künstler.

Varel

»Stadt zwischen Wald und Meer«

Durch die leicht erhöhte Lage blieb Varel vor den verheerenden Sturmfluten geschützt, die die Jadebusen genannte Bucht aus dem Land rissen. Die Stadt liegt schön zwischen Wäldern und Küste und diente den Oldenburger Grafen lange als Sommerresidenz. Deren Schloss ist längst abgetragen, nur der Schlossplatz mit der Schlosskirche verweist auf vergangenen Glanz. Heute ist Varel eine beliebte Einkaufsstadt und rund um das Denkmal der Krabbenpulerin laden Cafés und Gaststätten dazu ein, eine kleine Pause zu machen.

★ Schlosskirche

Am heutigen Schlossplatz entstand schon um 1150 ein erster Sakralbau, der im 15. Jh. durch einen wesentlich größeren, die Schlosskirche, ersetzt wurde. Aus dieser Zeit stammen Freskenreste an Apsis und Chor. Die bedeutendsten Ausstattungsstücke schuf jedoch im 17. Jh. Ludwig Münstermann: In manieristischen Stil schuf er die Kanzel, der Taufstein sowie 1614 der Hochaltar.

Heimatmuseum

Am anderen Ende der Fußgängerzone liegt der idyllische Neumarktplatz mit seinem historischen Gebäudeensemble. Hier findet jeden Mittwoch- und Samstagvormittag der Wochenmarkt statt. In einem Eckhaus ist das Heimatmuseum mit einer kleinen, aber feinen Sammlung untergebracht (Mai – Okt. Mi., So. 10.00 – 12.00 Uhr).

Windmühle

In der Mühlenstraße ragt das Wahrzeichen Varels auf, die große Windmühle: Sie wurde 1847 als fünfgeschossige Kappenwindmühle des Holländertyps erbaut und ist mit einer Gesamthöhe von 39 m eine der **größten Windmühlen Deutschlands**. Bis 1965 wurde sie voll genutzt, ist immer noch betriebsfähig und beherbergt ein Museum. Im Schuppen hinter der Mühle sind landwirtschaftliche Geräte und Maschinen ausgestellt, unter denen ein Lanz-Bulldock von 1938 eines der Prunkstücke darstellt (Mai – Nov. Mi. u. So. 10.00 – 12.00, ganzjährig Sa. 10.00 – 12.00 Uhr).

Das passiert schnell: »Up Schiet« geraten im Jadebusen. →

VAREL · DANGAST ERLEBEN

AUSKUNFT

Varel-Touristik
Windallee 4
26316 Varel
Tel. (044 51) 96 84 32
Fax (044 51) 96 84 36
www.varel.de

Kurverwaltung Dangast
Am Alten Deich 4 – 10
26326 Varel-Dangast
Tel. (044 51) 91 14 13
Fax (044 51) 91 14 35
www.dangast.info

ESSEN

► Erschwinglich

Restaurant und Teestube Gröningshof
Oldeoogstr. 12 (Dangast)
Tel. (044 51) 35 32
Friesische Spezialitäten in einem alten Marschenhof am Ortseingang.

Schienfatt
Neumarktplatz 3
Tel. (044 51) 47 61
Einer Zeitreise kommt der Besuch des Schienfatt gleich: Der Gastraum ist im Stil der Bürgerhäuser des 18. Jh.s eingerichtet und mit historischen Bildern geschmückt. Regionale Gerichte werden auch im Kaminzimmer aus dem 17. Jh. serviert.

► Preiswert

Fischrestaurant Aal und Krabbe
Vareler Hafen
Tel. (044 51) 30 91
Fisch und Krabben direkt vom Kutter sowie ein Plätzchen direkt am Meer.

ÜBERNACHTEN

► Komfortabel

Hotel Friesenhof
Neumarktplatz 4 – 6
26316 Varel
Tel. (044 51) 92 50
Fax 92 52 00
www.hotel-friesenhof.de
Traditionsreiches Hotel mit Wellness-Angebot. Unweit vom Haupthaus liegen zwei Gästehäuser, außerdem werden Ferienwohnungen in Strandnähe angeboten.

Pension Altes Posthaus
An der Rennweide 38
26316 Varel-Dangast
Tel. (044 51) 833 53
Fax 832 44
www.dangast.com/posthaus
Das efeuumrankte Haus mit Garten hat einen ganz besonderen Charme. Zum Strand sind es nur ein paar Meter und man wird mit einem reichhaltigen Frühstück verwöhnt.

SCHIFFSAUSFLÜGE

vom Hafen Dangast
Das Ausflugsschiff Etta von Dangast bietet Fahrten zu Seehundbänken, zum Angaster Leuchtturm, eine Rundfahrt durch den Wilhelmshavener Marinehafen oder nach Eckwarderhörne. Wer das Fahrrad mitnimmt, kann entlang des Deichs nach Dangast zurückradeln.

BADEN

DanGastQuellbad
Kurzentrum Dangast
26316 Varel-Dangast
Tel. (044 51) 91 14 41
Eine Besonderheit unter den Bädern, mit solehaltigem Wasser, einer Riesenrutsche und Dampfsauna.

Strand in Dangast
Vor dem Kurhaus beginnt der Badestrand, der sich entlang des Deichs bis zum östlichen Ortsende hinzieht.

Hafen und Spijöök-Museum

Für Fischliebhaber ist der Vareler Hafen die Hauptattraktion der Stadt. Entlang des Sielhafens bieten Fischgeschäfte, Imbissstuben und Restaurants alles zum Schlemmen oder zum Einkaufen für die eigene Küche. Maritime Atmosphäre vermittelt auch das Kuriositäten-Museum Spijöök direkt am Hafen. Neben reichlich Seemannsgarn bietet die Führung kurzweilige Erklärungen zu vielen friesischen Besonderheiten wie dem Boßeln und zu Erfindungen, von denen der Rest der Welt bislang nichts wissen wollte (Mitte Mai bis Mitte Sept. Sa. / So. 15.00 – 17.00 Uhr).

Dangast

Das älteste Nordseebad

Ein erhöhter Geestrücken rettete vielen Bewohnern des kleinen Fischerdorfes Dangast das Leben, als verheerende Sturmfluten die Dorfkirche und das Land ringsum überfluteten. Noch heute liegt Dangast auf seinem Hügel recht exponiert im Jadebusen. Der Aufschwung begann vor 200 Jahren, als Graf Bentinck aus Varel am Seebaden Gefallen fand, das in England schon recht populär war. 1804 ließ er für sich und seine Familie die ersten Badehäuser errichten. Bald wurden die Einrichtungen um Logierhäuser sowie ein Kurhaus mit Gesellschaftsräumen und einem Tanzsaal vergrößert – das älteste Nordseebad war geboren.
Knapp hundert Jahre später entdeckten die Expressionisten Dangast und Umgebung: Karl Schmidt-Rottluff und Erich Heckel verbrachten hier zwischen 1907 und 1912 die Sommermonate. Die Maler der Künstlergemeinschaft »Die Brücke« erprobten den freien Umgang mit Licht und Farbe und zeigten in ihren Dangaster Arbeiten neue expressive Ausdrucksformen. Später zog es auch die Oldenburger Malerin Emma Ritter und Jan Oeltjen aus Jaderberg nach Dangast. 1921 kam der junge Maler Franz Radziwill nach Dangast und blieb für den Rest seines Lebens. Sein Haus am Ortseingang steht Besuchern offen. Neben einem Einblick in Leben und Werk Radziwills gibt es regelmäßig interessante Sonderausstellungen zu sehen (Sielstr. 3; März – Dez. Do. – Sa. 15.00 – 18.00, So. 11.00 – 18.00 Uhr).

> ! *Baedeker* TIPP
>
> **Malerei und Meer**
>
> Manchmal wird es als Kultcafé bezeichnet, das alte Kurhaus in Dangast, und meist ist es bestens besucht. Den Besuchern gefällt das einfache Flair: Hier gibt es für wenig Geld ein gutes Mittagessen und wunderbaren, selbst gebackenen Kuchen. Zahlreiche Kunstwerke schmücken den großen Saal und auf der Terrasse mit Strandblick kann man in Ruhe den Ablauf der Gezeiten verfolgen oder den Sonnenuntergang genießen ...

★ **Kunst am Strand**

Auch heute bietet Dangast Kunstinteressierten ein breites Spektrum: Über den Ort verteilt sind die »Stolpersteine«, die Natur, Kultur oder Geschichte in Szene setzen, wie die Skulpturen »Tor zum Wattenmeer«, Nähe Kurhaus-Klause, oder »Fenster zur Marsch« am Gröningsweg. Auch der Strand bildet eine begehbare Galerie. Hier steht eine Reihe von Skulpturen, z. B. der hölzerne Thron des »Kaisers Butjatha« oder – viel diskutiert – »Der blanke Horst« von Eckart Grenzer. Als Seh-Zeichen finden sich entlang des Deichs zwischen Dangast und Mariensiel sieben Kunstwerke, welche die sieben Tage der Schöpfung versinnbildlichen.

Kurzentrum Dangasts neues Kurzentrum liegt zentral, aber etwas versteckt in Grünanlagen am Deichhörn. Das Zentrum des historischen Badebetriebs unter Graf Bentinck befand sich einst am westlichen Ortsrand. Das **alte Kurhaus** hat sich zum Zentrum für Kunst und Kultur entwickelt, woran die Wirtsfamilie, die mit vielen Künstlern seit Jahrzehnten befreundet ist, maßgeblichen Anteil hat.

Nationalparkhaus Direkt am Ortseingang liegt die Alte Schule, in der das Nationalparkhaus untergebracht ist. Die vielfältige und interessante Ausstellung lohnt einen Besuch bei jedem Wetter. In Aquarien und im Tidenbecken bewegen sich die Bewohner des Wattenmeeres, die man in der Natur selten so eingehend betrachten kann (Zum Jadebusen 179; April – Okt. Di. – Fr. 10.00 – 12.00 Uhr, Di. – So. 14.00 – 18.00 Uhr).

Im Neuenburger Urwald wird seit gut 200 Jahren keine Säge mehr angesetzt. Viele seltene Pflanzen und Tiere finden hier einen Rückzugsort.

Ziele in der Umgebung

Bockhorn

Ein Abstecher in das 7 km westlich von Varel an der B 437 liegende Bockhorn lohnt sich vor allem wegen der romanischen **Kirche** St. Cosmas und Damian. Auf einer erhöhten Wurt im Mittelalter als Wehrkirche errichtet, beeindruckt sie durch die bunte Balkendecke und die detailreich geschnitzten Wangen der Kirchenbänke. In der Kirche werden häufig Konzerte veranstaltet.
Noch bis vor wenigen Jahrzehnten diente das **Bockhorner Moor** wie seit Jahrhunderten dem Torfabbau. Seit 1982 ist es Naturschutzgebiet und wurde renaturiert. Heute kann man bei geführten Wanderungen durch das Hochmoor viele vom Aussterben bedrohte Pflanzen und Reptilien beobachten.

Neuenburg

Seit 1462 war das rund 10 km westlich von Varel gelegene Städtchen Neuenburg Sommerresidenz der Oldenburger Grafen. Heute bietet der Schlosspark Platz für Kunst und ein Heimatmuseum, dessen Hauptattraktion eine 300 Jahre alte friesische Rauchkate ist. Im Schloss gibt es u. a. eine vogelkundliche Sammlung zu bestaunen. Die Schlosskapelle (1578) wurde im 20. Jh. von lokalen Künstlern mit Holzobjekten ausgestattet.

✶ ◄ Neuenburger Urwald

Beiderseits der B 437 wuchert der Neuenburger Urwald. Seit über 200 Jahren wird der Wald weitgehend sich selbst überlassen. Baumveteranen wie eine 700-jährige Eiche, seltene Farne, Moose und Blumen finden hier ideale Bedingungen. Verschiedene Specht- und Kauzarten haben hier ihre Nisthöhlen. Die Wege, die den Urwald erschließen, dürfen nicht verlassen werden, damit das sensible Ökosystem nicht gestört wird.

Zetel

Wenige Kilometer nördlich von Neuenburg trifft man auf die Ortschaft Zetel mit der St. Martinskirche (um 1450). Sehenswert sind der gotische Flügelaltar, die Figuren des heimischen Bildhauers Wilhelm Kunst und die spätmittelalterlichen Freskenreste.
Der Stadtteil Bohlenbergerfeld bietet mit dem **Nordwestdeutschen Schulmuseum** eine besondere Attraktion. Im ehemaligen Schulhaus wurden seit Mitte der 1970er-Jahre Schul- und Unterrichtsmaterialien zusammengetragen. Heute umfasst die Sammlung 400 Landkarten, 4000 Schulwandbilder, 6000 Lehrdias, mathematische und physikalische Geräte sowie eine reichhaltige Bibliothek (Wehdestr. 97; bis 2007 wegen Umbau geschlossen).

Jaderpark

Abwechslung vom Strandleben ermöglicht der Tier- und Freizeitpark Jaderberg rund 10 km südlich von Varel. Auf dem weitläufigen Gelände leben Löwen, Giraffen, Affen und Kängurus; weiter gibt es ein Haustiergehege mit Streichelzoo. Mit dem Jade-Express kann man gemütlich auf Tour gehen, rasanter ist die Fahrt mit der Wildwasser- oder Achterbahn (www.jaderpark.de; April – Okt. tgl. 9.00 – 18.00, im Winter Mo. – Fr. 14.00 – 18.30, Sa., So. 10.30 – 18.30 Uhr).

Wangerland

J/K 9/10

Bundesland: Niedersachsen **Landkreis:** Friesland
Einwohner: 10 200

Die Gemeinde Wangerland besteht aus sieben Ortsteilen, die eine Gemeinsamkeit haben: Sie sind allesamt Erholungsorte. Die attraktivsten heißen Horumersiel-Schillig und Hooksiel.

Horumersiel-Schillig und Umgebung

Beliebtes Nordseeheilbad

Als 1542 Maria von Jever das Horumer Tief zum Sielhafen ausbauen ließ, legte sie damit auch den Grundstock für Horumersiel, das sich zum Hafen der Stadt ► Jever entwickelte. Doch wegen seines rein bäuerlichen Umlands erlangte es nie die Bedeutung der Nachbarhäfen Hook- und Carolinensiel. 1888 besiegelte der Bau der Bahnlinie von Jever nach Carolinensiel den Niedergang von Horumersiel. Um 1900 profitierte der kleine Ort allerdings vom aufkommenden Bäderwesen und lockte – nun schon gemeinsam mit dem nördlichen Nachbarort Schillig – zahlreiche Badegäste an. Den offiziellen Status eines Nordseeheilbads erhielt Horumersiel-Schillig jedoch erst 1985. Heute zählt der 1000-Seelen-Ort mit 1,2 Mio. Übernachtungen pro Jahr **zu den beliebtesten Ferienzielen Deutschlands**, nicht zuletzt wegen der großen Campingplätze und ausgedehnten Sand- und Grünstrände.

Kuranlagen

Im Kurzentrum Horumersiels unmittelbar beim Hafen stehen das Kurhaus mit Touristeninformation sowie das Kurmittelhaus. Im Musikpavillon im Kurpark finden von Ostern bis Ende Oktober regelmäßig Konzerte statt.

Stumpenser Mühle

Beliebt als kleiner Ausflug: die Stumpenser Mühle (außerhalb Richtung Minsen). Der 1816 erbaute einstöckige Galerieholländer ist zu einem netten Café ausgebaut, wo es leckeren Kuchen zu Kaffee oder Tee und viele kleine Gerichte gibt (April – Sept. tgl. ab 11.00, Okt. bis März 14.00 – 21.00 Uhr). Wer lieber Forellen mag: Im Angelsee hinter der Mühle kann man auch ohne Sportfischerschein sein Glück versuchen.

Hohenkirchen

★

St. Sixtus und St. Sinicius ►

Im 9 km westlich von Horumersiel liegenden Hohenkirchen hat die Gemeinde Wangerland ihren Sitz und mit St. Sixtus und St. Sinicius ihre bedeutendste Kirche. Der spätromanische Granitquaderbau geht zurück auf eine im 9. Jh. vom hl. Ansgar gegründete Kirche und besitzt mit dem 1620 **von Ludwig Münstermann geschaffenen Altar** ein einzigartiges Werk dieses Meisters. Es zeigt in Vollfiguren eine Abendmahlsszene: den Augenblick, in dem Jesus den Verrat an ihm prophezeit. Die flankierenden Reliefbüsten stellen Luther und Me-

Hohenkirchen: Kanzel und Altar sind die Prunkstücke der örtlichen Kirche.

lanchthon dar. Ebenfalls von Münstermann stammt die reich geschnitzte Kanzel von 1628; den Orgelprospekt (1694) schuf Joachim Kayser. Wesentlich älter ist der Taufstein aus Bamberger Sandstein: Er entstand um 1265.

Hooksiel und Umgebung

Idyllischer Hafen

Ähnlich wie Horumersiel entstand auch Hooksiel 1546 auf Initiative des legendären Fräuleins Maria als Hafen für Jever, führte das damals schiffbare Hooksieler Tief doch direkt vom Stadthafen Jevers in die Jade. Rund um den Hafen entwickelte sich ein ansehnlicher Ort, der Anfang des 19. Jh.s seine Blüte erlebte. Mit der Gründung der schnell wachsenden Stadt Wilhelmshaven drohte Hooksiel der Niedergang. Bis weit in die Nachkriegszeit währte der Streit mit dem großen Nachbarn, dessen Häfen und Industrieanlagen den Jadebusen verschmutzten. Höhepunkt war der Bau eines Chemiewerks vor den Toren Hooksiels, gegen den der kleine Hafenort (1850 Einw.), sehr um den Aufbau einer touristischen Infrastruktur bemüht, vergeblich protestierte. 1974 brachte die vorläufig letzte einschneidende Veränderung: Neue Deiche, der Bau einer Schleuse und eines Außenhafens ließen das **Hooksmeer**, ein 60 ha großes Binnentief, entstehen. Dieses Freizeitparadies reicht bis zum alten Hafen in der Ortsmitte, der dadurch seinen idyllischen Charakter bewahren konnte. Heute lockt neben den großzügigen Stränden und den Wassersportmöglichkeiten am Hooksmeer vor allem das maritime Flair des alten Orts.

WANGERLAND ERLEBEN

AUSKUNFT

Wangerland Touristik
Zum Hafen 3
26434 Horumersiel
Tel. (044 26) 987-0, Fax 98 71 87
www.wangerland.de

ESSEN

► Fein & teuer

Zum Schwarzen Bären
Lange Str. 15, Hooksiel
Tel. (044 25) 958 10
Seit seiner Erbauung 1765 ist der Schwarze Bär Gasthaus. Heute wird hier anspruchsvoll gekocht, u. a. Hooksieler Fischspezialitäten, klassische Seemannsgerichte (Labskaus!) und Fleisch vom Lavagrill.

► Erschwinglich

Altes Zollhaus
Hafenstr. 1, Horumersiel
Tel. (044 26) 99 09 09
Nettes Restaurant mit friesischer Teestube.

ÜBERNACHTEN

► Luxus

Nakuk
Wiardergrooden 22
26434 Horumersiel
Tel. (044 26) 90 44 00, Fax 90 44 29
www.nakuk.de
Modernes Landhotel in einem alten Gutshof (15 Z.) abseits jeglicher Friesentümelei; Materialien und Farben spielten bei der Gestaltung nach Feng-Shui-Prinzipien eine wesentliche Rolle. Gutes Wellness-Angebot. Eine der besten Adressen im Wangerland.

Upstalsboom Hotel Am Strand
Mellumweg 6
26434 Schillig
Tel. (044 26) 880, Fax 881 01
www.upstalsboom.de/hotel
Großer und nobler Hotelkomplex (70 Z.) mit Blick auf die Mündung der Jade und die Nordsee.

► Komfortabel

Packhaus
Am Alten Hafen 1, 26434 Hooksiel
Tel. (044 25) 12 33, Fax 99 11 01
www.hooksiel-hotel.de/packhaus
Gepflegtes Hotel (7 Z.) mit maritim eingerichtetem Restaurant in einem der drei Packhäuser am Hafen.

► Günstig

Hanny's Radlercafé
Störtebekerstr. 15, 26434 Horum
Tel. (044 26) 26 18 58
www.hannys-radlercafe.de
Das Café, eines der beliebtesten Stopps für Radler im Wangerland, bietet nicht nur einen herrlichen Garten, Kuchen und friesische Hausmannskost, sondern auch hübsch eingerichtete Zimmer mit Frühstücksbüffet.

BADEN

Frieslandtherme Horumersiel
Modernes Freizeitbad, das aus einer 160 m tiefen Solequelle gespeist wird: drei Becken, Kinderbereich, großes Außengelände, Sauna, medizinische Bäder, Massagen.

Meerwasser-Hallenwellenbad Hooksiel
U. a. mit Liegewiese und Kinderbecken; Freitagabend FKK-Schwimmen. Das Meerwasser wird aus 7 km Entfernung hergepumpt.

Strände
Sowohl in Hooksiel als auch in Horumersiel-Schillig gibt es sehr schöne Grün- und Sandstrände, jeweils auch mit FKK-Abschnitt.

Rund um den alten Hafen, von dem aus auch Hochsee-Angeltouren starten, locken Cafés und Restaurants mit frischem Fisch, der gleich vor der Tür angelandet wird. Zu sehen gibt es das Muschelmuseum und, an der Hafensüdseite, ein sogenanntes **Mudderboot**. Es lief 1925 vom Stapel und war bis 1956 im Einsatz, um das Hooksieler Tief zu entschlammen.

✶ **Alter Hafen**

! *Baedeker* TIPP

Auf zur Jaderennbahn

Zwischen Hooksmeer und der Bäderstraße kann man im Juli und August, mittwochabends oder sonntagnachmittags, Trab- und Galopprennen verfolgen.

An der Lange Straße, mit ihren Geschäften und Gasthäusern das Zentrum des Orts, steht neben dem Alten Rathaus das Künstlerhaus. Seit 1992 verbringen jährlich mehrere Künstler drei Monate als Stipendiaten in Hooksiel. Sie sowie zahlreiche Aktivitäten wie Ausstellungen und Kunstkurse haben das Künstlerhaus zum Anziehungspunkt für Kunstinteressierte von nah und fern gemacht.

Spielscheune Bullermeck

Ist schlechtes Wetter, hat zumindest der Nachwuchs keine Langeweile, wenn er in die Spielscheune Bullermeck geht, um sich z. B. an der 10 m hohen Kletterwand zu versuchen (An der Schleuse 3).

Waddewarden

Waddewarden, 6 km westlich von Hooksiel, ist immer noch ein typisches Wangerland-Dorf. Seine Kirche St. Johannes, aus einer 1246 gebauten Kapelle hervorgegangen, besitzt neben einem schwarzen Marmor-Taufstein aus der Gründungszeit zwei sehr schöne Werke von Jacob Cröpelin: den Altaraufsatz mit einer Anbetung Christi von 1661 sowie die Kanzel von 1649.

✶ Wangerooge

J 9

Bundesland: Niedersachsen **Landkreis:** Friesland
Einwohner: 1200

Die kleinste der Ostfriesischen Inseln hat den Ruf, besonders familienfreundlich zu sein. Autofrei ist sie sowieso. Segler, Surfer und Strandwanderer prägen das Bild des flachen Eilandes.

Klein, aber bedeutend

Aufgrund ihrer Lage am Ausgang der Wesermündung hat die östlichste der Ostfriesischen Inseln seit jeher eine große Bedeutung für die Schifffahrt gehabt. Wangerooge fiel 1575, nachdem es zum Besitz verschiedener ostfriesischer Häuptlinge gehört hatte, an Oldenburg. Bereits in russischer Zeit (1793 – 1807) kamen die ersten Badegäste auf die Insel. Nach wenigen Jahren unter holländischer und französischer Herrschaft ging die Insel 1818 wieder an Oldenburg.

WANGEROOGE ERLEBEN

AUSKUNFT

Verkehrsverein Nordseeheilbad Wangerooge e. V.
Postfach 220
26476 Wangerooge
Tel. (044 69) 99-0, Fax 991 14
www.wangerooge.de

ANREISE

mit dem Schiff
ab Harsiel tideabhängige Personenfähre (Überfahrt: 45 Min., mitunter nur 2 x tgl.). Auf der Insel verkehrt eine Inselbahn.

mit dem Flugzeug
ab Harsiel stündlich, im Sommer noch öfter, Flugzeit 5 Min.
Luftverkehr Friesland Harle (LFH)
Tel. (044 64) 948 10

ESSEN

▸ Fein & teuer

① ***Jan Seedorf***
Straße zum Westen 72 (an der Saline außerhalb des Dorfes)
Tel. (044 69) 387
Friesische Gerichte wie Krabbenomelette, Aalsuppe und Speckpfannkuchen; Reservierung erforderlich.

▸ Preiswert

② ***Fischgaststätte Kruse***
Elisabeth-Anna-Str. 17
Tel. (044 69) 14 14
Frischer Fisch, gute Portionen und freundlicher Service.

ÜBERNACHTEN

▸ Komfortabel

② ***Upstalsboom Strandhotel***
Strandpromenade 21
Tel. (044 69) 87 60, Fax 87 65 11
www.upstalsboom.de
Moderner Komfort in altem Inselhotel, Schwimmbad, Sauna über Kosmetikstudio und Kurabteilung.

▸ Günstig

① ***Gästehaus Ursula Janßen***
Friedrich-August-Str. 12
Tel. (044 69) 269, Fax 94 21 27
Einfache, kinderfreundliche Pension (17 Z.) nahe dem Ortskern.

CAFES / KNEIPEN

Café Pudding
Zedeliusstr. 49
An der Kreuzung Strandpromenade und Haupteinkaufsstraße steht der auffallende Rundbau, wo man Kaffee, Kuchen und auch Herzhafteres genießen kann. Zudem bietet sich von hier eine wunderbare Aussicht auf Strand und Meer.

Treibsand
Zedeliusstr. 32
Tagsüber Café, abends Bistro und Kneipe mit Terrasse auf der Flaniermeile; im Sommer mitunter Live-Konzerte.

SCHIFFSAUSFLÜGE

Schiffsausflüge
Nach Helgoland und Spiekeroog, zum Krabbenfang und zu den Seehundbänken.

BADEN

Meerwasser-Freizeitbad Oase
Tel. (044 69) 991 46
Erlebnisbad mit Innen-, Außen- und Springerbecken, heißen Geysiren, Whirlpools und Wasserrutsche sowie Sauna und Solarium (Mo., Mi., Sa. 14.00 – 18.00, Di. u. Do. 8.00 – 12.00, Fr. 14.00 – 21.00 Uhr).

SHOPPING

Collage Galerie
Charlottenstr. 25
Aquarelle, Bilder in verschiedenen Mischtechniken sowie aus Porzellan und Silber gefertigter Schmuck.

WILHELMSHAVEN ERLEBEN

AUSKUNFT

Tourist-Information
Bahnhofsplatz 1
26382 Wilhelmshaven
Tel. (044 21) 91 30 00, Fax 913 00 10
www.wilhelmshaven.de

ESSEN

► Erschwinglich

① ***Ratskeller***
Rathausplatz 1
Tel. (044 21) 219 64
Wenn das Wetter entsprechend ist, kann man auch im Biergarten essen.

► Preiswert

② ***Auflaufcafé im Pumpwerk 1***
Ahrstr. 24
Tel. (044 21) 445 90
Die Spezialität hier sind Aufläufe – und man kann die Zutaten »seines« Auflaufs sogar selbst auswählen.

③ ***Seglerheim am Nassauhafen***
Schleusenstr. 23
Tel. (044 21) 431 43
Abseits der touristischen Routen findet man am Yachthafen ein Restaurant mit sehr guten Fischgerichten und vielem mehr; vor allem das Preis-Leistungsverhältnis ist zu loben!

ÜBERNACHTEN

► Luxus

① ***Hotel am Stadtpark***
Friedrich-Paffrath-Str. 116
Tel. (044 21) 98 60, Fax 98 61 86
www.hotel-am-stadtpark.de
62 angenehme, moderne Zimmer. Mit der hoteleigenen Motoryacht kann man sich bis Helgoland schippern lassen. Auch das angeschlossene Restaurant Alkoven ist empfehlenswert.

② ***Nordseehotel***
Zum Ölhafen 205
Tel. (044 21) 96 50, Fax 96 52 80
www.nordseehotel-whv.de
Von außen wirkt das Vier-Sterne-Hotel nicht so spektakulär, doch innen findet man ein behagliches Haus mit Sauna, Solarium, Fitness- und Spielraum sowie einem Panoramarestaurant.

► Komfortabel

③ ***Hotel Delphin***
Südstrand 118
Tel. (044 21) 941 00, Fax 941029
www.hoteldelphin.de
Mitte 2005 renoviertes, modernes Hotel (17 Z.) an der Grünstrandpromenade; die Zimmer bieten einen wunderbaren Blick auf den Jadebusen.

CAFÉS / KNEIPEN

Café Seewärts
Südstrand 120
(gegenüber vom Aquarium)
Gute Seeräuberpfannkuchen und Apfelkuchen.

Pumpwerk
An der Deichbrücke (5 Min. vom Bahnhof)
Tel. (044 21) 91 36 90
www.pumpwerk.de
Das bekannte Kulturzentrum in einem ehemaligen Pumpwerk bietet Jazz-, Rock- und Popkonzerte, Kleinkunstevents sowie Karbarett und Dichterlesungen.

SCHIFFSAUSFLÜGE

Hafenrundfahrten
Zum Marine- und Ölhafen am Südstrand (Helgolandkai); im Sommer täglich um 11.00, 13.00, 15.00 Uhr mit der MS Harle-Kurier.
Tel. (044 21) 949 50, Fax 94 95 30
www.reederei-warrings.de

Wangerooge Orientierung

Übernachten
① Gästehaus Ursula Janßen
② Upstalsboom Strandhotel

Essen
① Jan Seedorf
② Fischgaststätte Kruse

Kampf mit dem Meer

In den vergangenen 300 Jahren verlagerte sich Wangerooge langsam ostwärts, büßte einiges seiner Breite ein und konkurriert heute mit Baltrum darum, die kleinste Ostfrieseninsel zu sein. Schwere Sturmfluten haben 1854 das ehemalige Dorf rund um den Westturm völlig zerstört. Das neue Dorf wurde um den Alten Leuchtturm in der Inselmitte errichtet, doch wieder nagte das Meer am Land. So liegt der Ort Wangerooge heute als einziges Dorf der Ostfriesischen Inseln fast unmittelbar am Strand. Die exponierte Lage brachte Wangerooge nicht nur Glück. Zahlreiche Krater erinnern an die Bombennacht des 25. April 1945, in der auf der Insel fast die gesamte historische Bausubstanz zerstört wurde. Mittlerweile hat sich Wangerooge als Familienurlaubsziel etabliert. Für Sportler gibt es einige interessante Angebote: Man kann hier schwimmen, laufen, reiten, Fallschirm springen und Rad fahren.

Sehenswertes auf Wangerooge

★ Rosenhaus

Am Westausgang des Kurparks Rosengarten liegt, von hohen Bäumen umgeben, das Nationalparkhaus »Rosenhaus«. Hier erfährt man anhand von Schautafeln, Modellen, einem Meerwasseraquarium und Tierpräparaten vieles über die Insel und den Nationalpark Niedersächsisches Wattenmeer. Darüber hinaus werden Diavorträge, Exkursionen zu Fuß oder per Rad, speziell auf Kinder zugeschnittene Naturerlebniswanderungen angeboten (Friedrich-August-Str. 18; Mitte März – Okt. Mo. – Fr. 9.00 – 13.00 u. 14.00 – 18.00, Sa. / So. 10.00 bis 12.00 u. 14.00 – 17.00; Nov. – Mitte März Mo. – Fr. 10.00 – 13.00 und 15.00 – 17.00, Sa. / So. 14.00 – 17.00 Uhr).

Guter Ausguck: der alte Leuchtturm

In den Jahren 1855 – 1859 errichtete man den Alten Leuchtturm (39 m). Bis zum Herbst 1969 wies er den Seeleuten den Weg und wurde dann vom modern ausgestatteten Neuen Leuchtturm abgelöst. Heute dient er als Aussichtsturm, Inselmuseum und als Standesamt. Neben einigen Seezeichen befinden sich im Vorgarten u. a. die Helmstange des alten Westturms, eine Bombe aus dem Zweiten Weltkrieg und die ehemalige Inseldampflok. Sie war von 1929 bis 1957 im Einsatz und legte dabei mehr als 350 000 km zurück. Im Erdgeschoss sind allerlei Dokumente zur Geschichte Wangerooges ausgestellt (April – Oktober 10.00 – 12.00 und 14.00 – 17.00 Uhr).

Auf der Höhe des westlichen Strandabschnitts und im Dünental dahinter haben die Sportler ihr Revier: Hier können sie surfen, Tennis, Tischtennis und Squash spielen sowie Bogen schießen. Zum Gedenken an die 14 Soldaten und sechs Wehrmachtshelferinnen, die hier am 25. April 1945 – also nur zwölf Tage vor der Kapitulation – starben, steht hier ein dunkles Holzkreuz. Es kennzeichnet den ehemaligen **Bunker Hartmannstand** auf der Düne neben der Surfstation.

✶ St. Willehad

Von 1962 bis 1964 wurde die katholische Kirche Wangerooges in der Westingstraße erbaut. Namensgeber der Gemeinde ist der hl. Willehad, Bremens erster Bischof (745 – 789). Zwei große Wände sind großflächig mit farbigen Glassteinen versehen, die biblische Szenen darstellen: Die Nordwand zeigt Kreuzwegstationen, die Südwand vornehmlich Motive, die mit dem Wasser in Verbindung stehen: u.a. die vier Paradiesströme, die Arche Noah, Jonas und der Wal sowie das himmlische Jerusalem.

Westturm

Der Westturm ist das weithin sichtbare Wahrzeichen der Insel. Er wurde dem 1914 gesprengten Alten Westturm nachgebildet und 1932 / 33 erbaut. Mehr als 300 Jahre hatte sein Vorgänger als Seezeichen gedient: Er war um 1600 auf Drängen Bremer Kaufleute entstanden, die Ersatz für den Turm der Nikolaikirche im Dorf suchten, der 1595 eingestürzt war. Im Westturm ist heute eine der originellsten deutschen **Jugendherbergen** untergebracht. An der **Westküste** stehen vornehmlich Erholungsheime. Der breite Strand jenseits der Dünen gehört zur Ruhezone des Nationalparks, ebenso die anschließende Westlagune, durch die die Inselbahn fährt.

! Baedeker TIPP

Kinderprogramm im Rosenhaus

Auch für Kinder sind die Themen des Rosenhauses interessant aufbereitet. Vieles regt zum Mitmachen an, z.B. das Wangerooge-Modell. Ein Dreh am Steuerrad macht die Eingriffe des Menschen in das Ökosystem Wattenmeer sichtbar. Das Maskottchen Johann, der Austernfischer, gibt im Erlebnisraum für Kinder den Ton an. Hier können sie nach Herzenslust mikroskopieren, basteln, lesen, spielen und vieles einfach ausprobieren.

An der einsamen äußersten Ostspitze der Insel findet man noch Überreste des einstigen Ostanlegers, der 1958 wegen dauernder Versandung aufgegeben wurde. Früher legten hier Schiffe aus Wilhelmshaven und Umgebung an, zudem war er Endpunkt der Inselbahn.

Neuer Leuchtturm

Den Neuen Leuchtturm erreicht man auf dem Weg von der Saline zum Alten Wehrturm. Der 67 m hohe, vollautomatisch arbeitende Turm wurde 1969 in Betrieb genommen; seine Signale und Funktionen werden von Wilhelmshaven aus ferngesteuert. Alle 5 Sekunden blinkt oben ein roter Lichtstrahl auf, der 56 km weit in die Deutsche Bucht reicht (Besichtigung nicht möglich).

✶ Wilhelmshaven

K 10

Bundesland: Niedersachsen
Landkreis: Kreisfreie Stadt
Einwohner: 84 000

»Schlicktown« nannten Spötter die zweitgrößte Stadt an der deutschen Nordseeküste. Lange Zeit war hier für Urlauber recht wenig geboten. Jetzt präsentiert sich Wilhelmshaven als junge, grüne Stadt mit hervorragenden (Meeres-)Museen und rund um den Strand kann man sich nach Herzenslust austoben.

Alles dreht sich um den Hafen

Wilhelmshaven ist das wirtschaftliche und kulturelle Zentrum der Region »Südliche Nordsee«. Die Stadt am Eingang zum Jadebusen verfügt nicht nur über Deutschlands einzigen Tiefwasserhafen mit großem Ölumschlagplatz, sondern ist auch größter Stützpunkt der Bundesmarine, die auch wichtiger Arbeitgeber ist. Aufschwung erhofft man sich vom geplanten **JadeWeserPort**, einer umfangreichen Hafenerweiterung. Sie soll ab 2010 durch den Einsatz von bis zu 420 m langen Jumbo-Containerschiffen, die maximal 14 000 Container aufnehmen können, den Wirtschaftsfaktor Hafen stärken.

Wilhelmshaven Orientierung

Übernachten
1. Hotel am Stadtpark
2. Nordseehotel
3. Hotel Delphin

Essen
1. Ratskeller
2. Auflaufcafé
3. Seglerheim

Geschichte Schon vor der Stadtgründung lebten zeitweise Seeräuber in der Gegend. 1435 schaffte sich die Hanse dieses Problem durch die Zerstörung der Siebethsburg vom Hals.

Wilhelmshavens Geschichte ist in Wohl und Wehe eng mit militärstrategischen Zielen verknüpft. Die Preußen wollten einen Kriegshafen an der Nordseeküste, kauften 1853 vom Großherzogtum Oldenburg das gewünschte Gebiet und stampften die Stadt gewissermaßen aus dem Schlick. 1869 weihte König Wilhelm I. den Hafen und die Stadt feierlich ein. Um ein Gegengewicht zum Kriegshafen zu schaffen, ließen Städteplaner ausgedehnte Parkanlagen und Grünachsen anlegen. Die Stadt wuchs sehr schnell und der Aufbau einer Hochseeflotte sowie der massive Ausbau der kaiserlichen Marine sorgten für Arbeit und Wohlstand. Doch die Abrüstungsverpflichtungen nach dem Ersten Weltkrieg zogen soziale Verelendung nach sich. Der zweite Aufschwung kam mit der Wiederaufrüstung durch die Nationalsozialisten, aber bereits am 4. September 1939 wurde die Stadt zum ersten Mal bombardiert. Ende des Zweiten Weltkrieges waren zwei Drittel der Innenstadt zerstört, die meisten Werftanlagen demontierte die UdSSR.

Mit der Gründung der Bundeswehr im Jahre 1955 wurde Wilhelmshaven wieder Marinestandort. Bald siedelten sich neue Industrien an; seit 1957 gibt es den Ölhafen, in dem in 35 Tanks bis zu 1,6 Mio. m³ Erdöl gelagert werden können.

! *Baedeker* TIPP

Untergetaucht

Gegenüber dem Küstenmuseum befindet sich einer der Publikumsmagnete der Stadt, die virtuelle Unterwasserstation Oceanis. Hier dreht sich alles um die fesselnden Erscheinungen »100 Meter unter null«. In einer Mischung aus Unterhaltung und Wissenschaft erwarten den Besucher viele Mitmachstationen, interaktive Infostände und 3-D-Animationen. Mit dem Fahrstuhl taucht der Besucher in die Tiefe und wird am Ende in einem Unter- und Überwasserflug per Oceanis-Jet zurück an die Oberfläche geflogen (www.oceanis.de; tgl. 10.00 – 18.00 Uhr).

Sehenswertes in Wilhelmshaven

Friedrich-Wilhelm-Platz Östlich des Einkaufszentrums Nordsee-Passage begibt man sich bereits auf die »Maritime Meile«, wo sich mehrere Sehenswürdigkeiten aneinanderreihen. Gegenüber vom Haupteingang befindet sich der Friedrich-Wilhelm-Platz mit dem Denkmal Wilhelms I., einem Nachguss des 1896 enthüllten Originals.

Piraten-Museum Mit den Desperados der Meere beschäftigt sich ein Museum am Ausgang in die Ebertstraße. Im »Piraten-Amüseum« wird die Geschichte der Piraterie auf unterhaltsame Weise aufbereitet, mit Erlebnisräumen für Große und Kleine, die hier auf Entdeckungsfahrt gehen und eine Schatzinsel suchen können (Ebertstr. 88a, April – Okt. tgl. 11.00 bis 17.00, Nov. bis März Sa. / So. 11.00 – 17.00 Uhr).

Einst war die Kaiser-Wilhelm-Brücke die längste Drehbrücke Europas.

Küstenmuseum

Richtung Großer Hafen kommt man auf den Bontekai. Zuerst entdeckt man eine alte Dampflok und nur wenige Meter weiter das Küstenmuseum mit der Ausstellung **»wal.welten«**. Das Erdgeschoss zeigt Volkskundliches in Wechselausstellungen und informiert über die Nordseeküste und den Klimawandel. Der erste Stock ist dem größten Säugetier gewidmet. Auf 720 m² wird in interessant aufbereiteten Themenregalen mit Hilfe von Filmen und Tonhauben alles Wissenswerte über Wale vermittelt. Spektakulärstes Ausstellungsstück ist das 15 m lange Skelett eines Pottwals, der 1994 vor Baltrum strandete. Eine Fotoserie dokumentiert die Stationen vom Anstranden bis zur Präsentation im Museum. Außer dem Skelett sind die größten plastinierten Organe der Welt – Herz, Bronchien, Penis und Blasrohr des Wals – zu bestaunen (Weserstr. 58, Apr. – Okt. tgl. 10.00 – 18.00. Nov. – März Di. –So. 10.00 – 17.00 Uhr).

Maritimes Freiluftmuseum

Weiter geht es auf dem Bontekai am maritimen Freiluftmuseum vorbei. Fest angedockt hat hier der Seetonnenleger »Kapitän Meyer« aus den 1950er-Jahren, der sich für Gruppen auch als Übernachtungsmöglichkeit anbietet. Ein schwimmendes Café-Restaurant-Museum ist das Weser-Feuerschiff »Norderney« aus dem Jahre 1907.

Kaiser-Wilhelm-Brücke

Zum Südstrand gelangt man über die Kaiser-Wilhelm-Brücke, eines der Wahrzeichen von Wilhelmshaven. Die ehemals längste Drehbrücke Europas, die zwischen 1903 und 1907 gebaut wurde, überspannt 159 Meter. Die 760 t Eisen werden heute jedoch nicht mehr von Hand zur Seite gekurbelt, sondern per Knopfdruck bewegt.

Südstrand-Promenade

Natürlich kann man sich am Südstrand – ein Grünstrand übrigens – auch in der Sonne räkeln. Doch in erster Linie lädt die Promenade mit ihren vielen Cafés, Restaurants und Hotels zum Ausruhen vor oder nach den Museumsbesuchen ein.

Wattenmeerhaus Die umfangreiche Ausstellung im Wattenmeerhaus regt gleich mehrere Sinne an und bietet sowohl Erwachsenen wie Kindern eine Fülle von Erlebnissen. Der Knüller ist wohl der Sturmerlebnisraum mit der Multimedia-Präsentation »im Auge des Sturms«.

Des Weiteren gibt es eine Windmaschine, Mikroskope für Kleinstlebewesen, ein Hörspiel, den Herzschlag eines Austernfischers in Panik, Spuren im Wattboden, den begehbaren Fischerkutter »Daggi« und vieles mehr (Südstrand 110b; April – Okt. tgl. 10.00 – 18.00, Nov. – März Di. – So. 10.00 – 17.00 Uhr).

Deutsches Marinemuseum Auf dem ehemaligen Gelände der Kaiserlichen Werft lässt man die 150-jährige Geschichte der deutschen Marine Revue passieren. Ausgehend von der Flotte des Deutschen Bundes 1848 bis zur aktuellen Bundesmarine – die DDR-Marine findet ebenfalls Berücksichtigung – werden verschiedene Aspekte der Militärgeschichte gestreift. Auf dem 3000 m² großen Freigelände können mehrere Schiffstypen besichtigt werden, unter anderem ein U-Boot der Bundesmarine, ein [illegible] sche Hafenrundfahrt wird hier angeboten (Südstrand 125; April bis Sept. tgl. 9.30 – 18.30, Okt. – März tgl. 10.00 – 17.00 Uhr).

Aquarium Ganz ohne Computeranimationen und Spezialeffekte kommt das Aquarium aus. Alles, was sich hier bewegt, lebt auch. Die Aquarien und Schaukästen sind als Unterwasserreise konzipiert, vom Wattenmeer über die Deutsche Bucht, Helgoland, den Atlantik bis zum Regenwald. Selbst die Antarktis wird nicht übergangen. In Becken mit über 600 000 l Meeres- und Süßwasser kann man die unterschiedlichsten Meeresbewohner in Ruhe beobachten, aber auch im Regenwald lebende Vögel, knallbunte Frösche und quirlige Affen (Südstrand 123; tgl. 10.00 – 18.00 Uhr).

Im selben Gebäude gibt es auch eine Attraktion für alle Liebhaber von skurilen Modellen: das **Buddelschiffmuseum** im Aquarium. Über 150 Modelle – auch die untergehende Titanic – können bestaunt werden. Angeschlossen ist ein Kinder-Spielpalast.

Nassauhafen Als Schutzhafen für Sportboote und Arbeitsschiffe wird der Nassauhafen genutzt, dessen Pontonbrücke mit den Gezeiten steigt und fällt. An den Wochenenden legen hier ca. 3 Stunden vor Hochwasser kleine Boote an, die fangfrischen Granat anbieten. Dem Wind entgegenzustellen scheint sich die »Windsbraut«, eine lebensgroße Bronzeskulptur von Hartmut Wiesner.

»Windwächter« und Banter See Entlang der Südstrand-Promenade geht es wieder zurück ins Zentrum. Vorbei an der Kaiser-Wilhelm-Brücke, den »Windwächtern«, drei 7 – 9 m hohen Stahlskulpturen, und am Großen Hafen gelangt man zum Banter See. Der Badesee, ehemals Liegeplatz für U-Boote, ist tidenunabhängig und bietet außer einem 3 km langen Sandstrand auch genug Platz für Surfer, Segler und Kanuten.

Nördlich des Bahnhofs

Die lebensgroße »Windsbraut« am Nassauhafen trotzt allen Stürmen.

Den besten Blick auf Wilhelmshaven hat man vom 49 m hohen **Wasserturm** des 1929 erbauten Rathauses, nordwestlich der Nordsee-Passage. Auf den Turm des Klinkerbaus gelangt man mit einem Fahrstuhl. An der Bismarckstraße kann man im Kurpark, der ältesten städtischen Parkanlage, ausruhen.

Weiter in westlicher Richtung stößt man auf eine der ältesten Kirchen im Umland. Teile der romanischen **St.-Jacobi-Kirche**, einer friesischen Schutz- und Trutzkirche, stammen aus dem frühen 13. Jh. Ältestes Ausstattungsstück ist das Taufbecken, für den Bau der Kanzel war 1647 die Werkstatt Münstermanns verantwortlich.

Von der einst mächtigen **Siebethsburg**, der 1383 erbauten und 1453 durch die Hansestadt Bremen geschleiften Burg des friesischen Seeräubers Edo Wiemkens d. Ä., sind noch der 5 m hohe Burghügel sowie Gräben und Wälle vorhanden; allerdings wurden die Grundmauern in den 1960er-Jahren nachgebaut.

Rüstringer Stadtpark

Den Beinamen »grüne Stadt« verdankt Wilhelmshaven seinen Parks, wobei der Rüstringer Stadtpark mit 57 ha die größte Grünfläche darstellt. Auf dem angeschlossenen Ehrenfriedhof fanden vornehmlich die Kriegstoten der Marinegarnison ihre letzte Ruhe. Sehenswert sind die Jugendstilelemente in der Kapelle und den Heckenanpflanzungen. An fürstliche Barockgärten erinnert der Schaugarten mit Rosarium.

*** Störtebeker-Park**

Ganz im Norden Wilhelmshavens richtete die Stadt 1996 den 2 ha großen Störtebeker-Park ein, einen Freizeit- und Umweltpark, der auch der ökologischen Weiterbildung dient. Der umfangreiche Spielbereich wird ergänzt durch Modelle der spätmittelalterlichen Burgen Kniphausen und Siebethsburg (Freiligrathstr. 426, am Kreuzelwerk; April – Sept. Mo. – Fr. 9.00 – 18.30, So. 11.00 – 18.30 Uhr).

GLOSSAR NORDSEE

Blüse Holz- oder Kohlefeuer auf einem Gerüst, das als Seezeichen diente

Geest abgeleitet vom friesischen *güst* = unfruchtbar, karg. Eiszeitliche Aufschüttung, meist trocken und sandig und daher wenig fruchtbar im Gegensatz zur Marsch, vgl. unten

Granat Krabben

Haubarg bezeichnet ursprünglich eine Stätte zum Stapeln des Heus. Charakteristischer Bauernhaustyp der Halbinsel Eiderstedt mit Heuboden unter dem großem (Reet-) Dach

Heuler Junge Seehunde

Hochwasser Höchster Wasserstand bei Flut

Koog (Pl. Köge) In Schleswig-Holstein gebräuchliche Bezeichnung für ein durch Deichbau und Entwässerung aus der See gewonnenes, sehr flaches Marschland

Lahnungen Künstliche Barrieren aus Holzpfählen und Reisigbündeln zur Landgewinnung

Marsch Direkt ans Meer angrenzende Landschaft, die durch Ablagerung von Sand und Schlick entstanden ist. Meist sehr fruchtbar, immer sehr flach und nur wenig über Meereshöhe gelegen

Niedrigwasser Niedrigster Wasserstand bei Ebbe

Nipptide Hochwasser unter Normalniveau bei Halbmond

Pricken Reisigbündel, die den Weg übers Watt markieren

Priel Natürlicher Wasserlauf im Watt und in der Marsch

Rynschloot Entwässerungsdeich im Küstenvorland

Siel/Siele Deichschleusen, die der Entwässerung des Landes dienen. Die Tore öffnen sich, wenn das Wasser hinter den Deichen steigt (Wasser fließt ab) und schließen sich, wenn das Meerwasser steigt (kein Wasser fließt zu).

Stillwasser Kurze Gezeitenpause zwischen Ebbe und Flut

Springtide Extrem hoher Tidenhub bei Voll- oder Neumond

Tiden Gezeiten

Tidenhub Höhenunterschied des Wasserspiegels zwischen Niedrig- und Hochwasser

Warft Zum Schutz vor Sturmfluten angelegte Aufschüttung von Gehöften und Siedlungen (in Ostfriesland *Warf* genannt)

Wurt vgl. Warft, künstlich aufgeschütteter Wohnhügel

REGISTER

o

p

r

s

t

u

v

w

BILDNACHWEIS

akg S. 26, 33, 40 (© VG Bild-Kunst, Bonn 2007), 44, 47, 109, 135 (u,l), 200, 249
dpa S. 99 (u), 51
Dunse S. 137
Graf S. 134, 135 (alle außer u,l)
HB-Verlag/Hanewald S. 251
HB-Verlag/Krewitt 64, 230
HB-Verlag/Böttcher und Tiensch S. 133, 150, 222, 262
HB-Verlag/Kluyver S. 3, 11 (M), 90 (o), 63, 139, 178, 183, 191, 194, 197, 240, 265, 274, 142
HB-Verlag/Schulz S. 3, 31, 39, 42, 52, 58, 69, 72, 97 (o), 113, 118, 146, 147, 159, 165, 215, 219, 225, 233, 244, 246, 266, 289, 293, 296, 309, 311
HB-Verlag/Schwarzbach S. 6,7, 28, 99 (o), 281
HB-Verlag/Marczok S. 4 (l), 8/9, 12 (M), 55, 88/89, 89, 156, 201 (u.l,u.r,o.l), 202, 237
HB-Verlag/Raach S. 4 (r), 135, 5, 9, 10, 11 (u), 12 (o,u), 17, 21, 34, 43, 67, 83, 85, 92, 97 (u), 100, 102/103, 161, 175, 201 (o.r) 211, 271, 289
HB-Verlag/Kluyver S. 207
Ihlow S. 110, 254
laif S. 138, 170
laif/Hahn S. 90, 122, 160, 184, 188
laif/Hub S. 14, 61, 105, 257, 284
Interfoto S. 286
look/Wohner S. 304
Missler S. 178
Okapia S. 1, 75, 53, 94
picture-alliance/dpa S. 49, 129, 131
Sylt Marketing GmbH S. 13, 282, 275
Szerelmy S. 23, 114, 149, 243
Thomas-Mann-Archiv S. 287
Zakrzewski S. 140

Titelbild: Caro/Korth
Westerhever Leuchtturm

VERZEICHNIS DER KARTEN & GRAFISCHEN DARSTELLUNGEN

IMPRESSUM

Ausstattung:
70 Abbildungen, 29 Karten und grafische Darstellungen, ein große Reisekarte
Text:
Beate Szerelmy, Dr. Hedwig Nosbers, Matthias Öhler, Dr. Eva Missler, Reinhard Zakrzewski
Überarbeitung:
Hilke Maunder
Baedeker Redaktion
(Rainer Eisenschmid)
Kartografie:
Christoph Gallus, Hohberg
MAIRDUMONT, Ostfildern (Reisekarte)
Falk Verlag, Ostfildern (Umschlagkarte)
3D-Illustrationen:
jangled nerves, Stuttgart
Gestalterisches Konzept:
independent Medien-Design, München
(Kathrin Schemel)

Chefredaktion:
Rainer Eisenschmid,
Baedeker Ostfildern

3. Auflage 2009

Urheberschaft:
Karl Baedeker Verlag, Ostfildern

Nutzungsrecht:
MAIRDUMONT GmbH & Co KG; Ostfildern

Printed in China
Gedruckt auf 100% chlorfrei gebleichtem Papier

BAEDEKER VERLAGSPROGRAMM

- Ägypten
- Algarve
- Allgäu
- Amsterdam
- Andalusien
- Athen
- Australien
- Australien • Osten
- Bali
- Baltikum
- Barcelona
- Belgien
- Berlin • Potsdam
- Bodensee
- Brasilien
- Bretagne
- Brüssel
- Budapest
- Bulgarien
- Burgund
- Chicago • Große Seen
- China
- Costa Blanca
- Costa Brava
- Dänemark
- Deutsche Nordseeküste
- Deutschland
- Deutschland • Osten
- Djerba • Südtunesien
- Dominik. Republik
- Dresden
- Dubai • Vereinigte Arabische Emirate
- Elba
- Elsass • Vogesen
- Finnland
- Florenz
- Florida
- Franken
- Frankfurt am Main
- Frankreich
- Fuerteventura
- Gardasee
- Golf von Neapel
- Gomera
- Gran Canaria
- Griechenland
- Griechische Inseln
- Großbritannien
- Hamburg
- Harz
- Hongkong • Macao
- Indien
- Irland
- Island
- Israel
- Istanbul
- Istrien • Kvarner Bucht
- Italien
- Italien • Norden
- Italien • Süden
- Italienische Adria
- Italienische Riviera
- Japan
- Jordanien
- Kalifornien
- Kanada • Osten
- Kanada • Westen
- Kanalinseln
- Kapstadt • Garden Route
- Kenia
- Köln
- Kopenhagen
- Korfu • Ionische Inseln
- Korsika
- Kos
- Kreta
- Kroatische Adriaküste • Dalmatien
- Kuba
- La Palma
- Lanzarote
- Lissabon
- Loire
- London
- Madeira
- Madrid

- Malediven
- Mallorca
- Malta • Gozo • Comino
- Marokko
- Mecklenburg-Vorpommern
- Menorca
- Mexiko
- Moskau
- München
- Namibia
- Neuseeland
- New York
- Niederlande
- Norwegen
- Oberbayern
- Oberital. Seen • Lombardei • Mailand
- Österreich
- Paris
- Peking
- Piemont
- Polen
- Polnische Ostseeküste • Danzig • Masuren
- Portugal
- Prag
- Provence • Côte d'Azur
- Rhodos
- Rom
- Rügen • Hiddensee
- Sachsen
- Salzburger Land
- St. Petersburg
- Sardinien
- Schottland
- Schwäbische Alb
- Schwarzwald
- Schweden
- Schweiz
- Sizilien
- Skandinavien
- Slowenien
- Spanien
- Spanien • Norden • Jakobsweg
- Sri Lanka
- Stuttgart
- Südafrika
- Südengland
- Südtirol
- Sylt
- Teneriffa
- Tessin
- Thailand
- Thüringen
- Toskana
- Tschechien
- Tunesien
- Türkei
- Türkische Mittelmeerküste
- Umbrien
- Ungarn
- USA
- USA • Nordosten
- USA • Südwesten
- Usedom
- Venedig
- Vietnam
- Weimar
- Wien
- Zypern

LIEBE LESERINNEN, LIEBE LESER,

ein herzliches Dankeschön, dass Sie sich für einen Baedeker Allianz Reiseführer entschieden haben. Er wird Sie zuverlässig auf Ihrer Reise begleiten und Sie nicht im Stich lassen.
Natürlich beschreibt er die wichtigen Sehenswürdigkeiten, aber er empfiehlt auch die nettesten Kneipen und Bars, dazu Hotels für den großen und kleinen Geldbeutel, gibt Tipps für Restaurants, Shopping und für vieles mehr, was eine Reise zum Erlebnis macht. Dafür hat unsere Autorin Hilke Maunder Sorge getragen. Sie ist für Sie regelmäßig an die Deutsche Nordseeküste gereist und hat all ihre Erfahrungen und Kenntnisse in diesen Reiseführer gepackt.

Trotzdem: Die Erfahrung zeigt, dass Fehler und Änderungen nach Drucklegung, für die der Verlag keine Haftung übernehmen kann, nicht ausgeschlossen werden können. Für Kritik, Berichtigungen und Verbesserungsvorschläge sind wir Ihnen außerordentlich dankbar. Schreiben Sie uns, mailen Sie uns oder rufen Sie an:

▶ **Verlag Karl Baedeker GmbH**
Redaktion
Postfach 3162
D-73751 Ostfildern
Tel. (0711) 4502-262, Fax -343
E-Mail: info@baedeker.com

Besuchen Sie uns auch im Internet unter www. baedeker.com. Hier finden Sie jeden Monat den aktuellen Reisetipp der Redaktion und das gesamte Verlagsprogramm. Hier können Sie auch lesen, wer Karl Baedeker war und wie er seinen ersten Reiseführer geschrieben hat. Mit seinen über 175 Jahren ist der Karl Baedeker Verlag der älteste Reiseführer-Verlag der Welt.

www.baedeker.com

ZU GEWINNEN: STADTREISE NACH LONDON

Unter allen Einsendungen verlost der Verlag am Jahresende – unter Ausschluss des Rechtswegs – eine Städtekurzreise für zwei Personen nach London.
Freuen Sie sich auf ein spannendes Wochenende in London. Natürlich ist ein Baedeker Allianz Reiseführer London auch dabei!